北宋陕州漏泽园

三门峡市文物工作队

文 物 出 版 社

北京·1999

封面题签：徐苹芳
责任编辑：楼宇栋
封面设计：周小玮

图书在版编目（CIP）数据

北宋陕州漏泽园/三门峡市文物工作队编著． －北京：文物
出版社，1999
ISBN 7－5010－1163－X

Ⅰ．北… Ⅱ．三… Ⅲ．宋墓－考古－发掘报告－河南－
三门峡市 Ⅳ．K878.8

中国版本图书馆 CIP 数据核字（1999）第 16822 号

北 宋 陕 州 漏 泽 园
三门峡市文物工作队

*

文物出版社出版发行
（北京五四大街 29 号）
http://www.wenwu.com
E-mail：web@wenwu.com
北京安泰印刷厂印刷
新 华 书 店 经 销
787×1092 1/16 开 印张：34.25 插页：1
1999 年 6 月第一版 1999 年 6 月第一次印刷
ISBN 7－5010－1163－X/K·475 定 价：185 元

LOUZEYUAN OF THE SHAANZHOU PREFECTURE IN THE NORTHERN SONG DYNASTY

(WITH ABSTRACTS IN ENGLISH AND JAPANESE)

The Archaeological Team of Sanmenxia City

Cultural Relics Publishing House

Beijing · 1999

目　　录

第二章　出土遗物 ·· （57）

插　图　目　录

图 版 目 录

第一章　漏泽园墓地的发现与发掘

第一节　墓地的发现与发掘

漏泽园墓地位于三门峡上村岭西端南侧向阳村东、原为一片东北高西南低的缓坡地上，西距陕州故城（现为陕州风景区）2 公里。这片缓坡地，也是三门峡市内历代墓葬分布最稠密的地段之一。

1985 年春，原洛阳地区文物工作队在配合修筑甘棠路时，在上述那片缓坡地上发现了一处分布密集、排列整齐的北宋土坑小墓（图一）。工作队的宁景通和桑庸夫等几位同志立即赶赴现场，进行了勘察和发掘，结果在筑路的南北长 50、东西宽 12 米的路基下，清理出土坑小墓 103 座。墓均单人葬，以陶缸做葬具，并伴出砖墓志。为了更清楚地了解这片墓地墓葬的分布范围，他们在发掘后又进行了全面勘察。勘察结果表明，这片墓地东部面临一条大深沟（当地人叫跑驾沟），西至向阳村边（现纺织机械厂家属院），南距三里桥村 100 余米，东西长 180、南北宽 45 米，总面积达 8100 平方米。墓地除东边因临沟边，约有 10 米长的地段内的墓葬被破坏，西边也有部分被农民早年平整土地时破坏，其余大部分墓葬保存基本完好。甘棠路在墓地西部南北穿过。

1993 年春和 1994 年春，三门峡市文物工作队为配合市宇泰房屋开发公司的基建工程，先后两次对上述墓地的北部和西南部又进行了大面积发掘，连 1985 年发掘在内，发掘总面积达 3800 平方米。清理出墓葬 746 座，连 1985 年发掘墓葬在内，共发掘出墓葬 849 座。余卜的中部和南部未发掘部分，估计墓葬还有千余座。如将墓地东、西两端已被破坏的墓所占面积包括在内，墓地原先总面积应是 12650 平方米。

关于墓地墓葬编号问题需要作一些说明。报告文字叙述及墓葬分布平面图所显示的墓葬编号，不是原发掘编号，而是整理后的新编号。

发掘时原编号情况如下：

一、1985 年春初次发掘甘棠路路基下墓葬时，墓葬编号只是依发掘先后、由北向南编了顺序号；

二、1993 年春和 1994 年春的两次发掘，由于规模大，对墓葬编号作了一定的规划，即从墓地的东部开始、由北向南编为第一行，往西编为第二行，墓号则从北往南

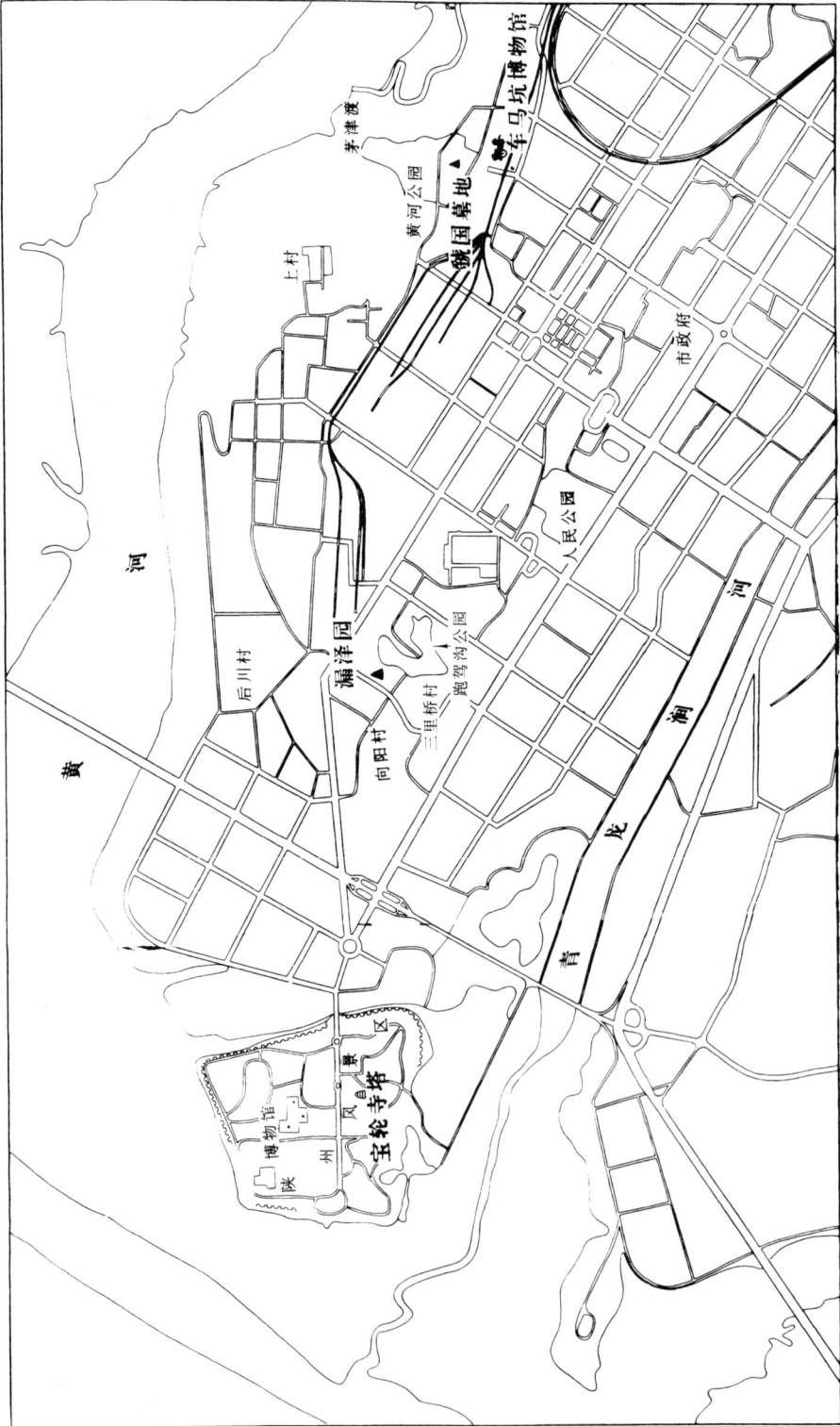

图一　北宋陕州漏泽园位置图

编。第一行最北的第一座墓编为 M0101，第二行最北的第一座墓编为 M0201，第三行最北的第一座墓编为 M0301，等等。

三、现墓葬分布平面图中显示的未发掘区，因有建筑物无法进行清理。

整理后的墓葬编号情况如下：

一、将原从东向西编为行的、最北边的墓葬，如 M0201、M0301、M0401、M0501、M0601、M0701、M0801、M0901、M1001 等等，一律编为现在的第一排。为了叙述方便，将第一排的第 1 号墓编为现在的 M0101。这里 M 后第一位 0，是为了与往后第十排后的墓相适应而设置的，无任何含意；0 后的 1，代表第一排，1 后的 0 是为了有十位数墓的出现而设置的，这个 0 后的 1 是墓的具体编号。那末 M0101，即代表此墓是第一排墓中的第 1 号墓，M0102，即代表此墓是第一排墓中的第 2 号墓。往南的第二排、第三排……的墓葬都是以此办法编号。

二、墓葬分布平面图中，每排墓中自东向西编出具体墓号，省略了前面的排号及虚设的 0 号。文中叙述时，不作省略。

为了更明晰变动情况，现将前三排、每排前十座墓的新老号变更关系叙述如下：

第一排

新号：	M0101	M0102	M0103	M0104	M0105	M0106	M0107
老号：	M0201	M0301	M0401	M0501	M0601	M0701	M0801

新号：	M0108	M0109	M0110
老号：	M0901	M1001	M1101

第二排

新号：	M0201	M0202	M0203	M0204	M0205	M0206
老号：	M0101	M0202	M0302	M0502	M0602	M0702

新号：	M0207	M0208	M0209	M0210
老号：	M0803	M0802	M0902	M1002

第三排

新号：	M0301	M0302	M0303	M0304	M0305
老号：	M0203	M0303	M0402	M0503	M0603

新号：	M0306	M0307	M0308	M0309	M0310
老号：	M0703	M0804	M0903	M1003	M1103

三、墓葬编号的变动，主要原因是经过对墓中出土砖墓志的整理后发现，此墓地在北宋末使用期间，每座墓是根据"千字文"的字序从北起自东向西横排依次葬埋死者，即从东先埋"天字号"，再埋"地字号"……。从我们发掘的 M0101"岁字号"、M0102"律字号"、M0103"吕字号"还可以看到，不仅"千字文"的字序是紧挨的，而且死者的葬埋日期也是紧跟着的。如"岁字号"的常兴墓（M0101）葬埋日期是十一月一日，"律字号"的侯进墓（M0102）葬埋日期是十一月二日，"吕字号"的冊秀墓（M0103）

葬埋日期是十一月四日等等，说明当时葬埋是有规律、有次序的。由此我们想到，如果将已发掘的墓葬的编号向此种规律靠近就会更好。经过变动，我们发现的确有利于文中行文，更有利于研究工作的进行，其它并无什么损害之处。

第二节　墓葬形制、葬具与葬式

前后所发掘的墓葬共有 849 座。从这已发掘的 849 座墓的分布情况看，墓地东部被破坏得多，西部也有部分被破坏。根据墓内出土砖墓志的记载来看，此片墓地墓葬的葬埋是用"千字文"字序为序编埋的。如我们所发掘的北部最东面的第一排的第一座墓，墓志上"千字文"编号为"岁"字号。"岁"字在"千字文"中已是第二十八个字，完全有理由说在它东边已有二十七座墓被破坏殆尽，因为"千字文"的首字是"天"字。墓地实际情况也是东部被破坏得最严重（图二）。

现将这批小型土坑墓按形制、葬具、葬式分述如下：

一、形　　制

墓均为小型土坑墓。方向南北向，或略偏东，或略偏西。

每座墓都十分狭小，且不规整，仅容两口陶缸或一具尸体，有的只能容下一口陶缸。除 M0301～M0303 三座墓的墓坑边长为 0.6～0.7 米略呈方形外，其余各墓墓坑均呈长方形。长方形墓一般长 1.5～2.0、宽 0.5～0.8、深 1 米左右。最长的墓是 M0206，墓坑边长为 2.3 米；最短的墓是 M0457，墓坑边长仅 1.0 米。最深的墓是 M0174，深为 1.5 米。

整个墓地的墓排列有序。墓自东向西成排，每排百座左右。墓南北每排墓与相邻一排基本成列。墓间距多为 0.2～0.4 米，个别的墓距有达 1 米者。南北之间的墓，个别也有相互打破的。每排墓，墓与墓的间距，一般为 0.8～1.5 米，个别也有达 2 米者。

有许多墓因葬埋太浅，被后人耕地时所破坏者，为数也不少。

总之，这批土坑小墓形制十分简单。

二、葬　　具

土坑小墓葬具十分简单，或以两口陶缸作葬具，或以一口陶缸作葬具，甚至有以碎陶缸片为葬具的，有的墓葬，则根本无葬具，只是将尸体就地掩埋而已。现将葬具陶缸的基本情况叙述如下：

陶缸细泥质，呈青灰色，少数呈红色或黄褐色，质地坚实，制作精致。也有少数陶缸因火候不足，形成灰皮红陶，质地松软，出土时便破碎。陶缸轮制，分上下两节粘合而成。陶缸一般外表都饰有条纹，内壁施麻点纹，个别为素面。陶缸大小不尽相同，但均为大口，深腹，平底，胎壁甚薄，厚度多在 0.5 厘米左右。墓地内共出土陶缸 1002

件。按陶缸腹部和口沿造型的不同，可分为三型（图三）。

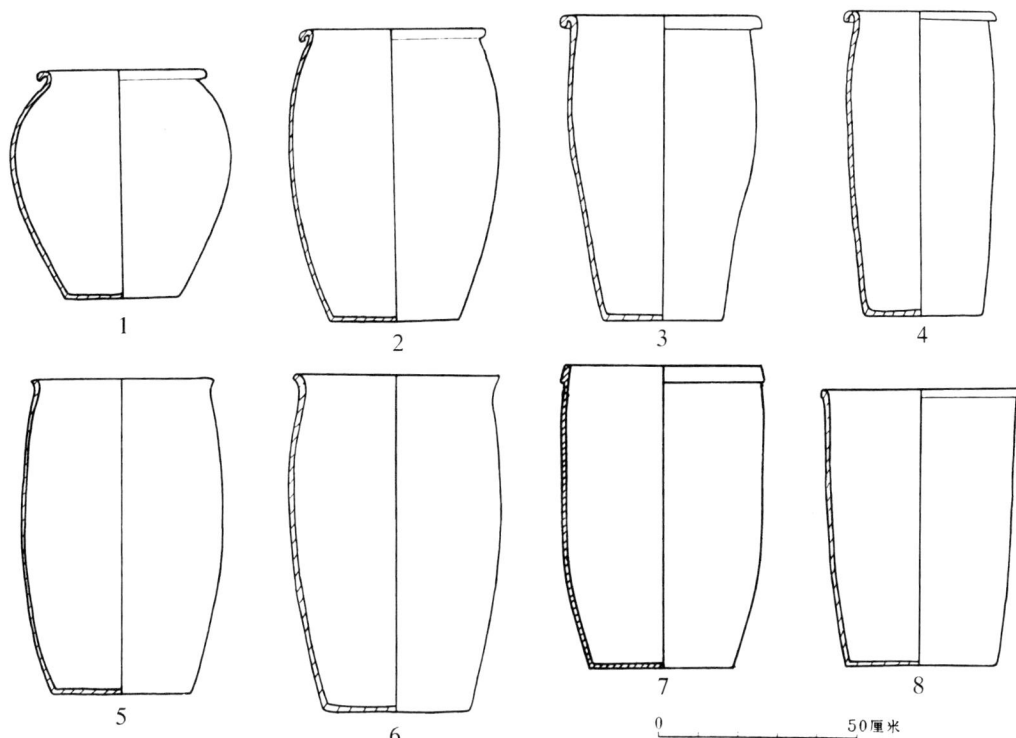

图三 葬具陶缸类型图

1.A型Ⅰ式 M0506∶1 2.A型Ⅱ式 M0122∶1 3.A型Ⅲ式 M0135 4.A型Ⅳ式 M1903∶1 5.B型Ⅰ式 M0146
6.B型Ⅱ式 M0249 7.C型Ⅰ式 M0404∶1 8.C型Ⅱ式 M0225

A型 993件。又可分四式：

Ⅰ式 12件。敛口，卷沿，鼓圆腹，小平底，个体矮胖，腹径明显大于口径。器表素面无纹。

标本 M0506∶1，口径42、腹径56、底径30、高57厘米（图三，1；图版二，1）。

Ⅱ式 677件。大口，卷沿，长腹，腹径与口径相近。外表饰条纹，内壁施麻点纹。

标本 M0122∶1，口径43、腹径45、底径32、高74厘米（图三，2；图版二，2）。

Ⅲ式 283件。数量仅次于Ⅱ式。敞口，卷沿，腹部微鼓，下腹内收比较明显，口径大于腹径，多数陶缸在口沿下4厘米处设有两个直径为2厘米对称的小圆孔。外饰条纹，内壁为麻点纹。

标本 M0135，口径50、腹径42、底径30、高76厘米（图三，3；图版二，3）。

Ⅳ式 21件。大口，卷沿，沿下微束，腹壁直筒状，口径与底径相近，外表条纹隐约不清，内壁有麻点纹。

标本 M1903：1，口径 32、底径 30、高 76 厘米（图三，4；图版二，4）。

B 型　6 件。可分二式：

Ⅰ式　4 件。

标本 M0146，大直口，窄沿，平唇，瘦长腹，口径略小于腹径。口径 44、腹径 50、底径 34、高 79 厘米（图三，5；图版三，1）。

Ⅱ式　2 件。

标本 M0249，窄口，沿微外侈，腹部略鼓。外施条纹，内壁为麻点纹。口径 50、腹径 56，底径 38、高 84 厘米（图三，6；图版三，2）。

C 型　3 件。可分二式：

Ⅰ式　2 件。

标本 M0404：1，灰皮红陶，质地松软。直口，口沿外部加厚，直壁，近底部微向内收。口径 51、腹径 50、底径 37、高 75 厘米（图三，7）。

Ⅱ式　1 件。

标本 M0225，器形与Ⅱ式相近，仅口沿略薄，而微外侈。器体相对较矮。外壁有条纹，内壁麻点纹。口径 50、腹径 47、底径 33、高 65 厘米（图三，8；图版三，3）。

另外，在 M0157 和 M0254 等墓葬的陶缸和人骨架上，都分别盖有板瓦作为葬具的附属物。板瓦有大小两种：大板瓦长 36、宽 17～21、厚 1.8 厘米；小板瓦长 33、宽 16～20、厚 1.5 厘米。板瓦外为光面，里为细布纹（图版四）。M0226 的陶缸底部，扣接有一件陶盆。陶盆泥质灰陶，大口，平厚唇，浅腹，平底，素面。口径 35、底径 25、高 18 厘米（图版三，4）。

墓地 849 座墓中，葬具为两口陶缸的有 420 座，葬具只有一口陶缸的有 162 座，以碎陶缸片为葬具的有 62 座，无葬具的有 156 座，空墓则有 49 座。情况如下：

（一）葬具为两口陶缸的墓。有：M0105、M0106、M0119、M0121～M0124、M0127、M0131、M0133、M0134、M0139～M0145、M0147、M0149～M0151、M0153～ M0165、M0169、M0171、M0174～M0178、M0181、M0206、M0207、M0213、M0220～0222、M0224、M0232、M0234、M0241、M0243、M0247、M0252、M0260～ M0264、M0267～M0269、M0271～M0274、M0276、M0278、M0280、M0283、M0306～M0308、M0310～M0313、M0320、M0321、M0323、M0324、M0327、M0329～ M0334、M0338、M0340、M0343、M0344、M0346～M0352、M0354、M0361、M0362、M0364～M0366、M0368、M0371～M0373、M0376～M0381、M0401、M0403～ M0406、M0408、M0410、M0414、M0415、M0418～M0422、M0429、M0431～ M0435、M0437、M0439、M0442、M0445、M0446、M0448、M0449～ M0451、

M0453、M0455、M0459、M0460、M0465 ～ M0475、M0477 ～ M0481、M0505 ～ M0507、M0510、M0512～M0517、M0519～M0523、M0526、M0530、M0535、M0538 ～M0558、M0560 ～ M0572、M0574 ～ M0580、M0582、M0602 ～ M0607、M0609 ～ M0615、M0617、M0619～M0621、M0624、M0626～M0632、M0635～M0639、M0642 ～ M0647、M0650 ～ M0652、M0654、M0656、M0657、M0659、M0661、M0662、M0665、M0667、M0672、M0673、M0678、M0679 ～ M0681、M0706 ～ M0713、M0715、M0716、M0719、M0721 ～ M0727、M0731 ～ M0733、M0739 ～ M0741、M0746、M0747、M0751 ～ M0756、M0759 ～ M0765、M0767、M0768、M0770 ～ M0775、M0806、M0807、M0914、M0958、M0961、M0962、M1001～M1005、M1007 ～ M1013、M1015 ～ M1017、M1024、M1025、M1031、M1033、M1036、M1042、M1048、M1051 ～ M1061、M1063、M1101、M1102、M1104、M1106 ～ M1108、M1204、M1207 ～ M1212、M1302、M1304、M1306 ～ M1311、M1404 ～ M1407、M1410、M1502、M1504 ～ M1508、M1510、M1603 ～ M1606、M1609、M1703 ～ M1705、M1707、M1709、M1803、M1804、M1808、M1903、M1904，共计 420 座。

（二）葬具为一口陶缸的墓。有：M0101 ～ M0103、M0107、M0109 ～ M0116、M0118、M0120、M0125、M0126、M0132、M0135、M0146、M0152、M0170、M0172、M0180、M0201 ～ M0203、M0205、M0208、M0209、M0211、M0214、M0216、M0217、M0223、M0225 ～ M0228、M0230、M0231、M0240、M0242、M0245、M0248、M0249、M0251、M0253 ～ M0259、M0265、M0266、M0270、M0275、M0277、M0279、M0282、M0301 ～ M0305、M0309、M0316、M0319、M0322、M0325、M0326、M0328、M0335 ～ M0337、M0339、M0341、M0342、M0345、M0353、M0355 ～ M0360、M0363、M0367、M0369、M0370、M0374、M0375、M0402、M0411 ～ M0413、M0417、M0428、M0430、M0436、M0440、M0441、M0452、M0454、M0456 ～ M0458、M0462、M0463、M0501 ～ M0504、M0508、M0511、M0518、M0524、M0525、M0527 ～ M0529、M0531 ～ M0534、M0536、M0537、M0581、M0601、M0608、M0616、M0618、M0622、M0623、M0633、M0674、M0669、M0720、M0734、M0801、M0953、M1018、M1019 ～ M1021、M1027 ～ M1030、M1037、M1039、M1110、M1205、M1305、M1601、M1607、M1610、M1710、M1801、M1805、M1807、M1901，共计 162 座。

（三）葬具为碎陶缸片的墓。有：M0104、M0108、M0148、M0173、M0212、M0237、M0238、M0281、M0315、M0407、M0424 ～ M0427、M0438、M0444、M0447、M0476、M0641、M0648、M0649、M0653、M0655、M0658、M0660、M0663、M0664、M0666、M0668、M0670、M0671、M0675 ～ M0677、M0703 ～

M0705、M0717、M0718、M0730、M0735～M0738、M0743～M0745、M0748、M0749、M0757、M0766、M0805、M1022、M1032、M1035、M1038、M1109、M1202、M1401、M1408、M1503、M1608，共计62座。

（四）无葬具的墓。有：M0117、M0137、M0138、M0166～M0168、M0204、M0210、M0215、M0218、M0219、M0233、M0235、M0205、M0314、M0317、M0318、M0382、M0416、M0423、M0443、M0464、M0482、M0509、M0640、M0701、M0702、M0728、M0729、M0742、M0750、M0758、M0776～M0778、M0802～M0804、M0807、M0809～M0812、M0814～M0822、M0824、M0826、M0827、M0831～M0866、M0904、M0905、M0907～M0911、M0913、M0915～M0919、M0922、M0926～M0931、M0933～M0937、M0939～M0941、M0943、M0944、M0946～M0948、M0951、M0952、M0954、M0956、M0957、M0959、M0960、M1023、M1026、M1034、M1040、M1044、M1045、M1062、M1103、M1105、M111、M1201、M1206、M1301、M1303、M1402、M1403、M1409、M1501、M1509、M1602、M1701、M1702、M1708、M1802、M1809，共计156座。

（五）空墓。有：M0136、M0179、M0236、M0244、M0246、M0461、M0559、M0573、M0625、M0634、M0682、M0714、M0769、M0808、M0813、M0823、M0825、M0828～M0830、M0901～M0903、M0906、M0912、M0920、M0921、M0923～0925、M0932、M0938、M0942、M0945、M0949、M0950、M0955、M1006、M1014、M1041、M1043、M1046、M1047、M1049、M1050、M1203、M1706、M1806、M1902，共计49座。

三、葬　式

墓内均为单人葬，除已遭受破坏的墓葬人架结构混乱、骨骼残缺不全外，一般墓内的人架骨骼都保存较为完好。由于墓内葬具简单、葬殓草率的墓又较多，葬式极不规范，姿态各异。在849座墓中，除366座墓葬式不明（其中部分墓葬为就地保护，未作发掘。）和49座墓为空墓外，其余434座墓可分辨其葬式。葬式有六种：仰身直肢葬、仰身屈肢葬、侧身直肢葬、侧身屈肢葬、俯身直肢葬和俯身屈肢葬。现分述如下：

（一）仰身直肢葬

在434座可辨葬式的墓中，仰身直肢葬有217座，是墓地中数量最多的一种葬式。在此类葬式中，有的双足并拢，有的双腿分开，也有双腿交叉的，还有一腿伸直，另一腿蜷屈的。上肢，有双臂下垂的，有相互交叉的，也有双臂举过头顶或被压在身下的。有的墓过于短小，致使死者的头部和上身折靠在墓坑壁上面勉强被掩埋。仰身直肢葬的墓，在以两口陶缸为葬具的墓有：M0105、M0106、M0119、M0122、M0127、M0128、M0131、M0154、M0157、M0176、M0178、M0181、M0206、M0213、M0232、

M0234、　M0243、　M0283、　M0306、　M0308、　M0324、　M0331、　M0333、　M0334、
M0373、　M0376、　M0378　～　M0381、　M0404、　M0405、　M0408、　M0410、　M0414、
M0418、　M0429、　M0431、　M0433　～　M0435、　M0477、　M0481、　M0505、　M0506、
M0510、　M0512、　M0513、　M0515、　M0523、　M0578、　M0580、　M0582、　M0602　～
M0604、　M0606、　M0607、　M0609、　M0610、　M0613、　M0615、　M0624、　M0626、　M0678
～　M0681、　M0706　～　M0708、　M0713、　M0715、　M0722、　M0726、　M0727、　M0751、
M0759、　M0761、　M0772　～　M0775、　M0806、　M0867、　M0961、　M0962、　M1012、
M1061、　M1063、　M1106、　M1201、　M1307　～　M1309、　M1311、　M1407、　M1410、
M1507、　M1508、　M1510、　M1609、　M1709，共 103 座；在以一口陶缸为葬具的墓中有：
M0110、　M0114、　M0116、　M0118、　M0202、　M0203、　M0211、　M0242、　M0258、
M0277、　M0282、　M0256、　M0265、　M0305、　M0319、　M0325、　M0337、　M0341、
M0342、　M0369、　M0370、　M0402、　M0413、　M0428、　M0436、　M0454、　M0458、
M0501、　M0502、　M0504、　M0528、　M0533、　M0534、　M0536、　M1018、　M1020、
M1028、　M1205、　M1305、　M1610、　M1801，共 41 座；在以碎陶缸片为葬具的墓中有：
M0315、　M0427、　M0705、　M0718、　M0743、　M0805、　M1202，共计 7 座；无葬具的墓
中有：M0204、　M0218、　M0219、　M0233、　M0318、　M0423、　M0482、　M0509、　M0701、
M0702、　M0729、　M0750、　M0758、　M0777、　M0778、　M0809、　M0810、　M0811、
M0815、　M0818～M0822、　M0824、　M0835、　M0837、　M0840、　M0843～M0846、　M0849
～　M0852、　M0854、　M0856　～　M0858、　M0860　～　0862、　M0865、　M0904、　M0910、
M0911、　M0913、　M0915、　M0918、　M0927、　M0928、　M0934、　M0936、　M0943、
M0951、　M0952、　M0960、　M1044、　M1045、　M1206、　M1301、　M1301、　M1501、
M1509、　M1802，共 66 座。

（二）仰身屈肢葬

在 434 座可辨葬式的墓中，仰身屈肢葬有 149 座，是墓地中数量略少于仰身直肢葬
的一种葬式。此种葬式一般上身仰卧，下肢有不同形式的蜷屈，有双腿微屈的，也有双
腿屈向身体一侧作蹲坐式的，有的股骨倾斜向下，胫骨后折，双足贴近臀部作下跪姿式
的。有双膝向上屈，股骨和胫骨叠压在腹部的。在以两口陶缸为葬具的墓中，此类葬式
的 墓 有：M0123、　M0129、　M0130、　M0133、　M0134、　M0153、　M0156、　M0207、
M0229、　M0272、　M0307、　M0313、　M0327、　M0330、　M0347、　M0377、　M0401、
M0406、　M0409、　M0415、　M0432、　M0479、　M0480、　M0514、　M0530、　M0569、
M0577、　M0605、　M0612、　M0621、　M0627　～　M0630、　M0632、　M0709、　M0719、
M0721、　M0723、　M0724、　M1007　～　M1009、　M1042、　M1007、　M1108、　M1208、
M1209、　M1211、　M1212，共计 50 座；在以一口陶缸为葬具的墓中，此类葬式的墓有：

M0101 ～ M0103、M0109、M0112、M0115、M0125、M0135、M0170、M0172、M0180、M0201、M0205、M0208、M0209、M0214、M0217、M0223、M0225、M0227、M0230、M0248、M0249、M0254、M0255、M0259、M0309、M0316、M0322、M0326、M0335、M0336、M0355 ～ M0359、M0375、M0412、M0417、M0430、M0441、M0452、M0463、M0503、M0508、M0511、M0518、M0525、M0527、M0529、M0532、M0537、M0581、M0622、M0623、M1021、M1039、M1805、M1901，共计 60 座；在以碎陶缸片为葬具的墓中，仰身屈肢葬的墓有：M0407、M0424、M0425、M0426、M0668、M0677、M0735、M0736、M0745，共计 9 座；无葬具墓以仰身屈肢葬的则有：M0168、M0215、M0235、M0250、M0640、M0728、M0742、M0803、M0814、M0816、M0826、M0827、M0834、M0836、M0842、M0848、M0864、M0905、M0909、M0917、M0931、M0948、M0954、M0956、M0959、M1040、M1201、M1403、M1701、M1809，共计 30 座。

（三）侧身直肢葬

在可辨葬式的墓中，侧身直肢葬为数极少，总共只有 11 座。这种葬式，人骨架一般上身侧向左面或右面，下肢伸直，左右腿上下叠压。双臂有下垂的，也有置于胸前或被压于身下的。这种葬式的墓有：M0278、M0478、M0476、M0660、M0838、M0866、M0916、M0919、M0939、M1111、M1708。

（四）侧身屈肢葬

在可辨葬式的墓中，侧身屈肢葬为数也不多，只有 35 座。这种葬式，死者上身侧卧，下肢作不同程度的蜷屈，有双腿微屈、上下腿骨的夹角大于 130 度的，也有双腿蜷缩特甚，上下腿骨形成的夹角小于 35 度的，有蹲式的，还有跪式的。这种葬式的墓，在以两口陶缸为葬具的墓中有：M0403、M0419、M0526、M0549、M0579、M0611、M0617、M0619、M0631、M0712、M1004、M1059，共计 12 座；在以一口陶缸为葬具的墓中，这种葬式的墓有：M0126、M0152、M0245、M0275、M0328、M0345、M0367、M0374、M0440、M0457、M0531、M0633、M0720、M1110，共计 14 座；在以碎陶缸片为葬具的墓中，此类葬式的墓有：M0655、M0676、M1408、M1608 等 4 座；无葬具墓中侧身屈肢葬的墓：M0804、M0817、M0831、M0863、M1602 等 5 座。

（五）俯身直肢葬

在可辨葬式的墓中，俯身直肢葬只有 10 座。这种葬式，人体俯卧，面向下或朝向一侧，下肢直伸，双臂下垂，但也有双臂蜷于腹部或折向背后的。这种葬式的墓有：M0329、M1310、M0120、M0675、M0382、M0807、M0833、M0847、M0839、M1103。

（六）俯身屈肢葬

　　在可辨葬式的墓中，这种葬式只有 12 座：M0121、M0332、M0343、M0226、M0734、M0671、M1022、M0210、M0748、M0940、M1026、M1402。这种葬式，人体上身俯卧，下肢有作分腿叩跪姿势的，也有股骨相并而胫骨向上回折使双足贴近臀部或置于盆骨两侧的。双臂一般左右下垂，也有屈置于腹部或折向背后的。

第三节　墓　例

　　在第二节中，我们已将漏泽园墓地中已发掘的 849 座墓从形制、葬具与葬式进行了综合介绍。现从中选其典型墓分别介绍如下：

　　一、以两口陶缸为葬具的墓

　　此类墓在墓地中为数最多。其葬法是将死者的头、足各套入一个陶缸中，缸口相对侧放在墓坑内。部分墓葬殓比较认真，陶缸放置端正，缸口对接严密，往往还在两缸缸口的间隙处放上砖墓志，再盖上一些板瓦或碎陶片，以减少尸体的外露。封盖最好的是 M0157，在两陶缸对口处扣盖有九块板瓦。但这种墓葬总是占少数，多数墓的葬殓比较草率。

　　现以葬式的不同，分别介绍以两口陶缸为葬具的墓。

　　（一）仰身直肢葬墓

　　1.M0157

　　位于墓地北部边缘第一排中部，北面再无墓葬，南与 M0257 相对，间隔为 0.5 米，东西两侧分别与 M0156 和 0158 并列，间距分别为 1.1 和 1.4 米。墓坑长方形，南北长 1.75、东西宽 0.6、深 1.0 米。方向 10°。坑壁凹凸不平，不很规则。墓坑东北角有 0.60×0.25 米的面积被一高压电线杆窝破坏。坑内填土黄褐色，纯净而疏松。墓内葬具是两口陶缸，摆放端正。两口陶缸对口的间隙处，用九块板瓦严密封盖。板瓦南北顺置，沿陶缸口周围由下而上依次相错叠压扣盖。板瓦分大小两种。大瓦有六块，各长 36、宽 17～21、厚 1.8 厘米；小瓦有三块，各长 33、宽 16～20、厚 1.5 厘米。板瓦外表光洁，素面，内面有细布纹。在板瓦最上面偏西侧处置两块叠放整齐的砖墓志。两块砖墓志均正方形，大小与厚度也相同，长 30、宽 30、厚 5 厘米。砖墓志背面都有手印纹，出土时刻字面相扣而置。两陶缸对口的间隙宽 20 厘米。陶缸均为泥质灰陶，卷沿、大口、深腹，表面的条纹和内壁的麻点纹都很清晰。出土时缸内只有少量淤土，上部半空。南面的陶缸完好无缺，仅器表有裂缝。北面的陶缸的底和腹部因受高压电线杆窝的破坏而略有残缺。两陶缸的形状和大小基本相同，口径 0.6、底径 0.36、高 0.7 米。人头向北，仰身直肢葬。人骨架保存基本完好，仅头骨略遭破坏。墓主两臂自然下垂，手置盆骨两侧，两腿并拢伸直，姿势自然。墓主的牙齿完好无缺，磨损轻微，应是一位青年人。砖墓志之一的志文是"文字号。不知姓名年几军人，十二月二十五日检验了当，十二月二十六日依条立峰，葬埋记识讫。"砖墓志之二的志文同之一（图四）。

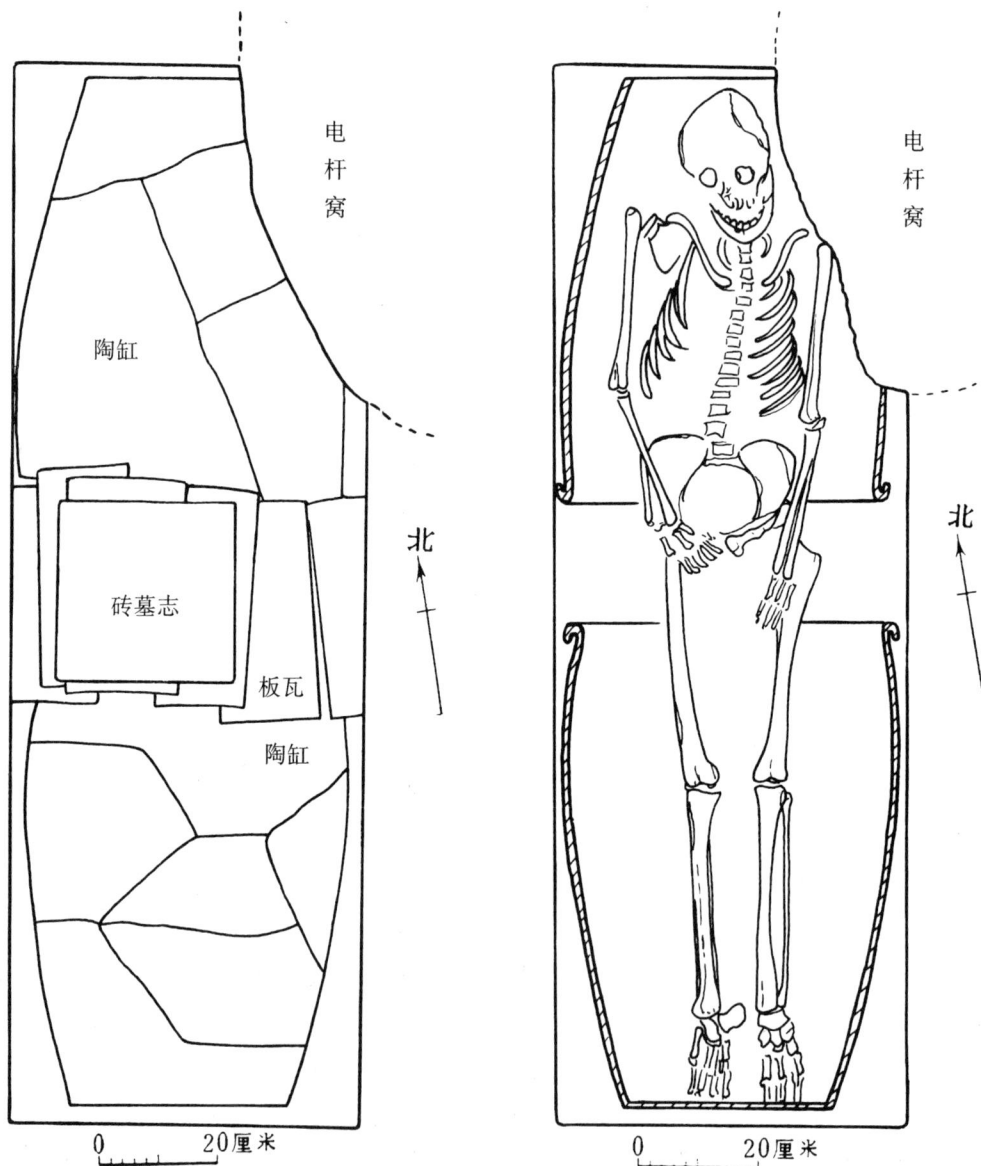

图四　M0157平面图

2．M0232

位于墓地北边第二排东部，南北两端分别与M0331和M0132相对，其间隔均为0.6米，东西两侧分别与M0231和M0233相邻，间距分别是1.8、1.5米。墓坑南北长

1.85、东西宽 0.55、深 0.8 米。方向 10°。坑内填黄褐色土，质较松，四壁较为规整。墓内葬具，均已破裂，北部的陶缸破裂尤为严重，有部分口沿和缸底残片已错位变形。两陶缸之间的间距为 0.17 米。陶缸里外分别施有清晰的麻点纹和条纹。南面陶缸，泥质灰陶，质较硬。北面陶缸，泥质红陶，质地脆软。陶缸内的墓主人骨架保存较好，仰身直肢葬，头向北，面向西，盆骨以上部分全置于北面陶缸内，两臂自然下垂置身躯两侧，两腿直伸在南面陶缸内，姿势自然。在北面陶缸的口部，平放一块方形砖墓志，志文面向上。砖墓志的边长 30～31、厚 5 厘米。

墓志内容为："谈字号。本府三门西山河匠指挥兵士翟政，年约八十一二岁，九月十九日检验了当，九月二十日依条立峰，葬埋记识讫。"（图五；图版五，1）

3.M0751

位于墓地第七排中部偏西，墓坑南面与 M0843 相对，北面和 M0655 相对。墓坑呈长方形。南北长 1.9、东西宽 0.6、深 0.9 米。方向 5°。墓坑壁不规则，填土纯净而松散。墓内葬具是两口陶缸，侧放于墓坑两端，缸口相对，两缸口间距较大，计有 0.45 米。陶缸内积满了淤土。陶缸外表布满了裂缝。两件陶缸均为泥质灰陶，形制、大小基本相同，皆大口，卷沿，深腹，平底。陶缸外表和内壁，分别施有清晰的条纹和麻点纹。口径 0.5、底径 0.3、高 0.72 米。墓主仰身直肢葬，头朝北，面向东，头部顶住北部陶缸底，颈椎向上拱起，头颅顶部略向下勾，上身仰卧姿势端正，两臂自然下垂，手置身躯两侧，肩部锁骨和肩胛骨呈对称状态。盆骨和大半截股骨暴露在两陶缸对口的空隙处。两腿直伸，足登南部缸底，左脚压在右脚上。墓内未发现砖墓志，故对墓主的身分和职业无法搞清。根据个体高大而粗壮的骨骼和保存齐全而磨损轻微的牙齿判断，墓主应是一位男性青年（图六；图版五，2、3）。

4.M0759

位于墓地第七排的西部。墓坑南北分别与 M0851 和 M0663 相对，间距分别为 0.6 和 0.5 米，东西两侧分别与 M0758 和 M0760 相邻，间距分别为 1.8 和 1.5 米。墓坑长方形，南北长 1.6、东西宽 0.6、深 0.68 米。方向 10°。坑内填土黄褐色，较松散。墓内葬具为两口陶缸，均大口，卷沿，深鼓腹。两陶缸缸口对接比较严密，无间隙。陶缸口径 0.45～0.55、底径 0.3、高 0.7 米。南部陶缸的口径略大。陶缸内墓主骨架保存较好，仰身直肢葬，头向北，面部略偏西侧。躯体上身仰卧在北面陶缸内，左手置小腹下部，右臂桡骨上折，手置肩部，盆骨及下肢股骨置南面陶缸内，胫骨经缸底伸出缸外。外露骨骼长度为 0.33 米。南面陶缸底部是在下葬时似有意打穿的。墓内未发现砖墓志，故墓主为谁不清楚。根据粗壮的骨骼和完好的牙齿可判断墓主是一男性青年（图七；图版五，4、六，1）。

5.M0761

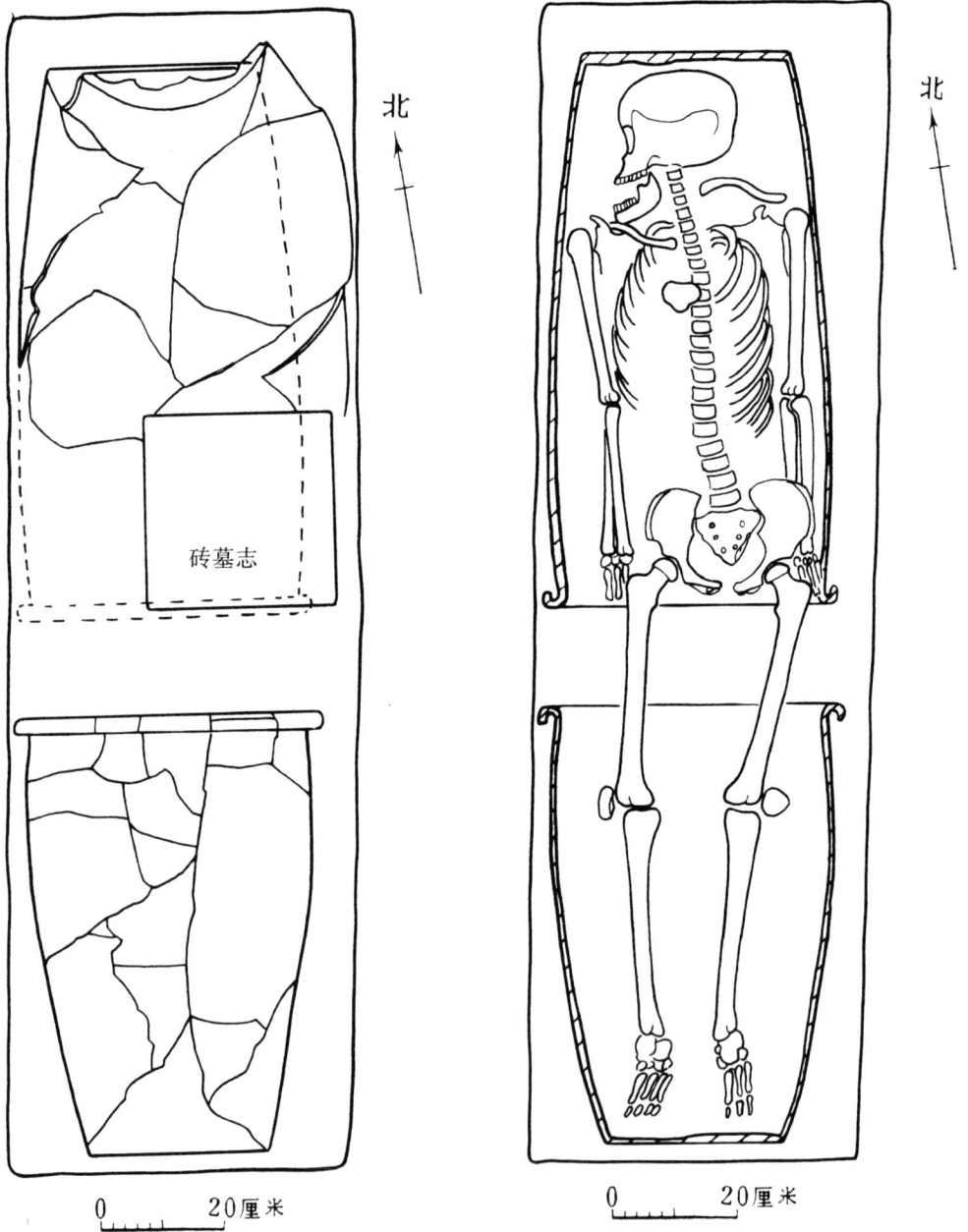

图五　M0232 平面图

　　位于墓地第七排偏西部。墓坑南北与 M0853 和 M0665 相对，间隔分别为 1.0 和 0.4 米，东西分别与 M0760 和 M0762 相邻，间距为 1.1 和 1.3 米。墓坑南北长 1.6、东西宽 0.6、深 0.7 米。方向 10°。墓坑较规整，内填黄褐色土，纯净而松散。墓内葬

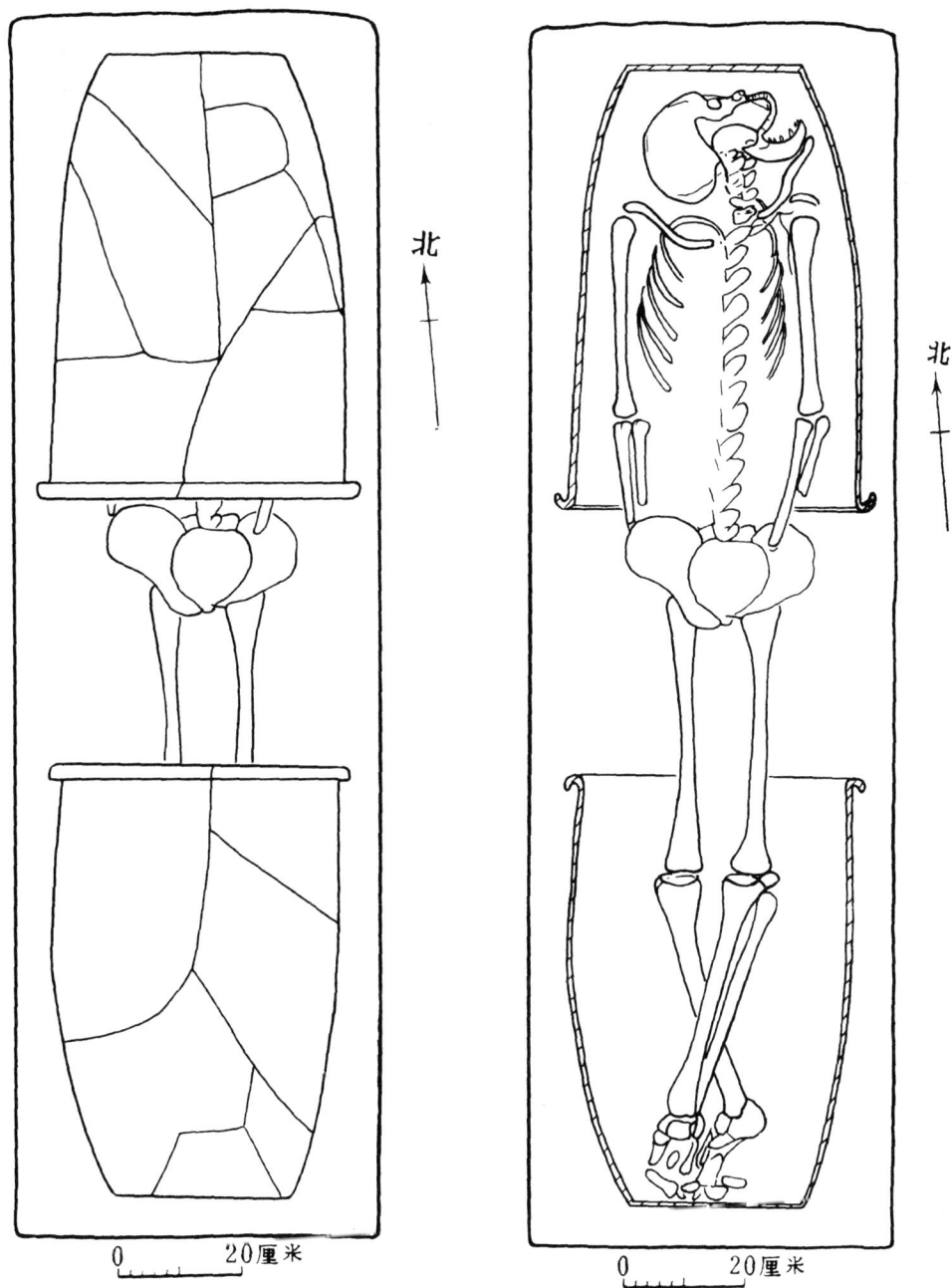

图六 M0751 平面图

具为两口陶缸，比较完整。缸口对接严密，无间隙。两口陶缸均为泥质灰陶，质较硬，里外纹样不甚清晰。墓主仰身直肢葬，头北足南。墓主上身仰卧在北面陶缸内，姿势还较端正，但头颅严重向后倾仰，使后脑颅贴近左肩部，面部上仰近陶缸底部，颈椎弯曲

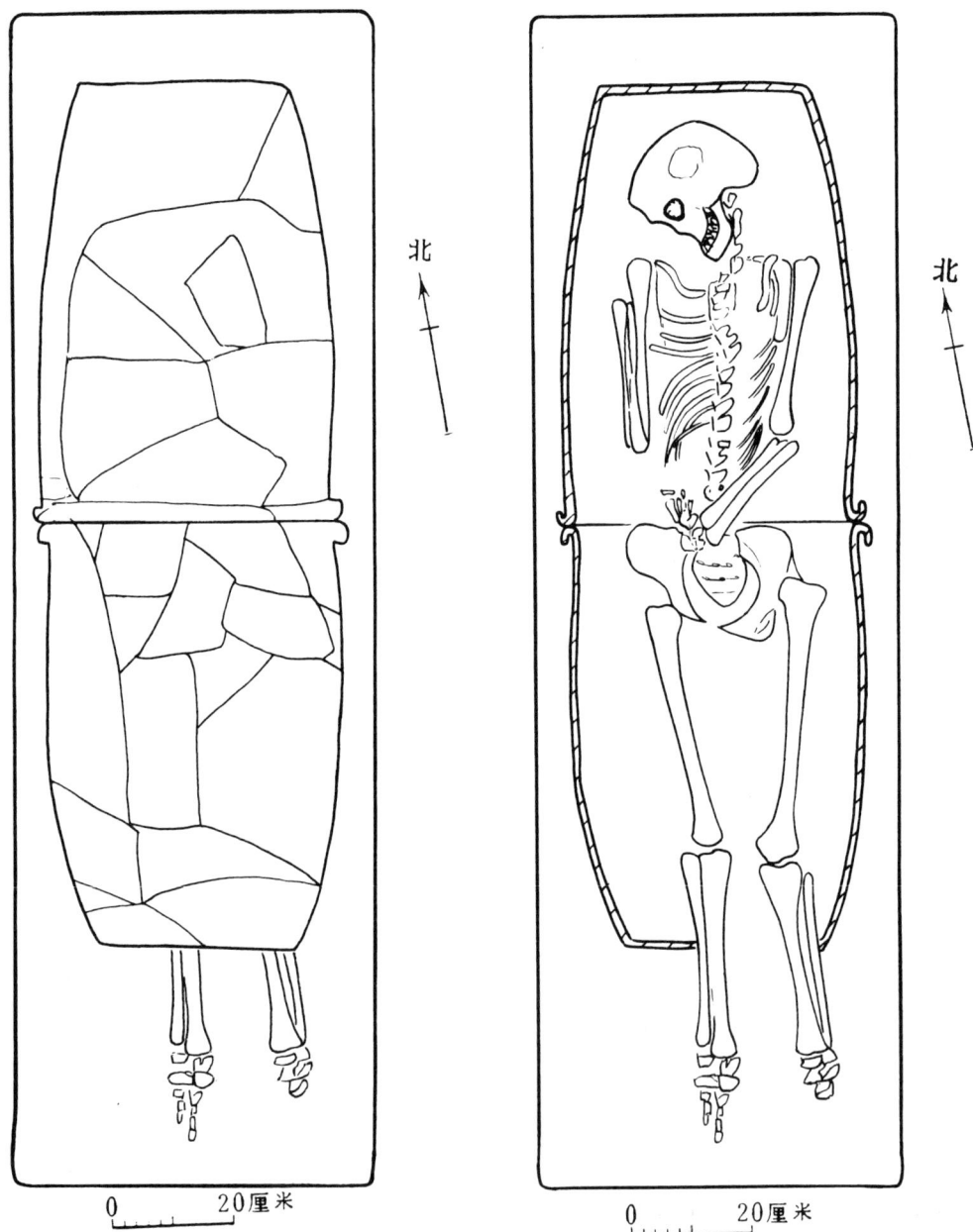

图七　M0759 平面图

拱起。两手交叉置下腹部。两腿伸至南面陶缸内，左腿直伸，骨骼结构完好，右腿的股
骨和胫骨在膝关节处上下错位比较利害，有 15 厘米的长度成并列状，这可能是因下葬
时过于草率所致。墓主的牙齿小而密集，骨质细腻，应是一个中年女性（图八；图版

六，2、3）。

（二）仰身屈肢葬墓

1. M0153

位于 M0157 东面，中间相隔三座墓，南面与 M0253 相对，间隔为 0.3 米。墓坑呈长方形，南北长 1.75、东西宽 0.6、深 0.6 米。方向 10°。墓坑壁不很规整，填土纯净而松散。墓内葬具是两口陶缸。两陶缸口之间有 0.15 米的空隙。缸放置不够端正，北

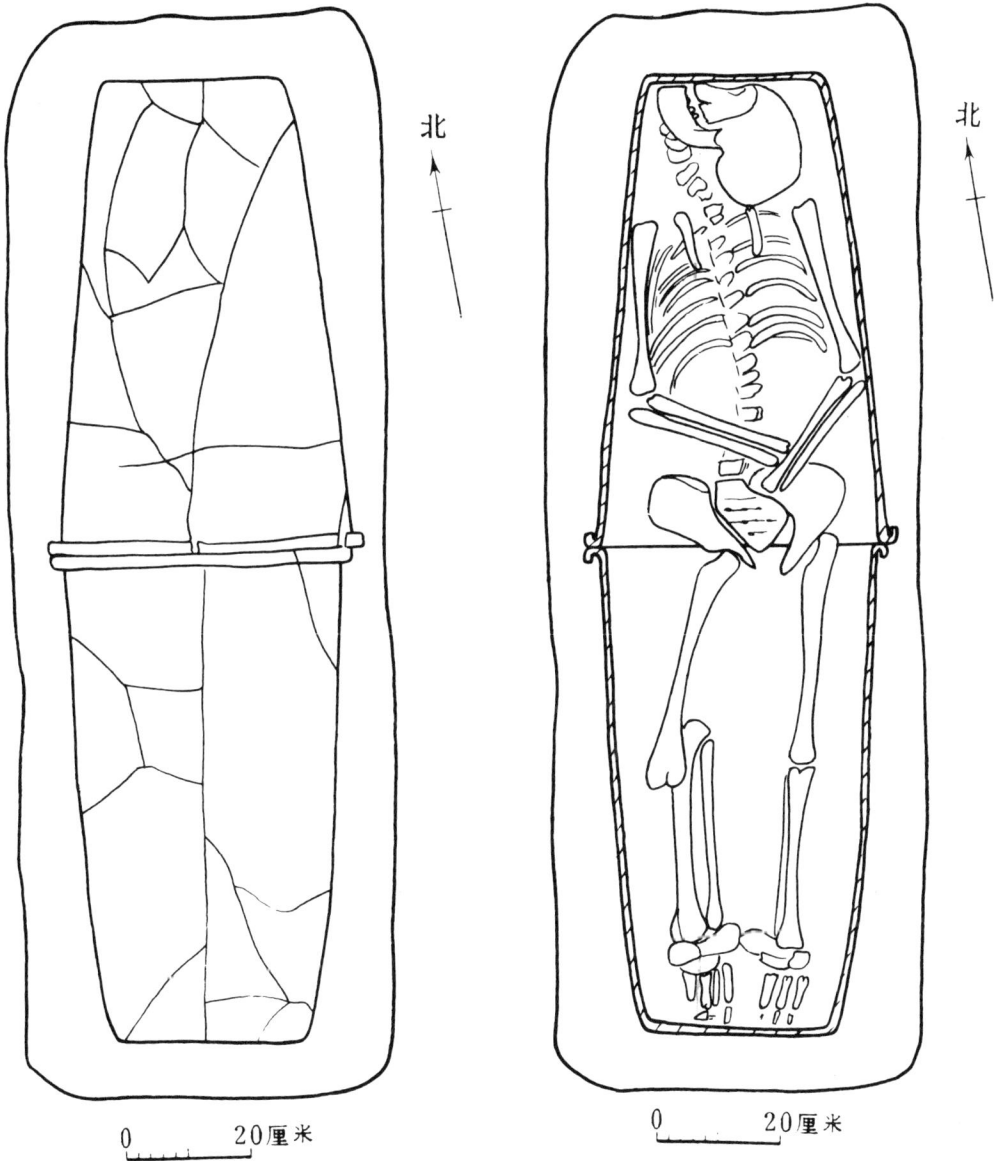

图八　M0761 平面图

面的陶缸略偏墓坑东侧，与南面陶缸的位置相错 0.1 米。陶缸破裂比较严重，内充满淤土。两陶缸均为泥质灰陶，形制、大小基本相同，大口，卷沿，深腹，平底。内壁有清晰的麻点纹，外表条纹隐约不清。口径 0.49～0.52、底径 0.3、高 0.75 米。墓主仰身屈肢葬，头向北，面向东。墓主上身仰卧在北面陶缸内，姿势端正自然，两臂交叉置于下腹部，右臂压在左臂上。下肢蜷屈在南面陶缸内，盆骨下端暴露在两陶缸对接的空隙间。两腿向上拱起，膝盖关节处左右外分，两腿分别靠向陶缸的东、西两壁。左腿拱起的高度为 0.25 米、上下腿骨成的夹角为 110°，右腿拱起高度为 0.1 米，上下腿骨的夹角为 120°。两足向内斜收，右腿胫骨压在左脚上。

出土砖墓志四块，其中两块为大方砖墓志，叠置在两个陶缸的接口处，两块条砖墓志出于墓内填土中。四块砖墓志的规格与志文情况如下：

大方砖墓志之一，长 30、宽 30、厚 5 厘米。背面有手印纹。砖墓志内容："人字号。本府壮城指挥兵士王德，年约三十四五，十二月十九日检验了当，十二月二十日依条立峰，葬埋记识讫。"

大方砖墓志之二，长 30、宽 30、厚 5 厘米。背面有手印纹。砖墓志内容："人字号。本府壮城指挥兵士王德，年约三十四□，十二月十九日检验了当，十二月二十日依条立峰，葬埋记识讫。"

条砖墓志之一，长 30、宽 16、厚 5 厘米。砖墓志内容："甲子人。本府壮城指挥兵士王德，十二月十九日检验了当，十二月二十日葬埋记。"

条砖墓志之二，长 31、宽 15、厚 3 厘米。砖墓志内容："甲子人。本府壮城兵士王德，十二月二十日收葬讫。"（图九；图版六，4）

2.M0156

位于墓地北边第一排的中部，北面为墓地的边缘，无墓葬，南与 M0256 相对，间隔 0.5 米，东西两侧分别与 M0155 和 M0157 相邻，间距分别为 0.8 和 1.1 米。墓坑较为规整，南北长 1.65、东西宽 0.6、深 0.9 米。方向 5°。坑内填土纯净而疏松。墓内葬具为两口陶缸。陶缸保存较好，表面仅有少量裂缝，均系泥质灰陶，质地较坚硬，外表的条纹和内壁的麻点纹都较清晰。陶缸放置端正，两缸对口处的间距为 0.12 米。墓主仰身屈肢葬，头向北，面部略偏西，上身仰卧在北面陶缸内，盆骨置两陶缸对口的间隙处，暴露在外，两手搭在盆骨上。两腿在南面陶缸内，拱屈并倾向西侧，右腿膝关节处斜贴在陶缸壁上。上下腿骨屈成的夹角近 120°。在两缸对口的上方，有两块叠放整齐的砖墓志，志文砖面相对。

砖墓志正方形，边长 30、厚 5 厘米。其中砖墓志之一的志文为："制字号。据贾贵抬捃到妇人阿马，年四十二岁，左厢贫子院身死，系本府夏县人事，十二月二十六日依条立峰，葬埋记识讫。"另一块砖墓志志文同上（图一〇）。

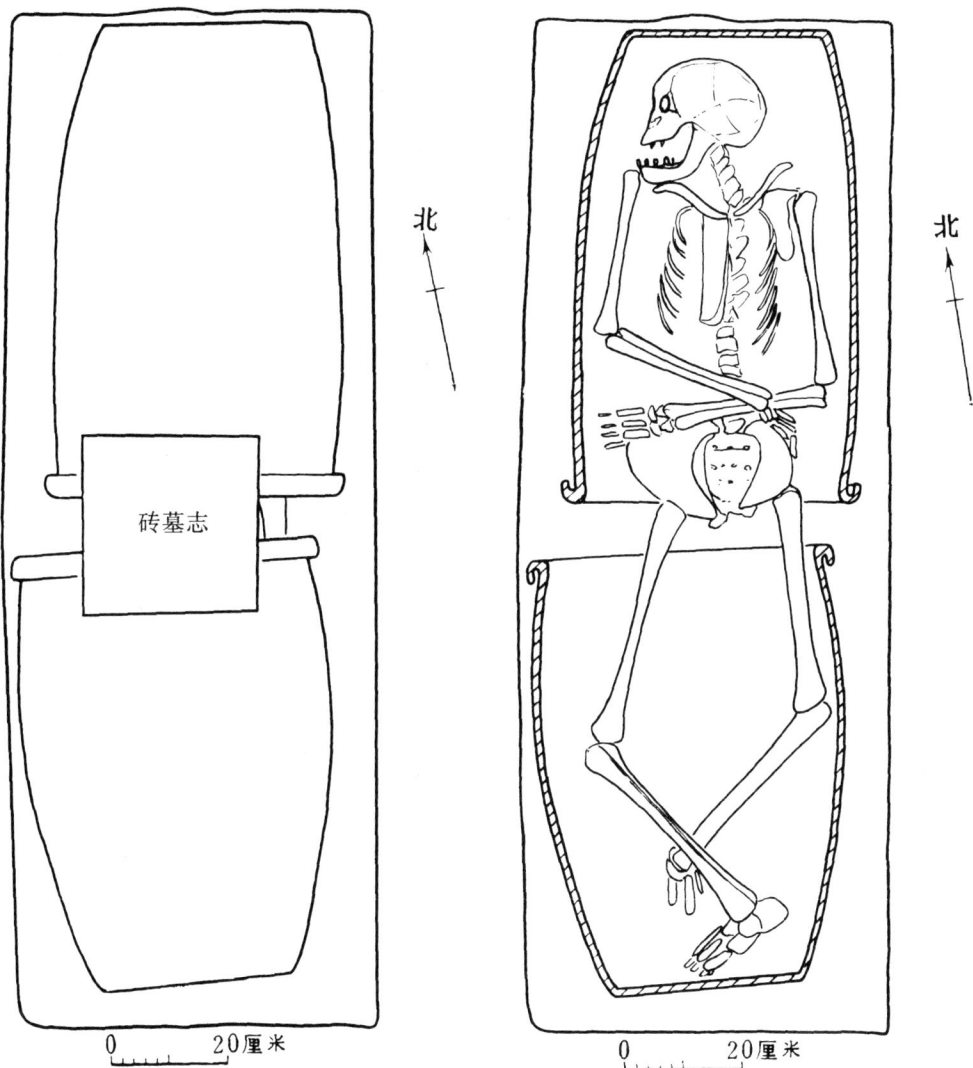

图九 M0153 平面图

3.M0272

位于墓地北边第二排的西部，南面和北面分别与 M0371 和 M0172 相对，间隔分别为 0.3 和 0.2 米。东西分别与 M0271 和 M0273 相邻，间距分别为 1.5 和 1.2 米。墓坑南北长 1.7、东西宽 0.6、深 0.8 米。方向 10°。坑内填黄褐色松土。墓内葬具为两口陶缸，缸口对接严密。南面陶缸，大口，卷沿，腹部破碎比较严重；北面陶缸，直口，平唇，腹部有少量裂缝。陶缸的内壁和外表都分别施有麻点纹和条纹。墓主仰身屈肢葬，头向北，通体蜷缩在北面陶缸内，脚趾略伸于南面陶缸，故南面为空陶缸，形同虚设。

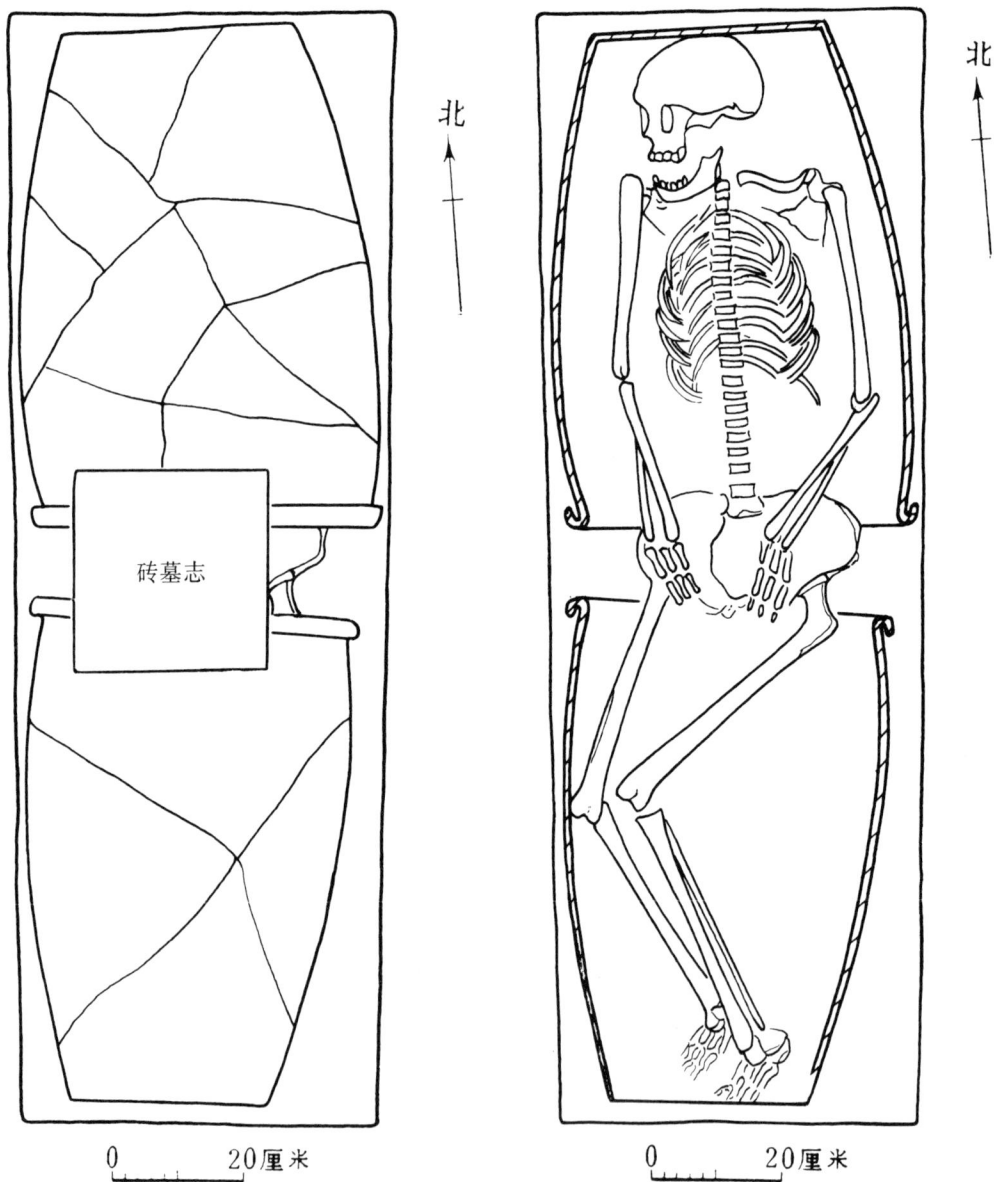

图一〇　M0156 平面图

墓主骨架腐朽严重，保存较差，头颅已经破碎，但尚能看出，脑颅向后折至左肩部，面部仰对陶缸底。右臂蜷屈，手置胸部，左手置下腹部。两腿相并，屈向身躯右上方，成蹲坐姿势。墓主个体矮小，骨质比较细腻，应当是一位中年女性（图一一；图版七，1）。

　　4. M0569

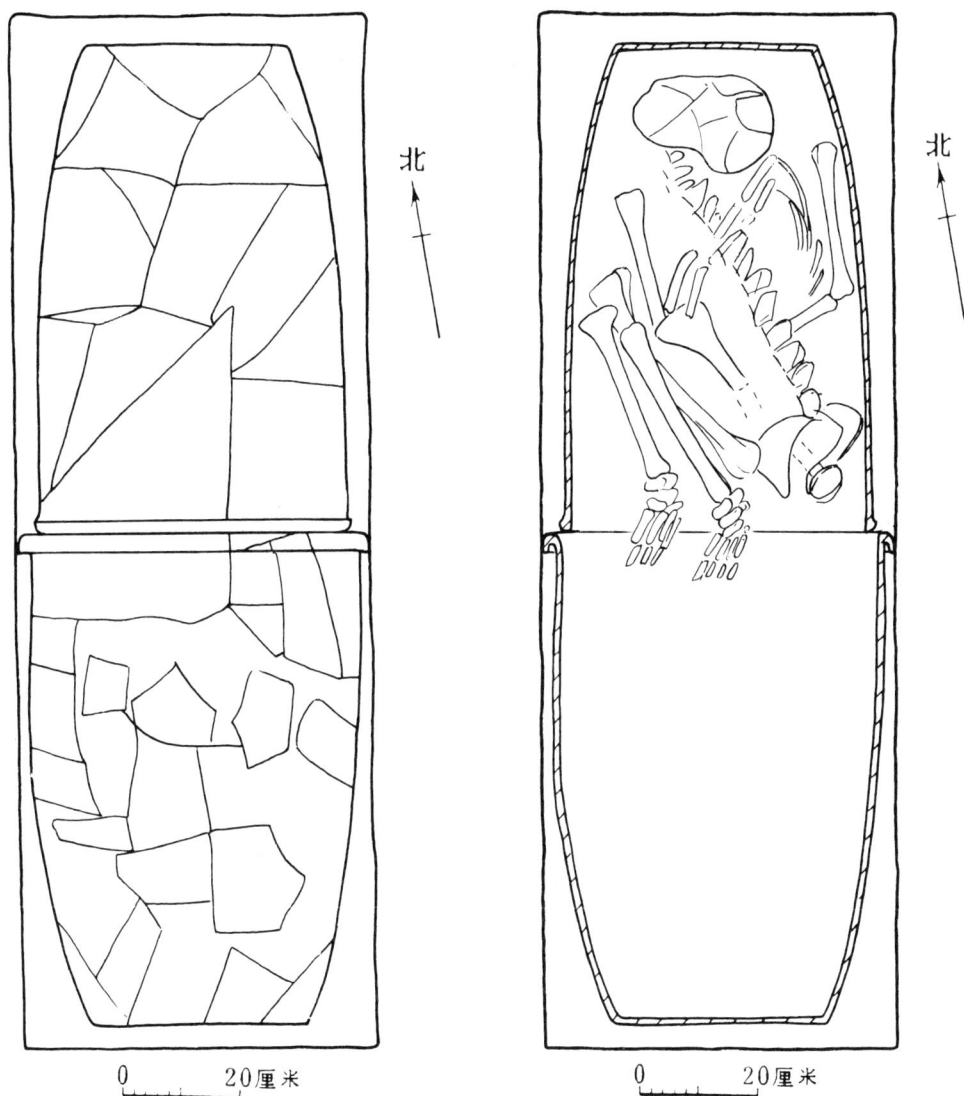

图一一　M0272 平面图

　　位于墓地北第五排的偏西部。墓坑南端与 M0667 相对，并被 M0667 所打破，北面与 M0469 相邻，其位略偏东部，间隔为 0.2 米。东西与 M0568 和 M0570 相并列，间隔均为 1.5 米。墓坑南北长 1.8、东西宽 0.6、深 0.8 米。方向 10°。葬具为两口陶缸，放置比较端正，缸的腹部均已严重破碎，内部充满淤土。缸口相对，两缸相距 0.24 米。缸内墓主骨架保存较好，为仰身屈肢葬，头向北，面向上略偏西。墓主上身仰卧在北部陶缸内，左手置下腹部，右手搭在盆骨上，盆骨暴露在两缸对口的间隙处，两腿在南面缸内，双足并拢，膝部左右分开向上拱起，上拱高度为 0.18 米。左腿靠在缸壁上，右腿支撑未倒。

墓内出有两块大方砖墓志，整齐地叠压在两陶缸的接口处。墓志志文为："甲子途，弟秦遇状抬捫到兄驻泊东京广勇右二一指挥兵士秦宁，二月十六日收管，当日葬埋讫。"（图一二；图版七，2、3）

（三）侧身屈肢葬墓

1. M0549

位于墓地北边第五排中部，东西两侧与 M0548 和 M0550 相邻，间距均为 0.8 米。

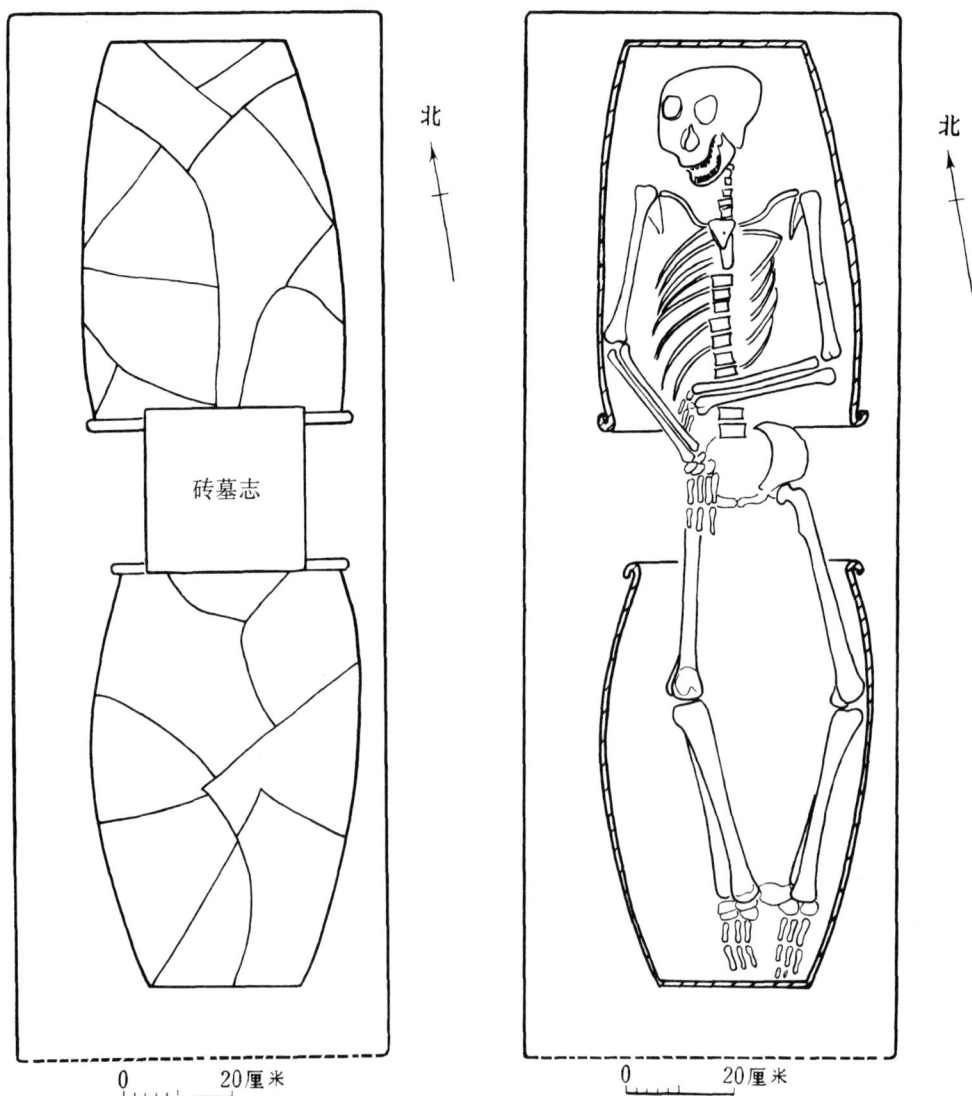

图一二　M0569 平面图

南与 M0647 相对，间隔为 0.4 米，北部打破 M0449，与 M0449 的墓坑连通，墓内的陶缸与 M0449 中的陶缸，缸底相对。墓坑南北长 1.8、东西宽 0.6、深 0.8 米。方向 8°。墓坑壁比较光洁规整，内部填土松软。葬具为两口陶缸，保存较好，放置也较端正。两缸对口处的间隙为 0.16 米。陶缸均为泥质灰陶，表、里的纹样都不清晰。墓主头向北，面向西，为侧身屈肢葬。上身仰卧在北部陶缸内，略向右侧倾斜，左臂向下，手搭于盆骨上，右臂桡骨上折，手置肩头，两肋骨左高右低，盆骨呈倾斜状。两腿伸在南部陶缸内，同屈向右侧，右腿斜靠在陶缸的西壁上，上下腿骨屈成的夹角近 120°，左腿与右腿相并平行。填土中出一块砖墓志。志文：“甲子感。本县尉头子抬到东门递铺兵士张亨，十二月三十日收葬。”（图一三；图版七，4、八，1）。

2. M1004

位于墓地已发掘部分的东南部，南邻未发掘区，北与 M0904 相对，间隔为 0.4 米，东西与 M1003 和 1005 相邻，排列整齐，间距分别为 1.0 和 0.8 米。墓坑南北长 1.7、东西宽 0.6、深 0.5 米。方向 10°。墓内葬具为两口陶缸，均系泥质灰陶。大口，卷沿，深腹，平底。南部陶缸个体较为短小，放置端正，北部陶缸口、底朝西南和东北方向倾斜，缸腹较深，个体大于南面陶缸。两缸口相对处的间距为 0.14～0.18 米。墓主骨架朽蚀严重，保存较差，仅能看出为侧身屈肢葬。墓主上身侧卧在北面陶缸内，头顶缸底，面向东，腰背向后弓屈，双臂蜷屈于上胸及腹部。盆骨在两陶缸对口处，暴露在外，盆腔向左侧倾斜，下肢在南面陶缸口部屈向左侧。墓内未出砖墓志。人骨架的性别特征不够明显，根据牙齿磨损和脱落的状况判断，墓主应是一位老年人（图一四）。

（四）俯身直肢与屈肢葬墓

1. M0329

位于墓地北边第三排的东部。南北与 M0428 和 M0230 相对，间隔分别为 0.3 和 0.5 米，东西与 M0328 和 M0330 相邻，间距分别为 2.0 和 1.5 米。墓坑较为规整，南北长 1.7、东西宽 0.5、深 0.5 米。方向 330°。坑内填黄褐色松土。墓内葬具为两口陶缸，均已严重破裂，北面陶缸已全部成碎片，残缺不全。墓主骨骼保存较好，俯身直肢葬，头向北，面向下，全身俯卧，略向右侧倾斜。头颅骨歪向右侧，左肩胛骨覆盖在背部上端，右臂下垂置身躯旁侧，左臂折至背后，盆骨斜扣，两腿直伸，左腿略高于右腿，足心向上。

在北面的破陶缸片上，平置两块方形砖墓志，志文面相扣。砖墓志边长 30.5、厚 4.5～5 厘米。砖墓志背面都有手印纹。两块砖墓志志文完全相同，内容为：“甲子荣字号。不知姓名百姓，七月八日检验了当，当日葬埋讫。”（图一五；图版八，2、3）

2. M0332

位于墓地北边第三排偏东部。北面与 M0233 相对，间隔为 0.3 米，南面与 M0431

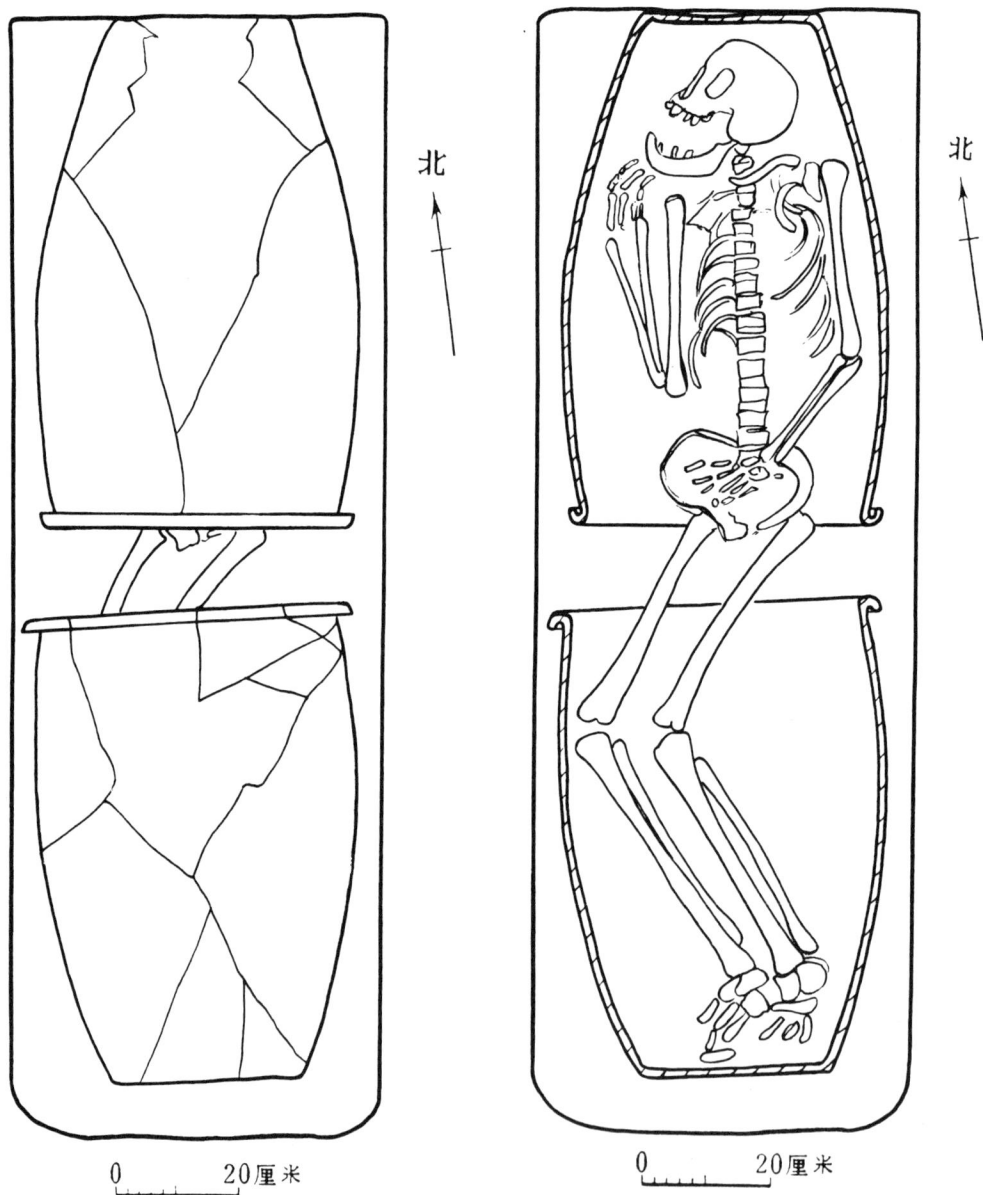

图一三　M0549 平面图

相对，间距为 0.2 米，东西两侧分别与 M0331 和 M0333 相邻，间距分别为 1.1 和 1.2 米。墓坑不很规则，南北长 1.7、宽 0.7、深 0.7 米。方向 15°。墓坑内填黄褐色松土。墓内葬具为两口陶缸，破裂比较严重。南面的陶缸放置较为端正，北面的陶缸底部略向墓穴西北角倾斜。两陶缸缸口对接处的最大间隙为 0.08 米。陶缸为灰陶，内壁施麻点纹，外表条纹经过打磨，已不易看清楚。墓主骨架保存较好，为俯身屈肢葬，头向北，

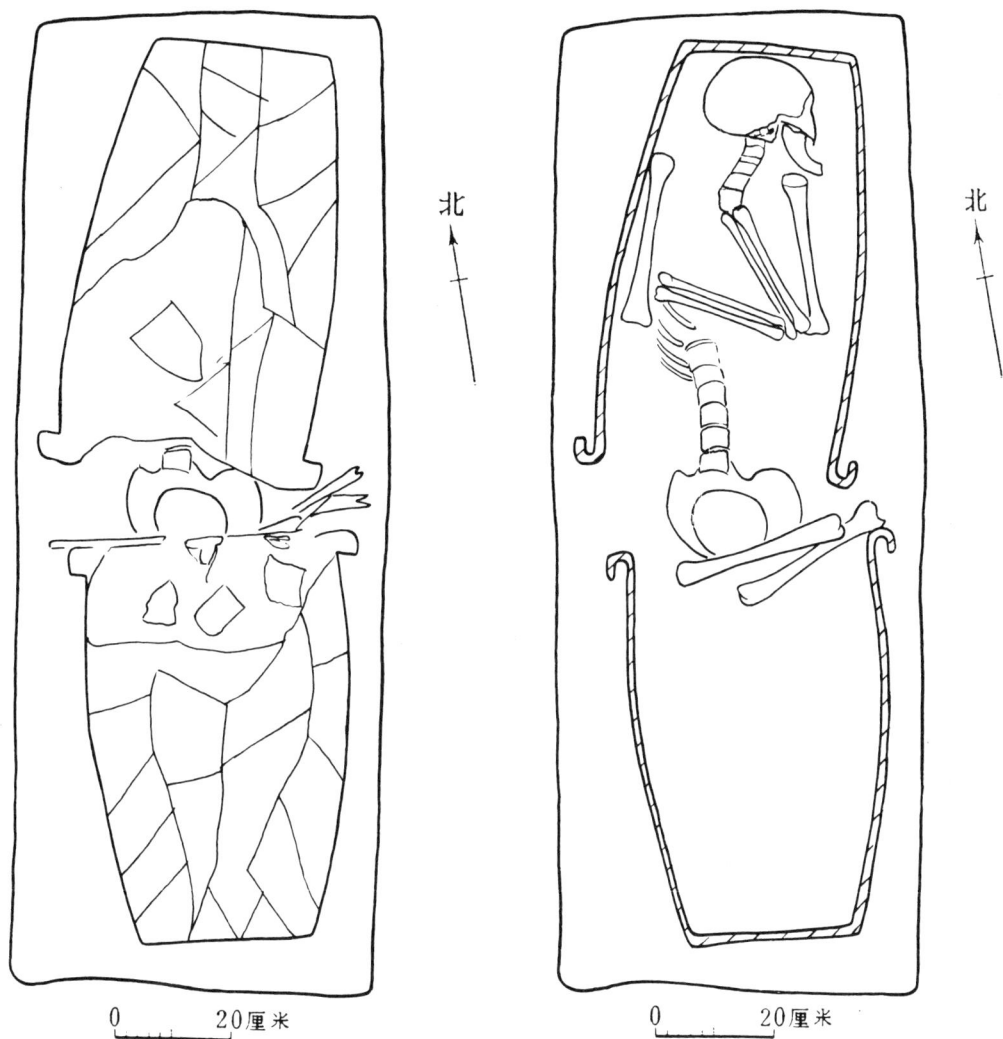

图一四　M1004 平面图

面向下，上身躯体俯卧在北面的陶缸内，两臂肱骨置身躯两侧，桡骨蜷屈于腹下。盆骨向下翻扣，大腿两股骨并列向下而胫骨向上折至臀部，使上下腿骨成并列状，双足置盆骨左下方。未发现有砖墓志。根据粗壮的骨骼和完好的牙齿判断，墓主应是一位男性青年（图一六；图版八，4）。

3. M0343

位于墓地北部第三排偏东，东、西两侧与 M0342 和 M0344 相邻，间距分别为 0.9 和 0.8 米，南与 M0442 相隔 0.4 米，北与 M0244 相隔 0.3 米。墓坑南北长 1.4、东西宽 0.7、深 0.6 米。方向 15°。坑壁不规整，填土较硬。葬具为两口残破的陶缸。北面

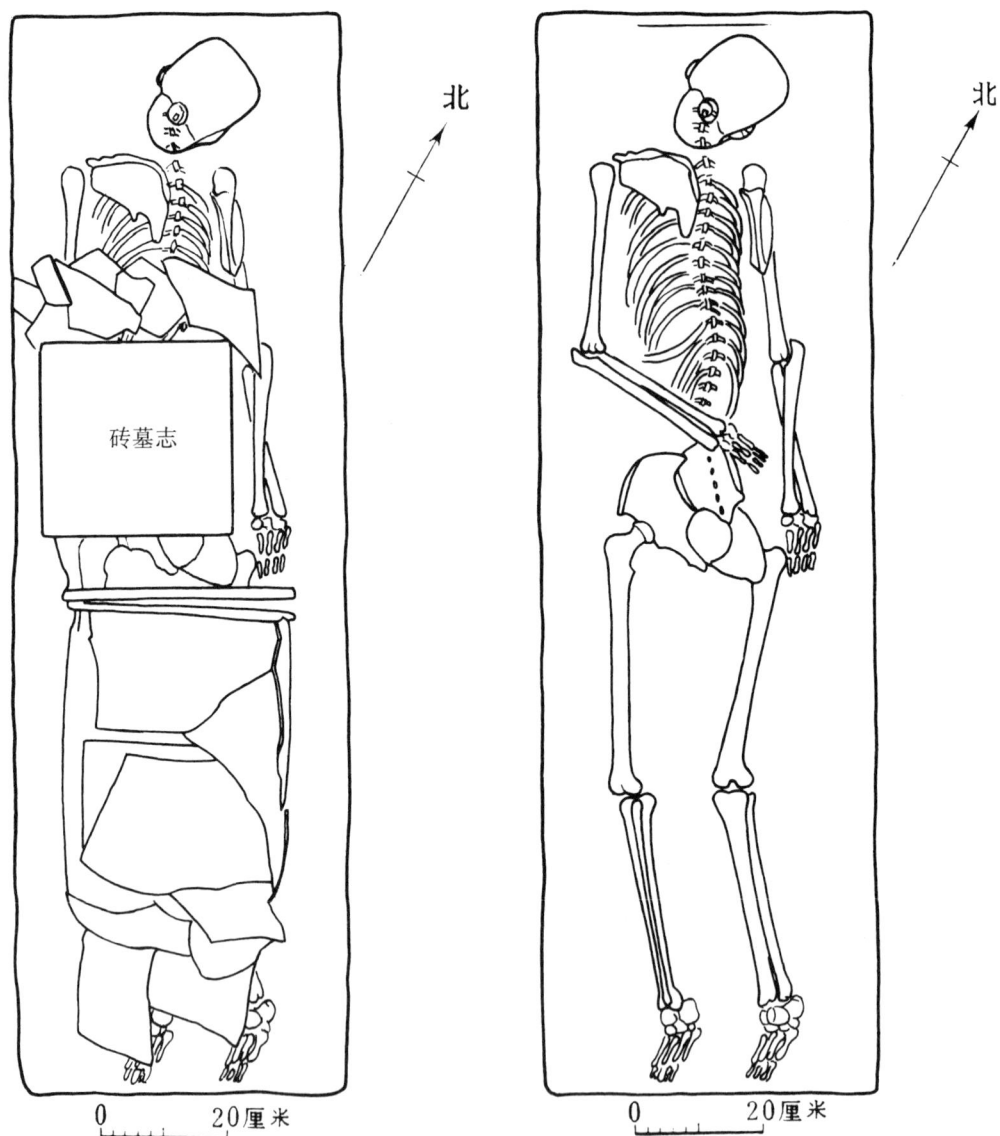

图一五　M0329平面图

的陶缸，口沿残缺，与南面的陶缸套在一起。陶缸均系泥质灰陶，表、里纹样不清晰。
南面陶缸的口沿和上腹部比较完好，底部全部残缺，残存高度为0.4米，暴露的骨骼用
碎缸片掩盖。墓主头朝北，面向下，为俯身屈肢葬。上身俯卧在北面陶缸内，背部略向
右侧倾斜，左右肩胛骨显著地竖立在肩头，两侧肋骨右高左底。双臂蜷屈于腹下，臀部
向上撅起，盆骨朝下翻扣，双腿在南面陶缸内，股骨相并，同向右屈，两胫骨伸出陶缸
外，相互交叉，右脚压在左脚上。墓主的身材比较低矮，骨骼纤细，似为女性（图一

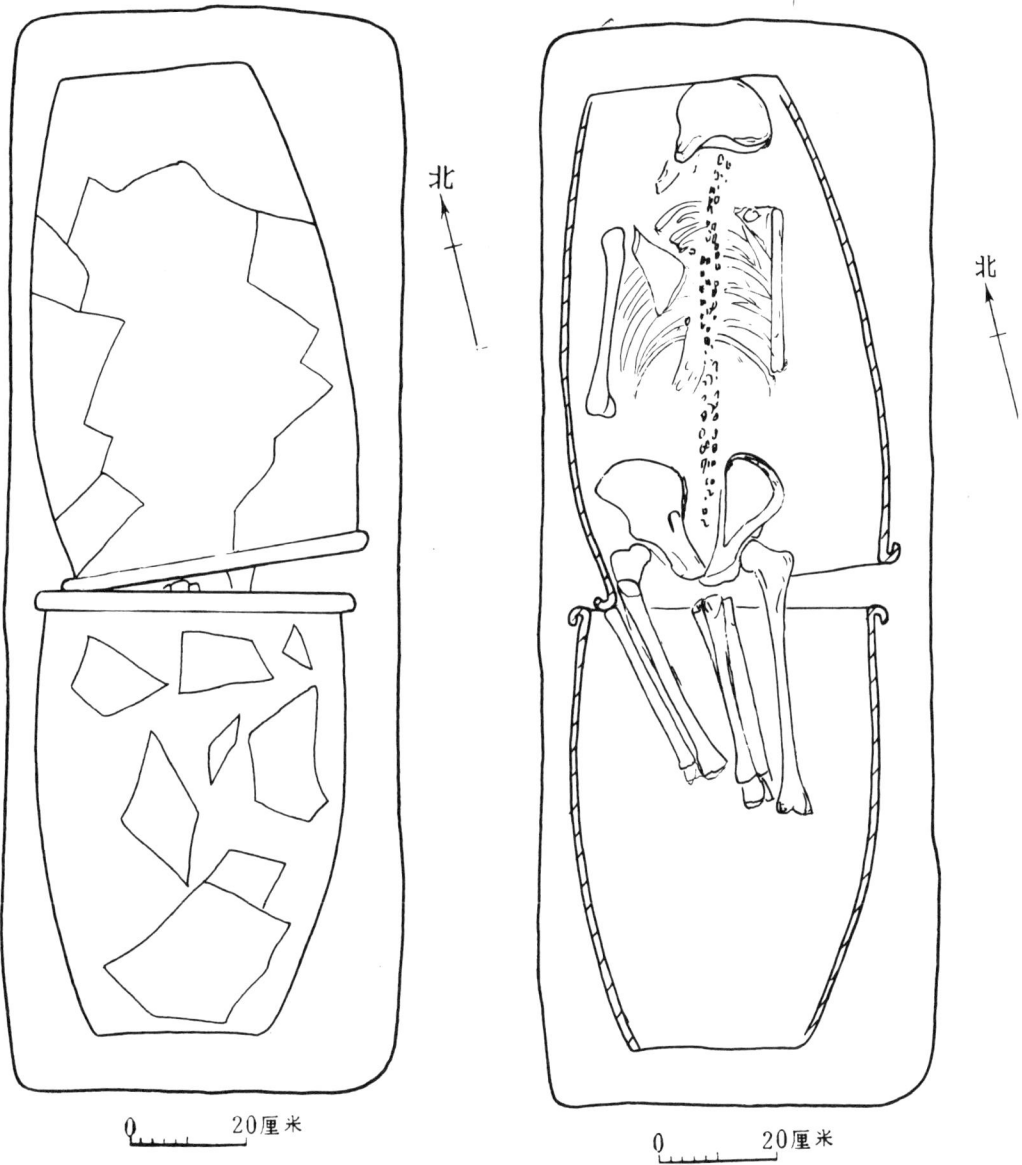

图一六　M0332 平面图

七；图版九，1、2）。

二、以一口陶缸为葬具的墓

此类墓在墓地中比以两口陶缸为葬具的墓略少，但葬法和葬式却多种多样。一般的葬法是把陶缸侧放在墓坑中，缸口朝南或朝北，将死者的上身或下肢装入缸内。除少数墓葬（如 M0217、M0227、M0254 等）在外露的尸体上盖有板瓦或碎陶片外，大部分墓葬对尸体暴露部分都不加掩盖。也有把死者躯体作严重蜷曲状，全部装入一个陶缸内

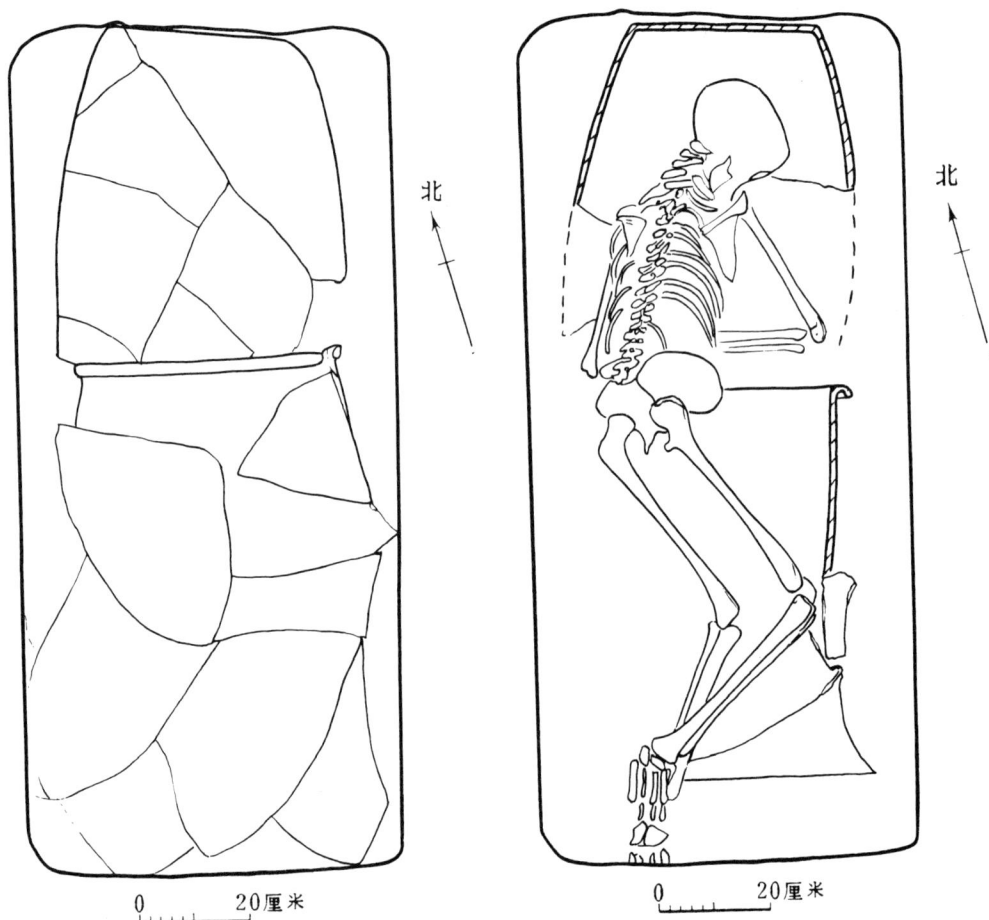

图一七　M0343 平面图

进行安葬。此类墓葬以葬小孩数量最多，也有少数个体矮小的妇女。据统计，此类墓葬中，葬具陶缸口朝南的较多，朝北的略少。将死者上身装入陶缸内的较多，将下肢装入陶缸内的较少，还有把人体蜷曲后全部置入陶缸内仅露出部分头骨或下肢的墓。M0301、M0302 和 M0303 三座墓的葬具也都只是一口陶缸，而其葬法却是将陶缸口朝下放，把死者躯体扣入陶缸内。这三座墓的上部多遭破坏，保存不很完整，尸骨比较细小，可能是小儿遗骸。

现以葬式的不同，分别介绍以一口陶缸为葬具的墓。

（一）仰身直肢葬墓

1. M0256

位于墓地北边第二排。墓坑呈长方形，四壁不规整，南北长 1.8、东西宽 0.6、深 0.8 米。方向 10°。填土松软。墓内葬具为一口陶缸，置于北端，缸口朝南。出土时陶缸内满是淤土，破裂严重。陶缸泥质灰陶，质较硬，大口，卷沿，深腹。陶缸内壁施麻点纹，外表光洁素面。口径 0.55、底径 0.3、高 0.83 米。墓主仰身直肢葬，头向北，面偏西侧，上身仰卧在缸内，姿势较端正自然，右臂桡骨上折，手搭至右肩部，左臂自然下垂，部分盆骨和下肢暴露在缸外，两腿并拢伸直。

在陶缸的上腹部，叠放两块方形砖墓志。上面一块完好，下面一块残破。砖墓志一面刻文，一面有手印纹。

两块方形砖墓志的规格与志文内容如下：

砖墓志之一，长 31、宽 30.5、厚 5 厘米。志文内容："行字号。永定涧身死，不知姓名军人，年约二十三四岁，十一月二十一日检验了当，十一月二十二日依条立峰，葬埋记识讫。"

另一块墓志文，与上块完全相同（图一八；图版九，3、4）。

2. M0265

位于墓地北面第二排中部偏西。墓坑南北分别与 M0364 和 M0165 相对，东西与 M0264 和 M0266 相邻，间距为 0.3～1.2 米。墓坑，南北长 1.7、东西宽 0.6、深 0.9 米。方向 180°。坑壁不规整，坑内填土纯净疏松。墓内葬具为一口陶缸，置于北端，缸口朝南。陶缸泥质灰陶，大口，卷沿，深腹。外施条纹，内壁有麻点纹。口径 0.55、底径 0.28、高 0.92 米。陶缸腹部破裂比较严重，缸底残缺。墓主侧身直肢葬，下肢装入缸内，两腿并拢，双脚经缸底伸出缸外，紧蹬北端坑壁。盆骨及上身全都暴露在缸外。因墓坑短小，不能容身，墓主的头颅折靠墓坑南端的坑壁上，颈椎折屈成直角，头部向上折起 0.3 米。墓主身躯紧贴墓坑西壁，并向西侧倾斜，保存比较差。在陶缸上面置有两块志文相对扣的砖墓志。

两块方形砖墓志的规格与志文内容情况如下：

砖墓志之一，长 30、宽 30、厚 5 厘米。志文内容："名字号。熙州第六十四指挥兵士唐吉，年约五十三四岁，崇宁五年十二月十九日葬埋记。"

砖墓志之二，长 31、宽 30.5、厚 5 厘米。志文内容："名字号。熙州保宁第六十四指挥兵士唐吉，年约五十三四岁，崇宁五年十二月十九日埋记。"（图一九；图版一○，1、2）

3. M0528

位于墓地北边第五排偏东部。南面和北面与 M0626 和 M0428 相对，间隔分别为 0.3 和 0.5 米。东西与 M0527 和 M0529 相邻，且相互并列为一横排，间距分别为 1.5 和 1.2 米。坑内填黄褐色松土，南北长 1.8、宽 0.6、深 0.9 米。方向 152°。墓内葬具为一口陶缸，置墓坑南部，陶缸口向北。陶缸泥质灰陶，大口，卷沿，腹部微鼓。墓主骨骼保存较好，仰身直肢葬，头向南，上身仰卧在陶缸内，盆骨下部及双腿暴露在陶缸

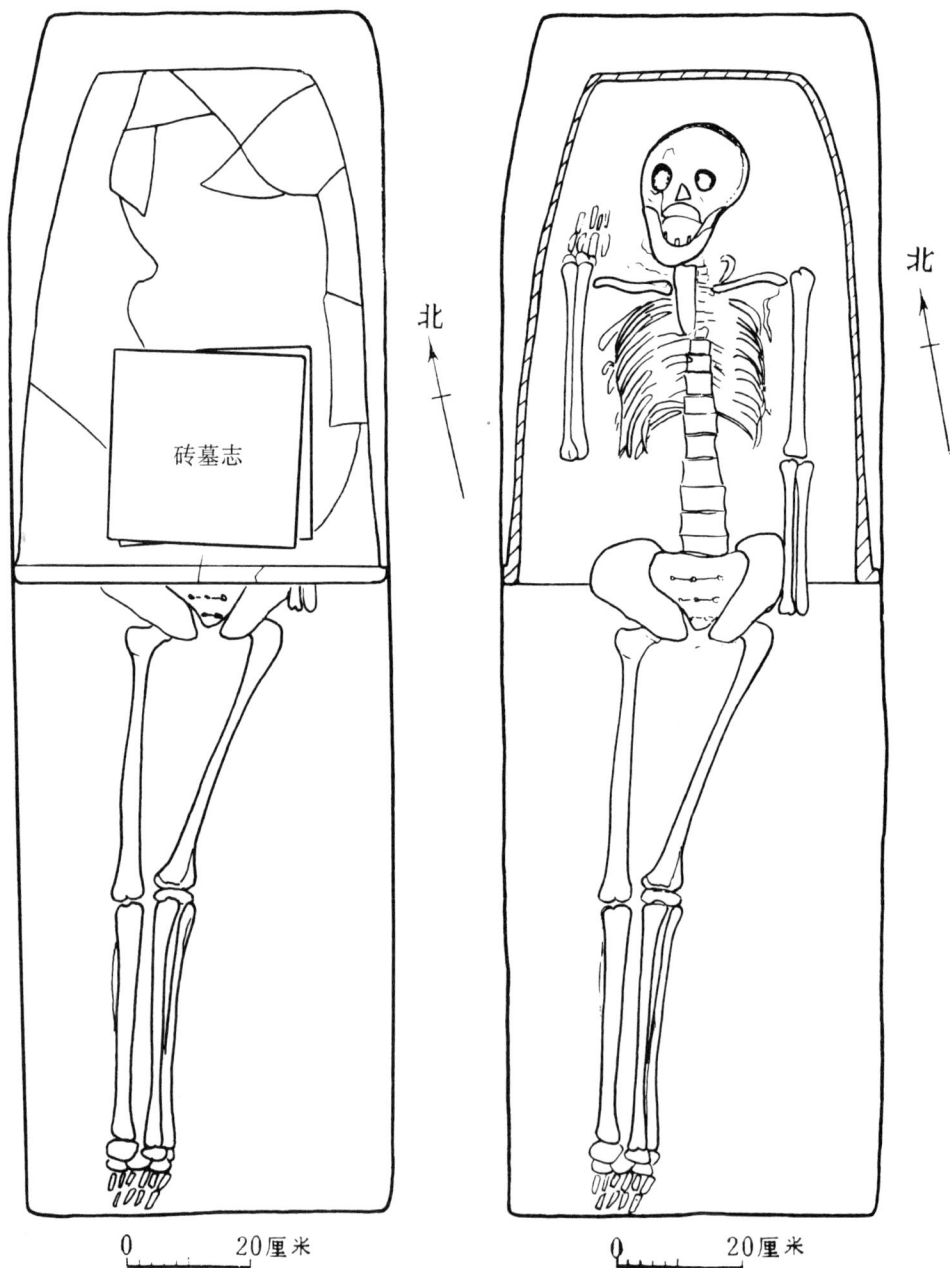

图一八　M0256 平面图

外。面部向上，双手交叉置于下腹部，两腿平行伸直，葬姿端正自然。墓坑内未发现砖墓志。墓主身分不清楚。根据牙齿完好，磨损较轻，骨骼粗壮等特征判断，墓主应是一位男性青年（图二○；图版一○，3）。

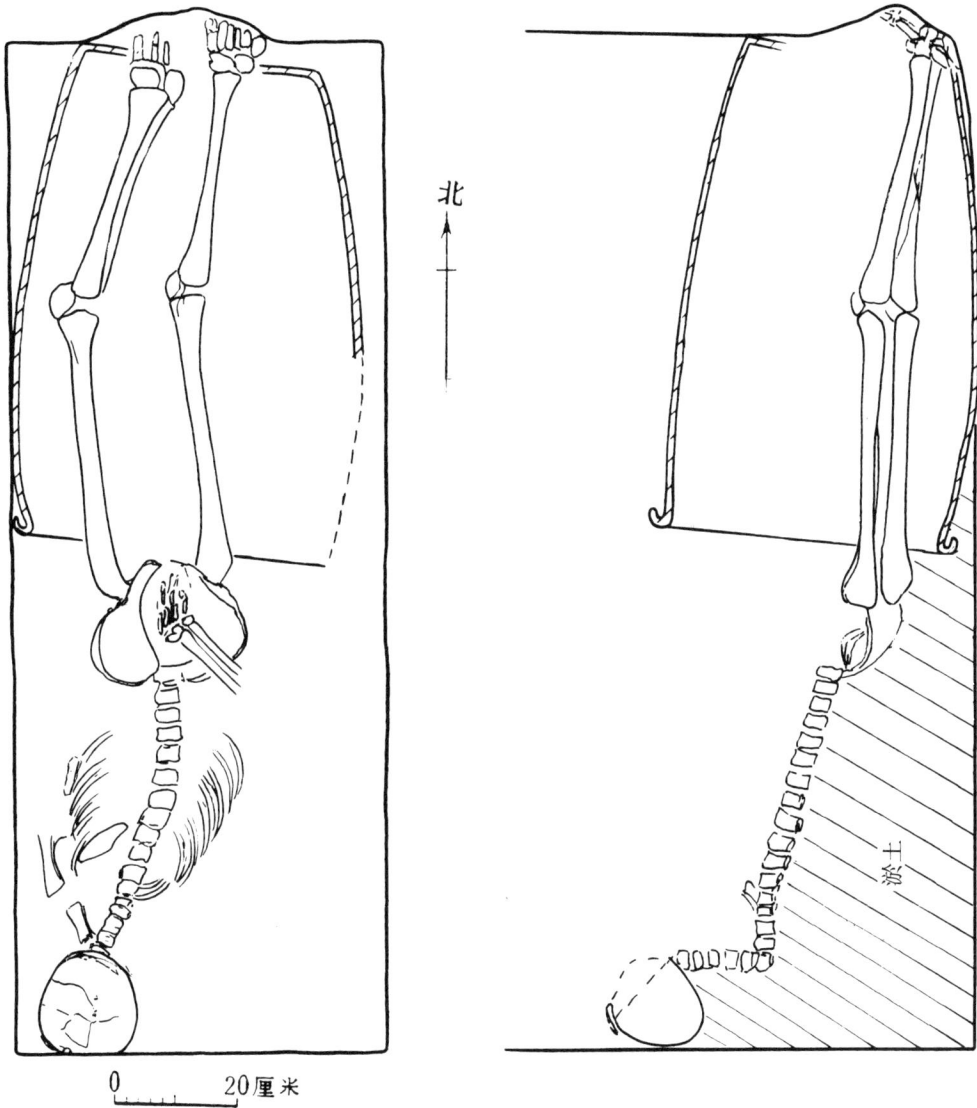

0　　　　20厘米

图一九　M0265 平、剖面图

（二）仰身屈肢葬墓

1. M0227

位于墓地北边第二排偏东部。南面和北面分别与 M0326 和 M0127 相对，东面与西面分别与 M0226 和 M0228 相邻，间距为 0.3~1.4 米。墓坑长方形，南北长 1.1、东西宽 0.6、深 0.6 米。方向 15°。坑内填黄褐色五花土，质较松软。墓内葬具为一口陶缸，缸口向南。陶缸泥质红陶，窄沿，直口，深腹，平底。内壁施清晰的麻点纹，外壁饰条

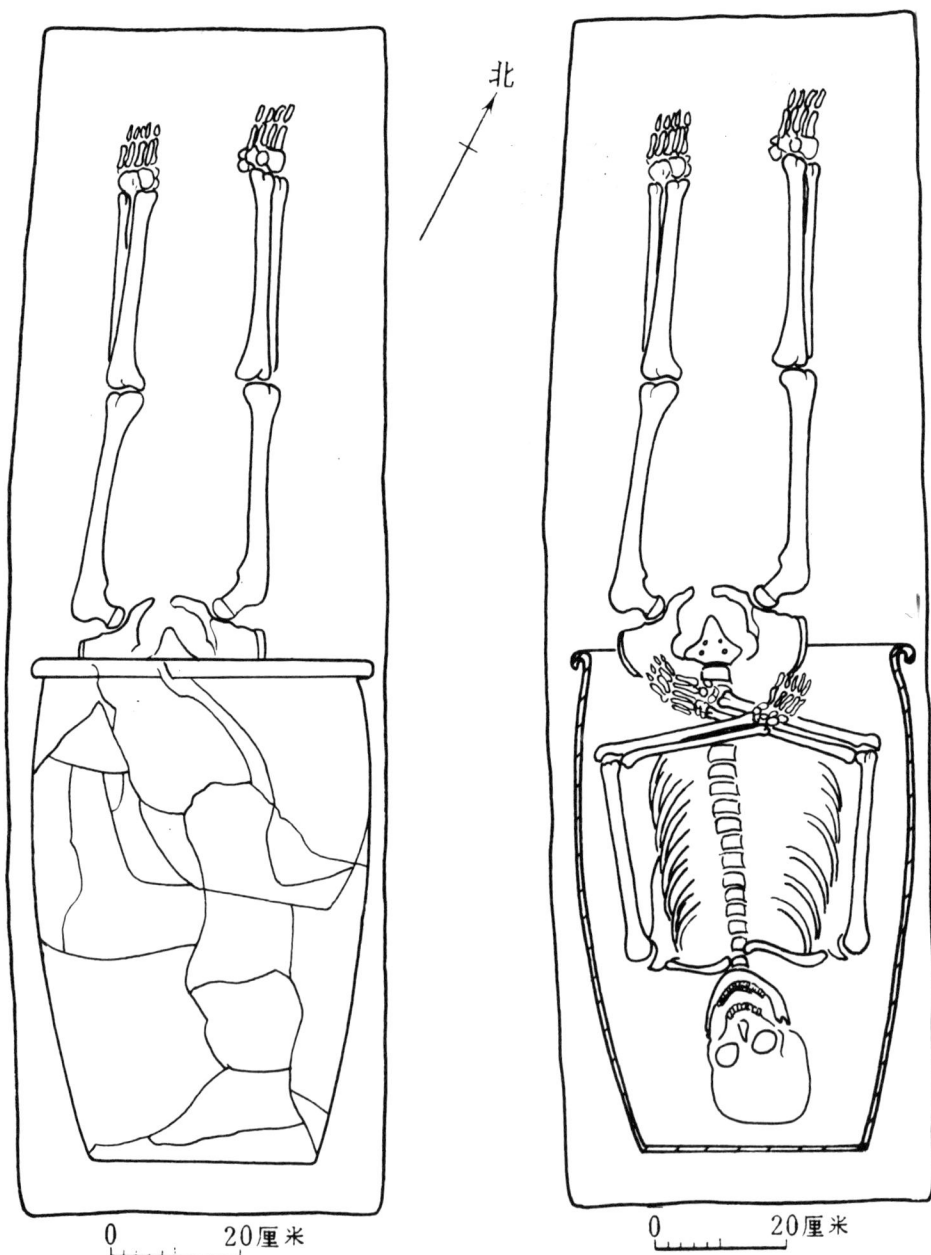

图二〇　M0528 平面图

纹。墓主仰身屈肢葬，下肢屈甚，躯体绝大部分都置入缸内，少部分下肢露于缸外，用板瓦掩盖。墓主上身仰卧缸内，头向北，面朝上向背后折仰。两臂蜷置于胸前，两腿向左上方蜷缩，双足贴近臀部左下方。墓内未发现砖墓志，墓主身分不详。根据骨骼不很粗壮，牙齿小而密集的特征判断，墓主应是一位中年女性（图二一；图版一〇，4）。

2. M0254

位于墓地北边第二排中部。墓坑南北分别与 M0353 和 M0154 相对，间隔为 0.15～0.4 米，东西两侧分别与 M0253 和 M0255 相邻，间距为 1.1～1.4 米。墓坑长方形，南北长 1.5、东西宽 0.6、深 0.6 米。方向 10°。墓坑壁不规整，坑内填土黄褐色，纯净松散。墓内葬具为一口陶缸，置于墓坑北部，口南底北，腹部破裂比较严重。陶缸泥质灰陶，大口，卷沿，深腹，平底。内壁有清晰的麻点纹，外表有隐约的条纹。口径 0.47、底径 0.3、高 0.73 米。墓主上身置入陶缸内，头向北，仰身屈肢葬，头颅严重向背后折仰，颈椎向上曲成弓形，双臂下垂，下肢露出陶缸外，用四块板瓦将主要部位作了掩盖。两腿蜷屈向上拱起，左腿斜靠在墓坑南部的东壁上，右腿屈成 80° 夹角，向左靠压在左腿上。墓坑南部外露的人骨架上，扣盖的板瓦，一块完整，三块残破。板瓦外表为光洁素面，里面为细布纹。长 0.34、宽 0.2～0.22、厚 0.02 米。墓坑东南角，重叠放置两块砖墓志，砖面向西倾斜，有字面朝上，背部有手印纹。

两块方形砖墓志的规格与志文内容情况如下：

砖墓志之一，长 30.5、宽 30.5、厚 5 厘米。志文内容："羊字号。夏县张庄百姓郭

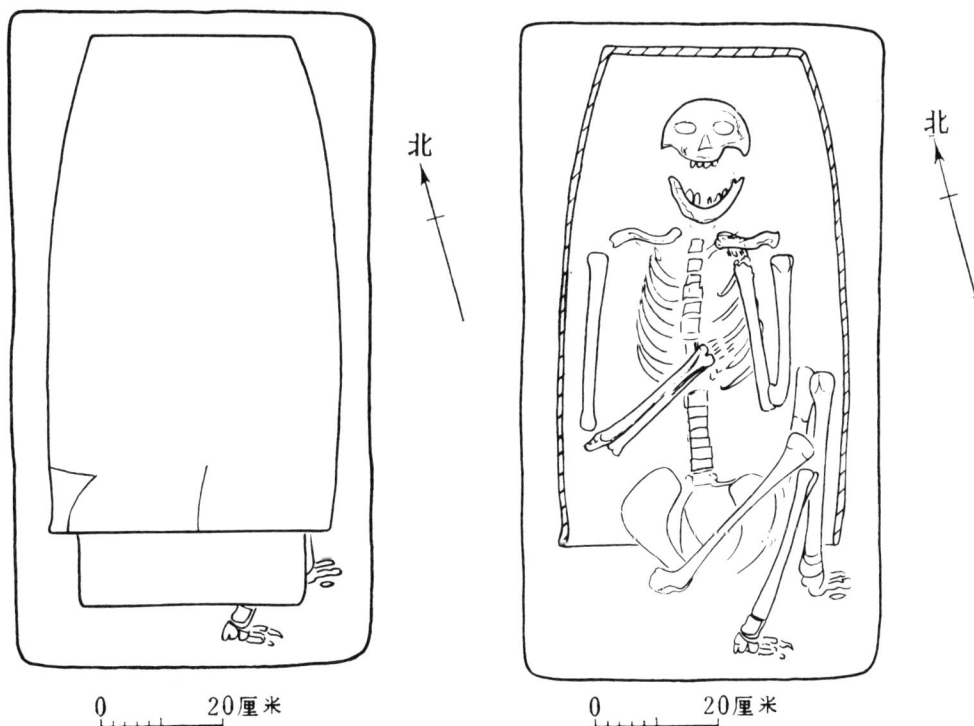

图二一　M0227 平面图

元，年约四十七八岁，十一月十五日检验了当，十一月十六日依条立峰，葬埋记识讫。"

砖墓志之二，长 30.5、宽 30.5、厚 5 厘米。志文内容："羊字号。夏县张庄百姓郭元，年约四十七八岁，十一月十五日检验了当，十一月十六日依条立峰，葬埋记识讫。"（图二二；图版一一，1、2）。

3. M0336

位于墓地北面第三排中部偏东。南面和北面分别与 M0435 和 M0237 相对，东西两侧分别与 M0335 和 M0337 相邻，间距为 0.4～0.8 米。墓坑比较短小，也不很规则，南北长 1.1、东西宽 0.5、深 0.6 米。方向 185°。墓内葬具为一口陶缸，缸口朝南。陶

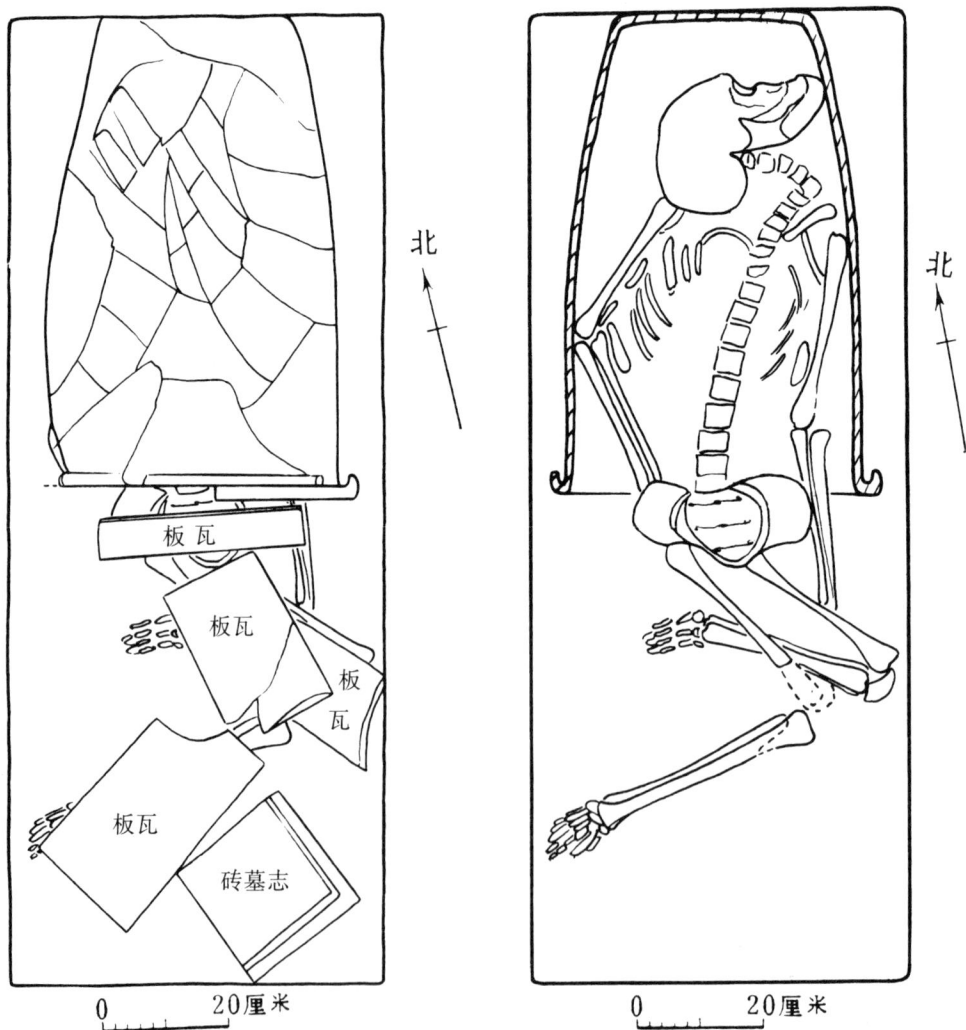

图二二 M0254 平面图

缸泥质灰陶，质较硬，大口，卷沿，深腹。口径57、底径34、高88厘米。出土时陶缸内有少量填土，外表布满裂缝。墓主全身置入缸内，头部和双足都朝向缸口。上身作仰卧姿势，身躯还较端正，而下肢双腿经腹部向上转折，把双足折至右肩部，与头部平齐，使双足转折了180°。这种葬法，应是先将死者装入缸内再进行下葬，也比较少见。墓内未出砖墓志。根据墓主骨骼粗壮，牙齿完好，应是一位男性青年（图二三；图版一一，3）。

（三）侧身屈肢葬墓

1．M0275

位于墓地北边第二排的西部，东与M0274相距1.4米，西与M0276相距1.7米，北与M0175相隔0.3米，南与M0374相隔0.5米。墓坑长方形，南北长1.1、东西宽0.5、深0.9米。方向5°。坑内填黄褐土。葬具为一口陶缸，缸口朝北，陶缸大口，卷沿，深腹，平底。口径0.48、底径0.28、高0.71米。陶缸为灰皮红陶，火候不足，质地松软，保存极差。缸内有人骨架一具，除头顶骨露出缸外，其余部分全装入缸内。墓

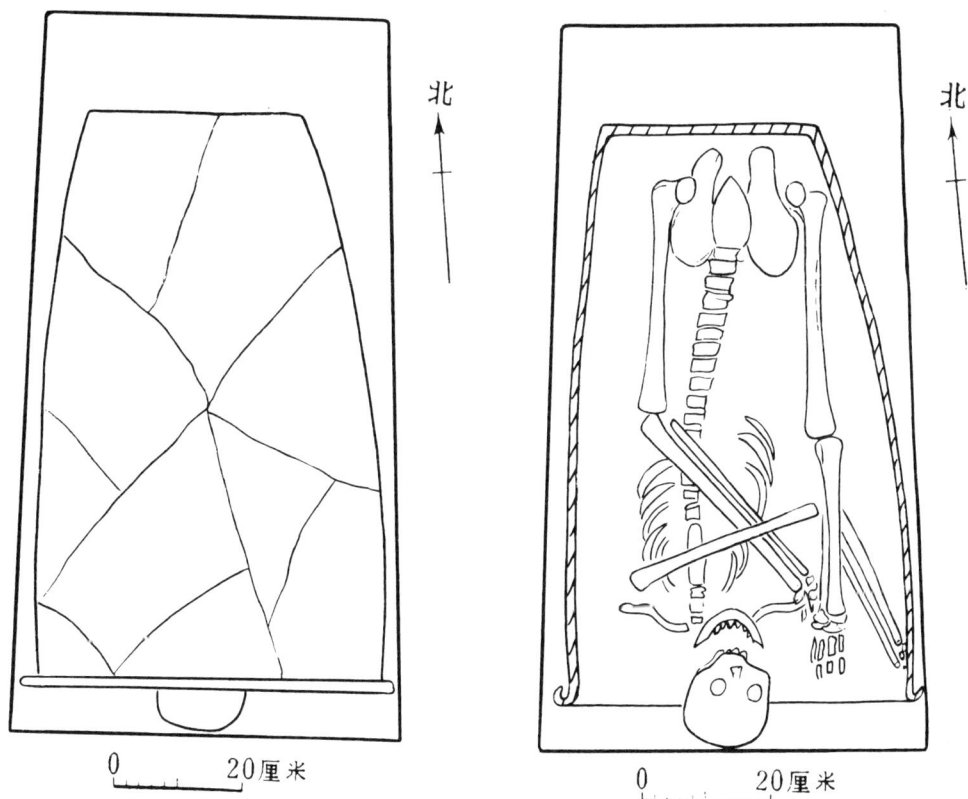

图二三　M0336平面图

主为侧身屈肢葬,头朝北,面向东。人体蜷缩侧向左方,腰椎屈成弓形,上体为右肋骨所遮盖,右臂压在肋骨上,左臂下垂,两手相合置盆骨左侧。左腿向左上方蜷屈成30°角,斜靠在缸内东壁上,右腿作跪式向左下方倾斜。上下腿骨并挨在一起。未出砖墓志。根据骨骼短而细,牙齿细小,磨损轻微等特征看,显然属小孩骨架,年龄当在七岁左右(图二四;图版一一,4)。

2.M0457

M0457 位于墓地北边第四排中部。东西两侧分别与 M0456 和 M0458 相邻,间距均为 1.3 米,南北分别与 M0557 和 M0358 相对,北与 M0358 的墓坑连通,南与 M0557 相隔 1.0 米。墓坑南北长 1.0、东西宽 0.6、深 0.9 米。方向10°。墓坑短小,四壁不规则,填土纯净松散。墓内葬具为一口陶缸,缸口朝北。陶缸泥质灰陶,大口,卷沿,深腹,平底。器内壁施麻点纹,外饰条纹。出土时缸内积满淤土,器表布满裂缝。口径

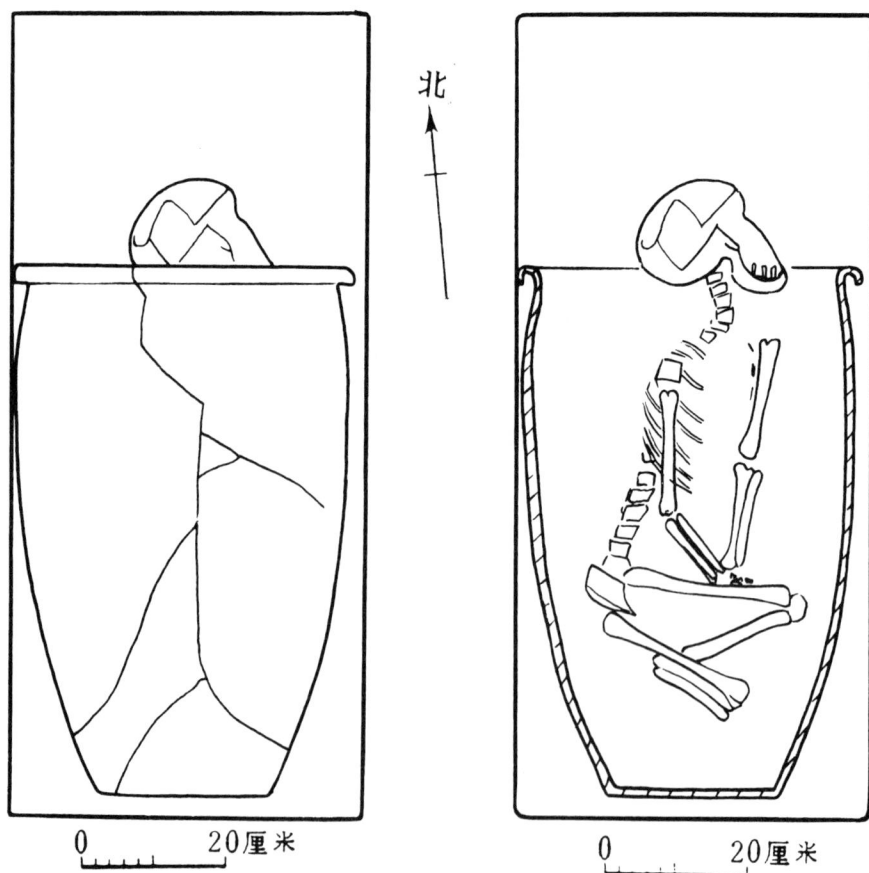

图二四　M0275 平面图

0.53、底径 0.34、高 0.79 米。墓主身躯屈甚，全身都入缸内，仅头顶部略露缸外。墓主侧身屈肢葬，头向北，面向东，全身侧向东面，右臂下垂，左臂被压在身下，右肋骨覆盖在躯体上部。左腿向上蜷至腹部，上下股骨和胫骨并在一起，右腿也屈向左侧，压在左腿之上，双足紧贴在盆骨下方。墓主骨架保存完好，结构清晰。根据骨骼比较细小，骨质细腻，嘴里牙齿磨损严重，且多数已经脱落等明显特征判断，墓主应是一位老年女性。另外，根据葬式特征还可以推断，葬殓是先将死者装入缸内，然后再把陶缸放入墓坑中（图二五；图版一二，2、3）。

（四）俯身直肢与屈肢葬墓

1. M0120

位于墓地北边第一排的东部，北边无墓葬，南面与 M0221 相对，东西两侧分别与 M0119 和 M0121 相邻，间距为 0.4～1.6 米。墓坑极不规则，南北长 1.95、南宽 0.46、北宽 0.58、中部最宽处 0.7、深 0.8 米。方向 185°。墓内葬具是一口陶缸，置于北端，缸口朝南。陶缸泥质灰陶，质较硬，卷沿，深腹。内施麻点纹，外饰条纹。口径 0.5、底径 0.35、高 0.75 米。墓主俯身直肢葬，头朝南，面朝下，少部分下肢伸入缸内，大半截上身都暴露在外，背部朝上，盆骨翻扣，左臂下垂，右臂蜷于小腹下。

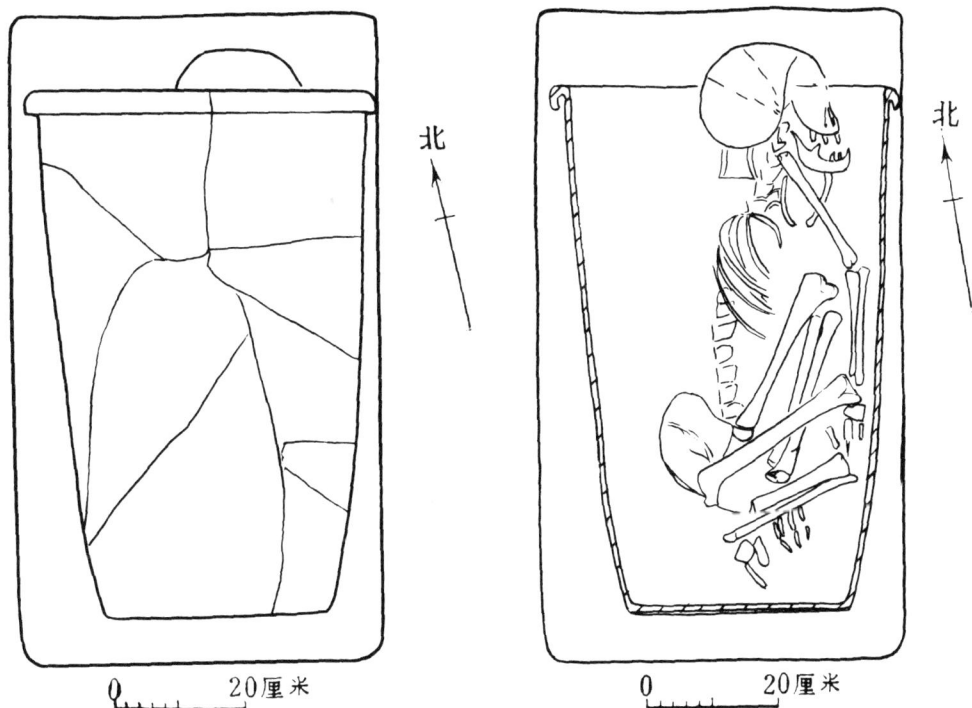

图二五　M0457 平面图

在陶缸的腹部，平放一块砖墓志，志文朝上。另一块砖墓志出于填土中。

两块砖墓志的规格与志文内容情况如下：

砖墓志之一，长方形，长 25.5、宽 20、厚 4 厘米。志文内容："昆字号。壕寨司寄役军人康信，年约三十一二，系汝州勇捷第四指挥，十一月十八日检验了当，十九日依条立峰，葬埋记识讫。"

砖墓志之二，条砖，长 31、宽 16、厚 5 厘米。志文内容："甲子昆。壕寨司寄役军人康信，汝州勇捷第四指挥，十一月十八日检验了当，十九日葬埋记。"（图二六；图版一二，4）

2. M0226

位于墓地北边第二排的东部。墓坑南北两端分别与 M0235 和 M0126 相对，东西两侧分别与 M0225 和 M0227 相邻，间距为 0.3～1.4 米。墓坑南北长 1.6、东西宽 0.53、深 0.7 米。方向 15°。墓内填黄褐色五花土，质较松软。墓内葬具为一口残破陶缸。陶缸口南底北，口沿和底部全都残损，最大腹径 0.48 米，残存高度 0.65 米。陶缸的内壁有麻点纹，外表施条纹。在陶缸的底部扣接完整陶盆一件，用以替代残缺的缸底。陶盆大口，平唇，厚沿，浅腹，平底。表面素面。口径 0.39、底径 0.28、高 0.18 米。墓主上身俯卧在陶缸内，头向北，面朝下，头部略超过缸底。

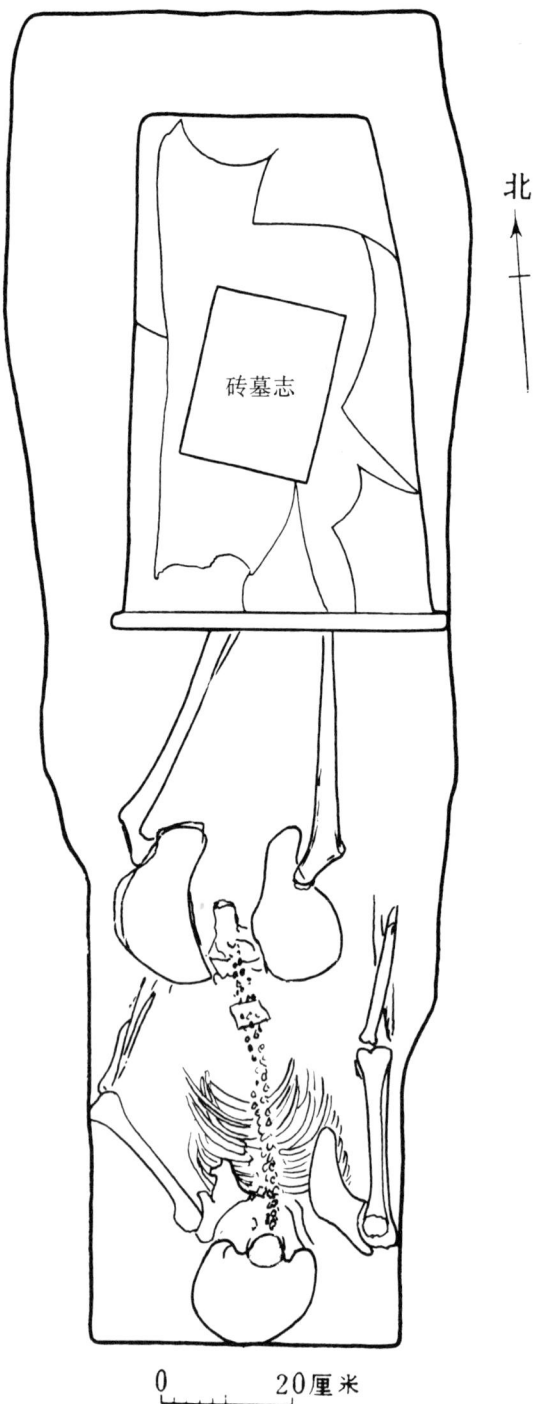

北

砖墓志

0　　　　　　20厘米

图二六　M0120 平面图

两臂蜷于腹部，压在身下，盆骨朝下翻扣，下肢暴露在缸外，作分腿下跪姿势。根据骨骼质地比较细腻，个体不甚粗壮等特征判断，墓主应是一位中年女性。

在陶缸上腹偏东处，放置一块方形砖墓志，边长 30、厚 5 厘米。因砖面风化剥蚀，志文无法辨认，仅能看出一个"府"字（图二七；图版一三，1）。

三、以碎陶缸片为葬具的墓

此类墓又相对少于以一口陶缸为葬具的墓，仅用破碎的陶缸片把尸体掩埋而已。尸

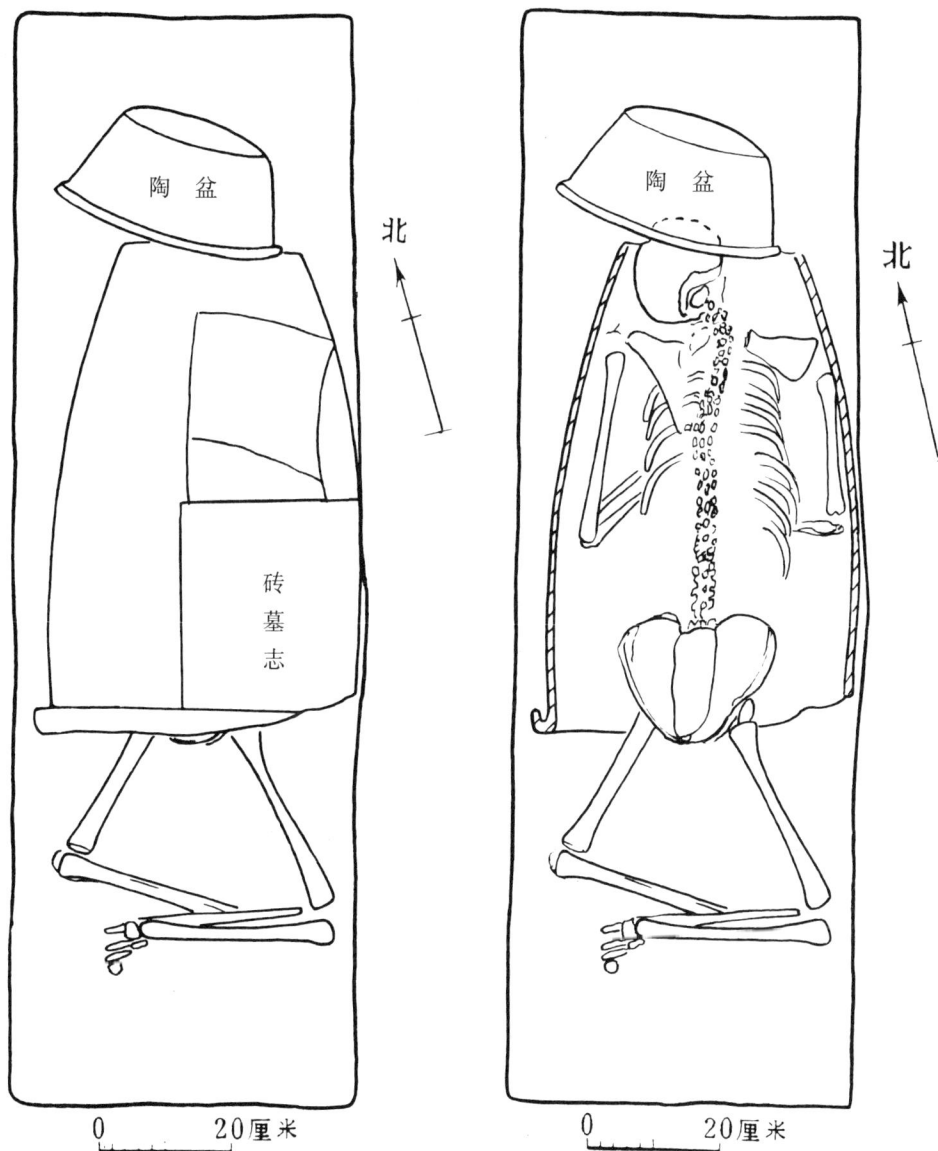

图二七　M0226 平面图

体上覆盖的陶缸片的多少则不等，多者遍布全墓，重叠数层，少者仅有数片，只作象征性的掩盖。

现以葬式之不同，分别介绍如下：

（一）仰身直肢与屈肢葬墓

1. M0427

位于墓地北部第四排偏东处。东西与 M0426 和 M0428 相邻，南面和北面与 M0527 和 M0328 相对，间隔为 0.3～1.2 米。墓坑长 2.0、宽 0.5、深 0.59 米。方向 15°。墓内葬具为碎陶缸片，混为一片覆盖在人骨架上，骨骼多处暴露在外。墓主通身仰卧，头朝北，面向上，左臂下垂，手搭盆骨上，右臂桡骨上折与肱骨并列，手置肩头，两腿相并直伸。葬式较为自然。墓主骨骼粗壮，个体高大，当是一名成年男性（图二八；图版一三，2）。

2. M0426

位于墓地的北中部。南面和北面与 M0526 和 M0327 相对，间隔分别为 0.3 和 0.4 米，东西与 M0425 和 M0427 相邻，间距分别是 0.8 和 1.2 米。墓坑南北长 1.76、东西宽 0.6、深 0.56 米。方向 10°。墓内葬具为碎陶缸片，墓主仰身屈肢葬，头颅上仰，颈椎上拱弯曲，两臂下垂，两腿相并屈向左侧，上下腿骨屈成的夹角为 60～120°，右腿膝关节处压在左腿上。骨骼保存较差，男女特征不明显。因此，对墓主的性别和身分未能确定。墓内未出砖墓志（图二九）。

3. M0668

位于墓地北边第六排的西部。东、西面与 M0667、M0669 相邻，分别相距 1.8 米，南、北与 M0764、M0570 相对，分别相隔 0.8 和 1.0 米。墓坑长方形，南北长 1.2、东西宽 0.54、深 0.9 米。方向 10°。死者身上覆盖少量陶缸碎片。陶缸碎片为泥质灰陶，表面有条纹和麻点纹。墓主骨骼完好无损，头向北，面向西，仰身屈肢葬，上身仰卧，右臂桡骨上折，手置右肩部，左手置下腹部，左、右肋骨上卷，胸腔骨骼结构完好。两大腿骨膝部相并，向上拱起达 0.3 米，上下腿骨屈成 60°夹角，两足略微分开。墓主个体矮小，骨骼质地细腻，颜色白净，牙齿磨损严重且有半数脱落，因此判断为一老年女性。

墓坑偏北部，放有三块砖墓志，下面为一块方形砖，上面并列放置两块长条形砖。方形砖墓志边长 30、厚 5 厘米。正面墓志志文墨书，墨迹隐约可见，但未能识读，具体内容不清。背面有手印纹。两块条形砖墓志长均为 30、宽 15、厚 5 厘米。砖上无字迹（图三〇；图版一三，3、4）。

（二）侧身直肢与屈肢葬墓

1. M0660

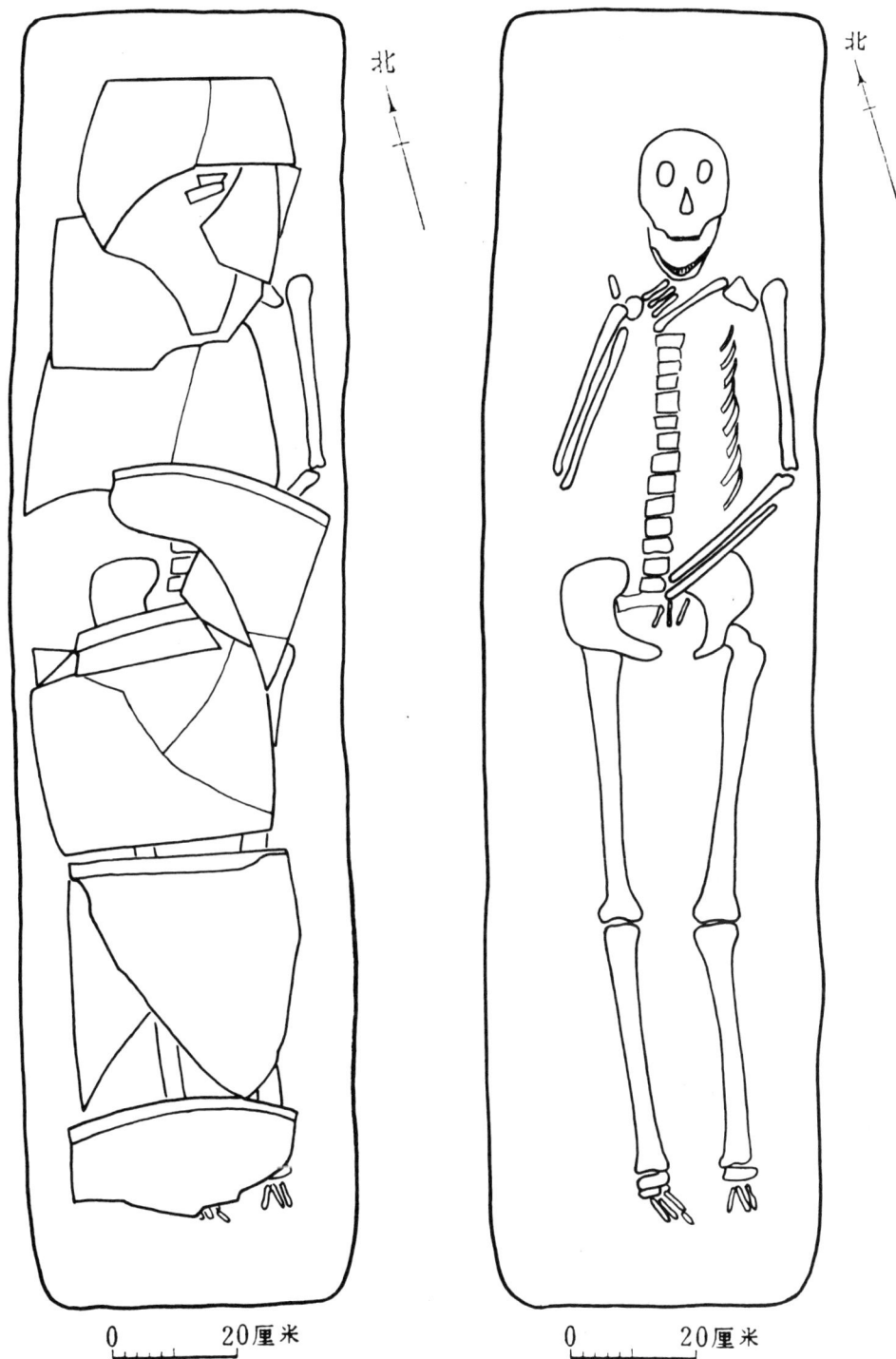

图二八　M0427 平面图

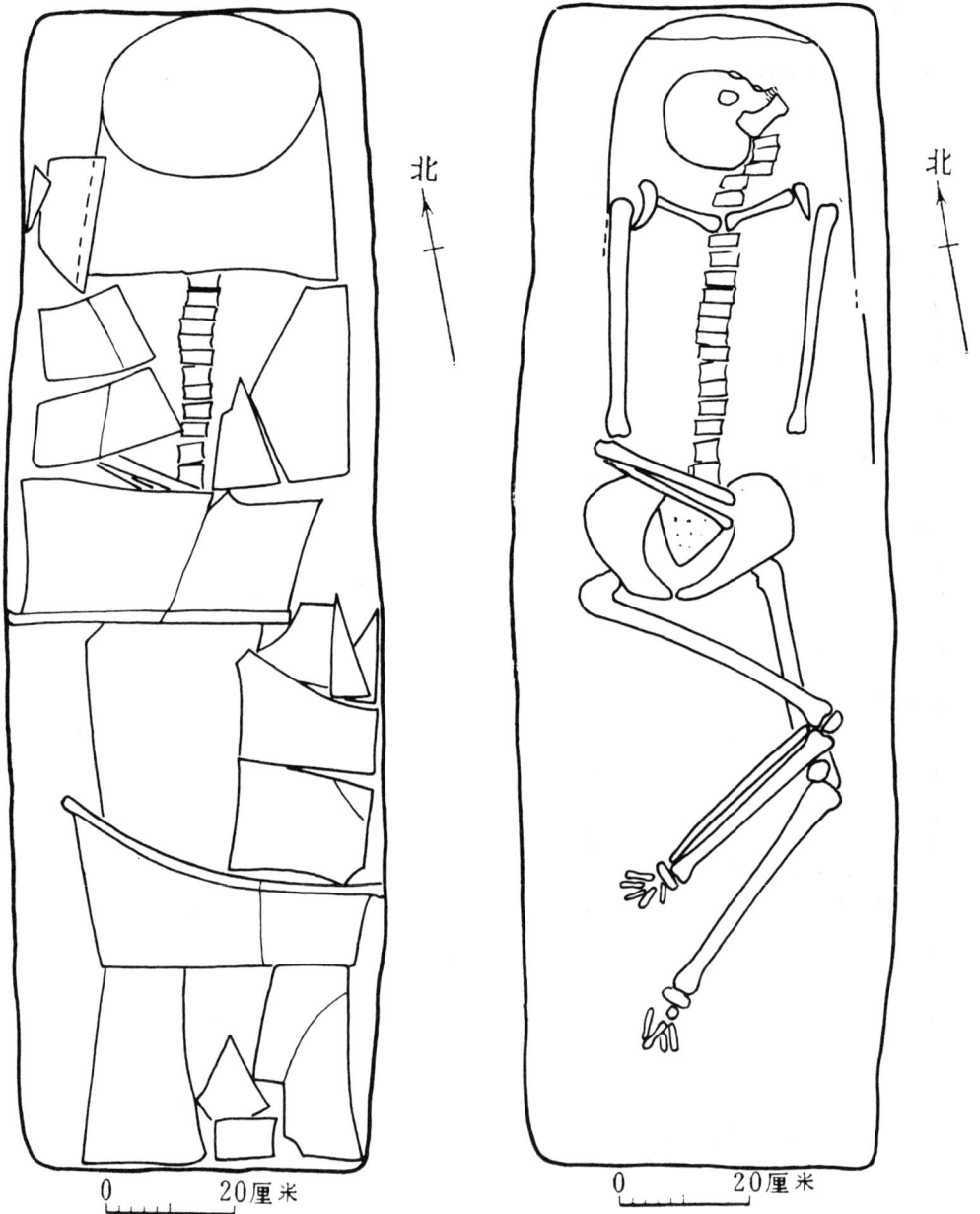

图二九　M0426 平面图

位于墓地北边第六排的中部。南北分别与 M0756 和 M0562 相对，间隔为 0.6～1.0 米，东西两侧分别与 M0659 和 0661 相邻，间距为 1.1～1.8 米。墓坑较为规整，南北长 1.9、东西宽 0.6、深 0.8 米。方向 8°。墓坑内填土松散。墓主身上用碎陶缸片覆盖，南端覆盖稀少，多处骨骼暴露在外；北端覆盖较厚，有少量骨骼露在外面。陶缸片有泥

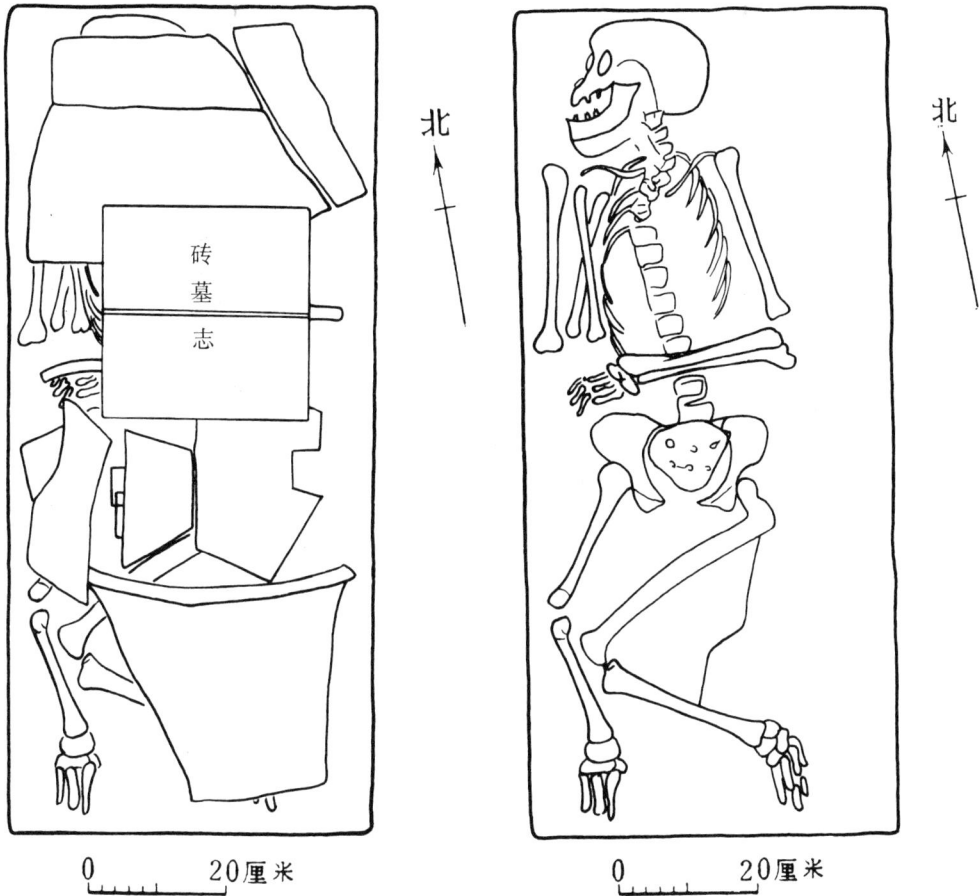

图三〇　M0668 平面图

质灰陶和泥质红陶两类，其中红陶片数量较多，破碎较甚。墓主头向北，侧身直肢葬，全身侧向右方。右臂被压在身下，左臂屈置胸前，左肩胛骨突出竖起，左肋骨覆盖了多半上身，左髋骨背面朝上倾向西侧。两腿伸直，左腿在上，微偏西侧，右腿在下，与左腿基本并列。墓主个体高大，骨骼粗壮，牙齿齐全完好，估计当是一名男性青年（图三一；图版一四，1、2）。

2．M0655

位于墓地北边第六排的中部，南北分别与 M0751 和 M0557 相对，间隔为 0.4 和 0.6 米，东西分别与 M0654 和 M0656 相邻，间距为 1.2 和 1.6 米。墓坑南北长 1.9、东西宽 0.6、深 1.0 米。方向 190°。墓壁和四角很不规整，墓角近圆弧状。坑内填土松散。墓主身上覆盖的破陶缸片散乱，南面比较稀少。人骨架颈椎和头颅骨都暴露在外。陶缸片系泥质灰陶，施有条纹和麻点纹。墓主侧身屈肢葬，头朝南，且严重后倾，面部

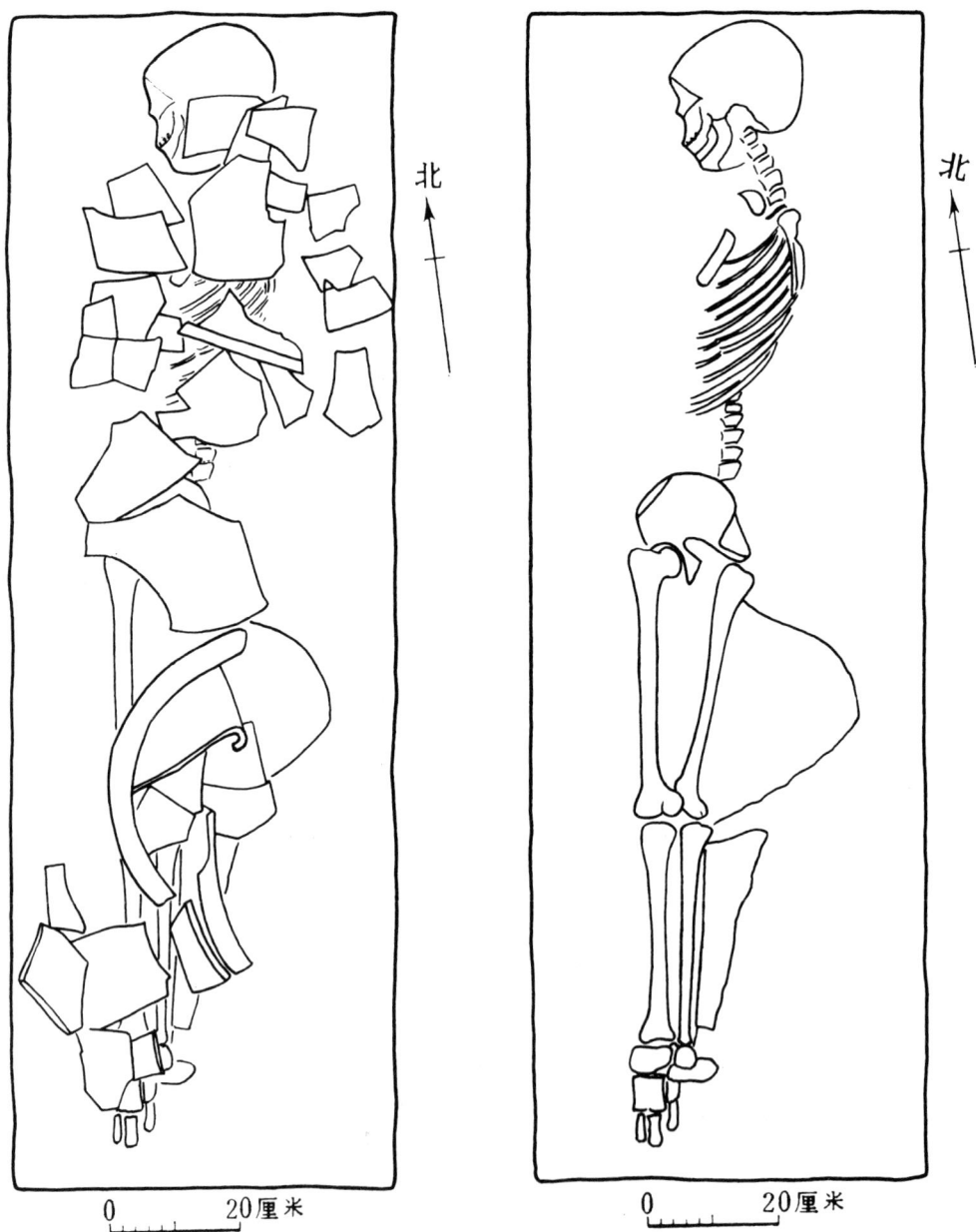

图三一　M0660 平面图

折向前下方。上身侧卧，左手下垂，右手搭在下腹左侧，盆骨略向左倾，双腿微向左屈，小腿胫骨相互交叉，左腿压在右腿上，左脚脚底朝上。墓主骨骼粗壮，牙齿齐全，磨损轻微，应是一位男性青年（图三二；图版一四，3）。

3. M1608

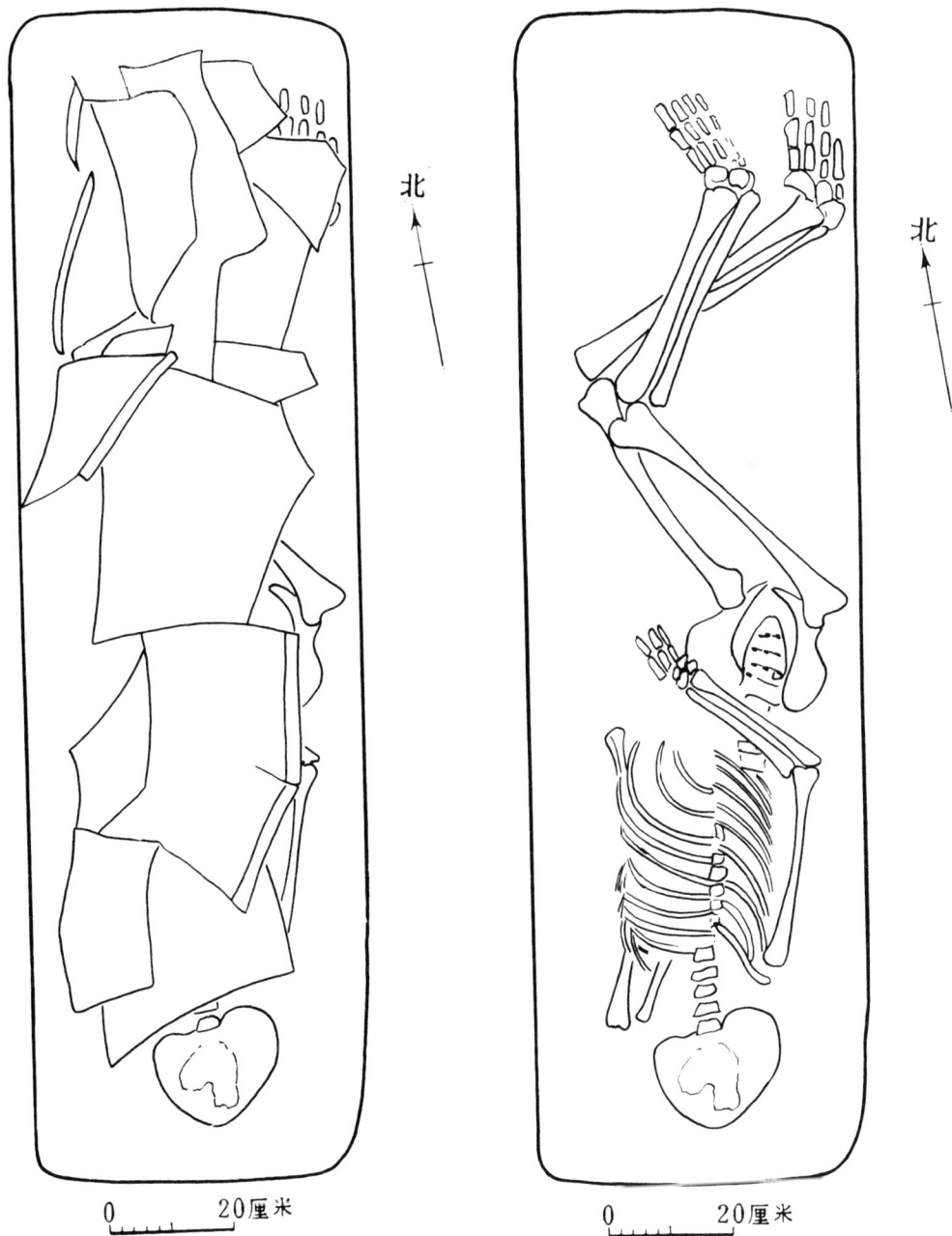

图三二 M0655 平面图

位于墓地的西南部，北面与 M1508 相对应，间隔为 1.0 米，南部相邻的墓葬早年被破坏，已不复存在，东西与 M1607 和 1609 相邻，间距分别为 1.6 和 0.9 米。墓坑南北长 1.58、东西宽 0.48、深 0.7 米。方向 7°。墓内碎陶缸片系泥质灰陶，外表和内壁都分别施有条纹和麻点纹。墓主头向北，面向上，但通身侧向右面，右臂被压在身下，左臂下垂，手置盆骨上，右腿直伸，左腿向右侧交叉微屈，压在右腿之上。从墓主的骨骼细弱、个体矮小来看，当是一位未成年人（图三三）。

（三）俯身直肢与屈肢葬墓

1. M0675

位于墓地西部甘棠路路基上，南面和北面与 M0711、M0577 相邻，间隔均为 0.4 米，东面和西面与 M0674 和 M0676 相邻，间距分别为 1.5 和 1.2 米。墓坑南北长 1.34、东西宽 0.6、深 0.95 米。方向 15°。墓坑填土纯净。墓主身上用少量碎陶缸片覆盖，极不严密，头颅及大部躯干骨骼都暴露在外。由于人骨架朽蚀严重，结构已不甚完好，仅能看出为俯身直肢葬，头向北，面略偏左，肩胛骨突出在背部上端，两臂下垂，

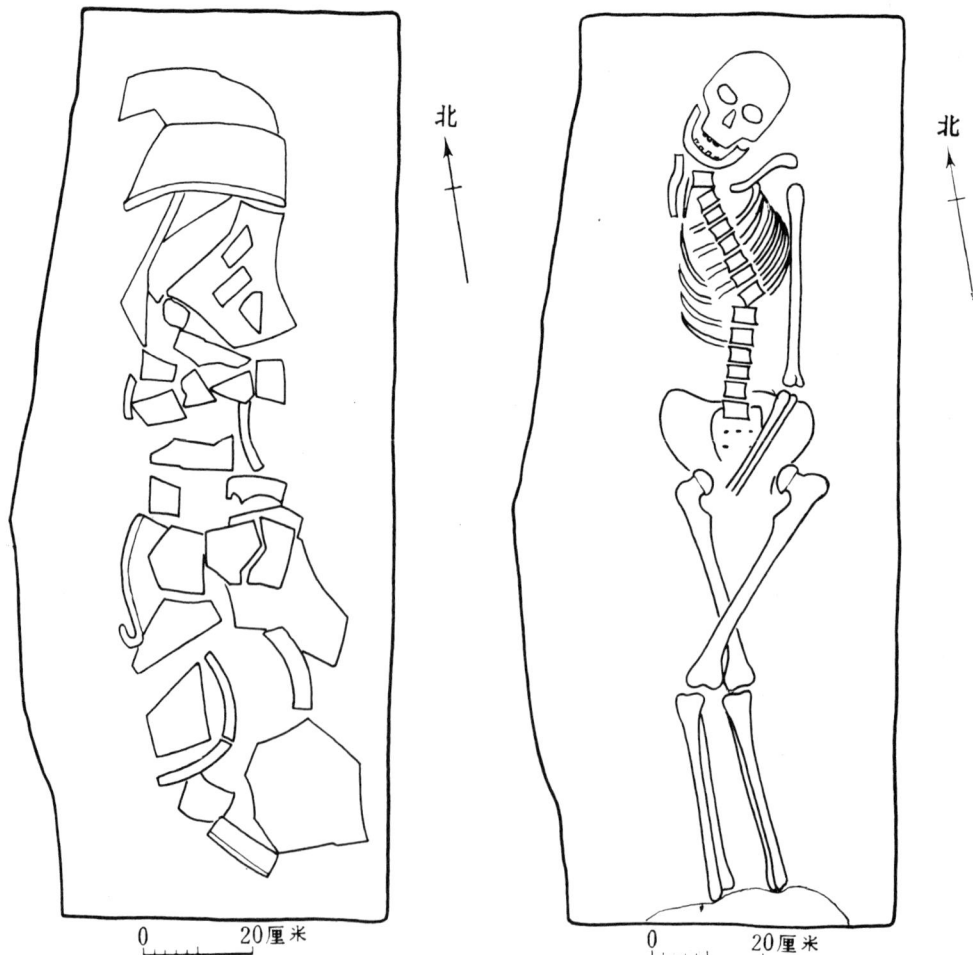

图三三　M1608 平面图

两腿直伸。墓主的骨骼细短，个体矮小，应是一名小孩。出一块砖墓志（图三四）。

2.M0748

位于墓地第七排中部。南面和北面与 M0840 和 M0652 相邻，间隔分别为 0.4 和 0.65 米，东与 M0747 相距 1.2 米，西与 M0749 相距 1.6 米。墓坑南北长 1.6、东西宽 0.6、深 0.6 米。方向 7°。墓坑北壁较规整，南壁上宽下窄，拐角不明显，坑壁凹凸不平。墓主身上用破碎的陶缸片覆盖。陶缸碎片均系泥质红陶，外表灰褐色，质地特别松软，手一捏便成泥状。对尸体的掩盖还比较严密，较少外露骨骼。墓主头朝北，面向下，头颅骨严重破碎，其它骨骼也已朽蚀。上身俯卧，背部左高右低，略微倾斜。左肩胛骨遮盖在背部上端，右肩胛骨直插在肩头，左臂向后，手搭于盆骨上，右臂斜伸向右

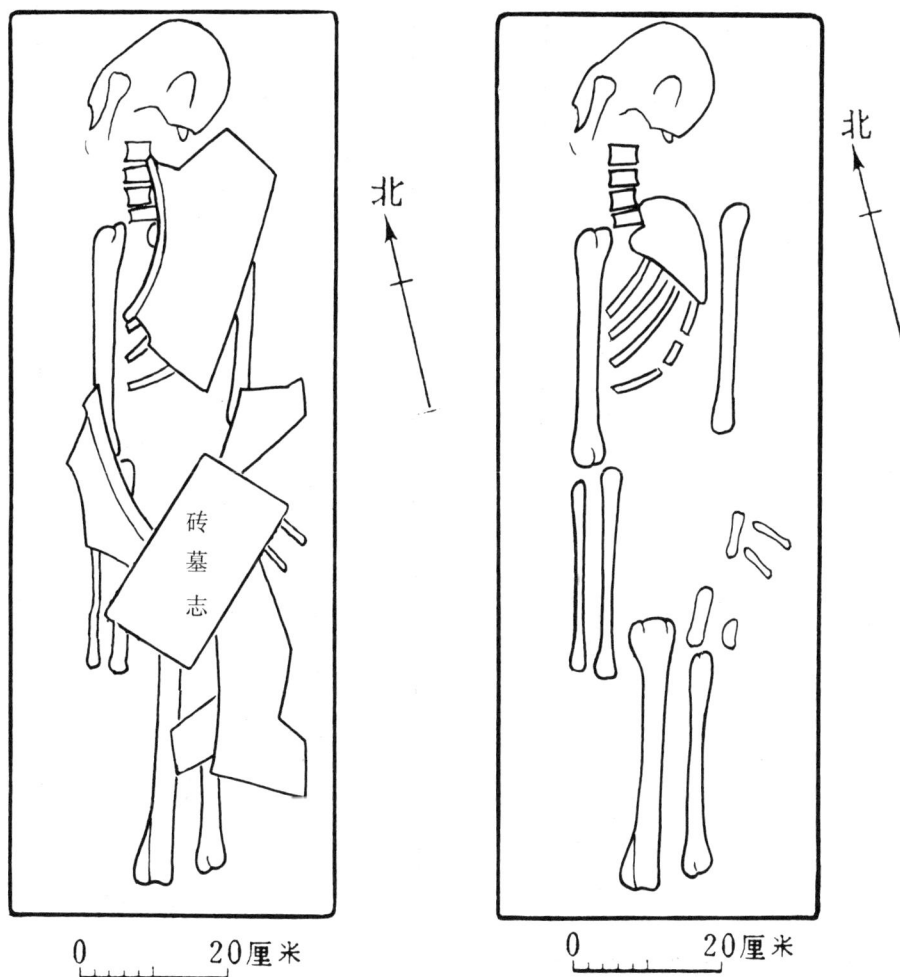

图三四　M0675 平面图

下方。盆骨翻扣，两腿相并直伸，因墓底南高北低，人架也呈倾斜状态，特别是南端双足部位，墓底更高。墓主骨骼较细，骨质细腻，具有女性特征（图三五；图版一四，4、一五，1）。

3.M0671

位于墓地北边第六排的西部。南面和北面分别与 M0767 和 M0573 相对，间隔均为 0.6 米。东与 M0670 相邻。间距为 2.0 米，西与 M0672 相邻，但位置略微偏南，两墓的间距为 1.8 米。墓坑南北长 1.25、东西宽 0.5、深 0.8 米。方向 10°。坑内填土疏松，四壁不规整。墓主尸体用碎陶缸片掩盖，北面覆盖较厚，南面略薄。碎陶缸片均泥质灰

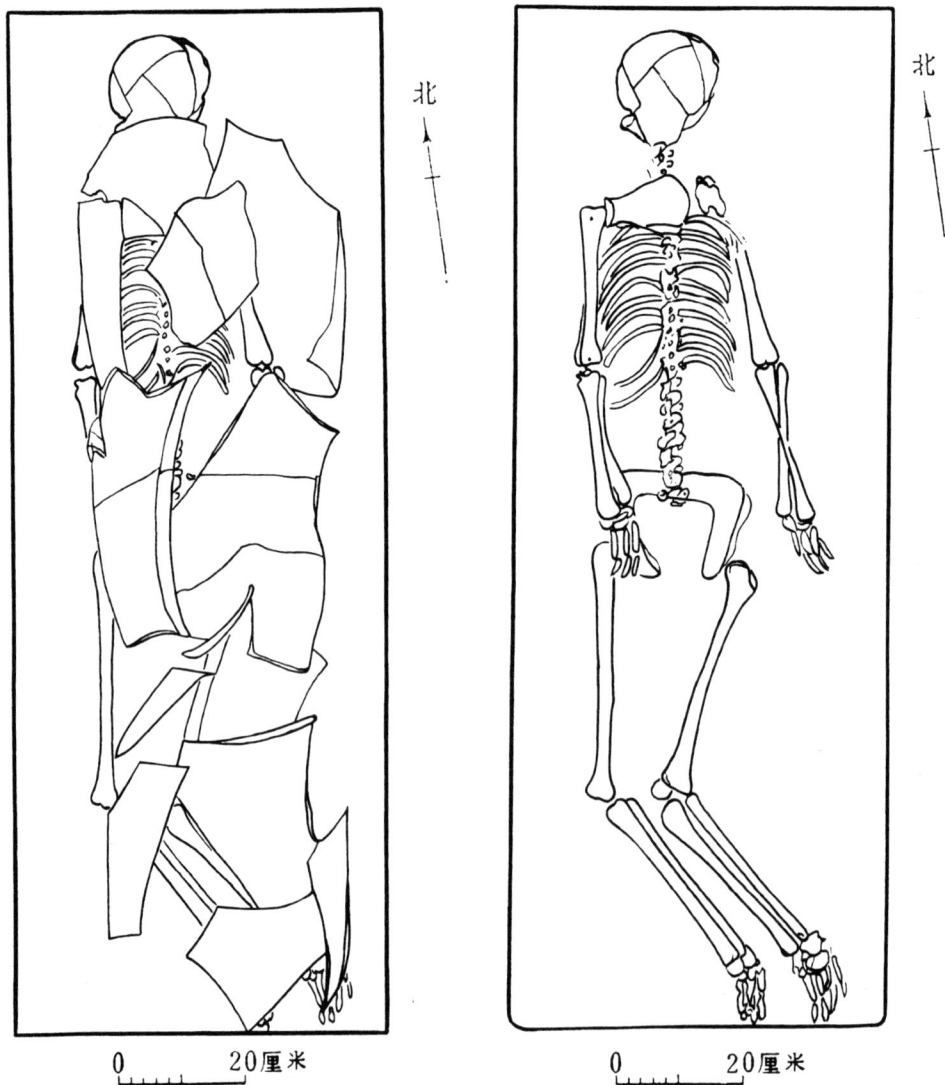

0 ⸺ 20厘米

0 ⸺ 20厘米

图三五　M0748 平面图

陶，里外施有麻点纹和条纹。墓主俯身屈肢葬，头向北面向下，头颅歪向西侧，脊背朝上向左侧倾斜，左臂被压在身下，右臂下垂置身躯东侧，右肋骨向上提起高出墓底。右左髋骨向下翻扣，背面朝上。两腿股骨并列向下而胫骨向上折至臀部，双足置盆骨左侧。墓主的牙齿磨损比较严重，臼齿已有脱落，门齿小而密。眉弓和下颚骨都具有明显的女性特征，墓主当是一位五十岁以上的女性（图三六；图版一五，2、3）。

四、无葬具的墓

此类墓数量在墓地中仅次于以一口陶缸为葬具的墓。墓内无任何葬具，尸体全部暴露。此类墓主要集中在第八、第九两排。如第八排，有墓67座，其中无葬具的墓就有56座；第九排的62座墓中，无葬具的墓占40座，其余的60座分布于各排之中。

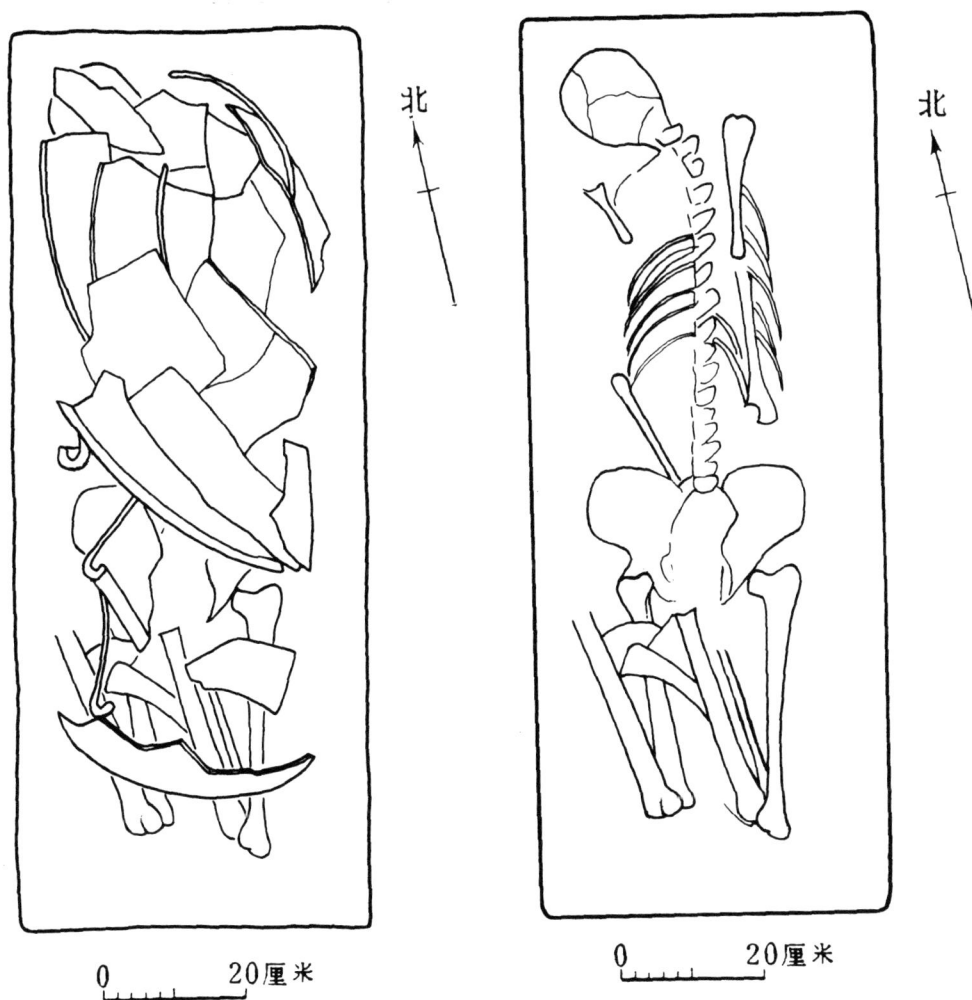

图三六　M0671 平面图

现以葬式之不同，分别介绍无葬具的墓。

（一）仰身直肢葬墓

1. M0818

位于墓地第八排略偏东部。东西两侧分别与 M0817 和 M0819 相邻，间距为 1.2 和 1.0 米，南北两端分别与 M0911 和 M0726 相对，间隔为 0.3 和 0.4 米。墓坑四壁不规整，南北长 1.7、东西宽 0.52、深 0.8 米。方向 5°。墓内无葬具，墓主骨骼保存较好，头北足南，葬式为仰身直肢葬，但头足歪斜，姿势不够端正。这显然是因墓坑短小和下葬草率所致。墓主头颅骨紧贴墓坑北壁向上折起，并歪向右侧，颈椎弯曲呈 "U" 形。左手搭在胸部，右手置盆骨上，双腿直伸，但都向左侧倾斜。无砖墓志。墓主骨骼粗壮，牙齿完好齐全，当是一位三十岁左右的男性青年（图三七；图版一五，4）。

2. M0852

位于墓地北边第八排的西部。东西两侧分别与 M0851 和 M0853 相邻，南北分别与 M0944 和 M0760 相对，间距为 0.4～1.6 米，墓坑四壁不规整，南北长 1.9、宽 0.6、深 1.0 米。方向 18°。墓内无葬具痕迹。墓主人骨架全部暴露，为仰身直肢葬，头北足南，面向上，骨骼保存较好，右手置胸部，左手置下腹部，两腿并拢直伸，葬式端正自然。墓内未出土砖墓志。根据墓主骨骼粗壮，个体高大，牙齿保存较好等特征看，当是一位中年男性（图三八；图版一六，1）。

（二）仰身屈肢葬墓

1. M0168

位于墓地北边第一排的中部。北面为墓地的边缘，无墓葬。南面与 M0268 相对，间隔为 0.4 米，东西与 M0167 和 M0169 相邻，间距分别为 1.5 和 0.9 米。墓坑南北长 1.67、东西宽 0.6、深 1.1 米。方向 15°。墓内无葬具痕迹。墓主为仰身屈肢葬，头向北，面部略偏向西，上身仰卧，双臂自然下垂，双手分别置盆骨上及旁侧，双腿同向右屈，右腿屈度轻微，左腿屈度达 90°，左腿压在右腿之上。在人骨架双腿左侧的空间处，平置一块方形砖墓志，边长 30、厚 5 厘米。砖烧制火候不足，呈红褐色，质地松软。志文因砖面风化剥落，内容已不能辨认。根据墓主骨骼粗壮，牙齿完好无缺等特征判断，当是一位男性青年（图三九）。

2. M0235

位于墓地北部第二排偏东处。南北与 M0334 和 M0135 相对，间隔分别为 0.5 和 0.3 米，东西与 M0234 和 M0236 相邻，间距分别为 0.9 和 1.1 米。墓坑南北长 2.0、东西宽 0.5、深 0.8 米。方向 0°。墓内无葬具。墓主仰身直肢葬，面朝上略偏右侧，上身仰卧，左臂骨因墓葬被扰而缺损，右手置下腹部，双腿相并同向右侧微屈。在墓主身躯中部，平置着两块方形砖墓志，南北并列。方砖各长 31、宽 30、厚 5 厘米。两块砖

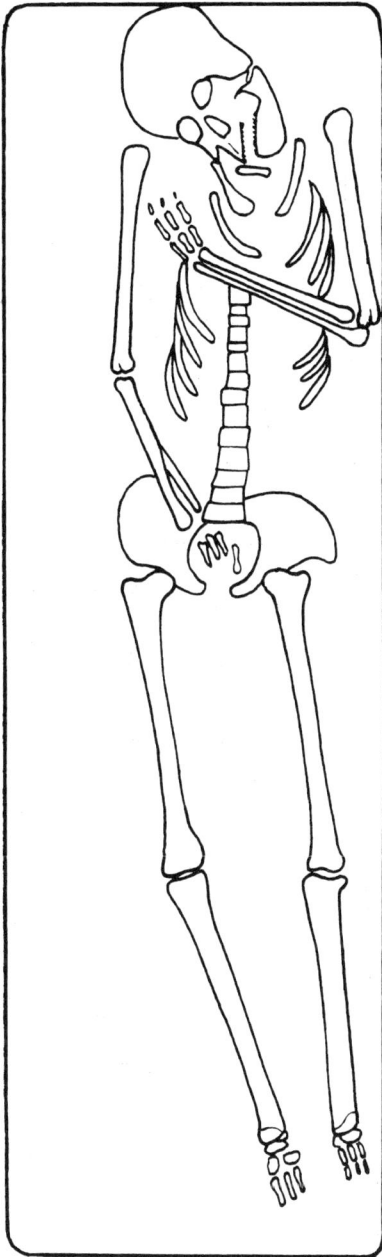

北

0　　　20厘米

图三七　M0818 平面图

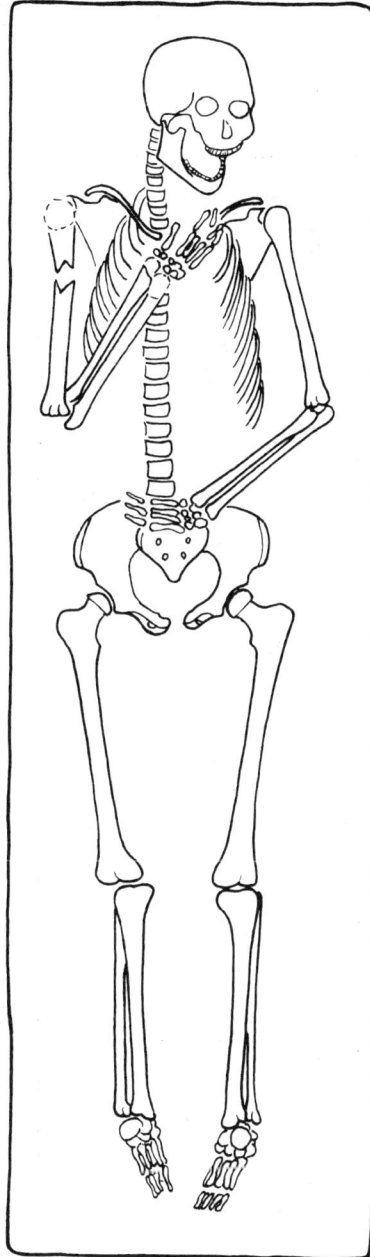

北

0　　　20厘米

图三八　M0852 平面图

墓志志文相同，志文为"靡字号。七里社身死，不知姓名军人，年约二十四五岁，九月二十八日检验了当，九月二十九日依条立峰，葬埋记识讫。"（图四〇；图版一六，2）。

（三）侧身直肢与屈肢葬墓

1. M1111

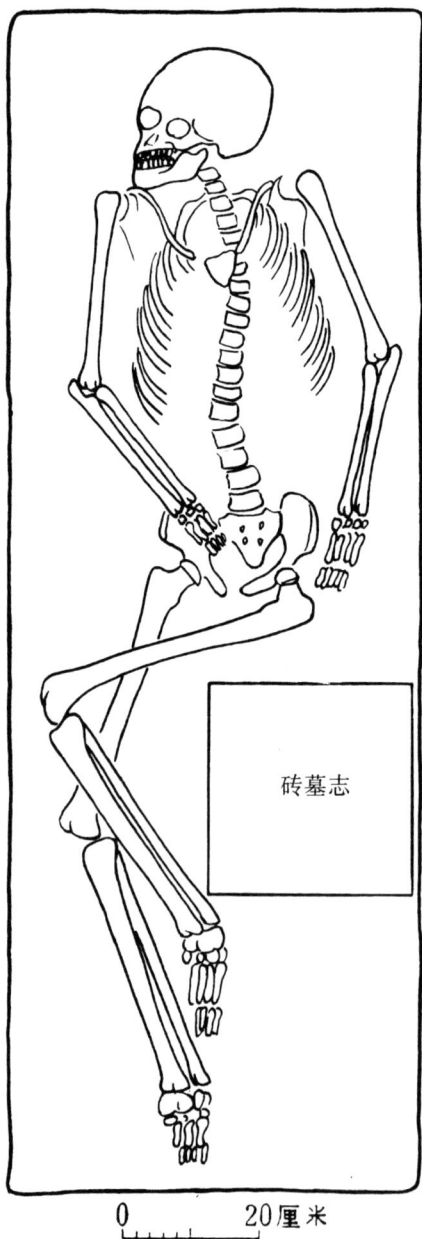

图三九　M0168 平面图

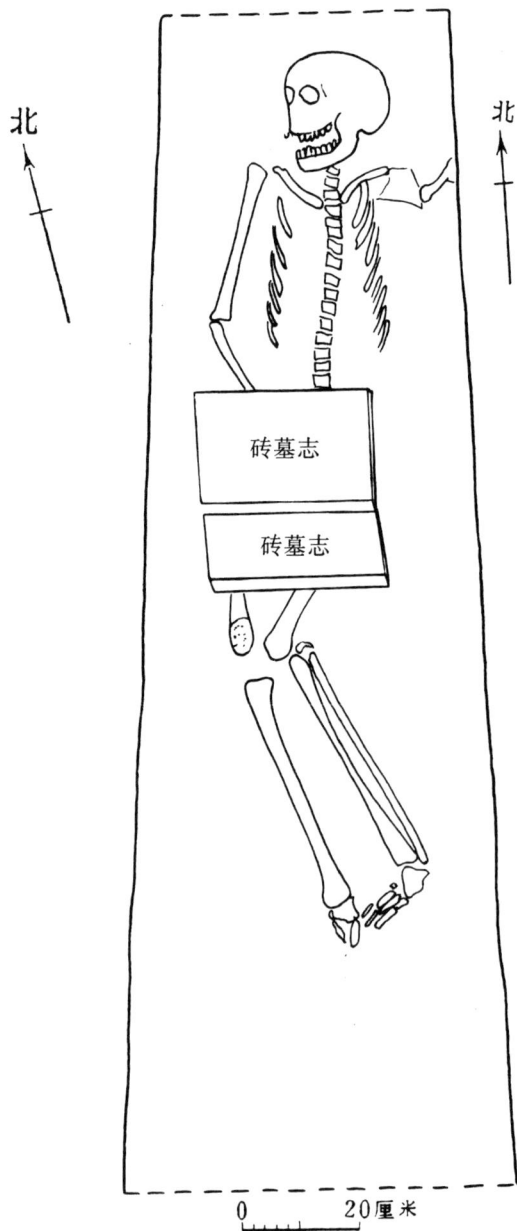

图四〇　M0235 平面图

位于墓地西南部甘棠路的路基下，在第一一排的最西端。西面和北面都紧靠路边，相邻的墓葬未发掘，状况不明，东邻 M1110，南邻 M1212，间隔分别为 1.4 和 0.9 米。墓坑南北长 1.8、东西宽 0.68、深 1.08 米。方向 178°。墓内无葬具痕迹。墓主侧身直肢葬，头朝南，面向东，上身向右方侧卧，腰背微弓，右手置于胸部，左手搭在盆骨上，左髋骨高出墓底，盆腔向右方倾斜。两腿直伸，成平行状。从人骨架个体高大，骨骼粗壮，牙齿完好等情况看，墓主当应是一位男性壮年（图四一）。

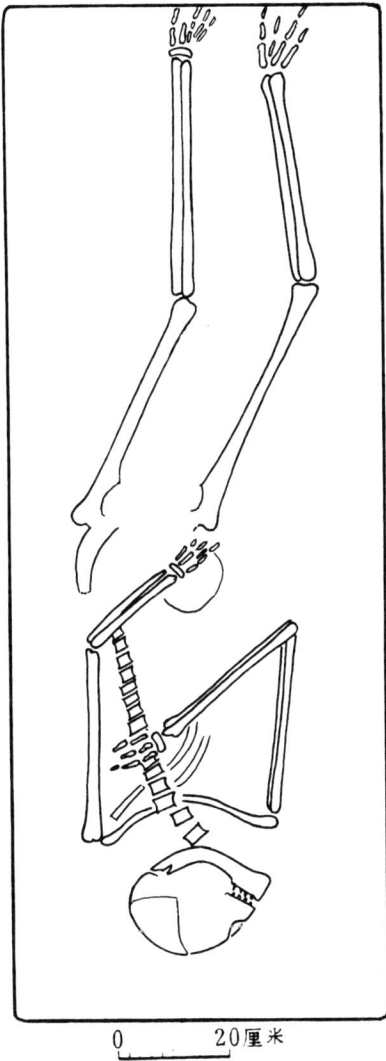

图四一　M1111 平面图

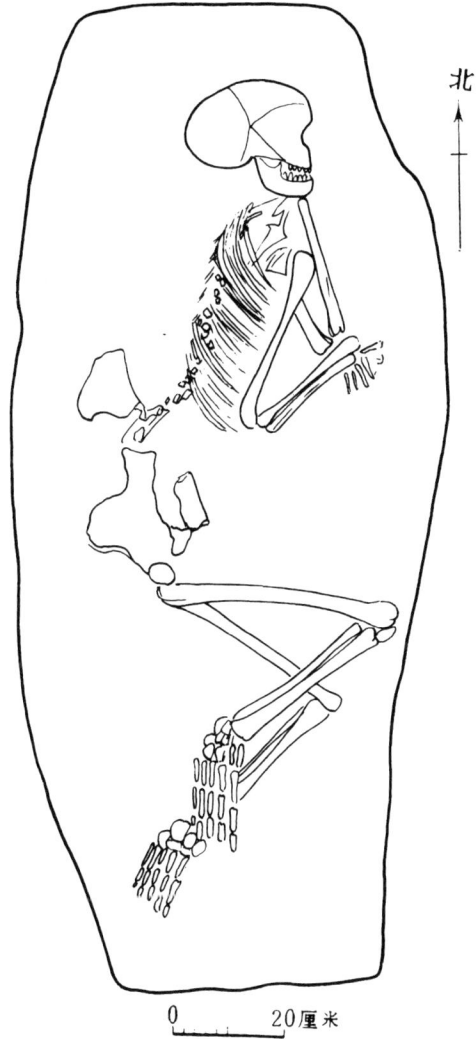

图四二　M0804 平面图

2．M0804

位于墓地北边第八排的东端。北与 M0707 相对，间隔为 0.3 米，南面相对的墓被压砖墙之下，未能发掘。东西两侧分别与 M0803 和 M0805 相邻，间距分别为 1.4 和 1.9 米。墓坑因距地表太浅而受到严重破坏，残存部分的形状极不规则，南北长 1.75、东西宽 0.5～0.8、深 0.2 米。方向 0°。墓内未发现葬具痕迹。墓主侧身屈肢葬，面部和全身都侧屈于左侧，右肋骨覆盖在腰椎骨上，暴露突出，右手屈置于胸前，左臂桡骨上折，手置于下颚部。盆骨断裂残损，双腿相并与腰椎相垂直屈向左侧，上下腿骨屈成的夹角为 70°～80°。墓内未出砖墓志。根据骨骼粗壮，牙齿齐全等特征判断，墓主应是一名男性青年（图四二；图版六，4）。

3. M0831

位于墓地的中部。南面和北面与 M0923 和 M0739 相对，间隔分别为 0.5 和 0.8 米，东西与 M0830 和 M0832 相邻，间距分别为 1.8 和 1.2 米。墓坑南北长 1.65、东西宽 0.5、深 0.75 米。方向 332°。墓内未发现葬具痕迹。墓主侧身屈肢葬，头向北，面向东，通身侧向左方。左臂下部被压在身下，右臂在身躯上，手置腹部。右髋骨高出墓底，盆腔向左侧倾斜，两腿相并屈向左侧，两胫骨并列平行，右腿压在左腿上，上下腿骨屈成近 90°夹角。根据个体高大，骨骼粗壮，牙齿完好无缺等情况判断，墓主当是一位成年男性（图四三；图版一六，4）。

（四）俯身直肢与屈肢葬墓

1. M0847

位于墓地北边第八排的中部。南面和北面分别与 M0949 和 M0755 相对，间隔均为 0.3 米，东面和西面分别与 M0846 和 M0848 相邻，间距分别为 1.3 和 1.1 米。墓坑四壁不很规整，内填黄褐色松土，南北长 1.7、东西宽 0.6、深 0.6 米。方向 10°。墓内未发现葬具痕迹。墓主骨骼保存较好，为俯身直肢葬，头向北，面向下。两肩胛骨显著地覆盖在左右肩部，双臂略向后背，双手搭在盆骨上，盆骨向下翻扣，两腿相并直伸。根据个体高大，骨骼粗壮，牙齿保存齐全看，墓主应是一位男性青年（图四四；图版一七，1）。

2. M0210

位于墓地北边第二排的东部。南面和北面分别与 M0309 和 M0109 相邻，间隔分别为 0.5 和 0.3 米，东面和西面分别与 M0209 和 M0211 相邻，间距分别是 1.8 和 1.5 米。墓坑不很规整，填土比较疏松，南北长 1.3、东西宽 0.6、深 0.8 米。方向 180°。墓内未发现葬具痕迹。墓主俯身屈肢葬，头向南，面向下，两肩胛骨突出地遮盖在左、右肩头，脊椎骨略向左侧弯曲，双手折向背后，盆骨向下翻扣，两腿股骨并列向下作跪式，胫骨折向臀部，双足置盆骨右下方。在墓坑南端的填土中出有一块方形砖墓志。砖墓志紧贴墓坑西壁，一角残缺，但志文未受影响。砖墓志志文："养字号。驻泊司身死，东

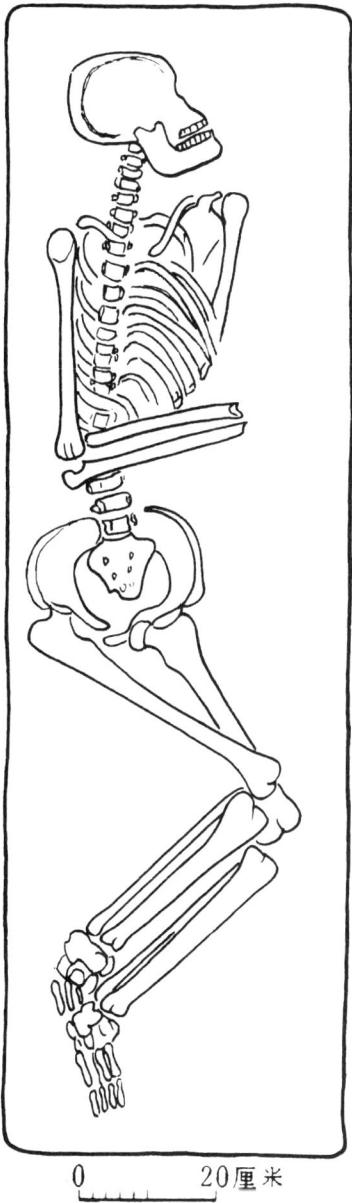

图四三 M0831 平面图

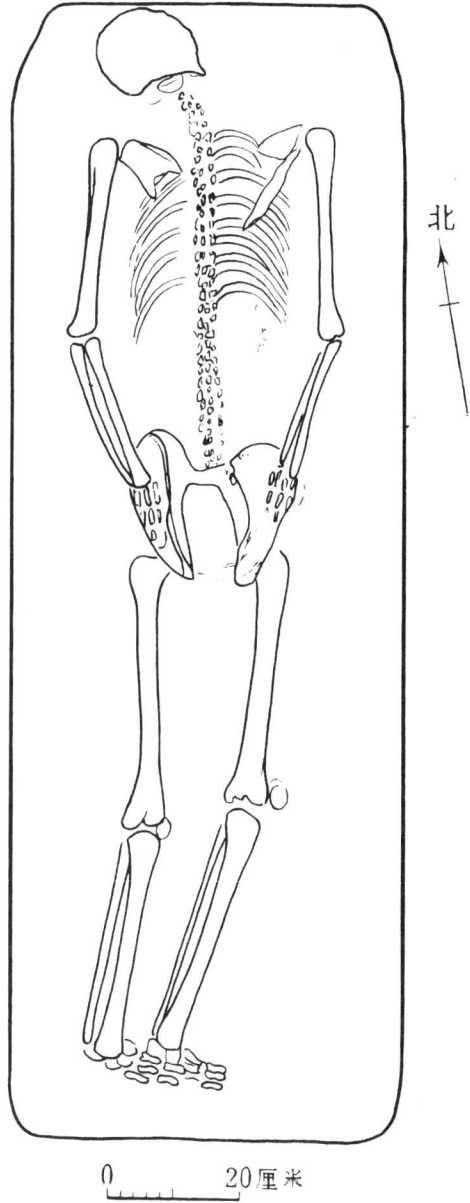

图四四 M0847 平面图

京虎翼右二九指挥兵士杜用，年约二十四五岁，五月十七日检验了当，五月十八日依条主峰，葬埋记识讫。"（图四五；图版一七，2）。

3. M1026

位于墓地中部第十排的中间部位，南邻未发掘区，北与 M0925 相对，间距为 0.8

米，东西分别与 M1025 和 M1027 相邻，间距分别为 1.5 和 1.8 米。墓坑填土松散，南北长 1.9、东西宽 0.6、深 0.8 米。方向 190°。墓内未发现葬具痕迹。墓主骨骼已朽蚀，比较散乱，俯身屈肢葬，头朝南，面向下而略偏东，上身俯卧，两肩胛骨遮盖左右肩头，左臂下垂置躯体旁侧，右臂折屈于腹下，盆骨向下翻扣，双腿相并微向右屈，上下腿骨屈成近 120° 的夹角。墓主骨骼粗壮，牙齿虽保存完好，但磨损明显，估计应是年龄在 30～40 岁的男性（图四六；图版一七，3）。

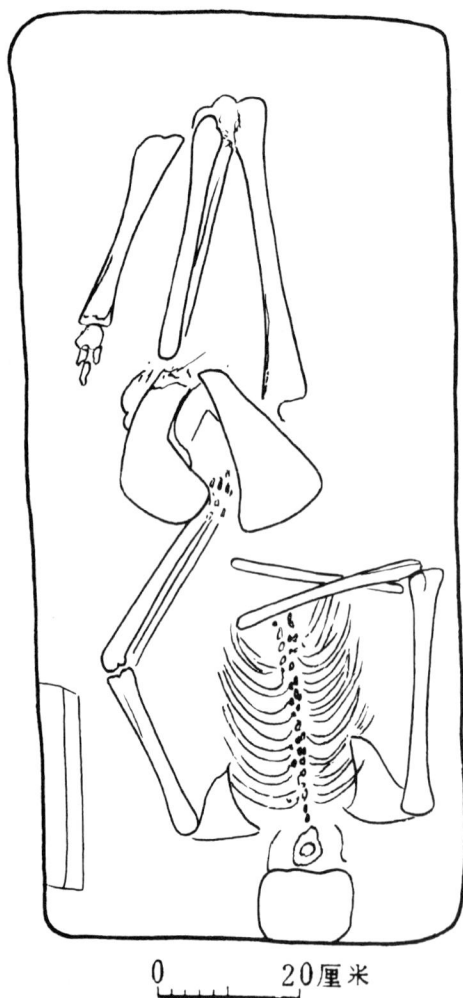

图四五　M0210 平面图

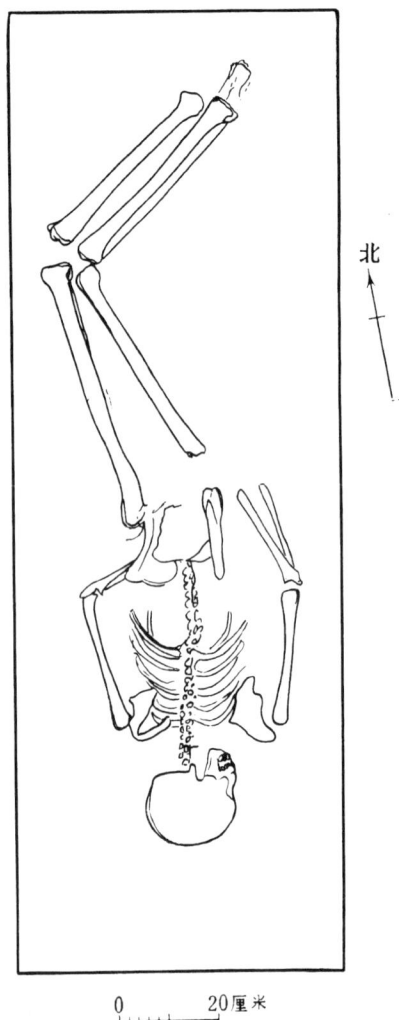

图四六　M1026 平面图

第二章　出土遗物

在已发掘的 849 座墓中，只有在 M0957 中出土一件大口、斜腹、小圈足大瓷碗，白釉，外表施釉不及底，烧制十分粗糙。这件大瓷碗，口径 19.5、底径 6.5、高 7 厘米。

墓中只出土砖墓志，有些墓连砖墓志也不见，更不用说还有其它遗物。另外，在1985 年和 1990 年于墓地西北约近百米处的市司法局家属院内，曾先后发掘两座金代小土洞墓，于封门砖的砖堆中发现刻字的条砖 28 块；在 M0167 和 M1106 的填土中发现有刻字的砖墓志，M0167 中有 7 块，M1106 中有 3 块（砖上遗有红色的颜料）。上述砖墓志我们都以采集品处理。经过整理，发现这批采集品有三种情况：第一种情况是有些砖墓志可归入已发掘的具体的墓中，因为砖墓志上的"千字文"编号、墓主姓名等等都与发掘之墓所出墓志相合（此类砖墓志有 10 块，可归入九座墓中）；第二种情况是有些砖墓志虽无法与已发掘的墓有根据地归入，但根据砖墓志上的"千字文"的编号和埋葬日期，都具有明显的先后顺序关系，可归入已发掘的某一具体的墓中（此类砖墓志有20 块，可归入二十座墓中）；第三种情况是根本无法归入某一具体墓中。根据上述情况，为了研究的方便，我们将前两类采集的砖墓志尽可能归入某一具体已发掘的墓中，并注明该块砖墓志原是采集品。无法归入某一具体墓中的，则单立一项为采集品。

第一节　砖墓志类型及其镌刻

根据整理统计，849 座墓中，出有砖墓志的墓有 238 座，出土砖墓志 372 块（含归入的采集品）。611 座墓（含 49 座空墓）未出墓志（见 340 页附表《北宋陕州漏泽园墓葬统计表》）。

在出有砖墓志的墓中：

出 1 块墓志的墓有 123 座；

出 2 块墓志的墓有 98 座；

出 3 块墓志的墓有 15 座；

出 4 块墓志的墓有 2 座。

以上共计出土墓志 372 块，类型有五种，其中：

大方砖墓志有 208 块；

小方砖墓志有 23 块；

大长方砖墓志有 50 块；

小长方砖墓志有 12 块；

长条砖墓志有 79 块。

大方砖墓志砖面近方形，边长 29～31、厚 4～5 厘米。砖的背面多带有手印，有的还有粗绳纹。砖青灰色，质地坚实，但也有少数砖烧制火候不足，呈红褐色。有的砖面风化剥蚀，志文残缺不全，有的破碎，影响志文的辨认。此类砖墓志数量最多，使用时间最长。

小方砖墓志数量并不多，边长 25～27、厚 2.5～3 厘米。此类砖墓志，个体小而轻，多出于墓地北边第一排墓葬中部以东的墓葬中，使用时间比较短。

大长方砖墓志比大方砖墓志略小，长 25～28、宽 20、厚 4 厘米。此类砖墓志多出于墓地北边第一排至第三排东部的墓葬中，使用时间也不很长。

小长方砖墓志是墓地中出土数量最少的一种，仅 12 块。边长 23.5～24、宽 17～17.5、厚 2.5～3 厘米。此类型墓志比其它类型墓志使用时间更短。

长条砖墓志出土的数量仅次于大方形砖墓志。长 30～31、宽 15～16、厚 4～5 厘米，长刚好是宽的一倍。砖墓志背面多有手印。此类砖墓志使用时间与大方砖墓志相同。

砖墓志的制作极其简陋，仅有少数砖经过加工，如将砖面略为磨平和打格外，几乎绝大部分砖墓志并不加工。有的砖面坑坑凹凹，有的砖缺角少边。

志文均为阴刻，先用毛笔书写，然后进行镌刻。这种情况可从我们发现有些大方砖砖面上尚留有墨迹可以佐证。长条砖砖面上尚未发现有墨迹，是否是直接镌刻志文，尚需考察。志文虽不为名流书法，镌刻技术也不够精湛，但从整体观察，刀势的起落还是遒劲有力，走刀自然流畅自如，字体工整耐看。长条砖上志文的镌刻大部分较为草率，字体且比较细瘦，刀力也轻，刻道细而浅，运刀似较呆板，很可能只是用锐器强划而成。

镌刻中缺笔少点的现象屡见不鲜。如将"挥"字刻为"挥"字，"军"字漏一横划；"再"字刻为"耳"字，漏一竖道；"番"字刻为"番"字，上缺一撇；"宣"字刻为"宣"，上缺一点，等等。

墓志文中，对行文要求也不十分严格。丢字、别字、编号错写等现象也时有发生。如 M0177 的一块殷字号墓志中，行文应该是"不知姓名军人"却漏刻了一个"不"字，成了"知姓名军人。"又如 M0175 李青墓志中，"磁钟递铺"漏刻一"铺"字，成了"磁钟递"。将不同死者的墓号误编的例子如 M0103 和 M0104。M0103 的墓主为毌秀，墓的编号为吕字号，M0104 的墓主为张进，本是一清二楚的事，可刻工将毌秀误刻为 M0104 调字号的墓主，且将墓志误置入 M0104，究其误刻误置的原因是二个死者同日

（十一月初三日）被检验了当，又同日（十一月初四日）被葬埋所致。

志文中，简体字也频频出现。

第二节 出土砖墓志内容

前已述及，在 238 座墓中出有砖墓志 372 块（含归入的采集品），其中只有 275 块砖墓志能辨认志文，其余的不是字迹漫漶，便是无志文的素砖。这种以素砖充志砖的现象尤其到了后期更为突出。在 178 座墓中所出能辨认志文的 275 块砖墓志中，有大方砖 153 块，小方块 23 块，大长方砖 46 块，小长方砖 12 块，条砖 41 块。其中以大方砖和大长方砖最多，使用时间则以大方砖和条砖最长。

砖墓志文字十分简略，每块字数一般为 25～45 个，最多的一块大方砖墓志，共刻有 7 行 62 个字，最少的一块条砖墓志只刻 1 行多，17 个字。

砖墓志志文均阴刻，竖读，右为上。

砖墓志志文主要内容是：死亡者的姓名、年龄、身分、死亡地点和葬埋时间，有的还记有送尸的机构的送尸人。

砖墓志上还有一项十分重要的内容，即墓地管理机构对墓穴的编号。编号的采用办法有二：一是以"千字文"字顺为序，二是以数字分组编排。

砖墓志上载明姓氏的是多数，但也有写明不知姓名的。对女姓的姓名记载一般只在姓氏前面加一个"阿"字来表示，如阿梁（M0111）、阿刘（M0129）、阿李（M0277）等。若遇重复的姓氏，则在"阿"字的前面加上数字，如三阿杜（M0465）、五阿杜（M0468）、二十一阿张（M0472）等。

从砖墓志志文中得悉，在收埋的人员中以军人为最多，其次是百姓。

从砖墓志志文我们还得知，墓地中收葬的死者多来自安济坊、贫子院、仁先院、壕寨司、牢城营以及州府附近的递铺和客店等处。

从军人砖墓志志文中，我们可以看到军队的各类番号，有禁军的，也有承担各种繁重杂役的厢军的。有许多因犯罪而被充军或坐牢的罪犯被编入本地的厢兵。

砖墓志志文中"检验了当"一词是几乎每块砖墓志必有用语，可知对死者进行检验是管理工作中的一项重要程序。对死者进行检验可能有二层意思：一是核实死者是否符合国家有关规定，允许收葬；二是检查死者的死亡原因。砖墓志中记载的"仵作行人"（如 M0125 等）应是政府检验死尸的专职人员。

砖墓志最后记载的内容是死者的死期与埋葬日期。

现将 275 块能辨认志文的砖墓志全部发表，以供考古界和史学界研究。

现分述如下：

一、M0101 砖墓志 2 块。墓主常兴。

（一）常兴墓志之一

砖　　型：小方砖

规　　格：27×28＋3 厘米

志　　文：岁字号。常兴，年二十七岁，本府灵宝县人，十月三十日检验了当，十一
　　　　　月一日依条立峰，葬埋记识讫。

图四七（A）　　　图版一八，1

图四七（A）　　M0101 常兴墓志之一

（二）常兴墓志之二

砖　　型：大长方砖

规　　格：25×20＋4 厘米

志　　文：岁字号。常兴，年二十七岁，本府灵宝县人，十月三十日检验了当，十一月一日依条立峰，葬埋记识讫。

图四七（B）　　　图版一八，2

图四七（B）　　M0101 常兴墓志之二

二、M0102 砖墓志 2 块。墓主侯进。

（一）侯进墓志之一

砖　　型：大长方砖

规　　格：28×20＋4 厘米

志　　文：律字号。侯进，年七十二岁，系本府三门水军营兵士，十一月一日检验了
　　　　　当，二日依条立峰，葬埋记识讫。

图四八（A）　　　　图版一八，3

图四八（A）　　M0102 侯进墓志之一

（二）侯进墓志之二

砖　　型：大长方砖

规　　格：25×20＋4厘米

志　　文：律字号。侯进，年七十二岁，本府三门水军营兵士，十一月一日检验了
　　　　　当，二日依条立峰，葬埋记识讫。

图四八（B）　　　　图版一八，4

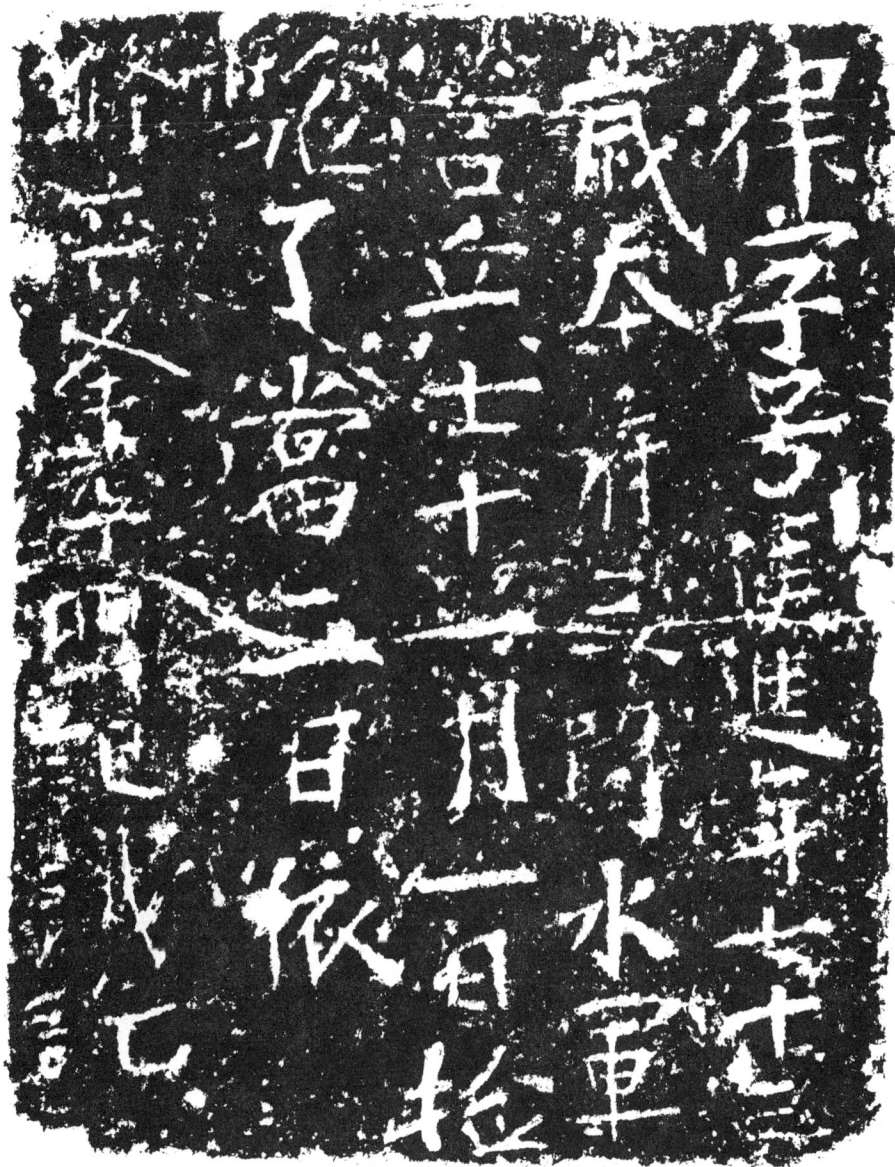

图四八（B）　　M0102 侯进墓志之二

三、M0103 砖墓志 2 块。墓主册秀。

（一）册秀墓志之一

砖　　型：大长方砖

规　　格：26×20＋4 厘米

志　　文：吕字号。册秀，年约二十八九，系瀛州安远第八指挥兵士，十一月初三日
　　　　　检验了当，四日依条立峰，葬埋记识讫。

图四九（A）　　　图版一九，1

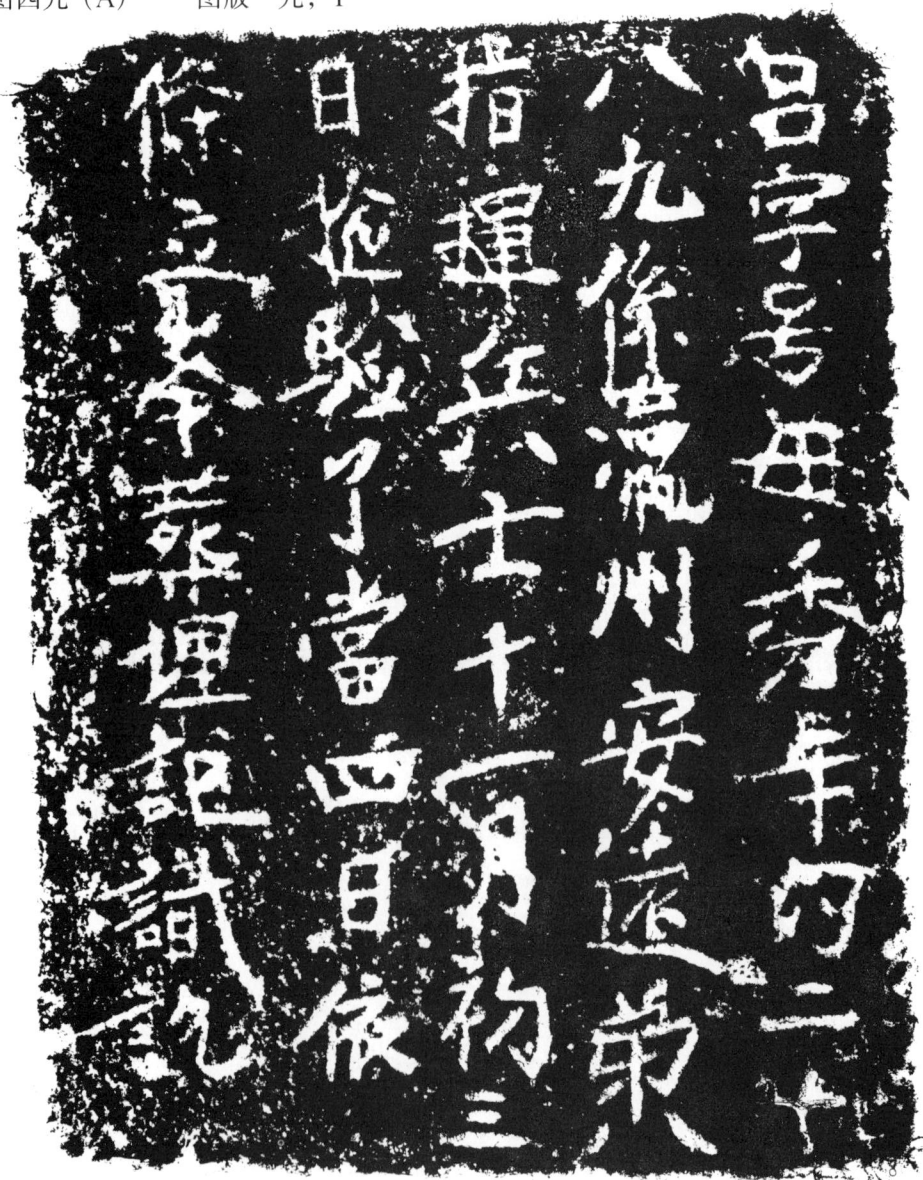

图四九（A）　　M0103 册秀墓志之一

（二）丗秀墓志之二

砖　型：大长方砖

规　格：25×20＋4厘米

志　文：吕字号。丗秀，年约二十八九，系瀛州安远第八指挥兵士，十一月初三日
　　　　检验了当，四日依条立峰，葬埋记识讫。

图四九（B）　　　图版一九，2

图四九（B）　　M0103 丗秀墓志之二

四、M0104 砖墓志 3 块。墓主张进。其中二块属 M0103 墓主卌秀。从志文可知卌秀与张进均于十一月初三日检验了当，四日依条立峰 卌秀的二块墓志实误置于 M0104。故 M0104 的墓主实应为张进。

（一）卌秀墓志之三

砖　型：小方砖

规　格：27.5×28＋3 厘米

志　文：调字号。卌秀，年约二十八九，系瀛州安远第八指挥兵士，十一月初三日检验了当，四日依条立峰，葬埋记识讫。

图四九（C）　　图版一九，3

图四九（C）　　M0104 卌秀墓志之三

（二）冊秀墓志之四

砖　　型：小长方砖

规　　格：25.5×17＋3.5厘米

志　　文：调字号。冊秀，年约二十八九，系瀛州安远第八指挥兵士，十一月初三日
　　　　　检验了当，四日依条立峰，葬埋记识讫。

图四九（D）　　　　图版一九，4

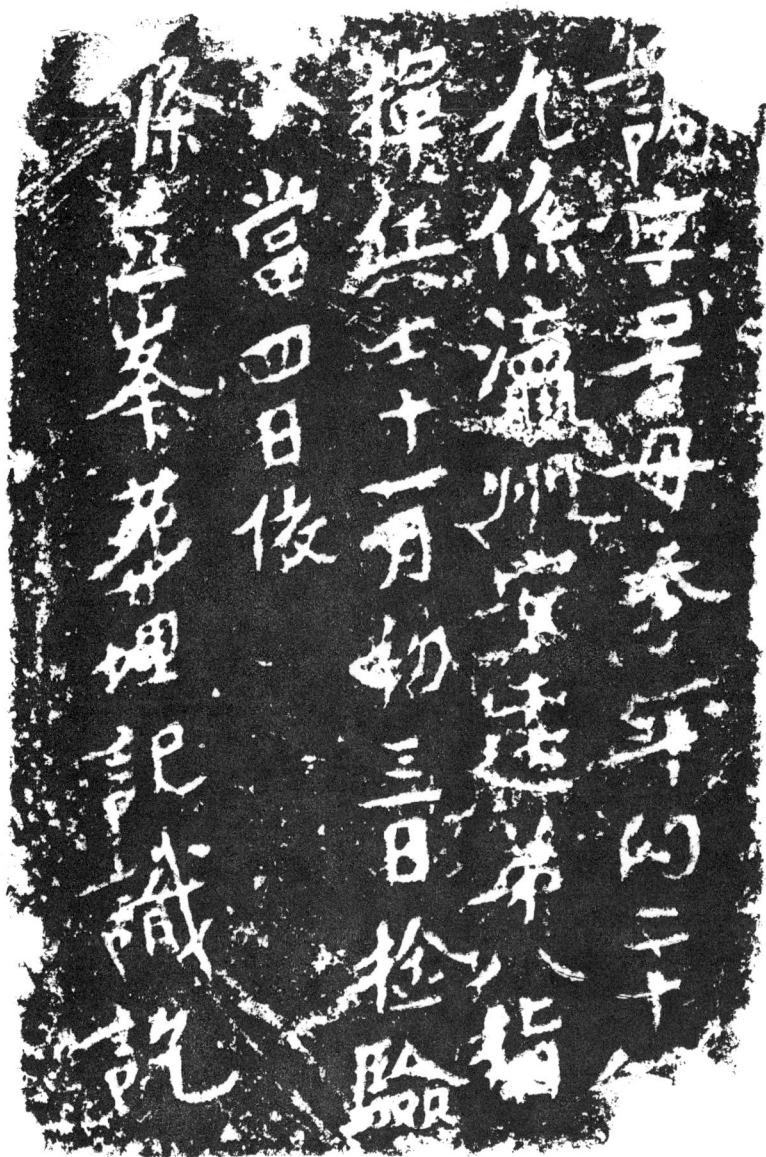

图四九（D）　　M0104 冊秀墓志之四

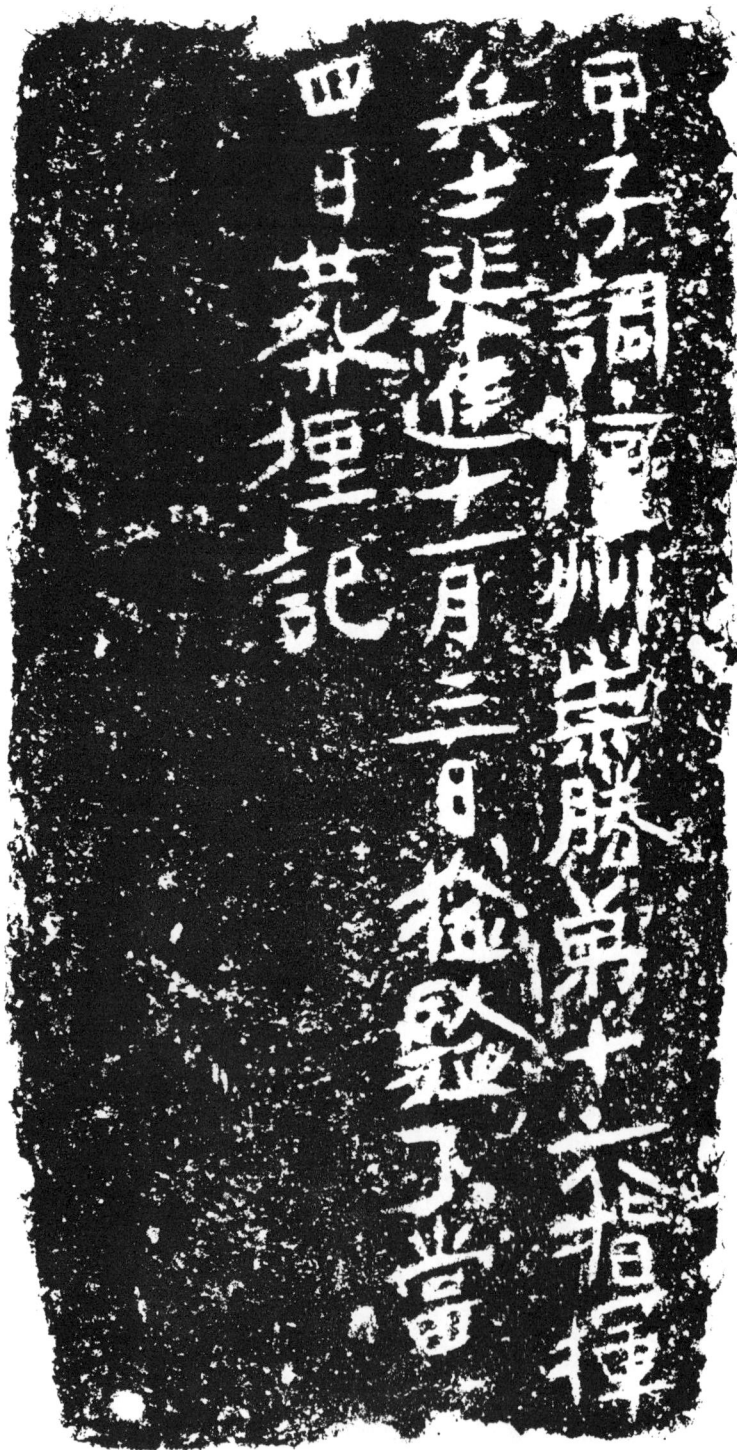

图五〇　M0104 张进墓志

（三）张进墓志

砖　型：条砖

规　格：30×16＋5 厘米

志　文：甲子调。澶州崇胜第十六指挥兵士张进，十一月三日检验了当，四日葬埋记。

图五〇　图版二〇，1

图五一 M0105 刘进墓志

五、M0105 砖墓志

1 块。墓主刘进。

（一）刘进墓志

砖　型：条砖

规　格：30×16＋4 厘米

志　文：甲子阳。本府雄胜第二指挥军人刘进，十一月七日检验了当，初八日葬埋记。图五一　图版二〇，2

六、M0106 砖墓志 2 块。墓主无名氏。

（一）无名氏墓志之一

砖　　型：小方砖

规　　格：27.5×27＋3 厘米

志　　文：云字号。不知姓名贫子妇人，年约七十四五，右厢身死，十一月七日检验
　　　　　了当，八日依条立峰，葬埋记识讫。

图五二（A）　　　图版二〇，3

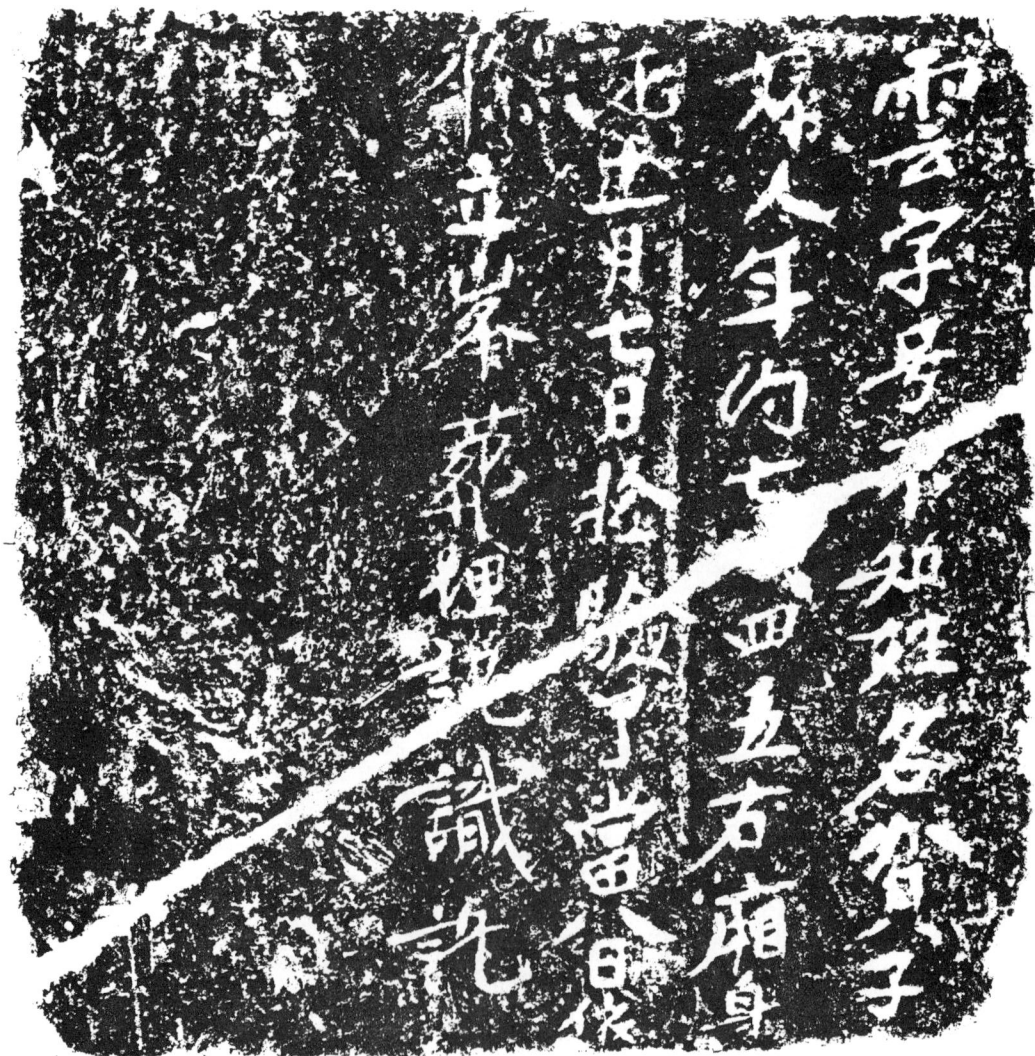

图五二（A）　　　M0106 无名氏墓志之一

（二）无名氏墓志之二

砖　　型：大长方砖

规　　格：28×20＋4 厘米

志　　文：云字号。不知姓名贫子妇人，年约七十四五，右厢身死，十一月七日检验
　　　　　了当，八日依条立峰，葬埋记识讫。

图五二（B）　　　图版二〇，4

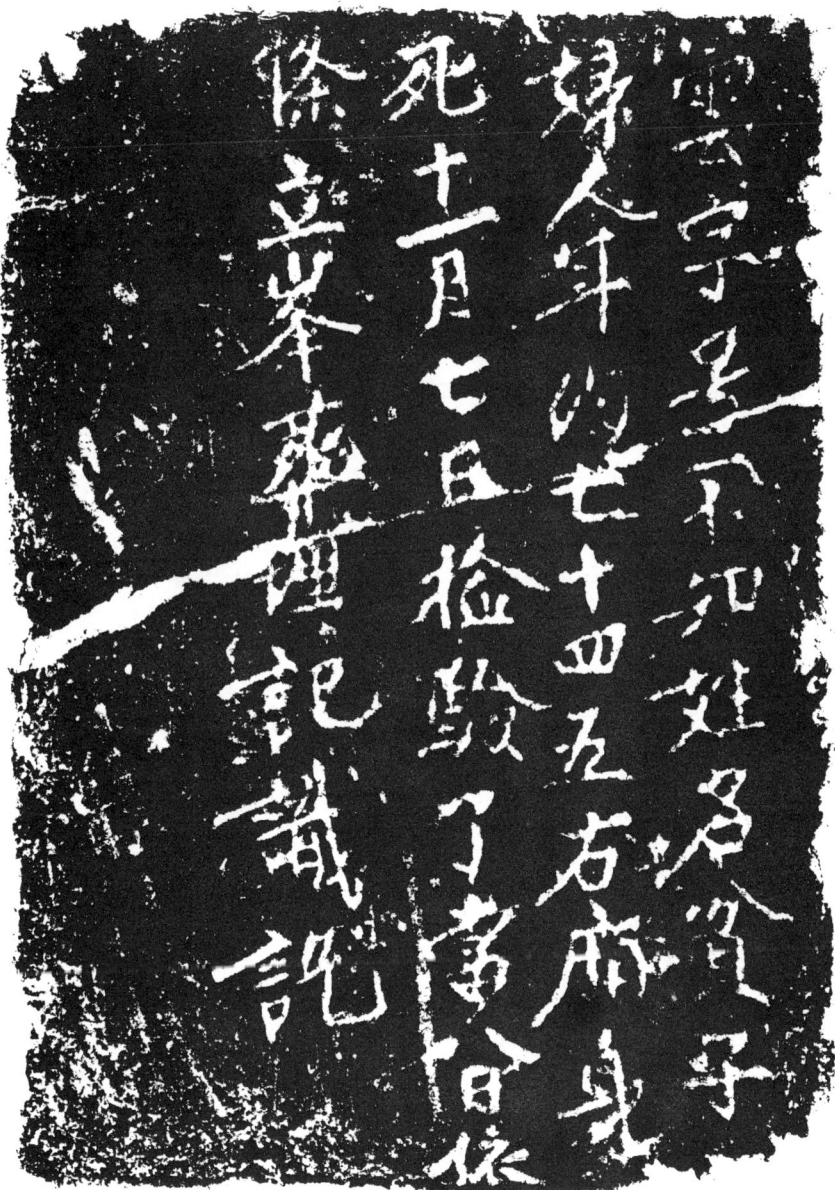

图五二（B）　　M0106 无名氏墓志之二

七、M0108 砖墓志 3 块。墓主张青。

（一）张青墓志之一

砖　　型：大长方砖

规　　格：28×20.5＋4 厘米

志　　文：致字号。壕寨司兵士张青，年约三十八九，系蔡州劲武第十七指挥，十一
　　　　　月九日检验了当，十日依条立峰，葬埋记识讫。

图五三（A）　　　图版二一，1

图五三（A）　　M0108 张青墓志之一

（二）张青墓志之二

砖　　型：大长方砖

规　　格：26×20＋4厘米

志　　文：致字号。壕寨司兵士张青，年约三十八九，系蔡州劲武第十七指挥，十一
　　　　　月九日检验了当，十日依条立峰，葬埋记识讫。

图五三（B）　　　图版二一，2

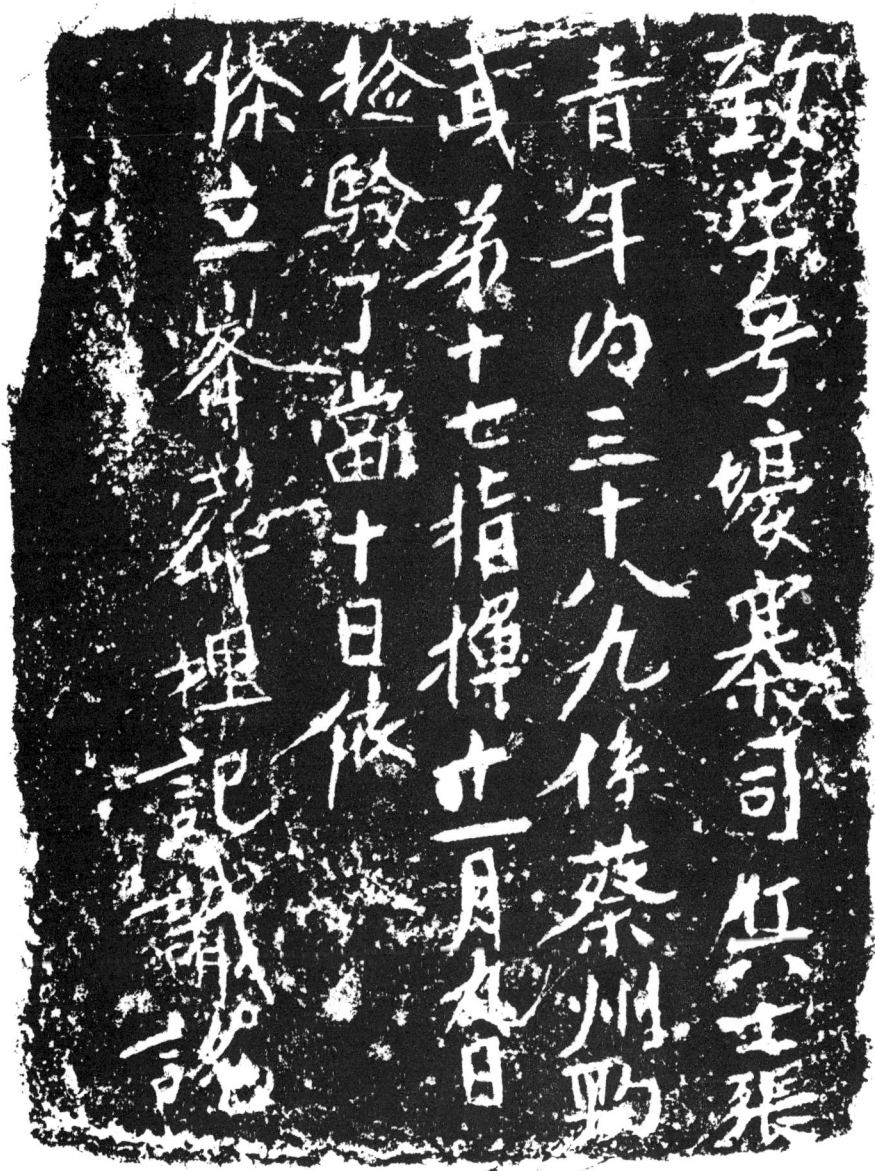

图五三（B）　　M0108 张青墓志之二

图五三（C）　M0108 张青墓志之三（采集品归入）

（三）张青墓志之三

砖　型：条砖

规　格：30×16＋4厘米

志　文：甲子致。壕寨司兵士张青，蔡州劲武第十七指挥，十一月九日检验了当，初十日葬埋记。

图五三（C）

图版二一，3

八、M0109 砖墓志 2 块。采集品 1 块。共 3 块。墓主白保。

（一）白保墓志之一

砖　型：大长方砖

规　格：25×20＋4 厘米

志　文：雨字号。静难军人兵士白保，年约四十一二，于府院身死，十一月十一日
　　　　检验了当，十二日依条立峰，葬埋记识讫。

图五四（A）　　　图版二一，4

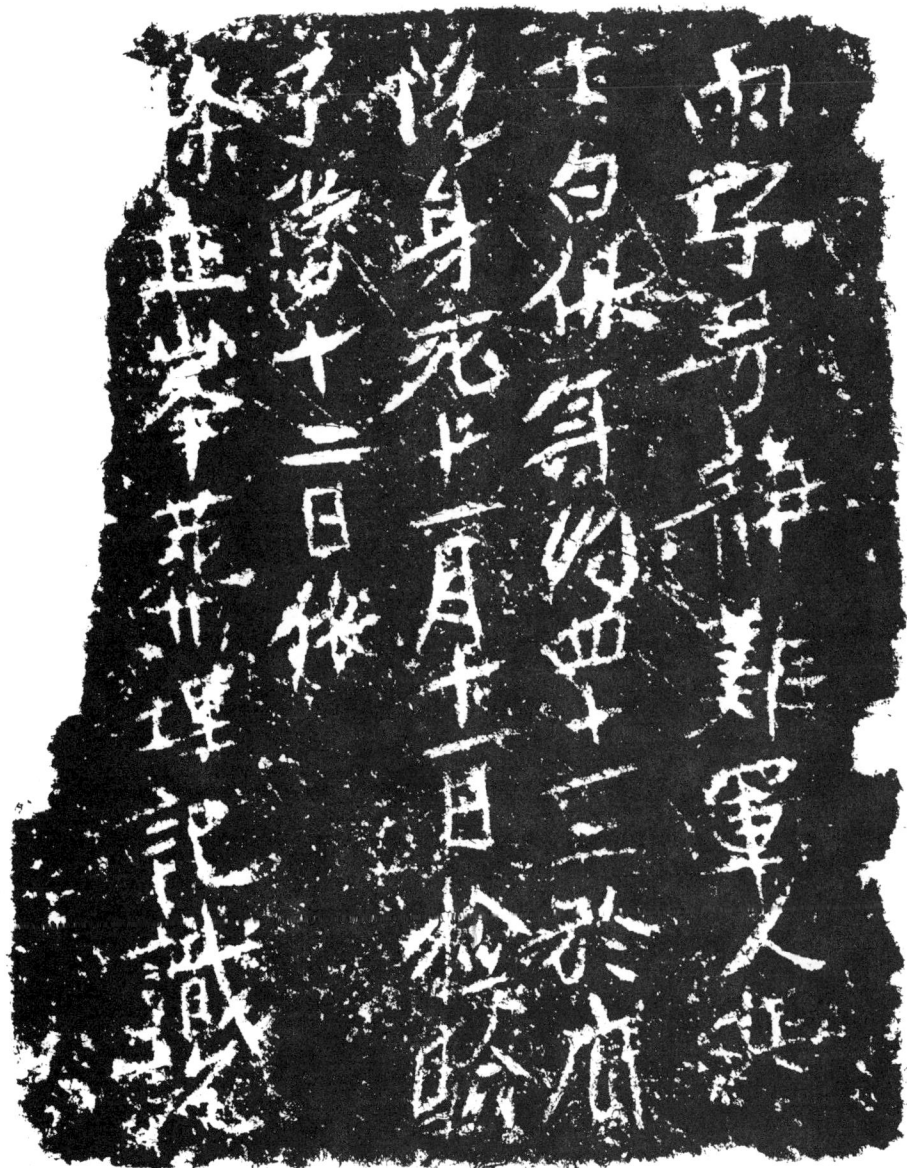

图五四（A）　M0109 白保墓志之一

（二）白保墓志之二

砖型：大长方砖

规　格：25.5×20＋4 厘米

志　文：雨字号。静难军人兵士白保，年约四十一二，于府院身死，十一月十一日
　　　　检验了当，十二日依条立峰，葬埋记识讫。

图五四（B）　　　　图版二二，1

图五四（B）　　M0109 白保墓志之二

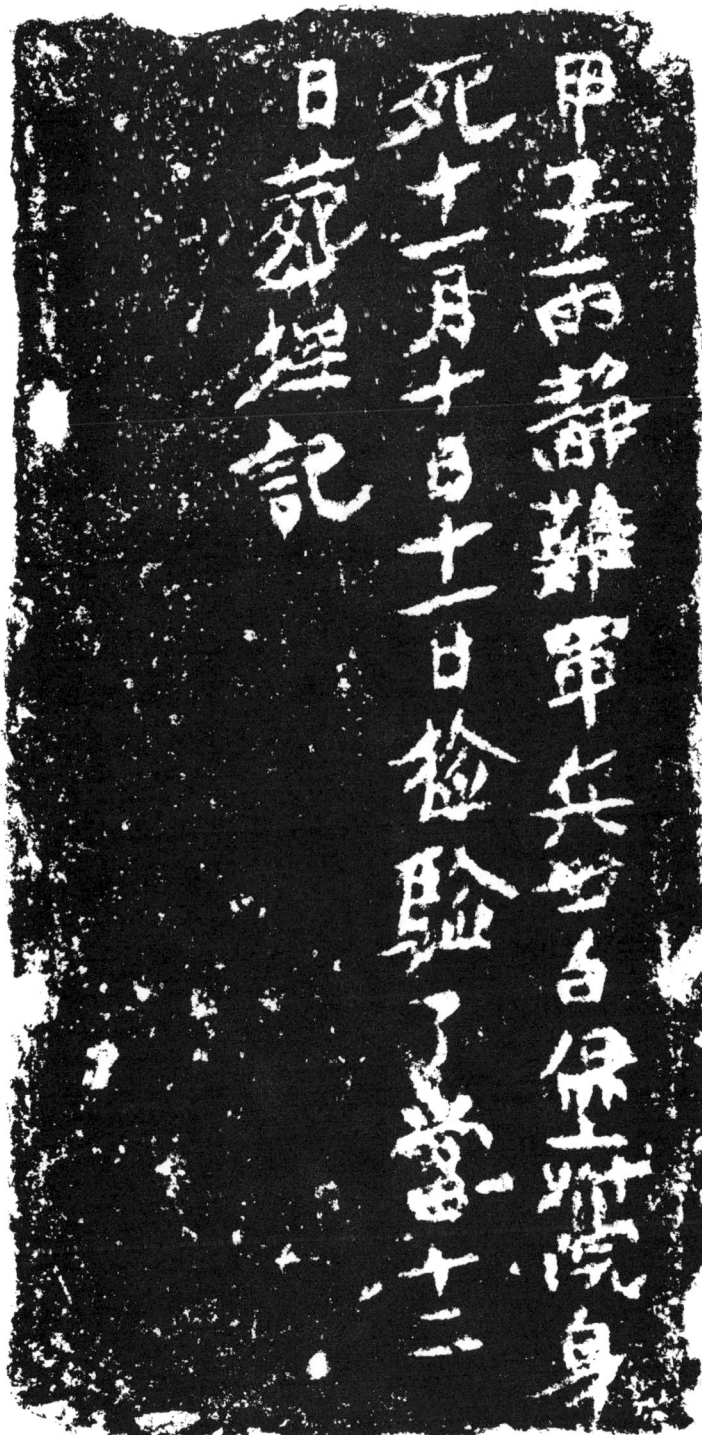

（三）白保墓志之三
（采集品归入）

　　砖　　型：条砖

　　规　　格：31×16＋5
厘米

　　志　　文：甲子雨。
静难军兵
士白保，
府院身
死，十一
月十日，
十一日检
验了当，
十二日葬
埋记。

　　图五四（C）　　图
版二二，2

图五四（C）　　M0109 白保墓志之三（采集品归入）

九、M0110 砖墓志 2 块。墓主丁德。

（一）丁德墓志之一

砖　　型：大长方砖

规　　格：27×20＋4 厘米

志　　文：露子号。雍丘县雄武第十六指挥兵士丁德，年二十八岁，于城东厢身死，
　　　　　十一月十二日检验了当，十三日依条立峰，葬埋记识讫。

图五五（A）　　　图版二二，3

图五五（A）　　M0110 丁德墓志之一

（二）丁德墓志之二

砖　　型：大长方砖

规　　格：27×20＋4 厘米

志　　文：露子号。雍丘县雄武第十六指挥兵士丁德，于城东厢身死，十一月十二日
　　　　　检验了当，年二十八岁，十三日依条立峰，葬埋记识讫。

图五五（B）　　　图版二二，4

图五五（B）　　M0110 丁德墓志之二

一〇、M0111 砖墓志 3 块。墓主阿梁。

（一）阿梁墓志之一

砖　　型：大长方砖

规　　格：28×20＋4 厘米

志　　文：结子号。孤独妇人阿梁，年约七十二三，系本府永定厢人，于仁先院身
　　　　　死，十一月十二日检验了当，十三日依条立峰，葬埋记识讫。

图五六（A）　　　图版二三，1

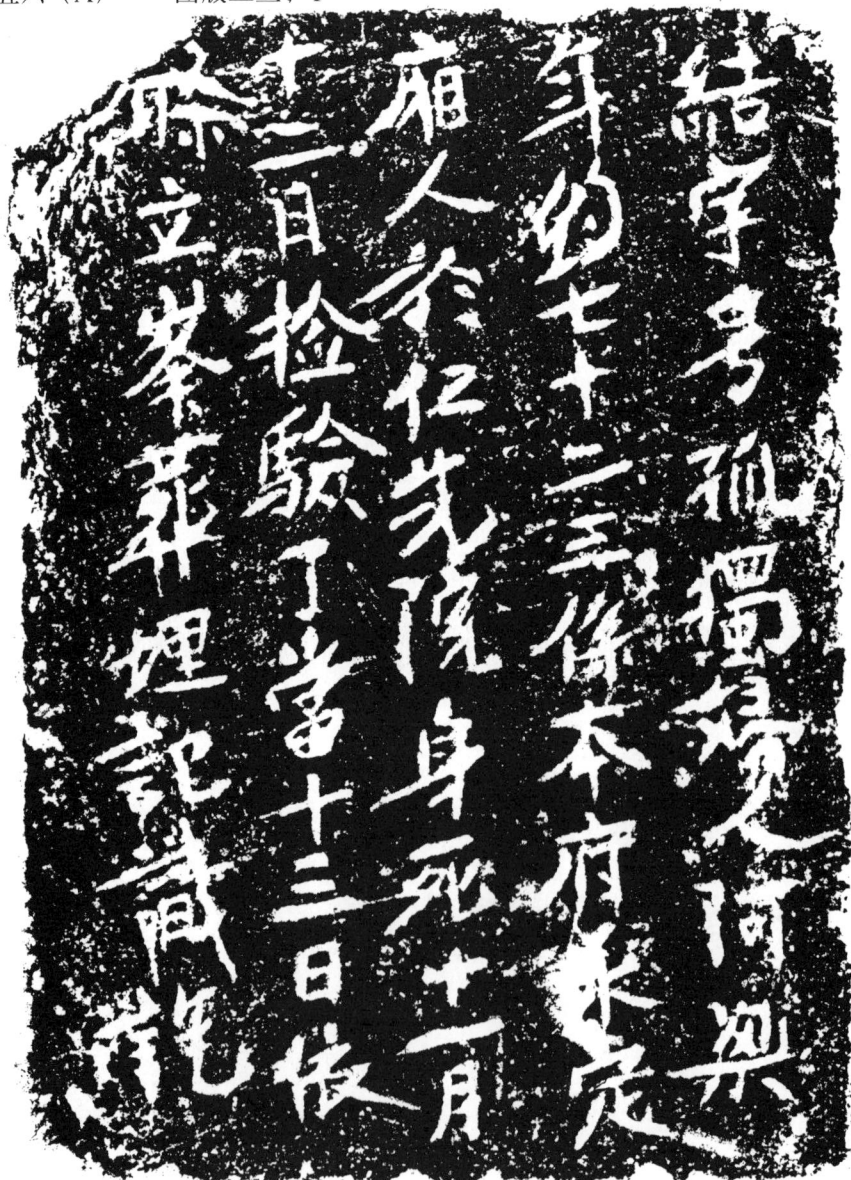

图五六（A）　　M0111 阿梁墓志之一

（二）阿梁墓志之二

砖　　型：大大长方砖

规　　格：25.5×20＋4 厘米

志　　文：结字号。孤独妇人阿梁，年约七十二三，系本府永定厢人，于仁先院身
　　　　　死，十一月十二日检验了当，十三日依条立峰，葬埋记识讫。

图五六（B）　　　图版二三，2

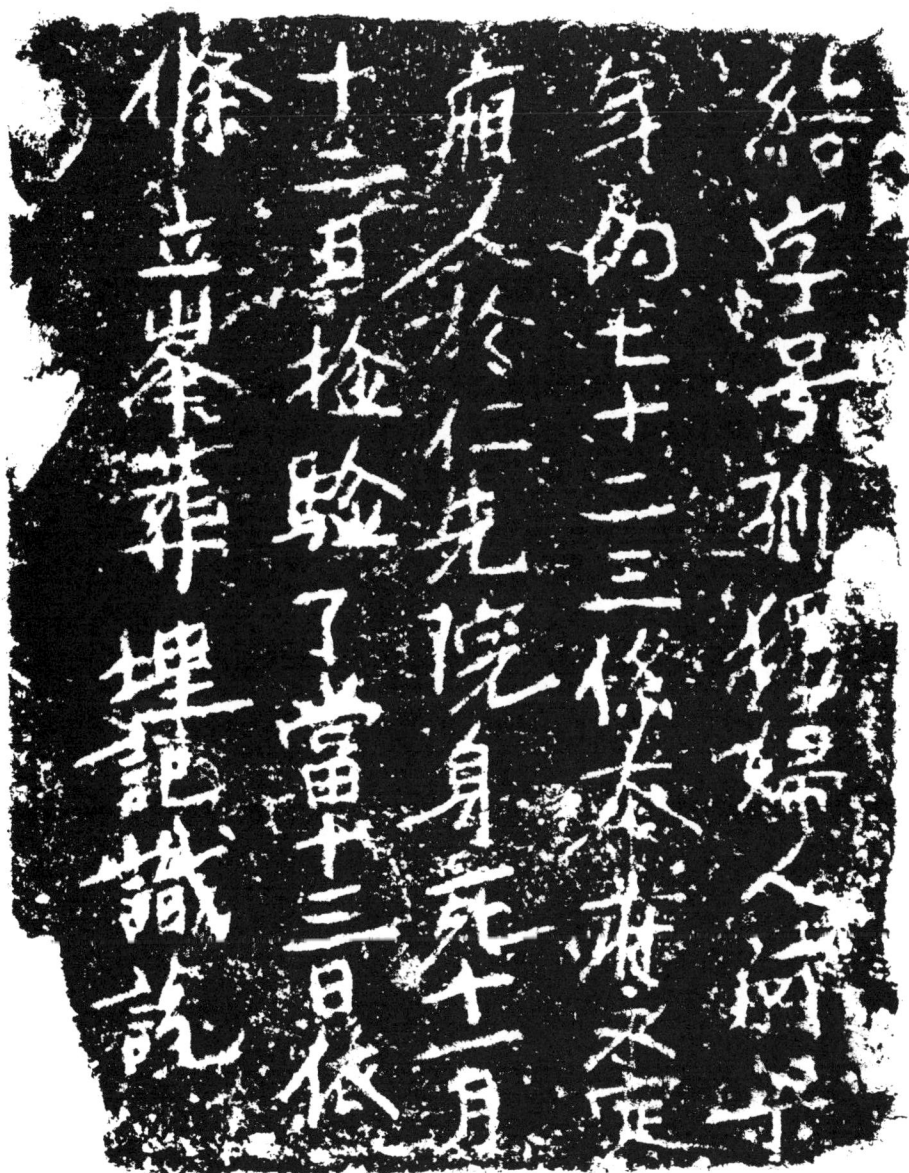

图五六（B）　　M0111 阿梁墓志之二

图五六（C）　M0111 阿梁墓志之三

（三）阿梁墓志之三

砖　型：条砖

规　格：31×16＋5厘米

志　文：甲子结。本府永定厢孤独妇人阿梁，仁先院身死，十一月十二日检验了当，十三日葬埋记。

图五六（C）　图版二三，3

一一、M0113 砖墓志 1 块。墓主顿皋。

（一）顿皋墓志

砖　型：小方砖

规　格：27×27＋3 厘米

志文：霜字号。东京虎翼□二五指挥顿皋，年约二十一二，于本府牢城营身死，十一月十六日检验了当，十七日依条立峰，葬埋记识讫。

图五七　　图版二三，4

图五七　M0113 顿皋墓志

一二、M0114 砖墓志 2 块。采集品 1 块。共 3 块。墓主薛简。

（一）薛简墓志之一

砖　　型：大长方砖

规　　格：28×20＋4 厘米

志　　文：金子号。商州牢城指挥兵士薛简，年约四十一二，于本府牢城营身死，十
　　　　　一月十六日检验了当，十七日依条立峰，葬埋记识讫。

图五八（A）　　　图版二四，1

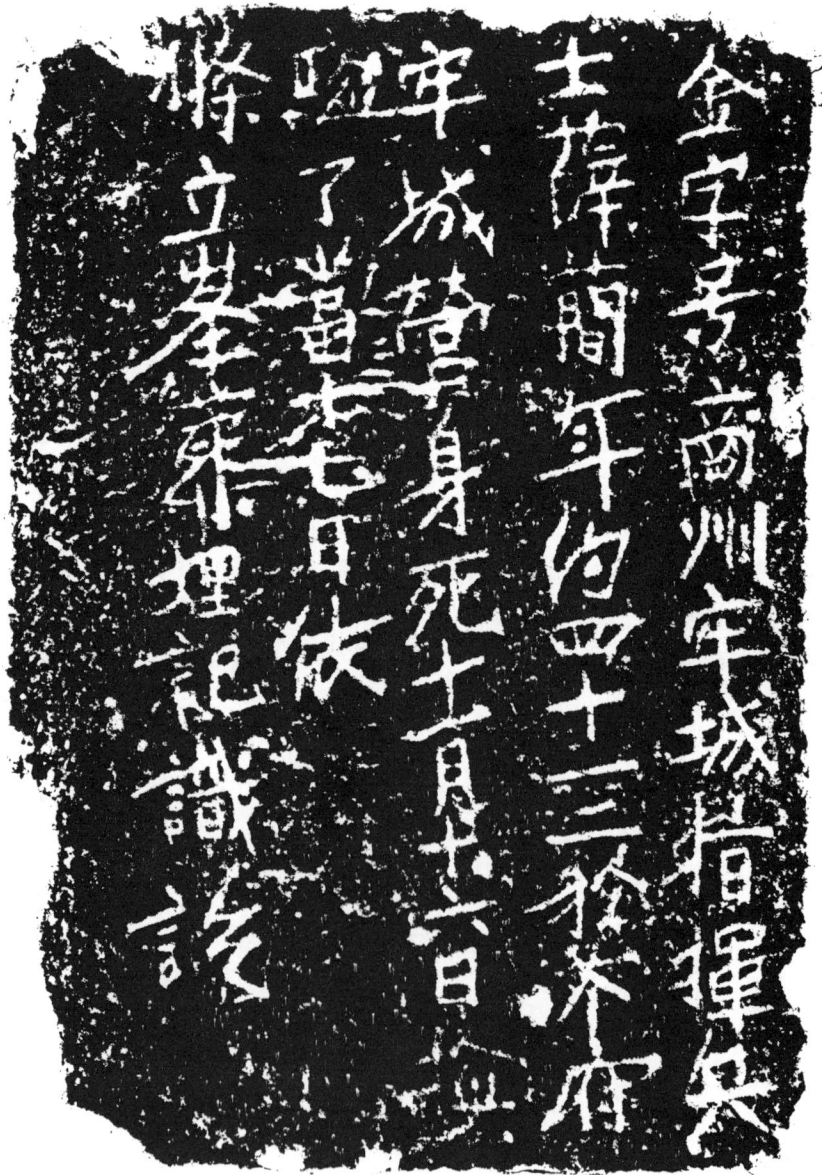

图五八（A）　　M0114 薛简墓志之一

（二）薛简墓志之二

砖　　型：大长方砖

规　　格：残 26×20＋4 厘米

志　　文：金字号。商州牢□□□□士薛简，年约四十一二，于本府牢城营身死，十一月十六日检验了当，十七日依条立峰，葬埋记识讫。

图五八（B）　　　　图版二四，2

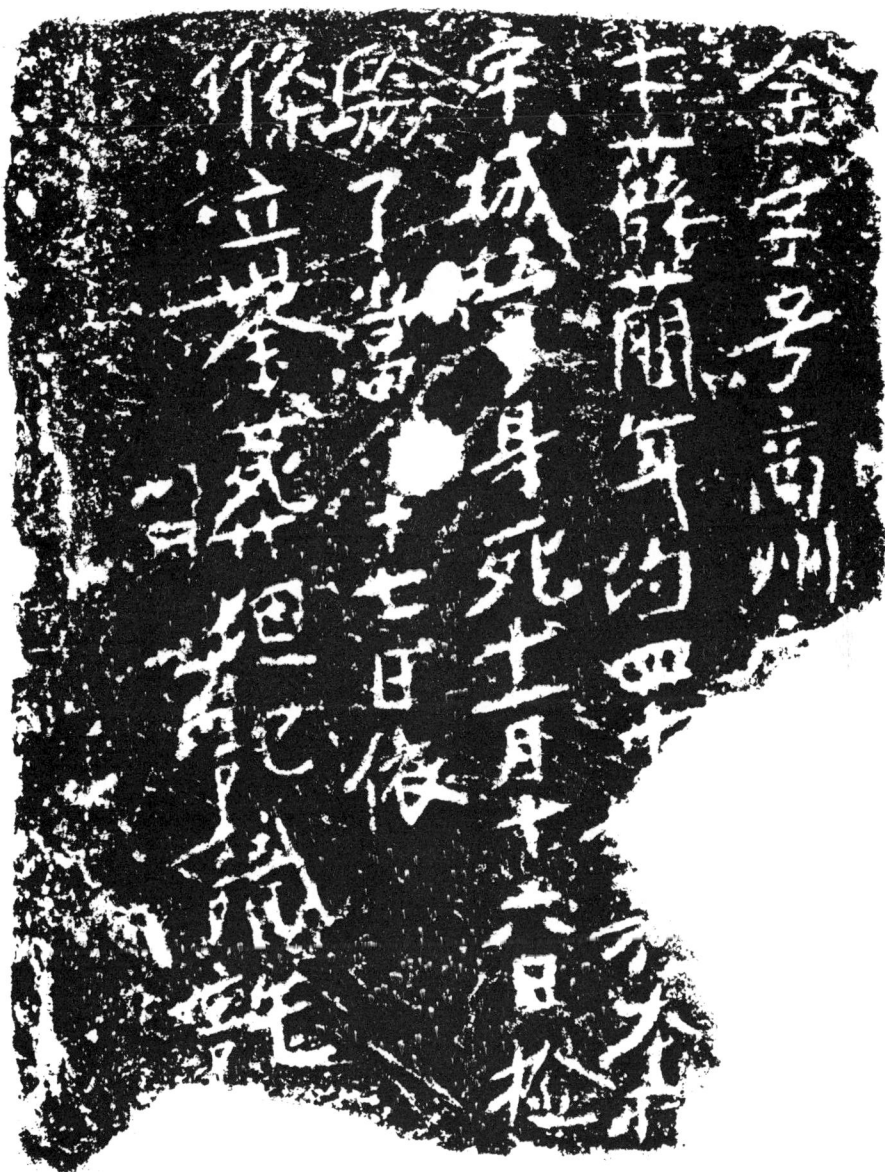

图五八（B）　M0114 薛简墓志之二

图五八（C） M0114 薛简墓志之三（采集品归入）

（三）薛简墓志之三（采集品归入）

砖　型：条砖

规　格：30×16+厘米

志　文：□□金。商州牢□指挥兵士薛简，本城府牢□身死，十一月十六日检验当，□日葬埋记。

图五八（C）　图版二四，3

一三、M0115 砖墓志 4 块。墓主无名氏。

（一）无名氏墓志之一

砖　　型：大长方砖

规　　格：26×20.5×4 厘米

志　　文：生字号。不知姓名军人，年约四十八九，于赵上保瓦务社官道内身死，十
　　　　　一月十六日检验了当，十七日依条立峰，葬埋记识讫。

图五九（A）　　　　图版二四，4

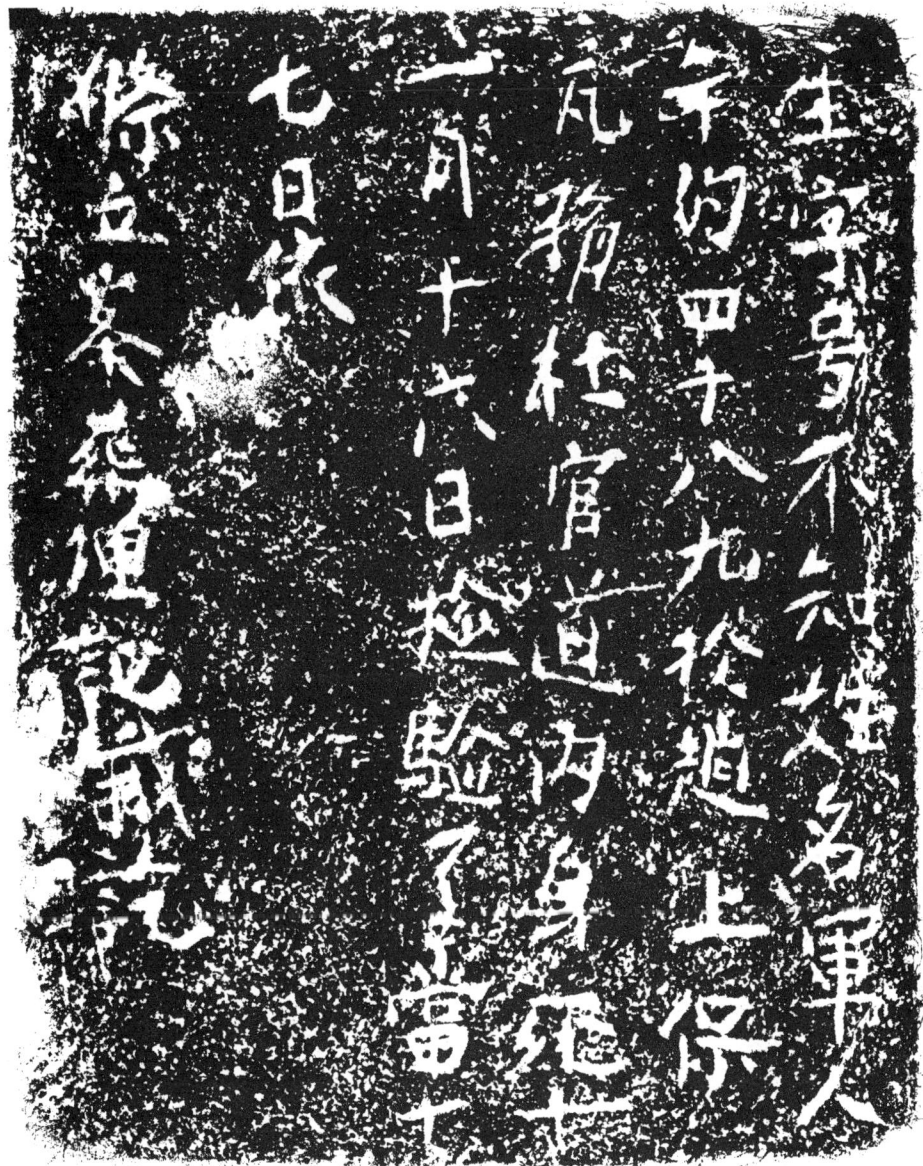

图五九（A）　M0115 无名氏墓志之一

（二）无名氏墓志之二

砖　　型：大长方砖

规　　格：26×17＋4 厘米

志　　文：生字号。不知姓名军人，年约四十八九，于赵上保瓦务社官道内身死，十
　　　　　一月十六检验了当，十七日依条立峰，葬埋记识讫。

图五九（B）　　　图版二五，1

图五九（B）　　　M0115 无名氏墓志之二

（三）无名氏墓志之三

砖　型：条砖

规　格：31×16＋5厘米

志　文：甲子生。不知姓名军人，赵上保瓦务社官道内身死，十一月十六日检验了当，十七日葬埋记。

图五九（C）

图版二五，2

图五九（C）　M0115 无名氏墓志之三

（四）无名氏墓志之四

砖　型：条砖

规　格：30×15＋4 厘米

志　文：甲子生字号。不知姓名军人，崇宁四年十一月十七日葬埋讫。

图五九（D）

图版二五，3

图五九（D）　　M0115 无名氏墓志之四

一四、M0116 砖墓志 3 块。墓主无名氏。

（一）无名氏墓志之一

砖　　型：大长方砖

规　　格：25.5×20＋4 厘米

志　　文：丽字号。不知姓名军人，年约二十四五，于赵上保瓦务社官道内身死，十

　　　　　一月十六日检验了当，十七日依条立峰，葬埋记识讫。

图六〇（A）　　　　图版二五，4

图六〇（A）　　M0116 无名氏墓志之一

（二）无名氏墓志之二

砖　　型：大长方砖

规　　格：25×20＋4 厘米

志　　文：丽字号。不知姓名军人，年约二十四五，于赵上保瓦务社官道内身死，十
一月十六日检验了当，十七日依条立峰，葬埋记识讫。

图六〇（B）　　　图版二六，1

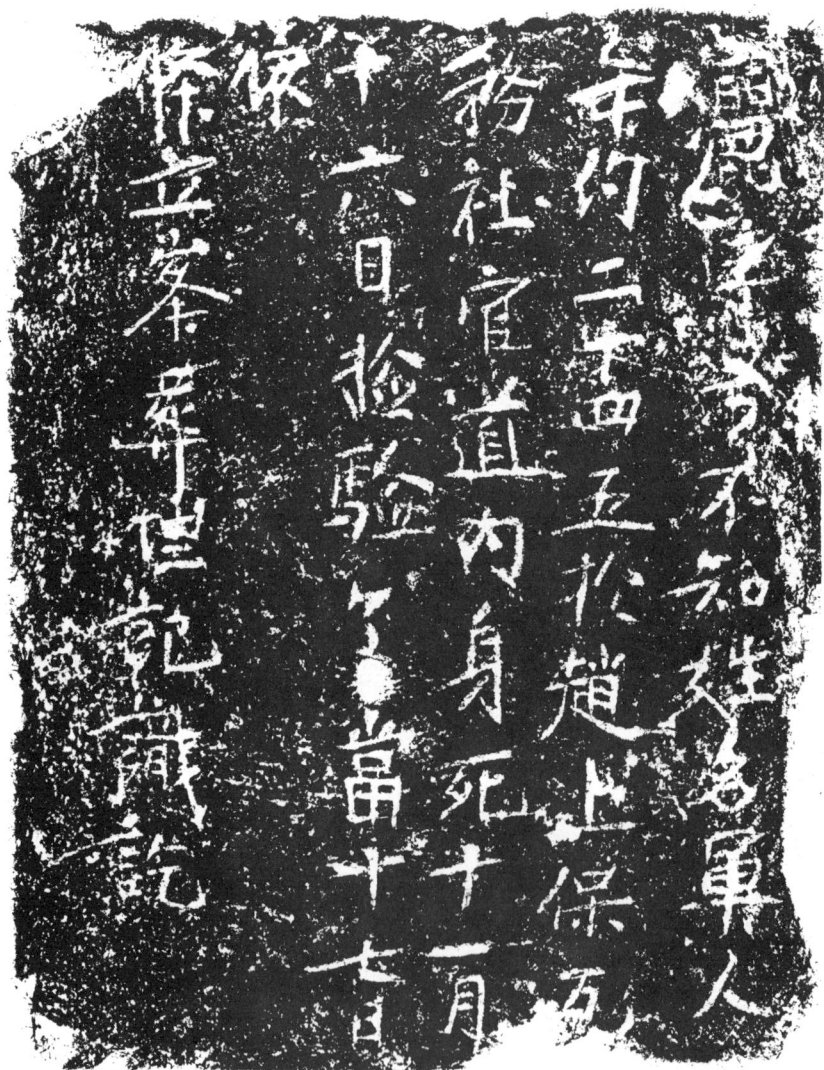

图六〇（B）　　　M0116 无名氏墓志之二

（三）无名氏墓志之三

残甚。参看图版二六，2。

一五、M0117 砖墓志 3 块。墓主无名氏。

（一）无名氏墓志之一

砖　　型：大长方砖

规　　格：25.5×20＋4 厘米

志　　文：水字号。不知姓名军人，年约二十一二，于赵上保瓦务社官道内身死，十
　　　　　一月十六日检验了当，十七日依条立峰，葬埋记识讫。

图六一（A）　　　图版二六，3

图六一（A）　　M0117 无名氏墓志之一

（二）无名氏墓志之二

砖　　型：大长方砖

规　　格：25.5×20.5＋4 厘米

志　　文：水字号。不知姓名军人，年约二十一二，于赵上保瓦（漏"务"字）社官
　　　　　道内身死，十一日十六检验了当，十七日依□□峰，葬埋记识讫。

图六一（B）　　　图版二六，4

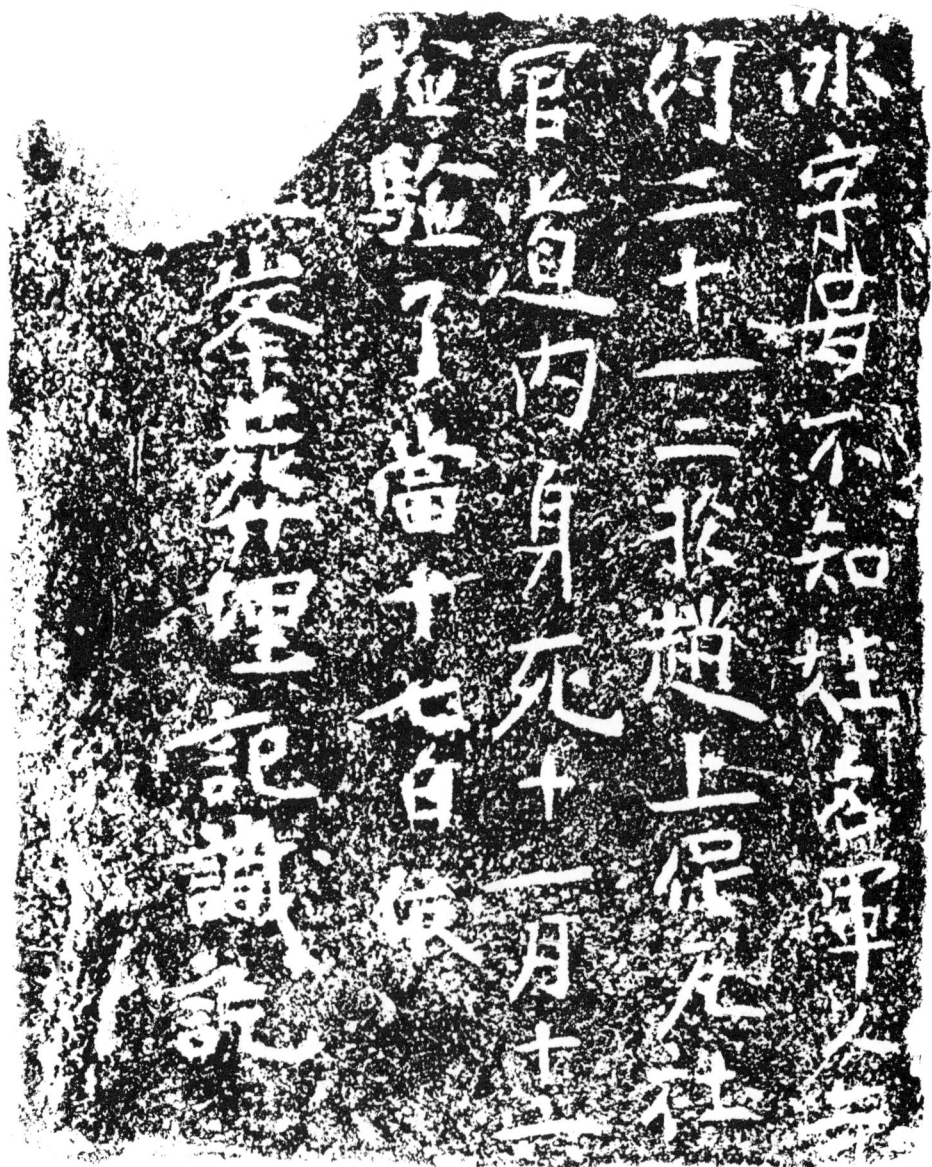

图六一（B）　　　M0117 无名氏墓志之二

（三）无名氏墓志
之三

砖　型：条砖

规　格：30×16＋
5厘米

志　文：甲子水。
不　知　姓
名军人，
赵　上　保
瓦　务　社
官　道　内
身　死，
十　一　月
十　六　日
检　验　了
当，　十
七　日　葬
埋记。

图六一（C）
图版二七，1

图六一（C）　　M0117无名氏墓志之三

一六、M0118 砖墓志 2 块。墓主阿牛。

（一）阿牛墓志之一

砖　　型：大长方砖

规　　格：25.5×20＋4 厘米

志　　文：玉字号。城南厢阎俏店女使阿牛，年约二十四五，系解州闻喜县人，十一
　　　　　月十七日检验了当。十八日依条立峰，葬埋记识讫。

图六二（A）　　　图版二七，2

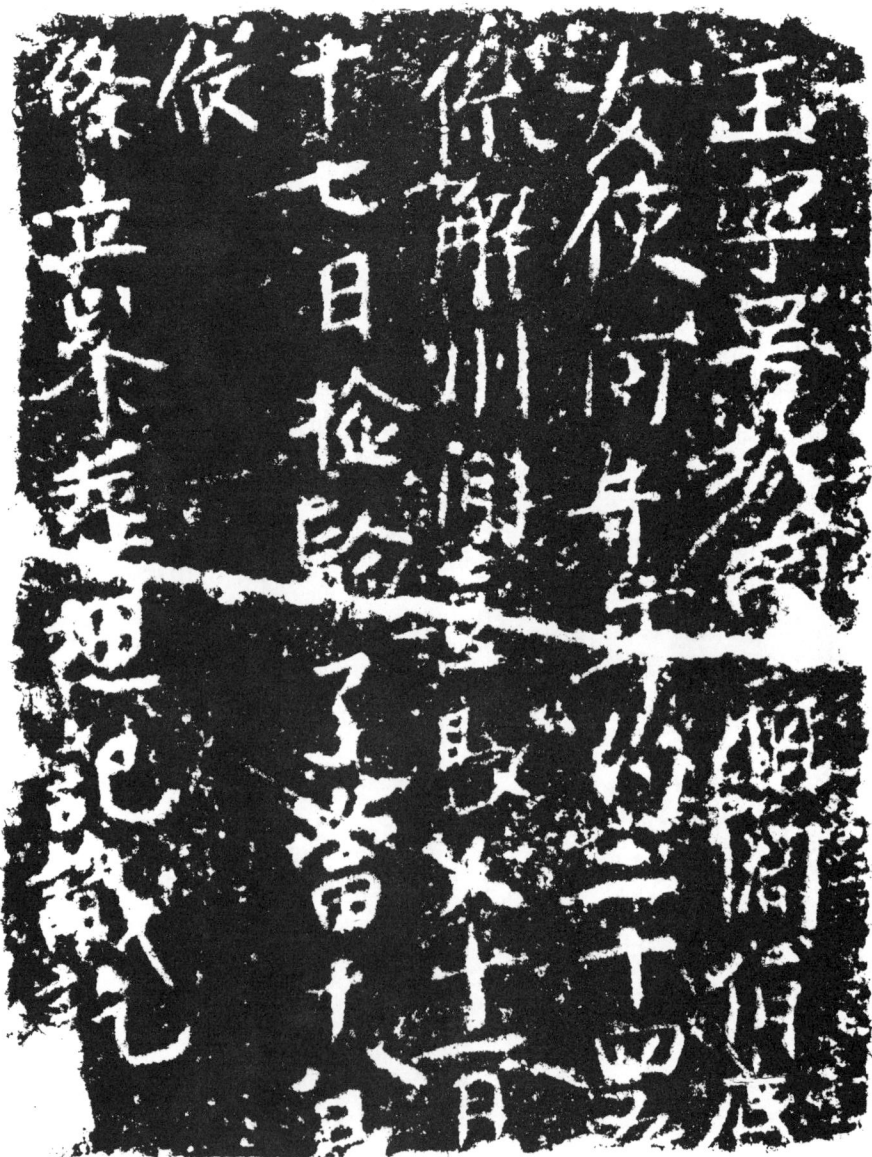

图六二（A）　　M0118 阿牛墓志之一

（二）阿牛墓志之二

砖　型：条砖

规　格：30×16＋5厘米

志　文：甲子玉。城南厢阁俙店女使阿牛解，闻喜人，州一月县月七十了检埋验葬当十，八八记。

图六二（B）

图版二七，3

图六二（B）　　M0118 阿牛墓志之二

一七、M0119 砖墓志 1 块。墓主王贵。

（一）王贵墓志

砖　　型：大长方砖

规　　格：25.5×20＋4 厘米

志　　文：出字号。澶州洛□城驻克□指挥兵士王贵，年约五十一二，于□□递铺内
　　　　　身死，十一月十八日检验了当，十九日依条立峰，葬埋记。

图六三　　　图版二七，4

图六三　　M0119 王贵墓志

一八、M0120 砖墓志 2 块。墓主康信。

（一）康信墓志之一

砖　　型：大长方砖

规　　格：25.5×20×4 厘米

志　　文：昆字号。壕寨司寄役军人康信，年约三十一二，系汝州勇捷第四指挥，十
　　　　　一月十八检验了当，十九日依条立峰，葬埋记识讫。

图六四（A）　　　图版二八，1

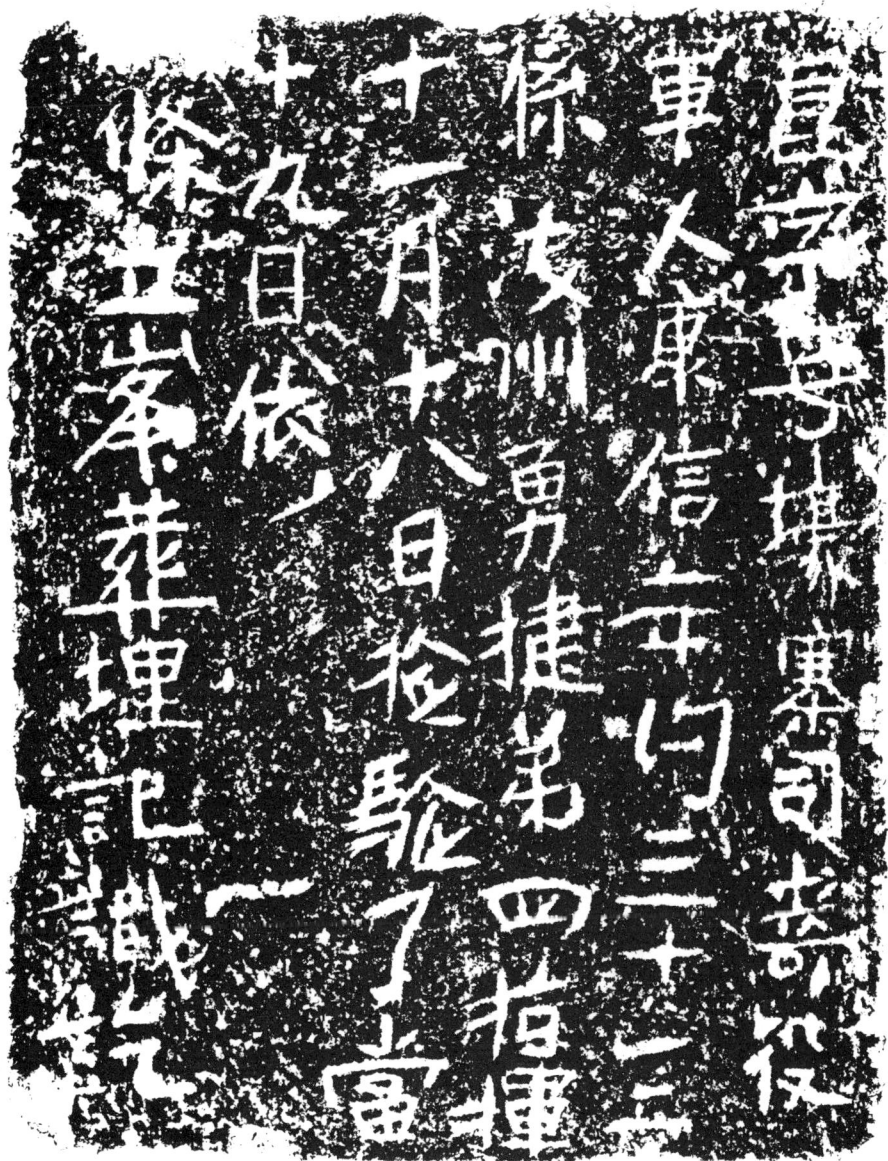

图六四（A）　　 M0120 康信墓志之一

（二）康信墓志之
二

砖　型：条砖

规　格：31×16＋
5厘米

志　文：甲子昆。
壕寨司
寄役军
人康信，
汝州勇
捷第四
指挥，
十一月
十八日
检验了
当，十
九日葬
埋记。

图六四（B）

图版二八，2

图六四（B）　　M0120康信墓志之二

一九、M0122 砖墓志 2 块。墓主无名氏。

（一）无名氏墓志之一

砖　　型：小方砖

规　　格：26×26＋3 厘米

志　　文：岗字号。不知姓名贫子妇人，年约五十七八，于城东厢张祐□前身死，十
　　　　　一月二十二日检验了当，二十三日依条立峰，葬埋记识讫。

图六五（A）　　　图版二八，3

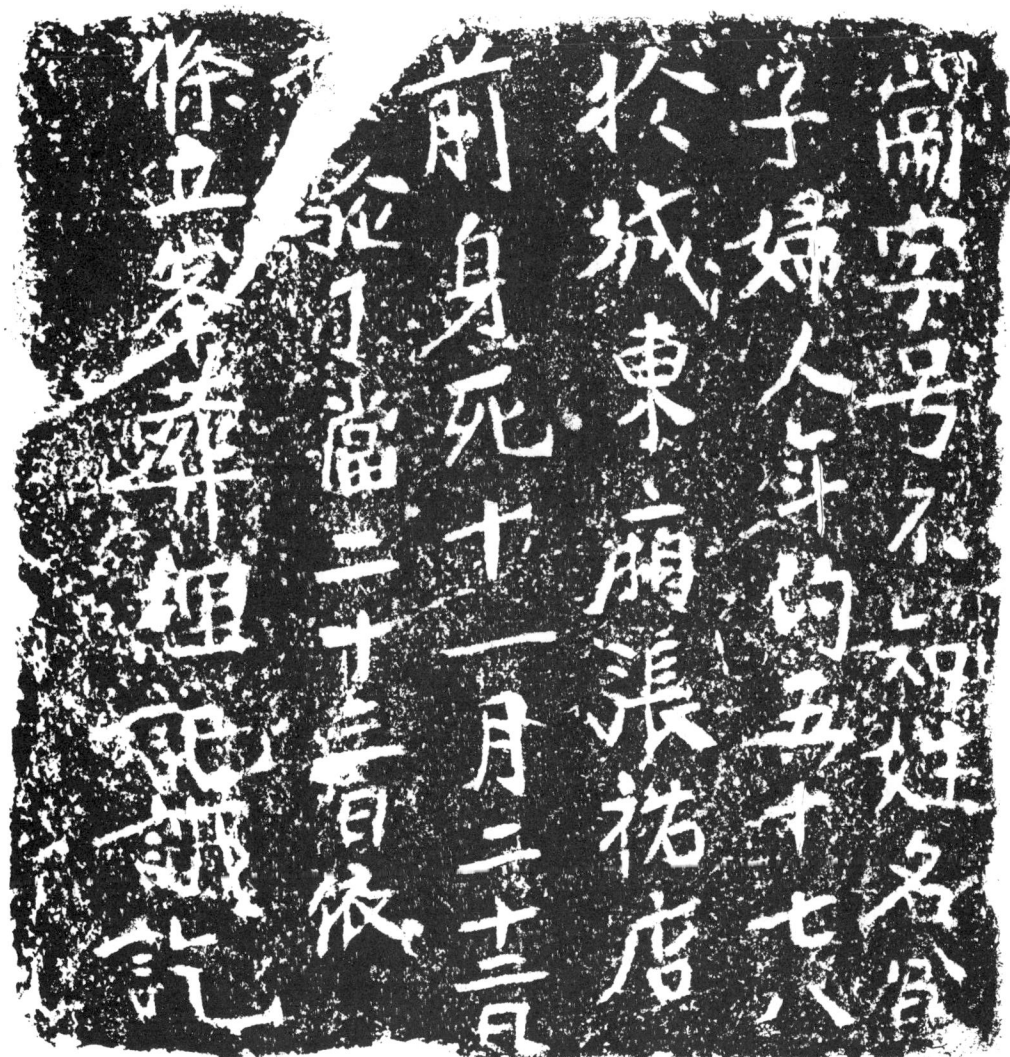

图六五（A）　　M0122 无名氏墓志之一

（二）无名氏墓志之二

砖　型：小方砖

规　格：26×26＋3 厘米

志　文：岗字号。不□□□□子妇人，年约五□□□，于城东厢张祐□前身死，十
　　　　一月二十二日检验了当，二十三日依条立峰，葬埋记识讫。

图六五（B）　　　图版二八，4

图六五（B）　　　M0122 无名氏墓志之二

二○、M0123 砖墓志 2 块。墓主韩遂。

（一）韩遂墓志之一

砖　型：小方砖

规　格：27×27＋3 厘米

志　文：剑字号。果州克宁第六指挥军人韩遂，年约二十四五，于牢城营身死，十
　　　　一月二十三日检验了当，二十四日依条立峰，葬埋记识讫。

图六六（A）　　　图版二九，1

图六六（A）　　M0123 韩遂墓志之一

（二）□遂墓志之二

砖　　型：小方砖

规　　格：26×26＋3 厘米

志　　文：剑字号。果州□□第六指挥□□□遂，年约二□□□，□□城营身死，十
　　　　　一月二十三日检验了当，二十四日依条立峰，葬埋记识讫。

图六六（B）　　　　图版二九，2

图六六（B）　　M0123□遂墓志之二

二一、M0124 砖墓志 2 块。墓主乔忠。

（一）乔忠墓志之一

砖　　型：小方砖

规　　格：27×27＋3 厘米

志　　文：号字号。降（绛）州雄猛第二指挥军人乔忠，年约二十六七，于牢城营身
　　　　　死，十一月二十三日检验了当，二十四日依条立峰，葬埋记识讫。

图六七（A）　　　图版二九，3

图六七（A）　　M0124 乔忠墓志之一

（二）乔忠墓志之二

砖　　型：小方砖

规　　格：27×27＋3厘米

志　　文：号字号。降（绛）州雄猛第□指挥军人乔忠，年约二十六七，于牢城营身
　　　　　死，十一月二十三日检验了当，二十四日依条立峰，葬埋记识讫。

图六七（B）　　　图版二九，4

图六七（B）　　M0124 乔忠墓志之二

二二、M0125 砖墓志 1 块。墓主裴四姐。

（一）裴四姐墓志

砖　　型：大长方砖

规　　格：25×20＋3.5 厘米

志　　文：巨字号。据仵作行人秦成抬捔到本府右厢丁二家所使裴四姐，年约一十七
　　　　　八岁，系降（绛）州太平县郭村人，十一月二十六日依条立峰，葬埋记识讫。

图六八　　图版三〇，1

图六八　M0125 裴四姐墓志

二三、M0126 砖墓志 1 块。墓主张能。

（一）张能墓志

砖　　型：小方砖

规　　格：27×27＋3.5 厘米

志　　文：阙字号。本府保宁第二十八指挥军人张能，年约五十五六，系永兴军人，
　　　　　十一月二十七日检验了当，十一月二十八日依条立峰，葬埋记识讫。

图六九　　　图版三〇，2

图六九　　M0126 张能墓志

二四、M0127 砖墓志 1 块。墓主李宁。

（一）李宁墓志

砖　　型：小方砖

规　　格：27×27＋3.5 厘米

志　　文：珠字号。本府壕寨司寄役逃军李宁，年约二十一二，系金州劲武第二十一
指挥，十一月二十七日检验了当，十一月二十八日依条立峰，葬埋记识
讫。

图七〇　　图版三〇，3

图七〇　M0127 李宁墓志

二五、M0128 砖墓志 2 块。墓主张吉。

（一）张吉墓志之一

砖　　型：大方砖（左角残）

规　　格：28×28＋5 厘米

志　　文：称字号。不知州军百姓张吉，年约五十四五，系宇文侍郎宅雇到脚子，于安济坊身死，十一月二十八日检验了当，十一月二十九日依□□峰，葬埋记识讫。

图七一（A）　　　图版三〇，4

图七一（A）　　M0128 张吉墓志之一

（二）张吉墓志之二

砖　　型：小方砖（残）

规　　格：24×20＋4 厘米

志　　文：□□□。不知州□□□□□□□□□□五，系宇文□□□□□脚子，于安
　　　　　济□□□，□□□二十八日检验了当，十一月二□九日依条立峰，葬埋记
　　　　　识讫。

图七一（B）　　　图版三一，1

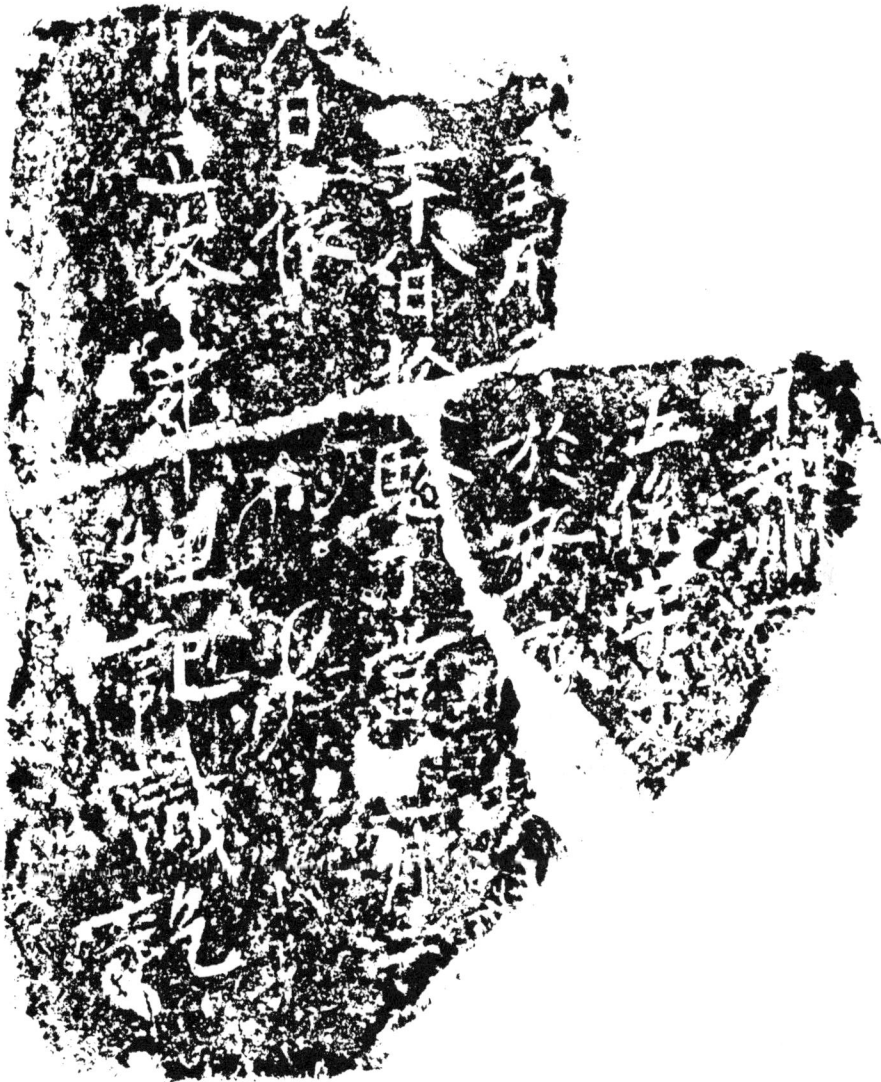

图七一（B）　　M0128 张吉墓志之二

二六、M0129 砖墓志 3 块。墓主阿刘。

（一）阿刘墓志之一

砖　　型：大方砖

规　　格：31×31＋5 厘米

志　　文：夜字号。本府左厢贫子院贾贵抬捃到妇人阿刘，年七十岁，系河中府人
　　　　　事，十二月初一日依条立峰，葬埋记识讫。

图七二（A）　　　图版三一，2

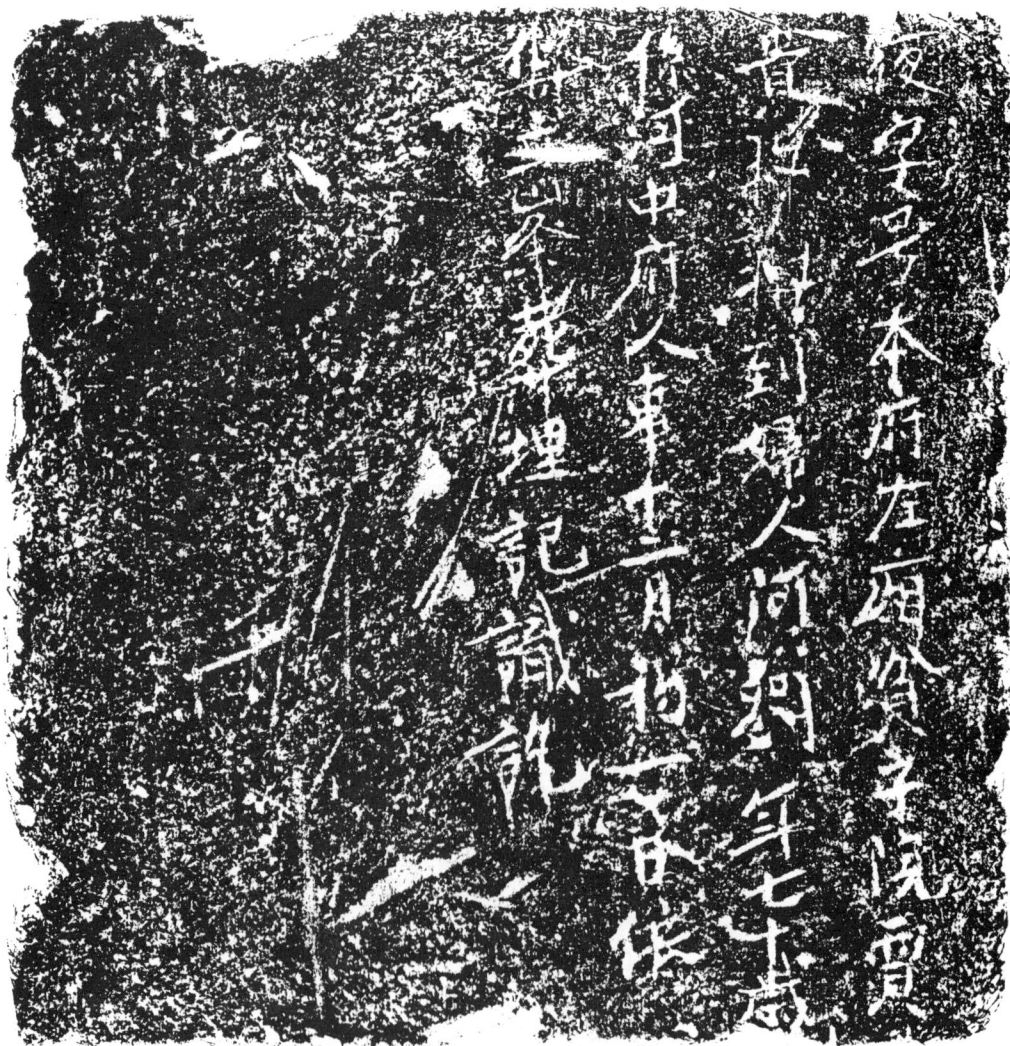

图七二（A）　　M0129 阿刘墓志之一

（二）阿刘墓志之二

砖　　型：小方砖

规　　格：27×27＋3.5厘米

志　　文：夜字号。本府左厢贫子院贾贵抬捐到妇人阿刘，年七十岁，系河中府人事，十□月初一日依条立峰，葬埋记识讫。

图七二（B）　　　图版三一，3

图七二（B）　　M0129 阿刘墓志之二

（三）阿刘墓志之三

砖　　型：大方砖

规　　格：30×30＋5厘米

志　　文：甲子五十四字号。本府左厢贫子院贾贵□□到妇人阿刘，河中府人事，崇
　　　　　宁四年十二月一日收葬讫。

图七二（C）　　　图版三一，4、三二，1

图七二（C）　　M0129 阿刘墓志之三

二七、M0130 砖墓志 2 块。墓主桯吉。

（一）桯吉墓志之一

砖　　型：小方砖

规　　格：27×27+3.5 厘米

志　　文：光字号。本府保捷第十九指挥第三都兵士桯吉，年约二十二三，十二月初
　　　　　一日检验了当，十二月初二日依条立峰，葬埋记识讫。

图七三（A）　　　图版三二，2

图七三（A）　　M0130 桯吉墓志之一

（二）桯吉墓志之二

砖　　型：小方砖

规　　格：27×27＋3.5厘米

志　　文：光字号。本府保捷第十九指挥第三都兵士桯吉，年约二十二三，十二月初
　　　　　一日检验了当，十二月初二日依条立峰，葬埋记识讫。

图七三（B）　　　图版三二，3

图七三（B）　　M0130 桯吉墓志之二

二八、M0131 砖墓志 1 块。墓主甘吉。

（一）甘吉墓志

砖　　型：小方砖

规　　格：27×27＋3.5 厘米

志　　文：果字号。东京水虎翼指挥军人甘吉，年约五十一二，于府院身，十二月初
　　　　　二日检验了当，十二月初三日依条立峰，葬埋记识讫。

图七四　　图版三二，4

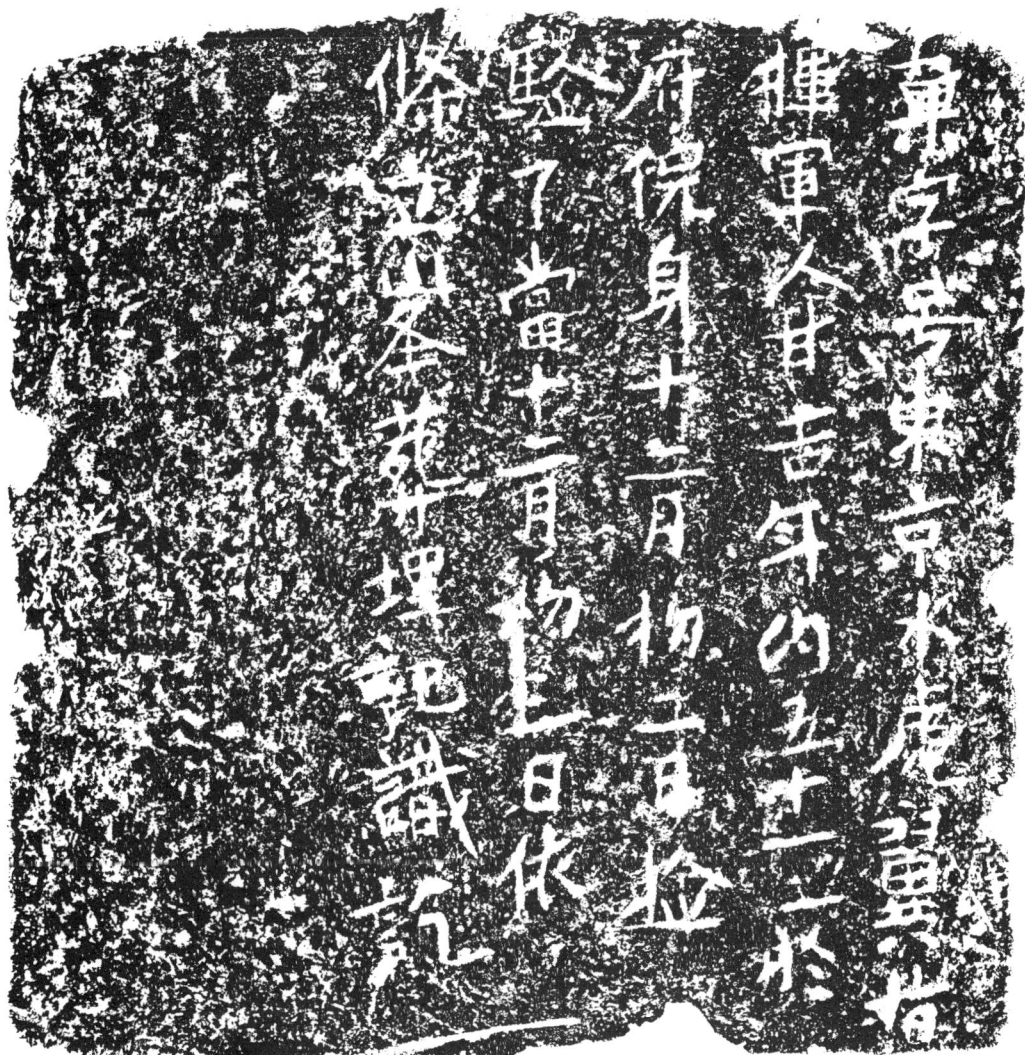

图七四　M0131 甘吉墓志

二九、M0133 砖墓志 2 块。墓主孙贵。

（一）孙贵墓志之一

砖　　型：大长方砖

规　　格：25.5×20+3.5 厘米

志　　文：李字号。保捷第十五指挥人孙贵，年约四十五六，系府界陈留县广勇第七
　　　　　指挥改刺营，十二月初三日检验了当，十二月初四日依条立峰，葬埋记识
　　　　　讫。

图七五（A）　　　图版三三，1

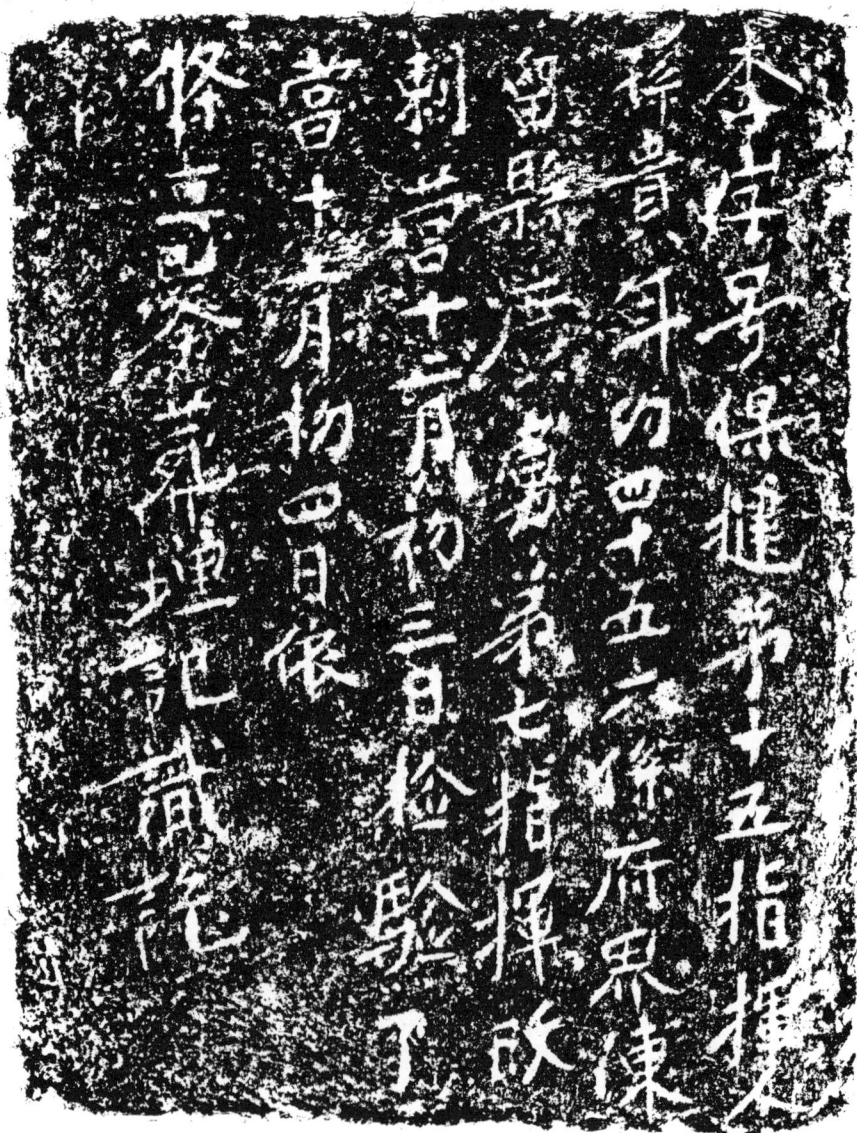

图七五（A）　　M0133 孙贵墓志之一

（二）孙贵墓志之二

砖　　型：大长方砖

规　　格：25×20＋3.5厘米

志　　文：李字号。保捷第十五指挥军人孙贵，年约四十五六，系府界□留县广勇第
　　　　　七指挥□□□，十二月初三日检验了当，十二月□□日依条立峰，葬埋记
　　　　　识讫。

图七五（B）　　　图版三三，2

图七五（B）　　M0133 孙贵墓志之二

三〇、M0134 砖墓志 1 块。墓主王信。

（一）王信墓志

砖　　型：大长方砖

规　　格：25×20＋3.5 厘米

志　　文：奈字号。壕寨司寄役逃军王信，年约三十四五，系凤翔府天兴县人，于东
　　　　　门递铺身死，十二月初三日检验了当，十二月初四日依条立峰，葬埋记识
　　　　　讫。

图七六　　图版三三，3

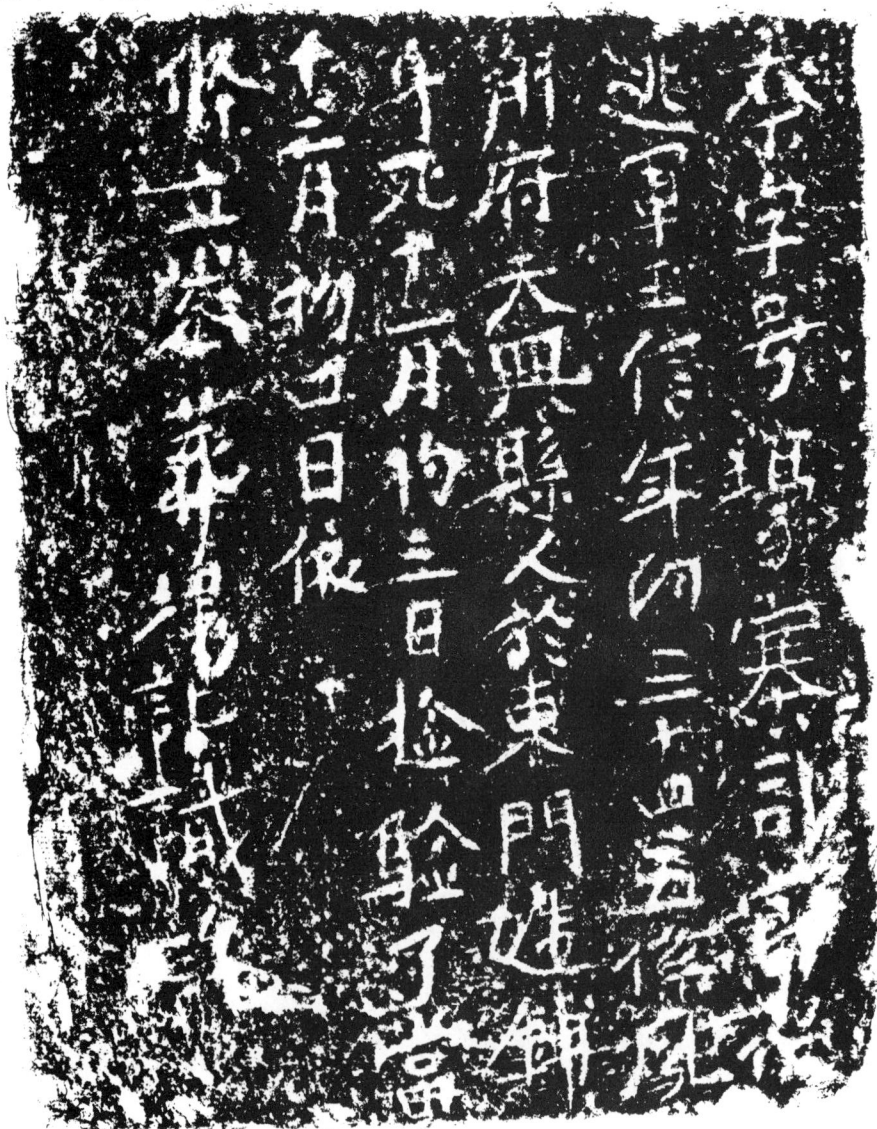

图七六　　M0134 王信墓志

三一、M0135 砖墓志 1 块。墓主大张进。

（一）大张进墓志

砖　　型：大长方砖（残）

规　　格：25×17＋3.5 厘米

志　　文：菜字号。本府南新店马铺兵士大张进，年约四十四五，十二月初五日检验
　　　　　了当，十二月初六日依条立峰，葬埋记识讫。

图七七　　图版三三，4

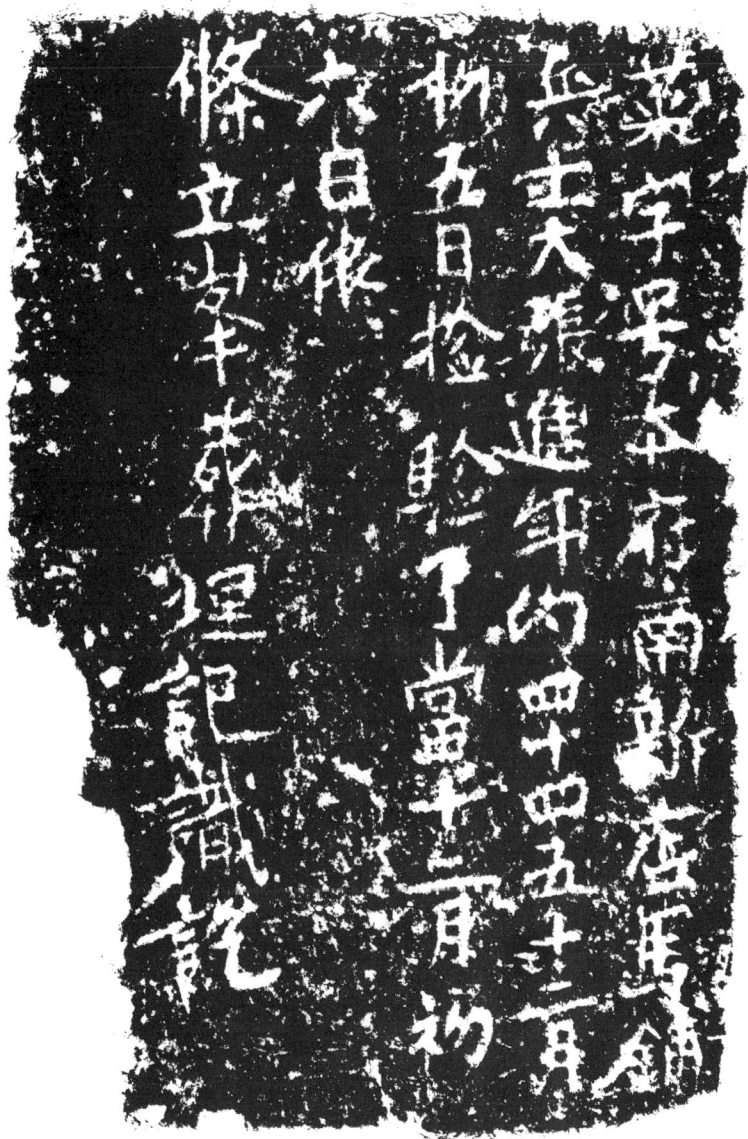

图七七　M0135 大张进墓志

三二、M0142 砖墓志 1 块。墓主张宣。

（一）张宣墓志

砖　　型：大长方砖

规　　格：25×20＋3.5 厘米

志　　文：淡字号。牢城第十指挥十分兵士张宣，年二十六七，十二月十三日检验了
　　　　　当，十四日依条立峰，葬埋记识讫。

图七八　　　图版三四，1

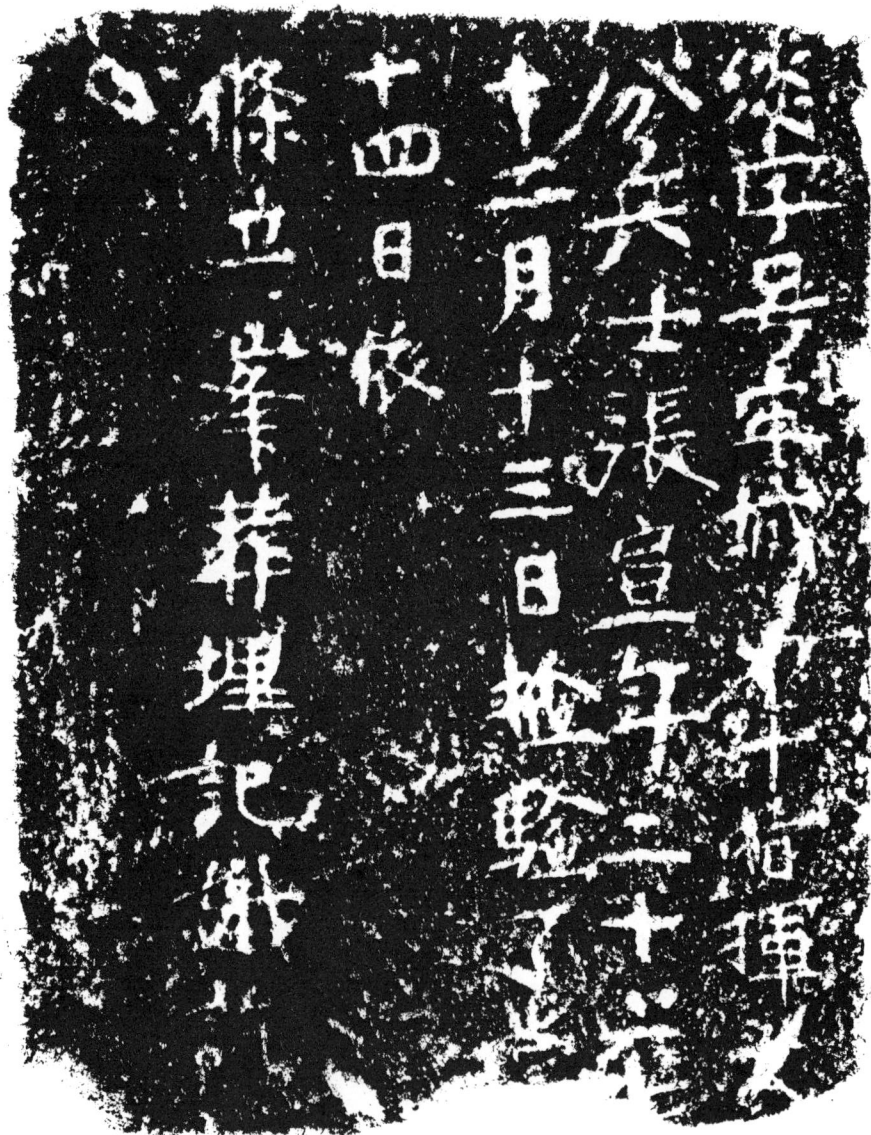

图七八　　M0142 张宣墓志

三三、M0144 砖墓志 1 块。墓主李菜。

（一）李菜墓志

砖　　型：小方砖（略残）

规　　格：26×26＋3 厘米

志　　文：潜字号。磁钟递铺兵士李菜，年约三十七八，系青州人事，改刺到铺，十

二月十□日检验了当，十二月十六□依条立峰，葬埋记识讫。

图七九　　　图版三四，2

图七九　　M0144 李菜墓志

三四、M0145 砖墓志 1 块。墓主张进。

（一）张进墓志

砖　　型：大长方砖

规　　格：25.5×20＋4 厘米

志　　文：羽字号。磁钟递铺兵士张进，年约三十一二，系商州牢城□□□到铺，十
　　　　　　二月十五日检验了当，十二月十六日依条立峰，葬埋记识讫。

图八〇　　图版三四，3

图八〇　M0145 张进墓志

三五、M0146 砖墓
志 1 块。采集品归入。
墓主毛过。

（一）毛过墓志
（采集品归入）

砖　型：条砖

规　格：31×15＋
5 厘米

志　文：甲子翔。
本府壮
成兵士
毛　过，
十二月
十八日
收葬讫。

图八一

图八一　M0146 毛过墓志（采集品归入）

三六、M0147 砖墓志 2 块。墓主张聪。

（一）张聪墓志之一

砖　　型：小方砖

规　　格：26.5×26.5＋4

志　　文：龙字号。魏店解成家店内身死，百姓张聪，系潭州人，十二月十七日检验
　　　　　了当，十二月十八日依条立峰，葬埋记识讫。

图八二（A）　　　图版三四，4、三五，1

图八二（A）　　M0147 张聪墓志之一

（二）张聪墓志之二

砖　　型：小方砖

规　　格：27×27＋4 厘米

志　　文：龙字号。魏店解成□店□身死，百姓张聪，系潭州人，十二月十七日检验
　　　　　了当，十二月十八日依条立峰，葬埋记识讫。

图八二（B）　　　图版三五，2

图八二（B）　　M0147 张聪墓志之二

三七、M0148 砖墓志 1 块。墓主成吉。

（一）成吉墓志

砖　　型：小方砖

规　　格：26.5×26.5＋4 厘米

志　　文：师字号。壕寨司寄役，陈留县桥道第六指挥兵士成吉，年约三十一二，十

　　　　　二月十七日检验了当，十二月十八日依条立峰，葬埋记识讫。

图八三　　图版三五，3

图八三　　M0148 成吉墓志

三八、M0149 砖墓志 1 块。墓主无名氏。

（一）无名氏墓志

砖　　型：小方砖

规　　格：26.5×26.5＋4 厘米

志　　文：□□□。本府崇武指挥……系招刺营……检验了当，十二月……条立峰，
　　　　　葬埋记识讫。

图八四　　图版三五，4

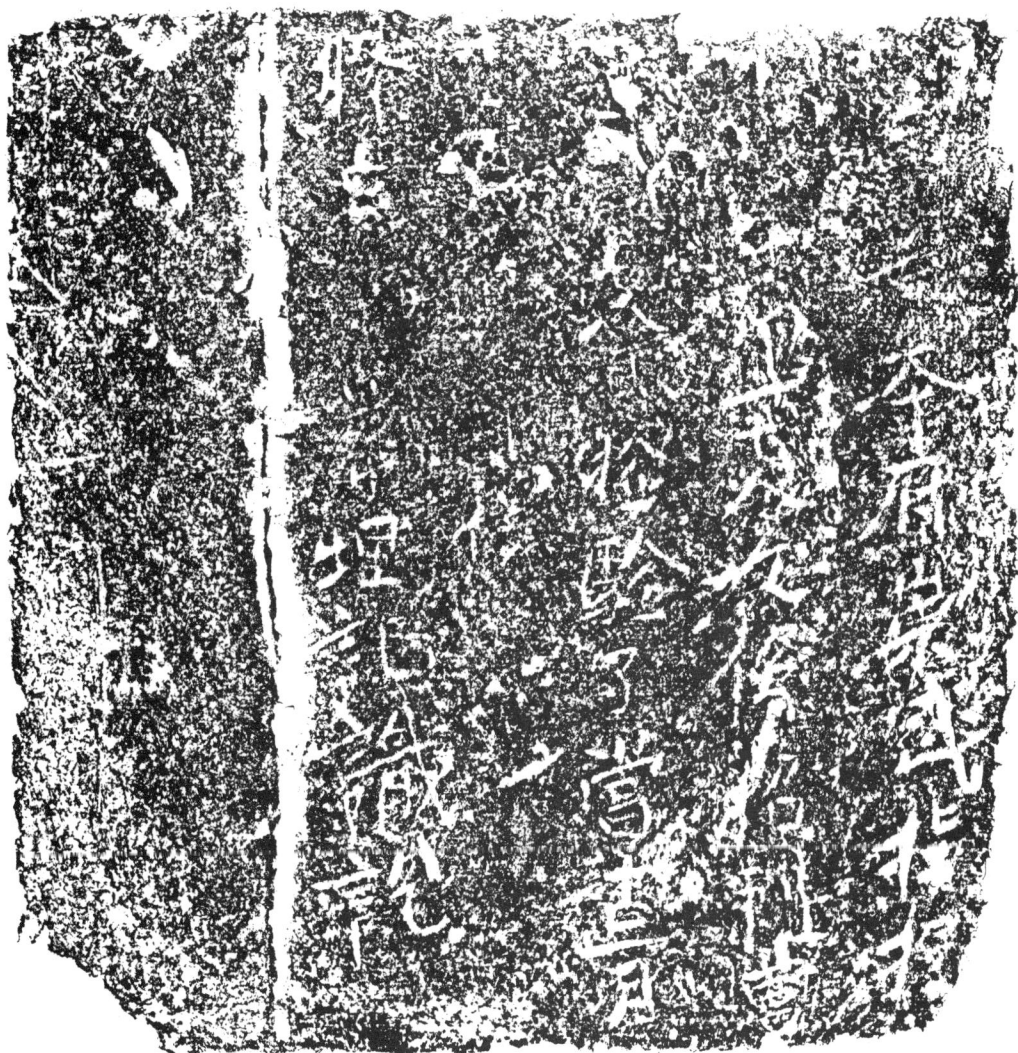

图八四　M0149 无名氏墓志

三九、M0150 砖墓志 1 块。墓主张文。

（一）张文墓志

砖　型：小方砖

规　格：27×27.5＋3 厘米

志　文：帝字号。本府南新店递铺兵士张文，年约四十四五，十二月十八日检验了

　　　　当，十二月十九日依条立峰，葬埋记识讫。

图八五　　图版三六，1

图八五　M0150 张文墓志

四○、M0151 砖墓志 1 块。墓主□进。

（一）□进墓志

砖　型：大方砖（残）

规　格：31.5×31.5＋5

志　文：鸟字号。保捷……指挥寄招熙河路……进，年一十八九，阌乡县解……□

二月十八日检验了当，十二月十九日依条立峰，葬埋记识讫。

图八六　　图版三六，2

图八六　M0151□进墓志

四一、M0152 砖墓志 2 块。墓主阿皇。

（一）阿皇墓志之一

砖　　型：大长方砖

规　　格：25×20＋3.5 厘米

志　　文：官字号。本府□□□□人阿皇，年约七十三四，于仁先院身死，十二月
　　　　　九日检验了当，十二月二十日依条立峰，葬埋记识讫。

图八七（A）　　　图版三六，3

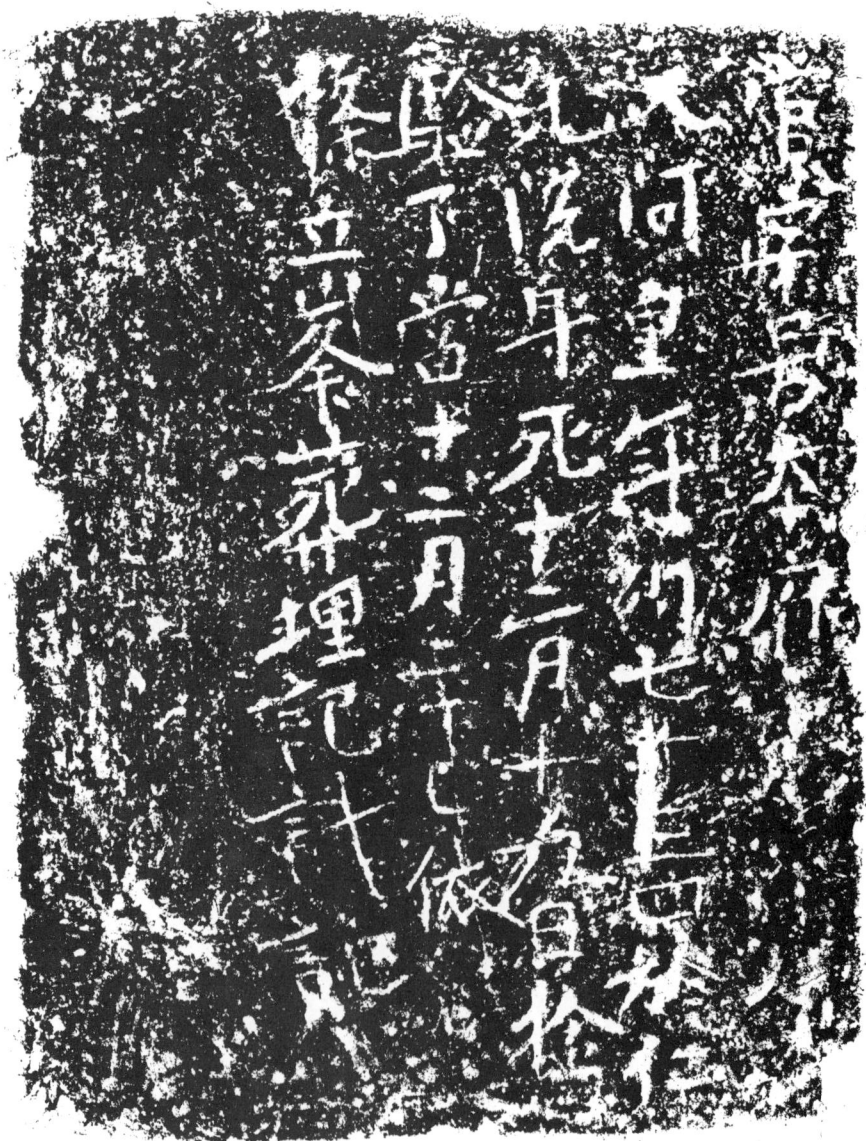

图八七（A）　　M0152 阿皇墓志之一

（二）阿皇墓志之二

砖　　型：大长方砖

规　　格：25.5×20＋4厘米

志　　文：官字号。本府永定厢妇人阿皇，年约七十三四，于仁先院身死，十二月十
　　　　　九日检验了当，十二月二十日依條□□，□埋记识□。

图八七（B）　　　图版三六，4

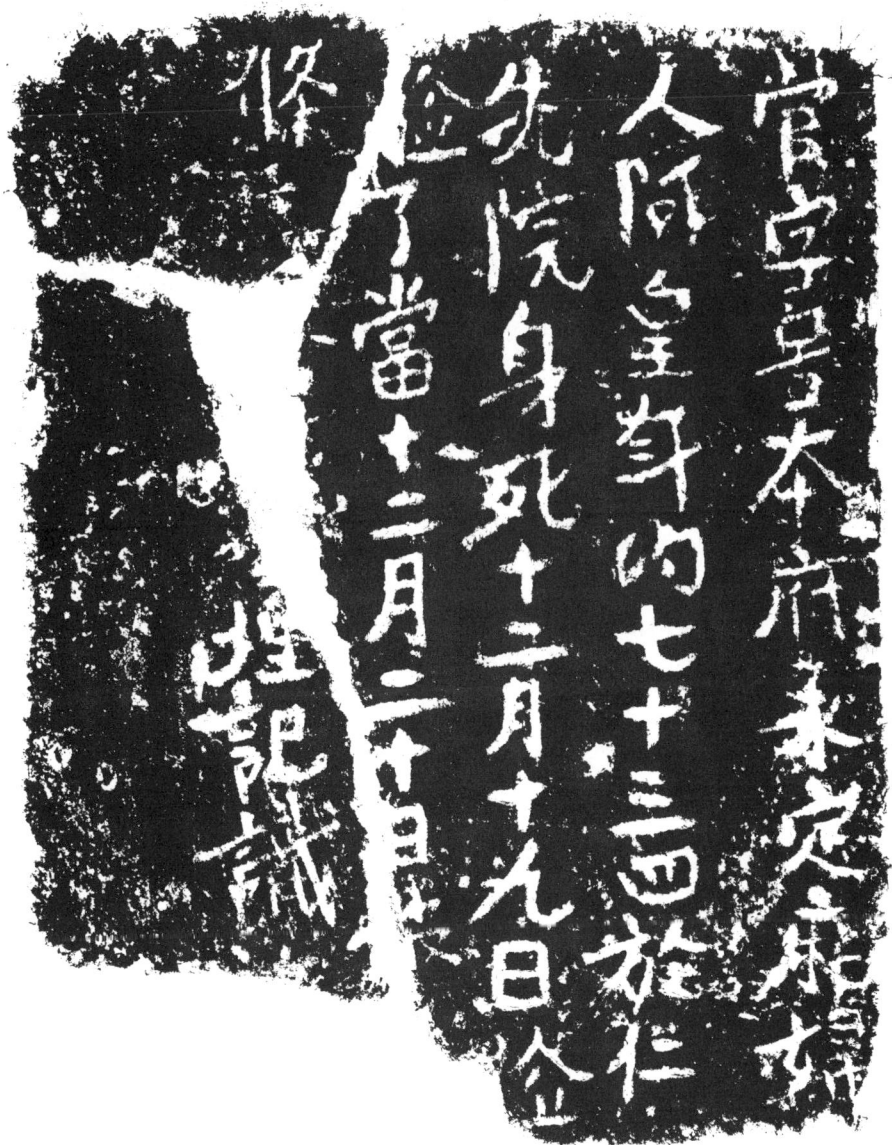

图八七（B）　　M0152 阿皇墓志之二

四二、M0153 砖墓志 4 块。墓主王德。

（一）王德墓志之一

砖　　型：大方砖

规　　格：30×30＋5 厘米

志　　文：人字号。本府壮城指挥兵士王德，年约三十四五，十二月十九日检验了
　　　　　当，十二月二十依条立峰，葬埋记识讫。

图八八（A）　　　　图版七三，1

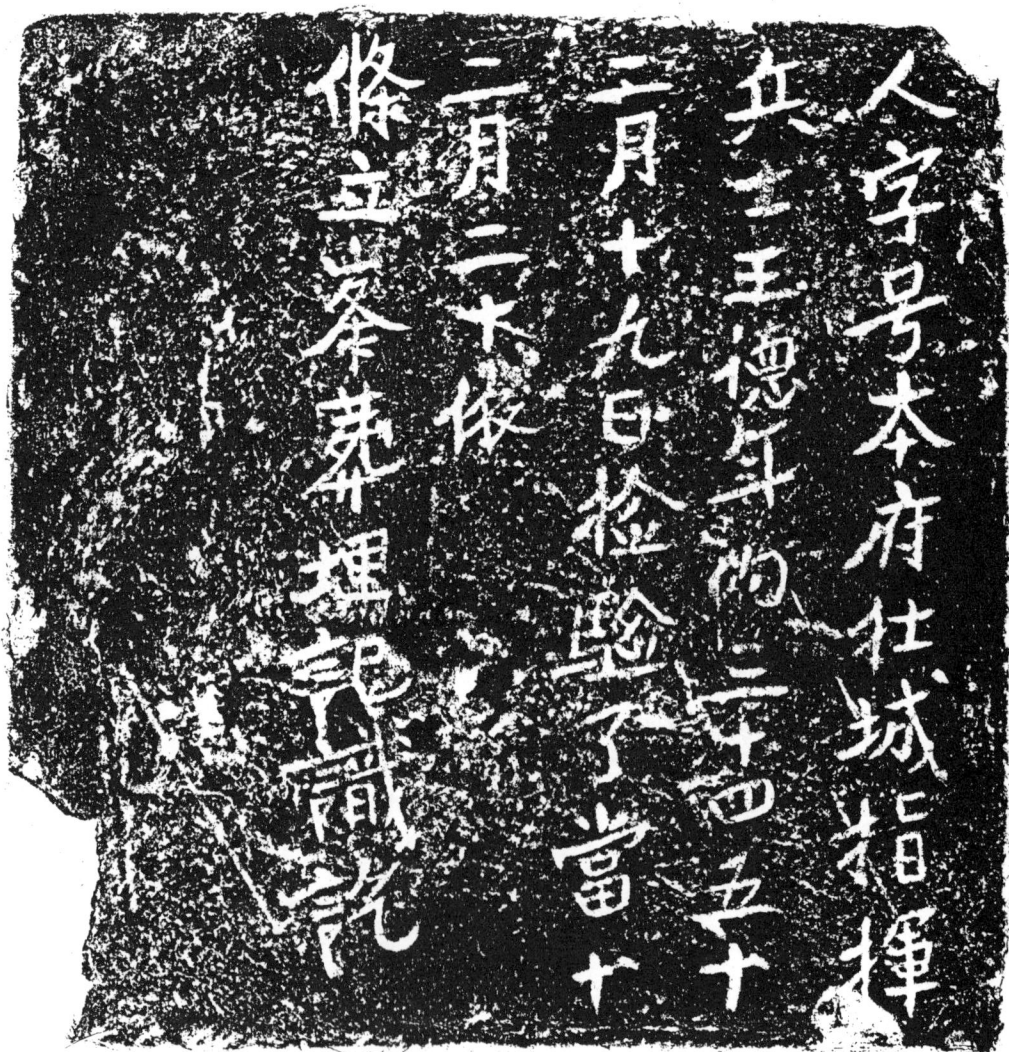

图八八（A）　　M0153 王德墓志之一

（二）王德墓志之二

砖　型：大方砖

规　格：30×30＋5厘米

志　文：人字号。本府壮城指挥兵士王德，年约三十四□，十二月十九日检验了
　　　　当，十二月二十日依条立峰，葬埋记识讫。

图八八（B）　　　图版三七，2

图八八（B）　　M0153 王德墓志之二

（三）王德墓志之
三

砖　型：条砖

规　格：30×16＋
5厘米

志　文：甲子人。
本府壮
城指挥
兵士王
德，十
二月十
九日检
验了当，
十二月
二十日
葬埋记。

图八八（C）

图版三七，3

图八八（C）　　M0153 王德墓志之三

图八八（D）　　M0153 王德墓志之四

（四）王德墓志之四

砖　型：条砖

规　格：31×15＋3厘米

志　文：甲子人。
本府壮
城兵士
王　德，
十二月
二十日
收葬讫。

图八八（D）

图版三七，4

四三、M0154 砖墓志 2 块。墓主张和。

（一）张和墓志之一

砖　　型：大方砖

规　　格：30.5×30.5＋5 厘米

志　　文：皇字号。兵士张和，年□三十八九，系安州效忠第□指挥，南新店身死，
　　　　　十二月十九日检验了当，十二月二十日依条立峰，葬埋记识讫。

图八九（A）　　　图版三八，1

图八九（A）　　M0154 张和墓志之一

（二）张和墓志之二

砖　　型：大方砖

规　　格：30.5×30.5＋5厘米

志　　文：皇字号。□士张和，年约三十八九，系安州效忠第八指挥，□新店身死，
　　　　　十二月十九日检验了当，十二月二十日依条立峰，葬埋记识讫。

图八九（B）　　图版三八，2

图八九（B）　　M0154 张和墓志之二

四四、M0156 砖墓志 2 块。墓主阿马。

（一）阿马墓志之一

砖　　型：大方砖

规　　格：30×30＋5 厘米

志　　文：制字号。据贾贵抬捁到妇人阿马，年四十二岁，左厢贫子院身死，系本府
　　　　　夏县人事，十二月二十六日依条立峰，葬埋记识讫。

图九○（A）　　　图版三八，3

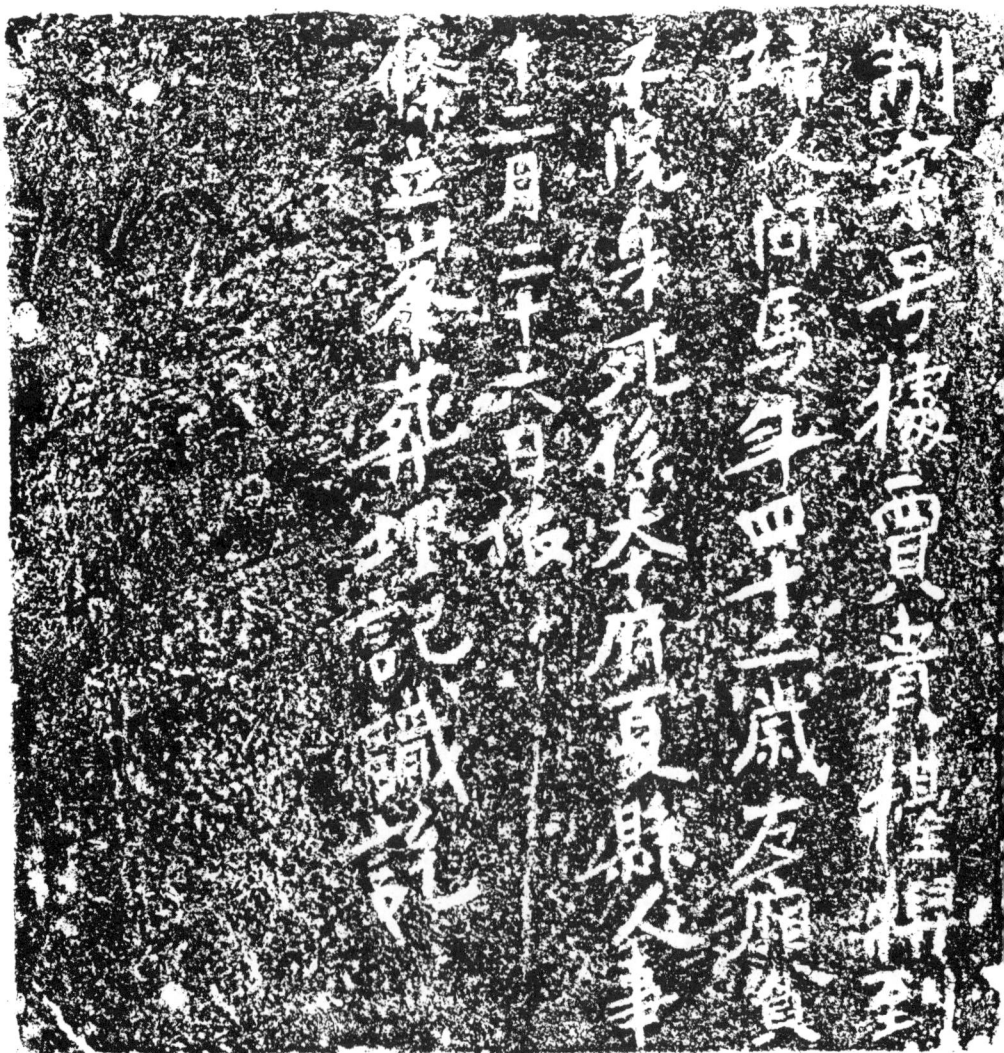

图九○（A）　　　M0156 阿马墓志之一

（二）阿马墓志之二

砖　　型：大方砖（残）

规　　格：30×30＋5厘米

志　　文：制字号。据贾贵抬捃到妇人阿马，年四十二岁，左厢贫子院身死，系本府
　　　　　夏县人事，十二月二十六日依条立峰，葬埋识记讫。

图九〇（B）　　　图版三八，4

图九〇（B）　　M0156 阿马墓志之二

四五、M0157 砖墓志 2 块。墓主无名氏。

（一）无名氏墓志之一

砖　　型：大方砖

规　　格：30×30＋5 厘米

志　　文：文字号。不知姓名年几军人，十二月二十五日检验了当，十二月二十六日
　　　　　依条立峰，葬埋记识讫。

图九一（A）　　　图版三九，1

图九一（A）　　M0157 无名氏墓志之一

（二）无名氏墓志之二

砖　型：大方砖

规　格：30×30＋5 厘米

志　文：文字号。不知姓名年几军人，十二月二十五日检验了当，十二月二十六日
　　　　依条立峰，葬埋记识讫。

图九一（B）　　图版三九，2

图九一（B）　　M0157 无名氏墓志之二

四六、M0158 砖墓志 2 块。墓主杨元。

（一）杨元墓志之一

砖　　型：大方砖

规　　格：30×30＋5 厘米

志　　文：字字号。驻泊司寄役身死，兵杨元，年约二十八九，系东京水虎翼指挥，
　　　　　十二月二十六日检验了当，十二月二十七日依条立峰，葬埋记识讫。

图九二（A）　　　　图版三九，3

图九二（A）　　M0158 杨元墓志之一

（二）杨元墓志之二

砖　　型：大方砖（残）

规　　格：30×30＋5厘米

志　　文：字字号。驻泊司寄役身死，兵士杨元，年约二十八九，□□□□虎翼指
　　　　　挥，十□□□□六日检验了当，十二月二十七日依条立峰，葬埋记识讫。

图九二（B）　　　图版三九，4

图九二（B）　　M0158 杨元墓志之二

四七、M0159 砖墓志 2 块。墓主董成。

（一）董成墓志之一

砖　　型：大方砖

规　　格：31×30＋5 厘米

志　　文：乃字号。安济坊寄留身死兵士董成，年约五十一二，系东京第一将下广捷
　　　　　第二十一指挥，十二月二十六日检验了当，十二月二十七日依条立峰，葬
　　　　　埋记识讫。

图九三（A）　　　　图版四○，1

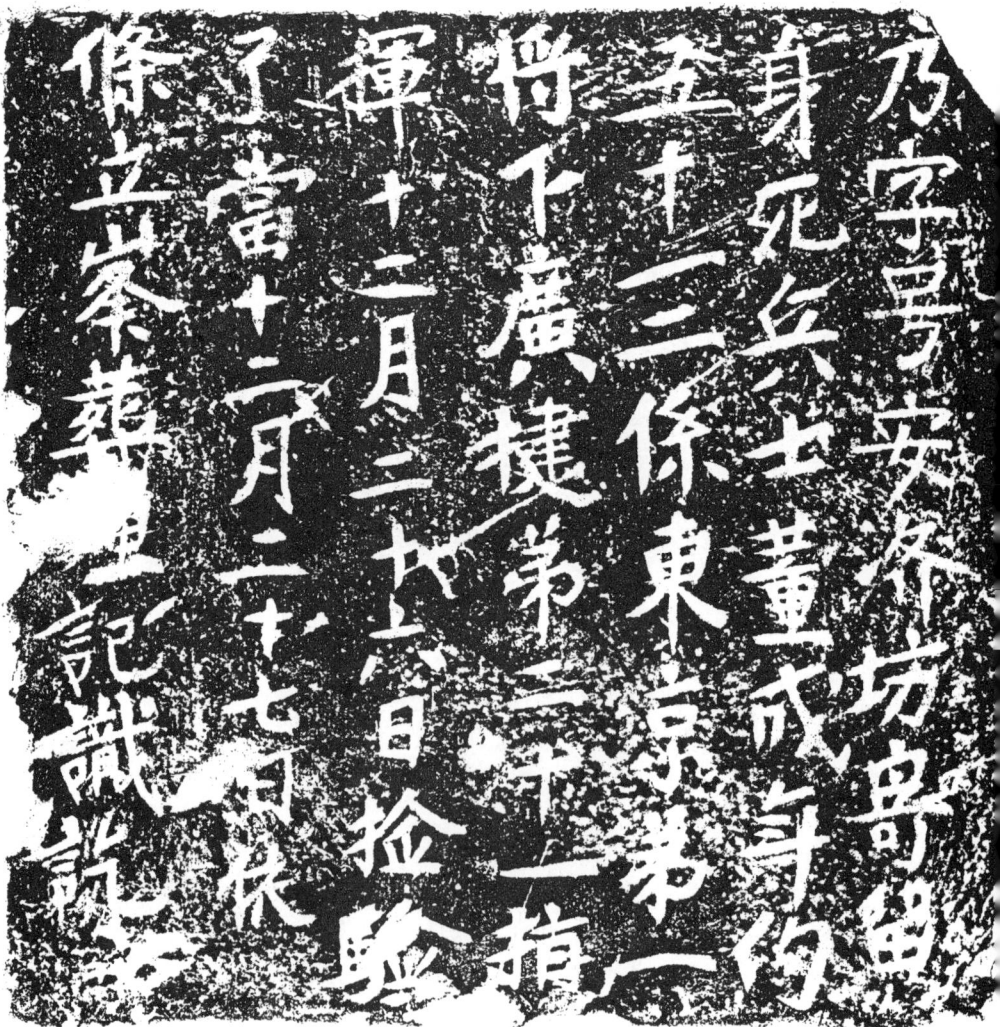

图九三（A）　　M0159 董成墓志之一

（二）董成墓志之二

砖　　型：大方砖

规　　格：30.5×30＋5 厘米

志　　文：乃字号。安济坊寄留身死兵士董成，年约五十一二，系东京第一将下广捷
　　　　　第二十一指挥，十二月二十六日检验了当，十二月二十七日依条立峰，葬
　　　　　埋记识讫。

图九三（B）　　　　图版四〇，2

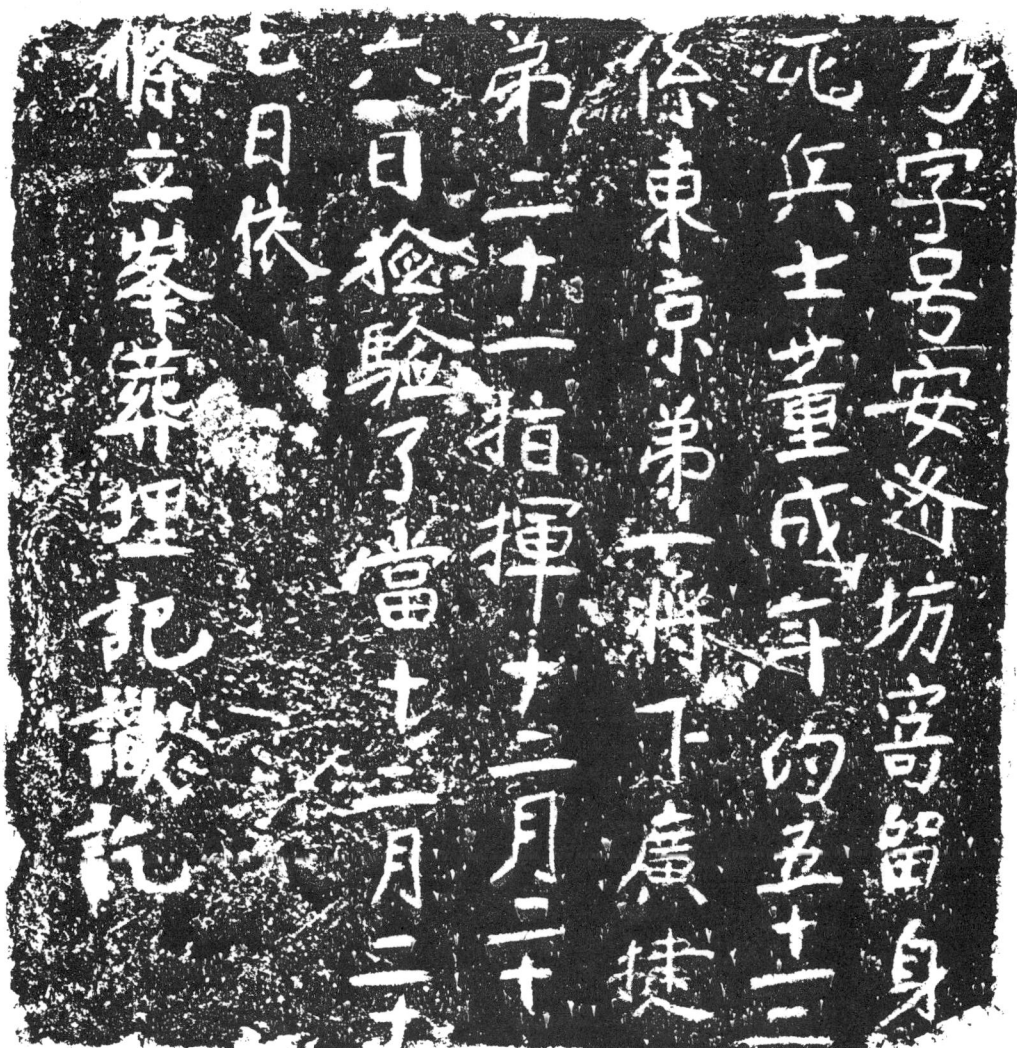

图九三（B）　　　M0159 董成墓志之二

四八、M0160 砖墓志 1 块。墓主贾全。

（一）贾全墓志

砖　　型：大方砖

规　　格：30.5×30＋5 厘米

志　　文：服字号。百姓贾全，年约五十一二，系降（绛）州稷山县人，十二月二十
　　　　　　七日检验了当，十二月二十八日依条立峰，葬埋记识讫。

图九四　　　图版四〇，3、4

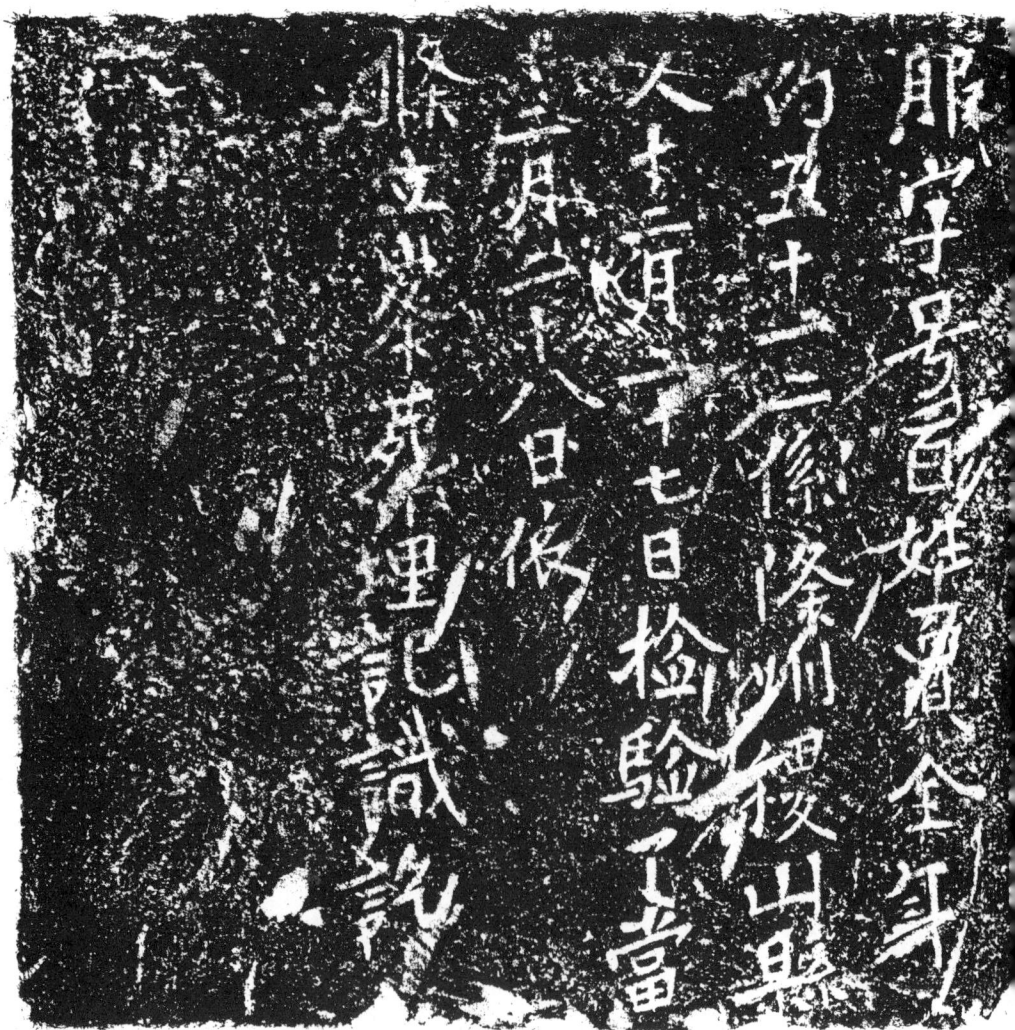

图九四　M0160 贾全墓志

四九、M0161 砖墓志 2 块。墓主张德。

（一）张德墓志之一

砖　型：大方砖

规　格：30×30＋5 厘米

志　文：衣字号。不知军分兵士张德，年约五十一二，城东厢杨家店内身死，十二
　　　　月二十七日检验了当，十二月二十八日依条立峰，葬埋记识讫。

图九五（A）　　　图版四一，1

图九五（A）　　M0161 张德墓志之一

（二）张德墓志之二

砖　　型：大长方砖

规　　格：28×20＋5 厘米

志　　文：衣字号。不知军分兵士张德，年约五十一二，城东厢杨家店内身死，十二
　　　　　月二十七日检验了当，十二月二十八日依条立峰，葬记识讫。

图九五（B）　　　图版四一，2

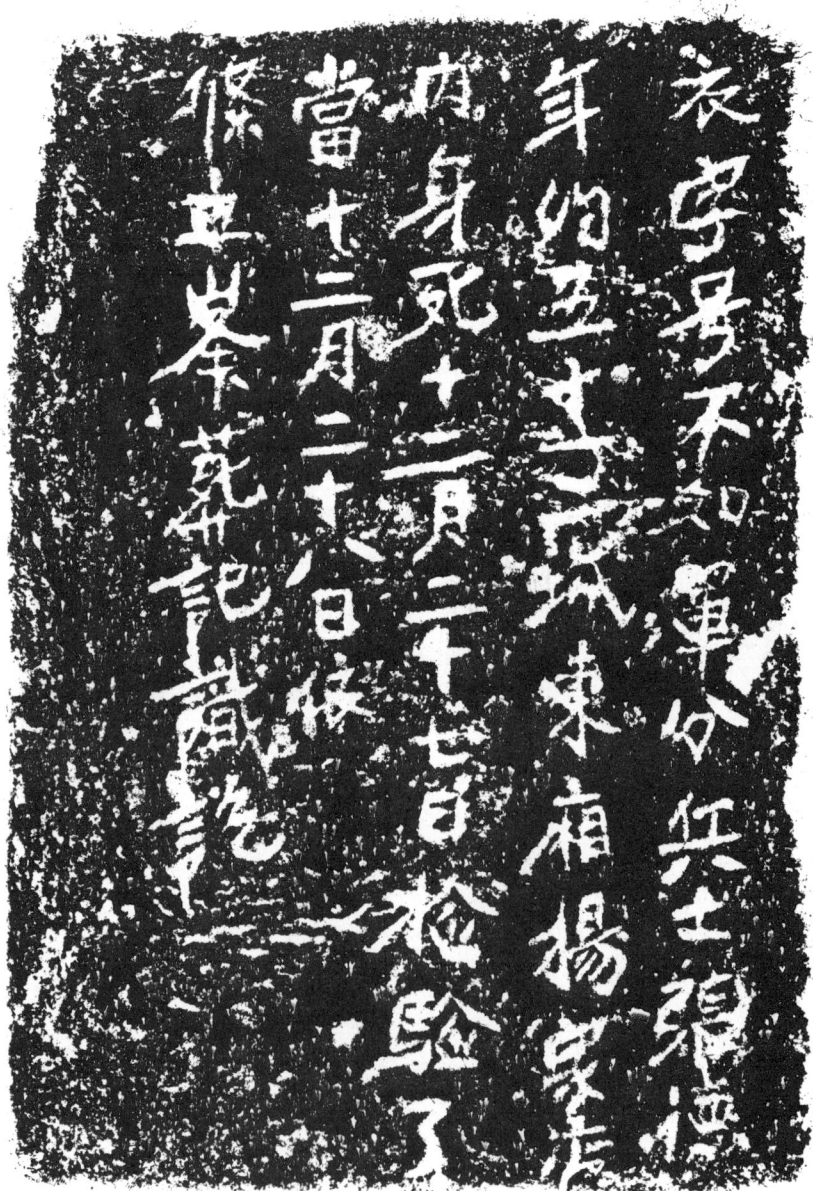

图九五（B）　　M0161 张德墓志之二

五〇、M0163 砖墓志 2 块。采集品 1 块。共 3 块。墓主遇厄。

（一）遇厄墓志之一

砖　型：大方砖

规　格：30×30＋5 厘米

志　文：推字号。递送配军番部遇厄，年约四十六七，城东厢郭再立店内身死，十
　　　　二月二十八日检验了当，十二月二十九日依条立峰，葬埋记识讫。

图九六（A）　　　图版四一，3、4

图九六（A）　　M0163 遇厄墓志之一

（二）遇厄墓志之二

砖　　型：大长方砖

规　　格：28×20＋5 厘米

志　　文：推字号。递送配军番部遇厄，年约四十六七，城东厢郭再立店内身死，十
　　　　　二月二十八日检验了当，十二月二十九日依条立峰，葬埋记识讫。

图九六（B）　　　图版四二，1

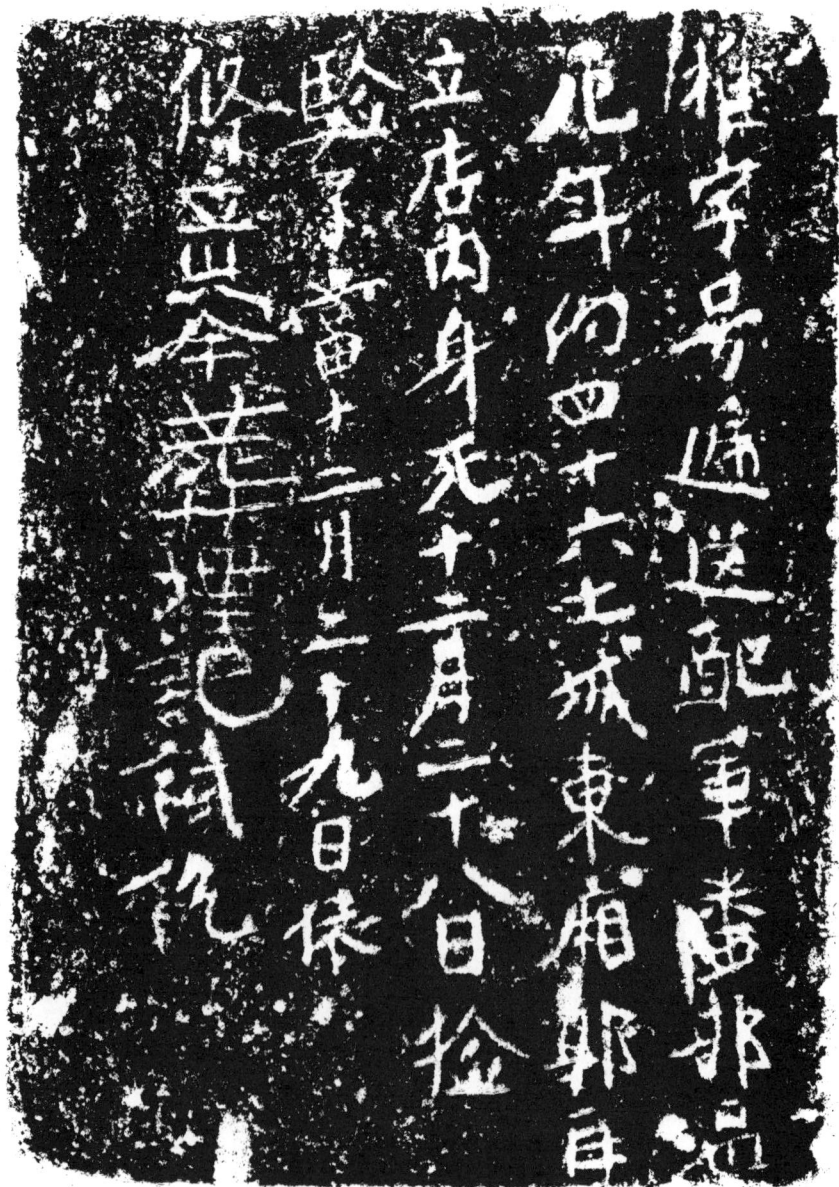

图九六（B）　　M0163 遇厄墓志之二

（三）遇厄墓志之三（采集品归入）

砖　型：大方砖（残）

规　格：残

志　文：甲子捌拾八字号。递送配军番部遇□，城东厢郭再立店□身死，崇宁四年
　　　　……。

图九六（C）　　　图版四二，2

图九六（C）　　M0163 遇厄墓志之三（采集品归入）

五一、M0164 砖墓志 1 块。墓主香麦。

（一）香麦墓志

砖　　型：大长方砖

规　　格：28×20＋4 厘米

志　　文：位字号。递送配军番部香麦。年约四十一二，城东厢杨×店内身死，十二
　　　　　月二十八日检验了当，十二月二十九日依条立峰，葬埋记识讫。

图九七　　　图版四二，3

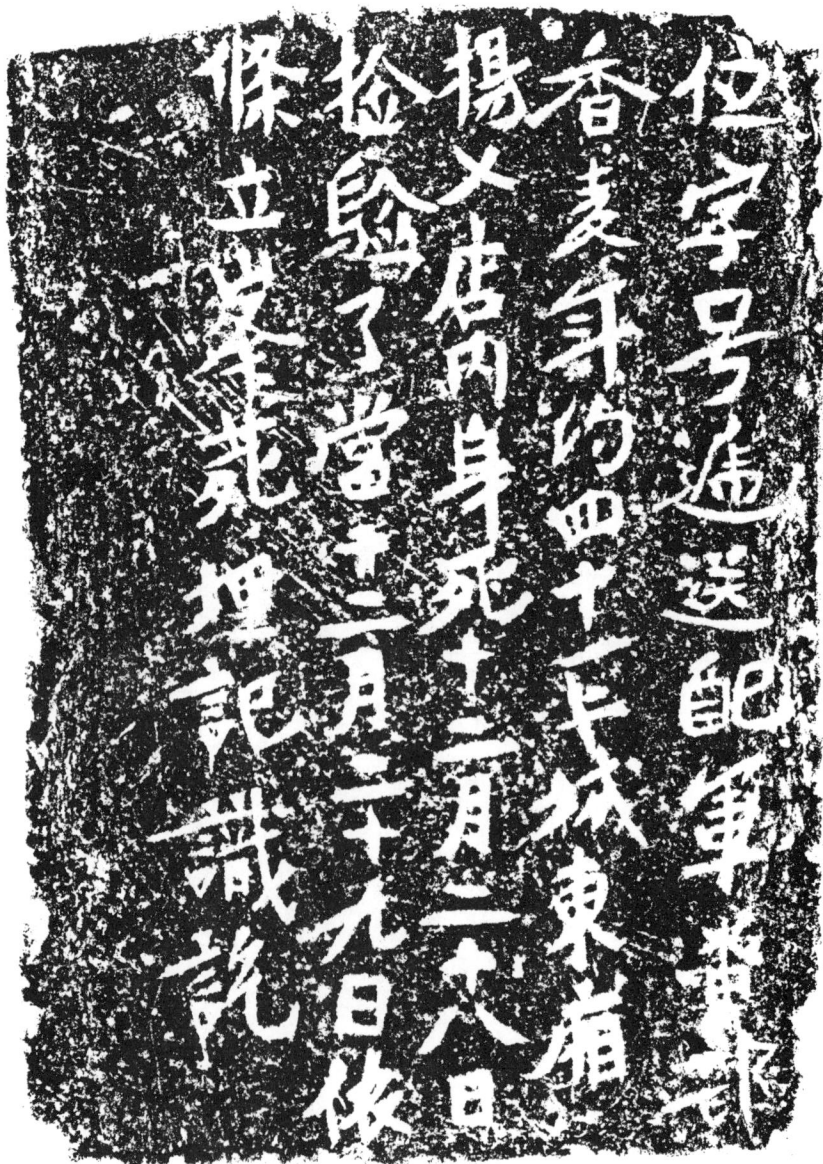

图九七　　M0164 香麦墓志

五二、M0165 砖墓志 1 块。采集品 1 块归入。共 2 块。墓主杨和。

（一）杨和墓志之一

砖　　型：大长方砖

规　　格：28×20＋4 厘米

志　　文：让字号。东门递铺身死兵士杨和，年约二十七八，十二月二十八日检验了
　　　　　当，十二月二十九日依条立峰，葬埋记识讫。

图九八（A）　　　图版四二，4

图九八（A）　　M0165 杨和墓志之一

（二）杨和墓志之二（采集品归入）

砖　　型：大方砖（残）

规　　格：30×22＋3厘米

志　　文：□□玖拾□□□□。东门递铺身死兵士杨和，崇宁四年十二月二十九日葬
　　　　　埋讫。

图九八（B）　　　图版四三，1

图九八（B）　　M0165 杨和墓志之二（采集品归入）

五三、M0166 砖墓志 1 块。墓主无名氏。

（一）无名氏墓志

砖　　型：大方砖

规　　格：30.5×30.5＋5 厘米

志　　文：国字号。不知姓名军人，年约四十三四，磁钟身死，十二月二十八日检验
　　　　　了当，十二月二十九日依条立峰，葬埋记识讫。

图九九　　　图版四三，2

图九九　　M0166 无名氏墓志

五四、M0167 砖墓志 1 块。墓主张贵。

（一）张贵墓志

砖　　型：大长方砖（残）

规　　格：28×20＋4 厘米

志　　文：有字号。壕寨……死，逃军张贵，年……，筠州安远第八指挥，十二
　　　　　□□□九日检验了当，十二月三十日依条立峰，葬埋记识讫。

图一○○　　图版四三，3

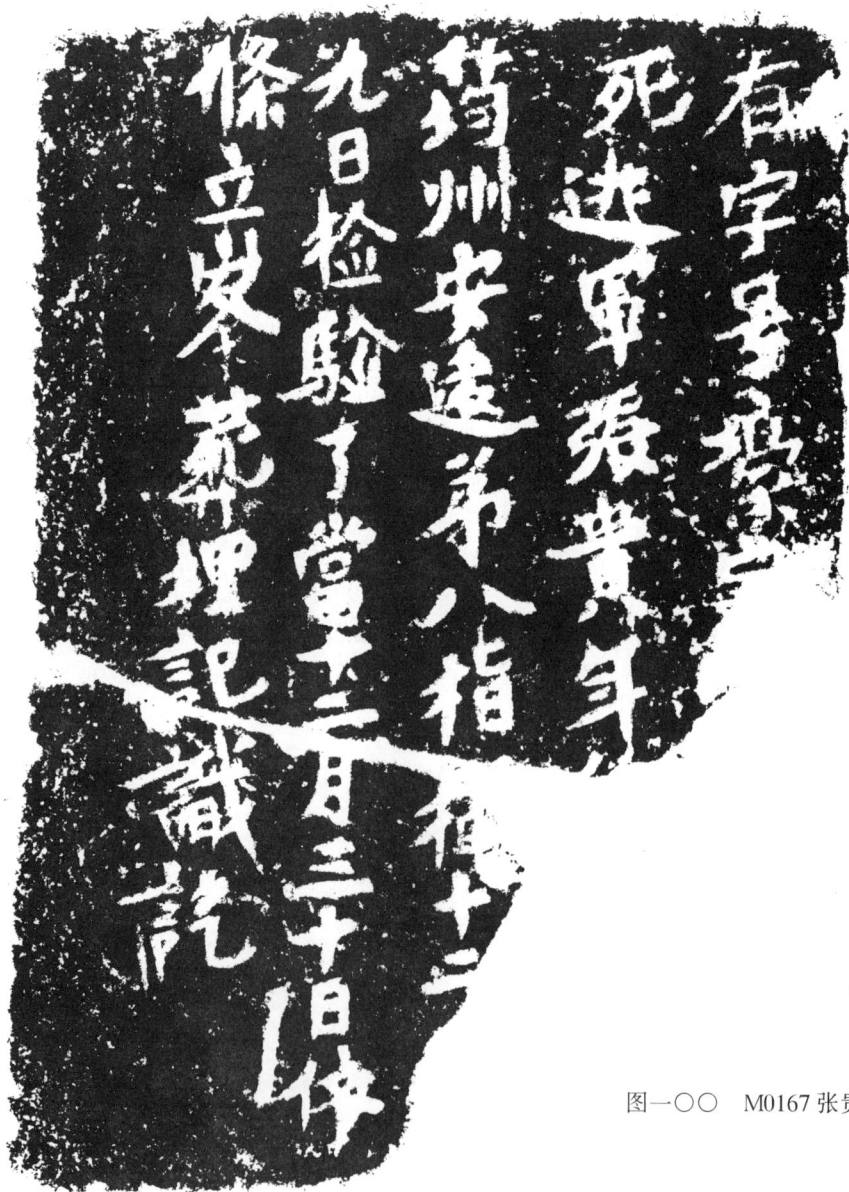

图一○○　M0167 张贵墓志

五五、M0169 砖墓志 1 块。墓主王进。

（一）王进墓志

砖　　型：大方砖

规　　格：30×30.5＋5 厘米

志　　文：陶字号。本府横渠马铺兵士王进，年约三十一二，正月初一日检验了当，
　　　　　正月初二日依条立峰，葬埋记识讫。

图一〇一　　图版四三，4、四四，1

图一〇一　M0169 王进墓志

五六、M0172 砖志 1 块。墓主陈进。

（一）陈进墓志

砖　　型：大方砖

规　　格：30×30.5＋5 厘米

志　　文：民字号。东京第二将下倚射第七指挥兵士陈进，年约二十一二，正月初四
　　　　　日检验了当，正月初正（衍字）五日依条立峰，葬埋记识讫。

图一〇二　　图版四四，2、3

图一〇二　M0172 陈进墓志

五七、M0174 砖墓志 1 块。墓主朱成。

（一）朱成墓志

砖　　型：大方砖

规　　格：30×30＋5 厘米

志　　文：罪字号。壕寨司寄役身死，兵士朱成，年约二十一二，系巩县勇捷指挥，
　　　　　正月初十日检验了当，正月十一日依条立峰，葬埋记识讫。

图一〇三　　　图版四四，4、四五，1

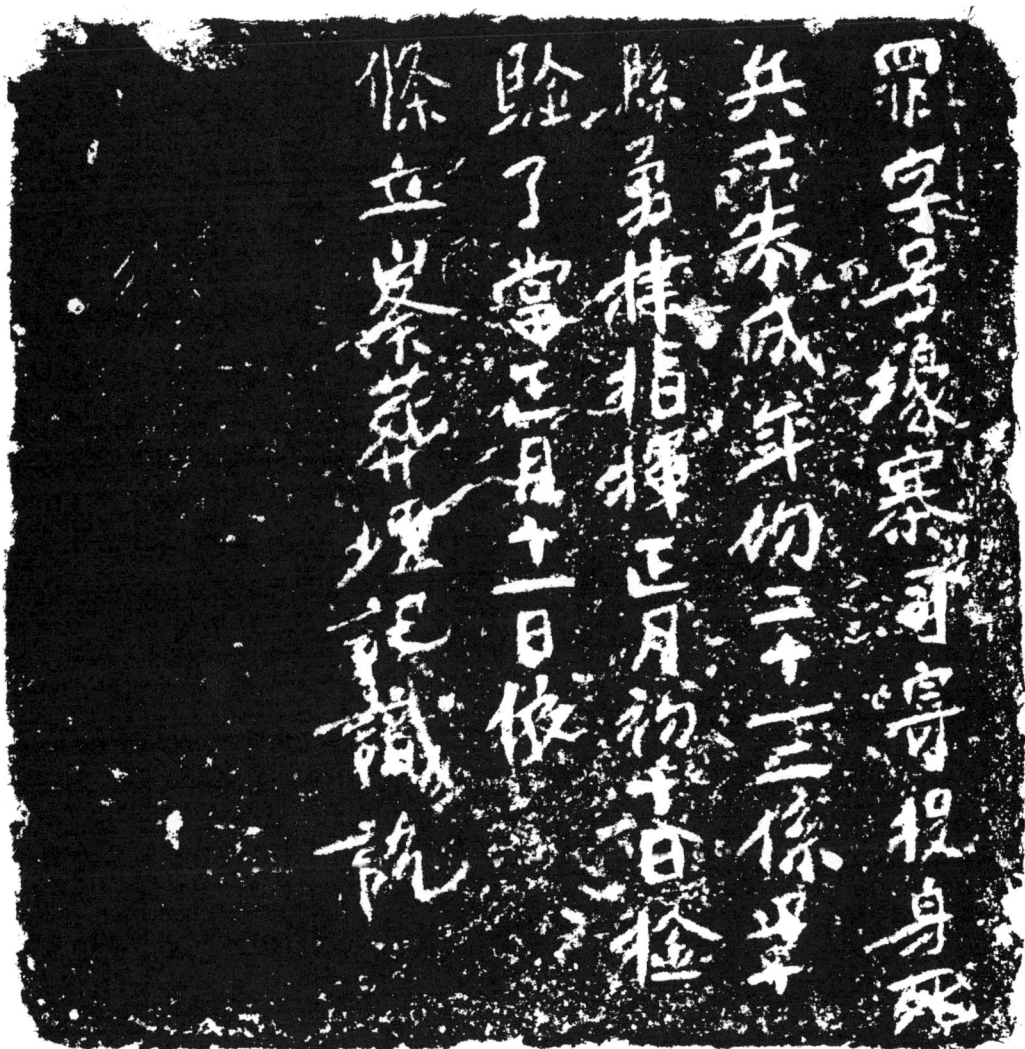

图一〇三　　M0174 朱成墓志

五八、M0175 砖墓志 1 块。墓主李青。

（一）李青墓志

砖　　型：大方砖

规　　格：30×31＋5 厘米

志　　文：周字号。磁钟递（漏刻一"铺"字）兵士李青，年三十一二，正月十二日
　　　　　检验了当，正月十三日依条立峰，葬埋记识讫。

图一〇四　　图版四五，2

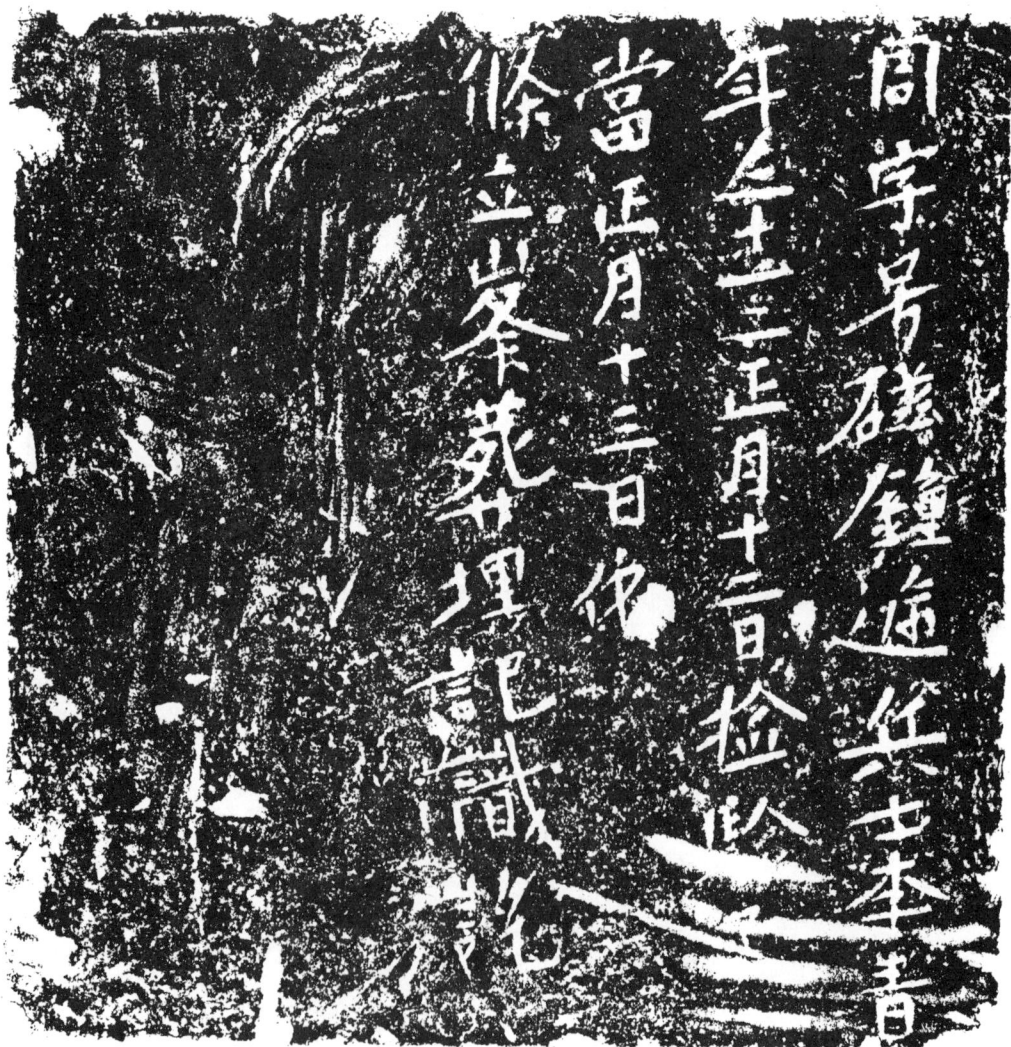

图一〇四　M0175 李青墓志

五九、M0176 砖墓志 1 块。墓主阿陈。

（一）阿陈墓志

砖　　型：大方砖

规　　格：30×30＋5 厘米

志　　文：发字号。仜（仁）先院孤老妇人阿陈，年约七十六七，系本府平陆县人
　　　　　　事，正月十三日检验了当，正月十四日依条立峰，葬埋记识讫。

图一〇五　　　图版四五，3、4

图一〇五　M0176 阿陈墓志

六〇、M0177 砖墓志 2 块。墓主无名氏。

（一）无名氏墓志之一

砖　　型：大方砖

规　　格：30×30＋5 厘米

志　　文：殷字号。（漏刻"不"字）知姓名军人，年约四十一二，七里社身死，正
　　　　　月十四日检验了当，正月十五日依条立峰，葬埋记识讫。

图一〇六（A）　　　　图版四六，1

图一〇六（A）　　M0177 无名氏墓志之一

（二）无名氏墓志之二

砖　型：大方砖（残）

规　格：30×30＋5 厘米

志　文：殷字号。不知姓名军人，年约四十一二，七里社身死，正月十四日检验了
　　　　当，正月十五日依条立峰，葬埋记识讫。

图一〇六（B）　　　图版四六，2

图一〇六（B）　　M0177 无名氏墓志之二

六一、M0181 砖墓志 1 块。墓主刘德。

（一）刘德墓志

砖　　型：大方砖（残）

规　　格：30×30＋5 厘米

志　　文：问字号。横渠急脚铺兵士刘德，年二十九岁，系蔡州人事，正月二十日检
　　　　　验了当，正月二十一日依条立峰，葬埋记识讫。

图一〇七　　图版四六，3

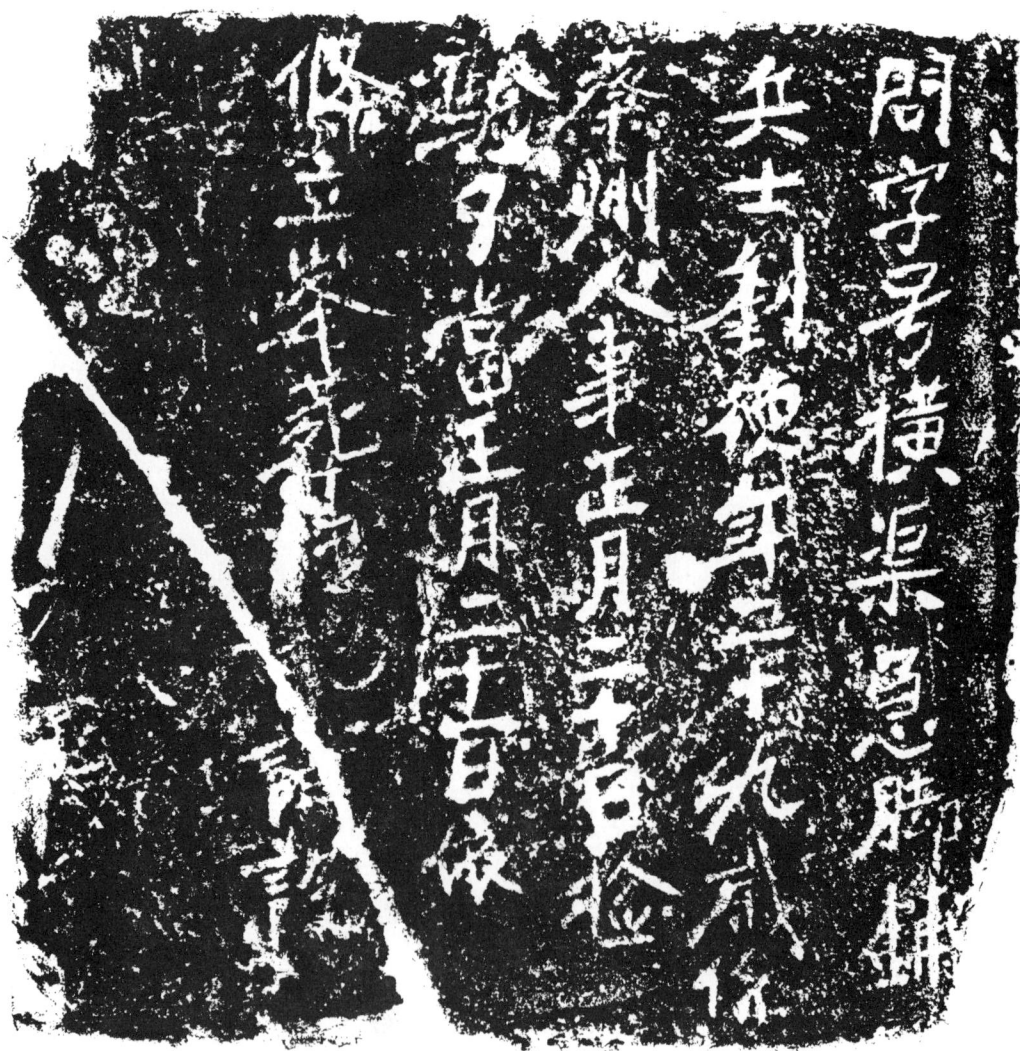

图一〇七　　M0181 刘德墓志

六二、M0206 砖墓志 1 块。墓主符又。

（一）符又墓志

砖　　型：大方砖

规　　格：30×30＋5 厘米

志　　文：常字号。巩县百姓符又，年五十一二岁，四月十七日检验了当，四月十八
　　　　　日依条立峰，葬埋记识讫。

图一〇八　　　图版四六，4

图一〇八　M0206 符又墓志

六三、M0210 砖墓志 1 块。墓主杜用。

（一）杜用墓志

砖　　型：大方砖（残）

规　　格：31×31＋5 厘米

志　　文：养字号。驻泊司身死，东京虎翼右二九指挥兵士杜用，年约二十四五岁，
　　　　　五月十七日检验了当，五月十八日依条立峰，葬埋记识讫。

图一〇九　　　图版四七，1

图一〇九　M0210 杜用墓志

六四、M0212 砖墓志 1 块。墓主蔡辛。

（一）蔡辛墓志

砖　　型：大方砖

规　　格：30.5×30＋5 厘米

志　　文：敢字号。本府壮城指挥兵士蔡辛，年二十八岁，六月十二日据仵作行人秦

　　　　　成抬到，六月十三日依条立峰，葬埋记识讫。

图一一〇　　图版四七，2

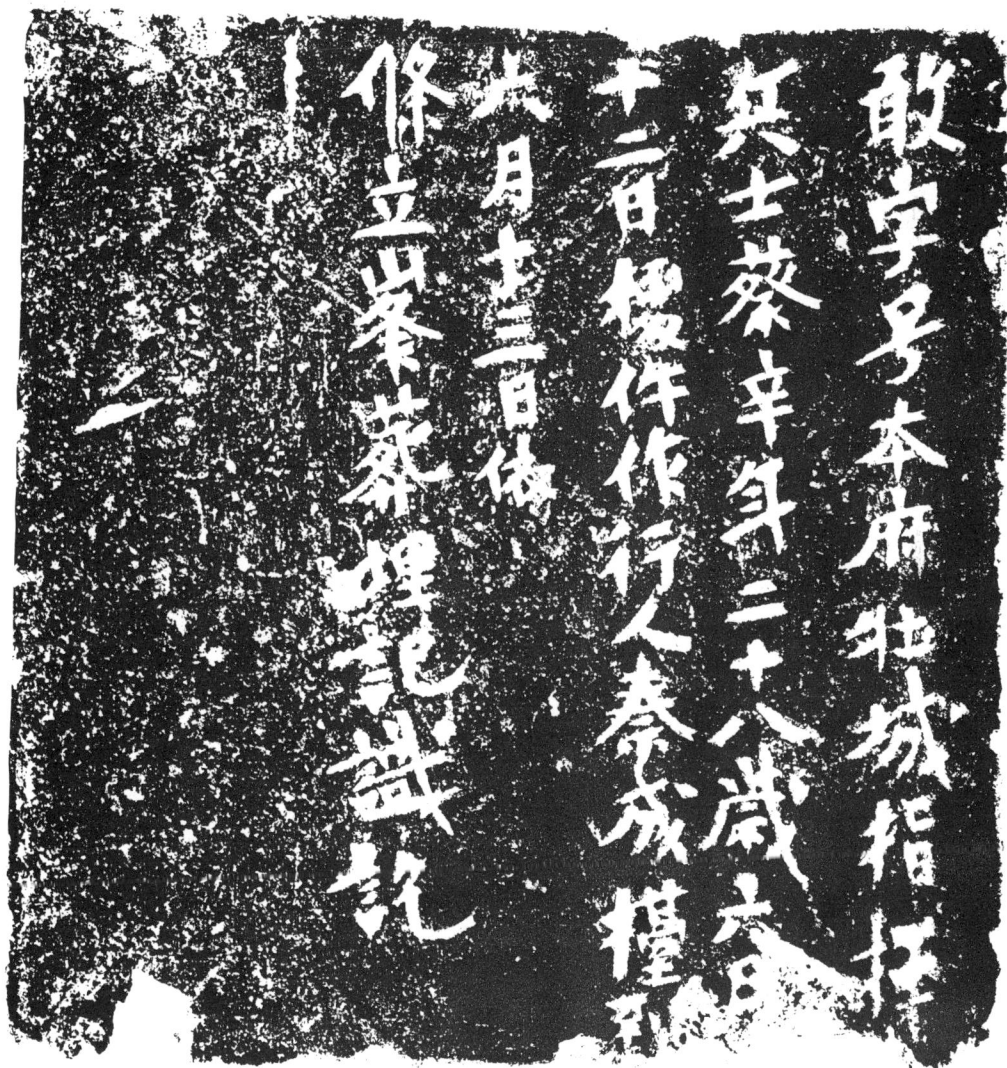

图一一〇　M0212 蔡辛墓志

六五、M0219 砖墓志 1 块。墓主阿赵。

（一）阿赵墓志

砖　　型：大方砖

规　　格：31×30.5＋5 厘米

志　　文：男字号。本府保捷第十五指挥兵士陈进妻阿赵，系虢州磕底村人事，年约
　　　　　三十四五岁，七月二十八日检验了当，七月二十九日依条立峰，葬埋记识
　　　　　讫。

图一一一　　　图版四七，3、4

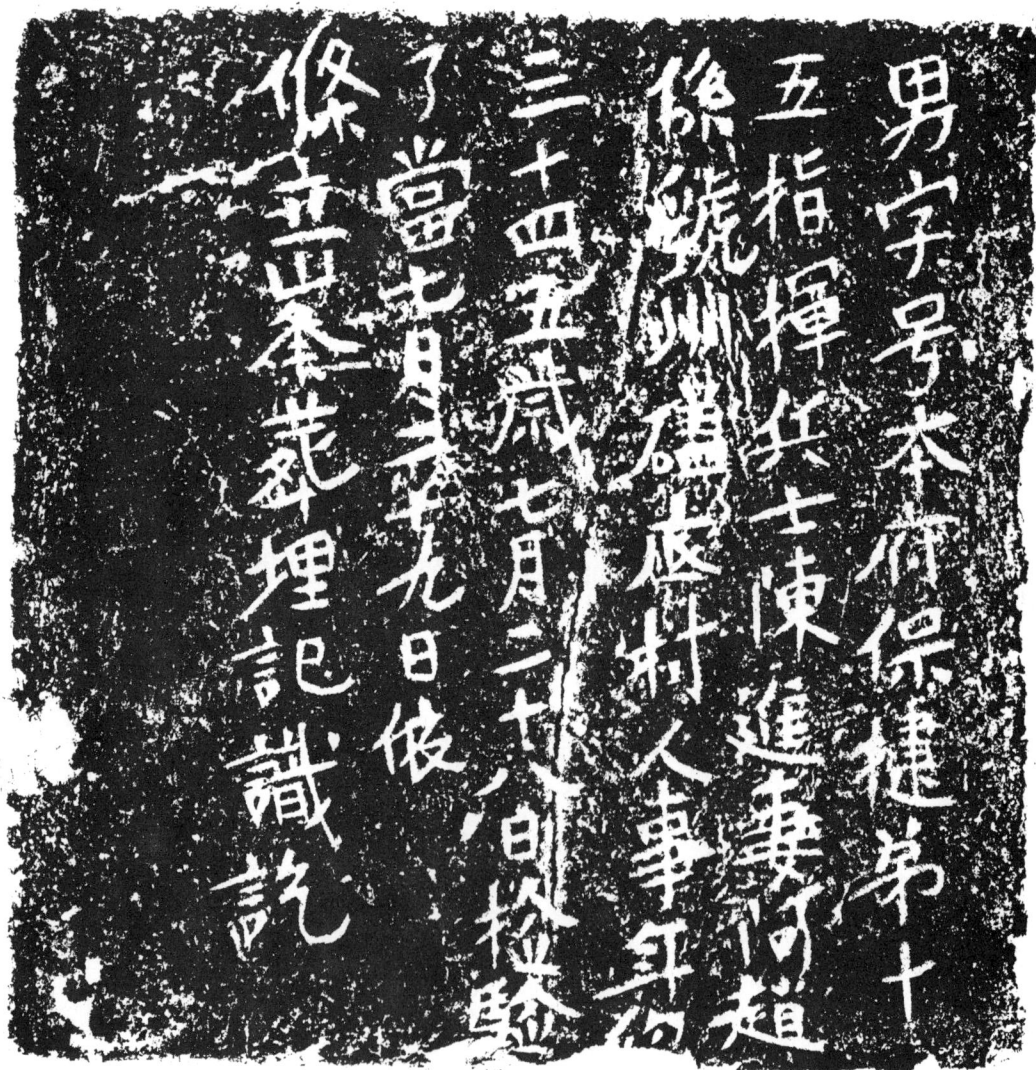

图一一一　　M0219 阿赵墓志

六六、M0221 砖墓志 1 块。墓主无名氏。

（一）无名氏墓志

砖　　型：大方砖

规　　格：31×30.5＋5 厘米

志　　文：才字号。不知姓名军人，年约三十四五岁，于三里涧南官道内身死，八月
　　　　　初四日检验了当，八月初五日依条立峰，葬埋记识讫。

图一一二　　　图版四八，1

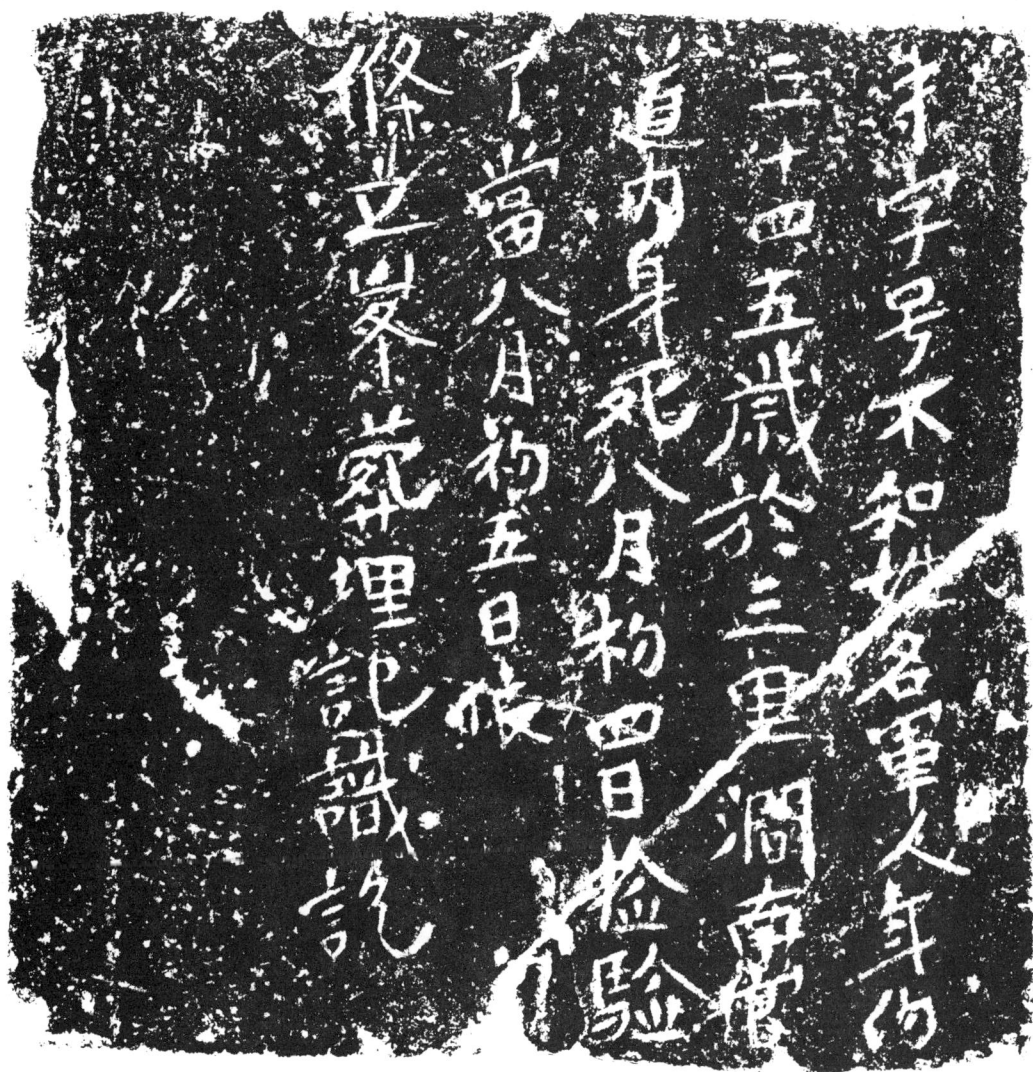

图一一二　M0221 无名氏墓志

六七、M0223 砖墓志 1 块。墓主田闰。

（一）田闰墓志

砖　　型：大方砖

规　　格：31×31＋5 厘米

志　　文：知字号。东京雍丘县武骑第十二指挥军员田闰，年约五十一二岁，八月初
　　　　　十日检验了当，八月十一日依条立峰，葬埋记识讫。

图一一三　　　图版四八，2

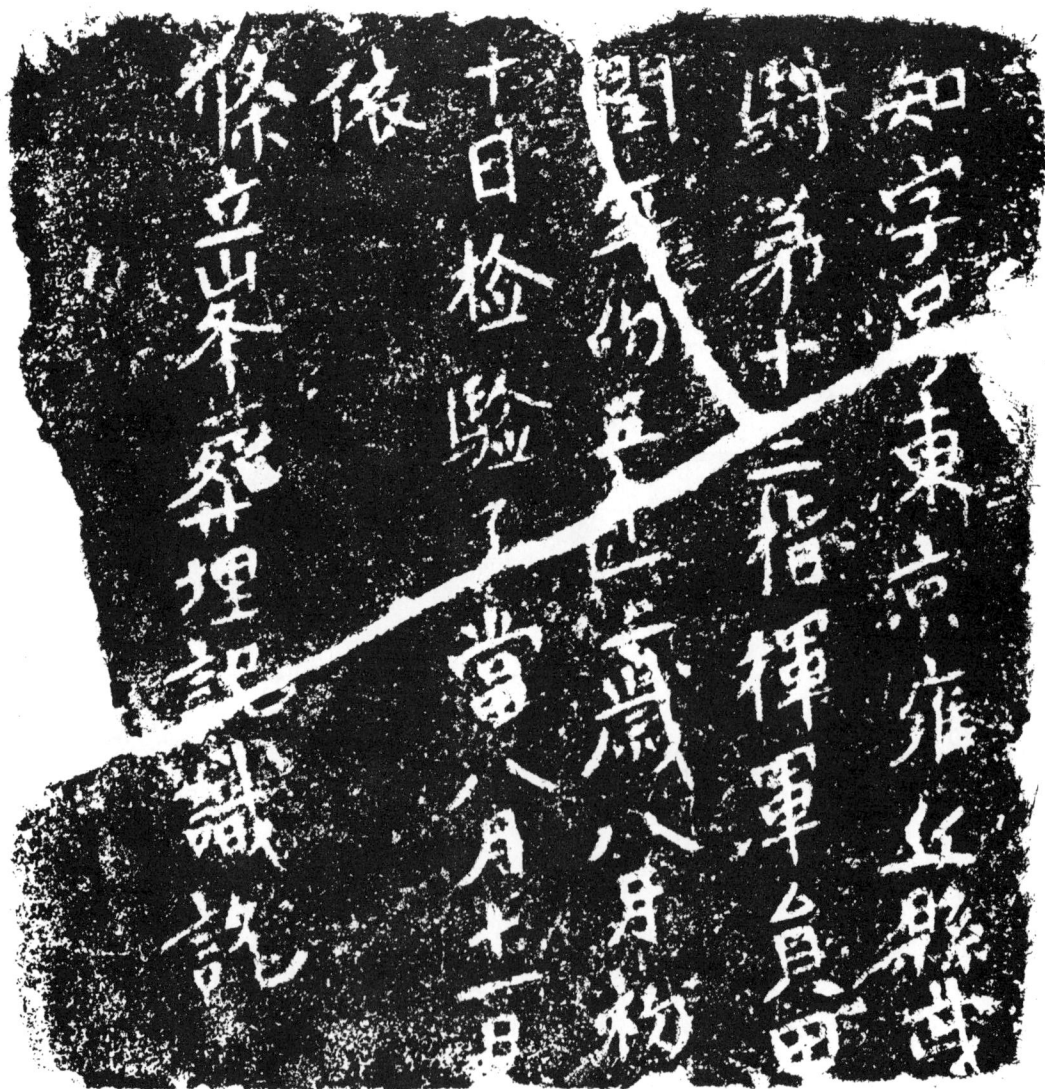

图一一三　　M0223 田闰墓志

六八、M0231 砖墓志 1 块。墓主大阿王。

（一）大阿王墓志

砖　　型：条砖（残）

规　　格：28×？ ＋4.5 厘米

志　　文：冈（罔）字号。本府永定厢……大阿王，年约七十……月十三日检……。

图一一四　　图版四八，3

图一一四　M0231 大阿王墓志

六九、M0232 砖墓志 1 块。墓主翟政。

（一）翟政墓志

砖　　型：大方砖

规　　格：31×30＋5 厘米

志　　文：谈字号。本府三门西山河匠指挥兵士翟政，年约八十一二岁，九月十九日
　　　　　检验了当，九月二十日依条立峰，葬记识讫。

图一一五　　　图版四八，4

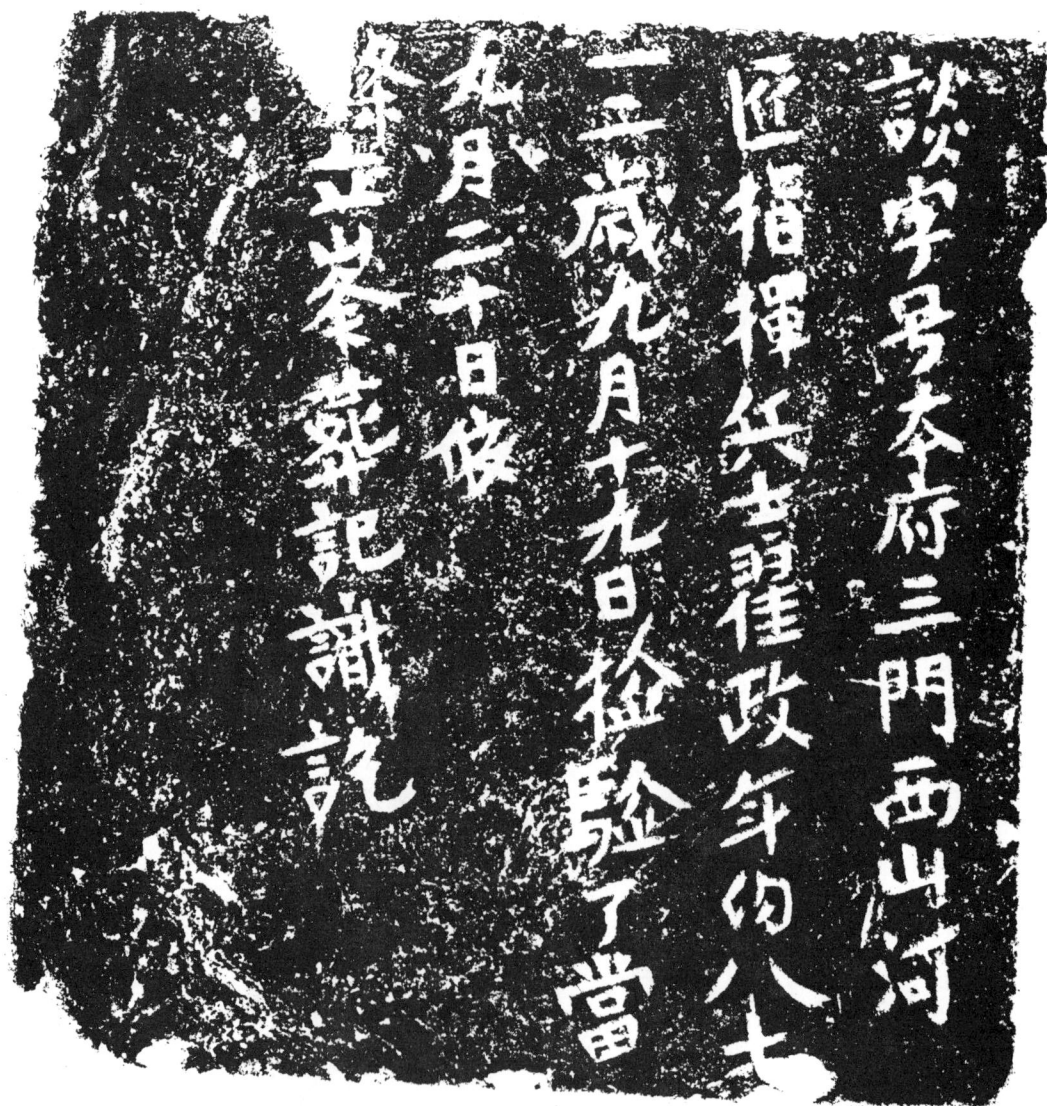

图一一五　M0232 翟政墓志

七〇、M0235 砖墓志 2 块。墓主无名氏。

（一）无名氏墓志之一

砖　　型：大方砖

规　　格：31×30＋5 厘米

志　　文：靡字号。七里社身死，不知姓名军人，年约二十四五岁，九月二十八日检
　　　　　验了当，九月二十九日依条立峰，葬埋记识讫。

图一一六（A）　　　图版四九，1

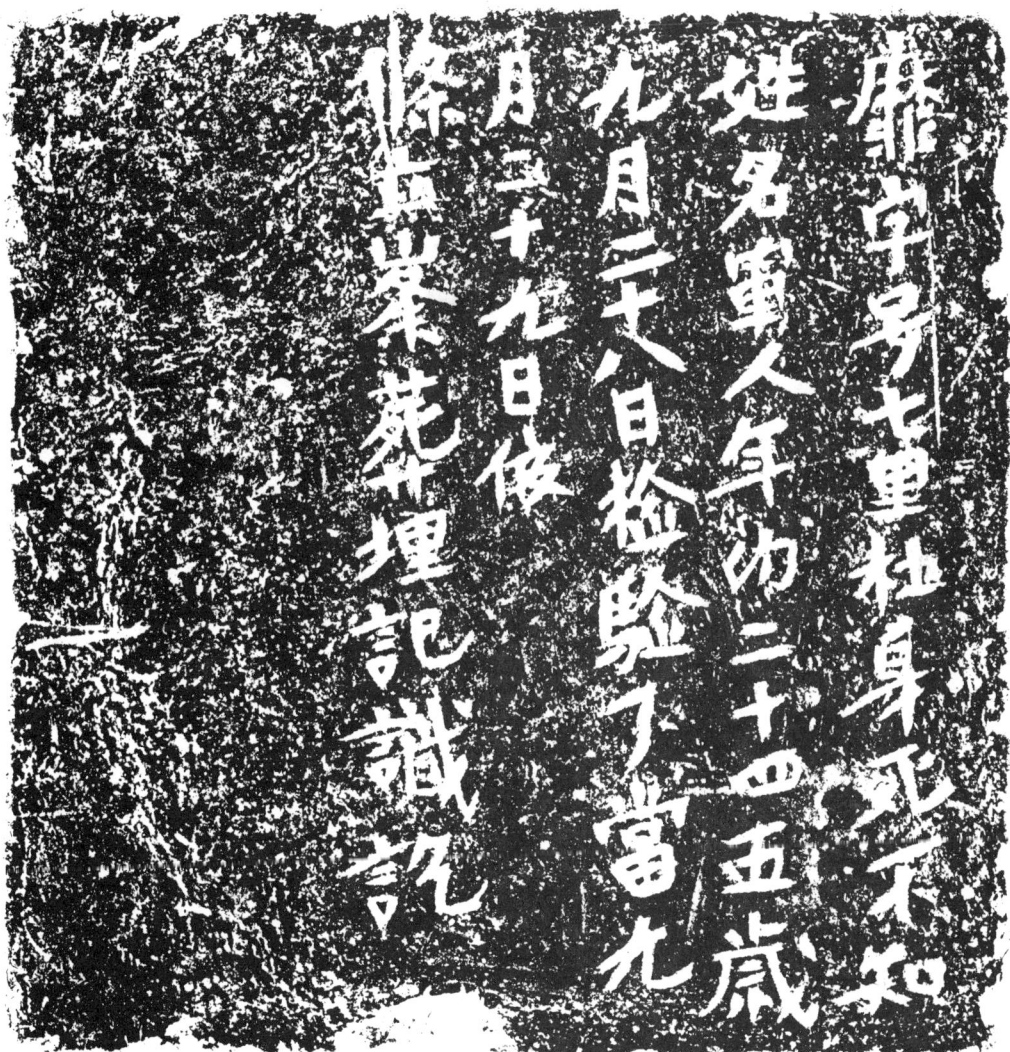

图一一六（A）　　M0235 无名氏墓志之一

（二）无名氏墓志之二

砖　型：大方砖

规　格：31×30＋5 厘米

志　文：靡字号。七里社身死，不知姓名军人，年约二十四五岁，九月二十八日检
　　　　验了当，九月二十九日依条立峰，葬埋记识讫。

图一一六（B）　　　　图版四九，2、3

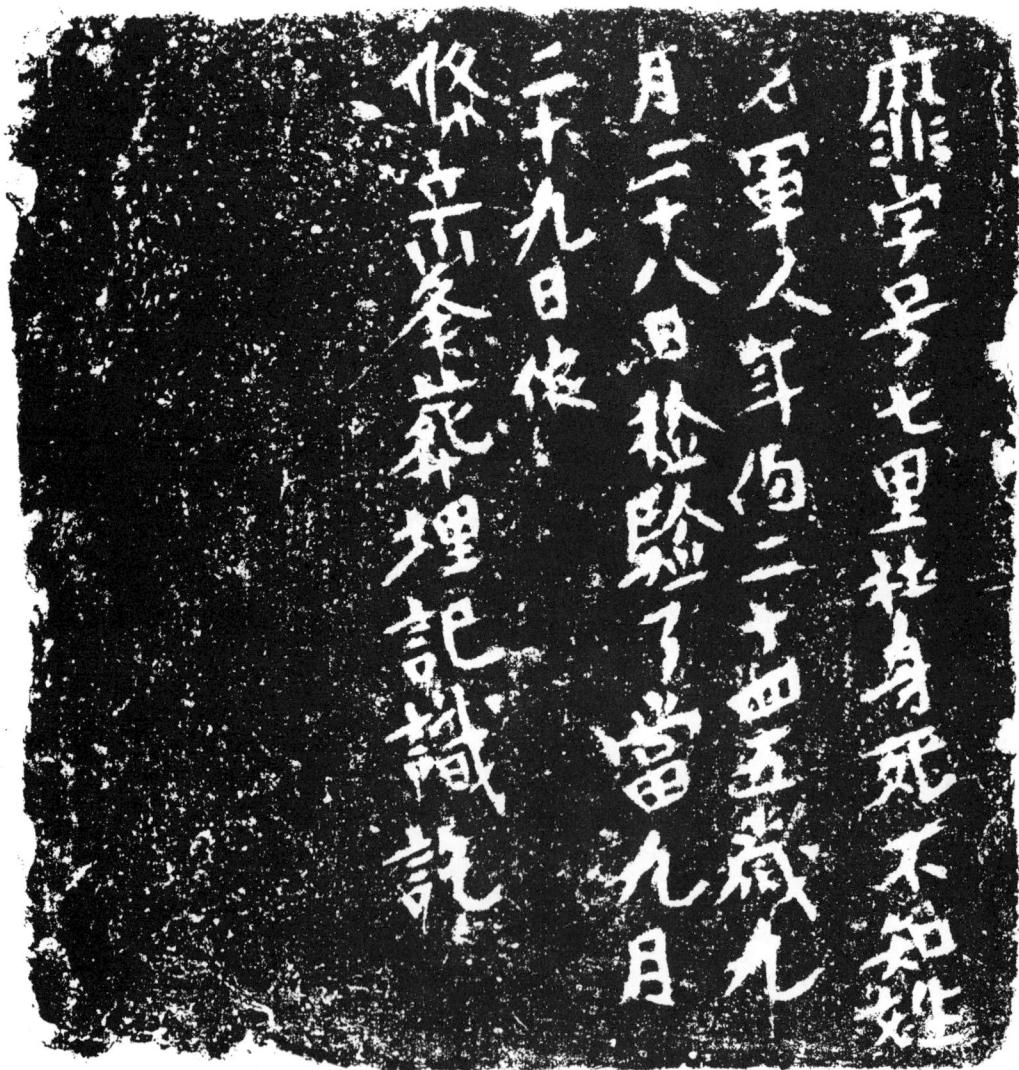

图一一六（B）　　　M0235 无名氏墓志之二

七一、M0237 砖墓志 1 块。墓主无名氏。

（一）无名氏墓志

砖　　型：大方砖

规　　格：31×31.5＋5 厘米

志　　文：巳字号。不知姓军人，十月十五日检验了当，十六日葬埋记。

图一一七　　图版四九，4

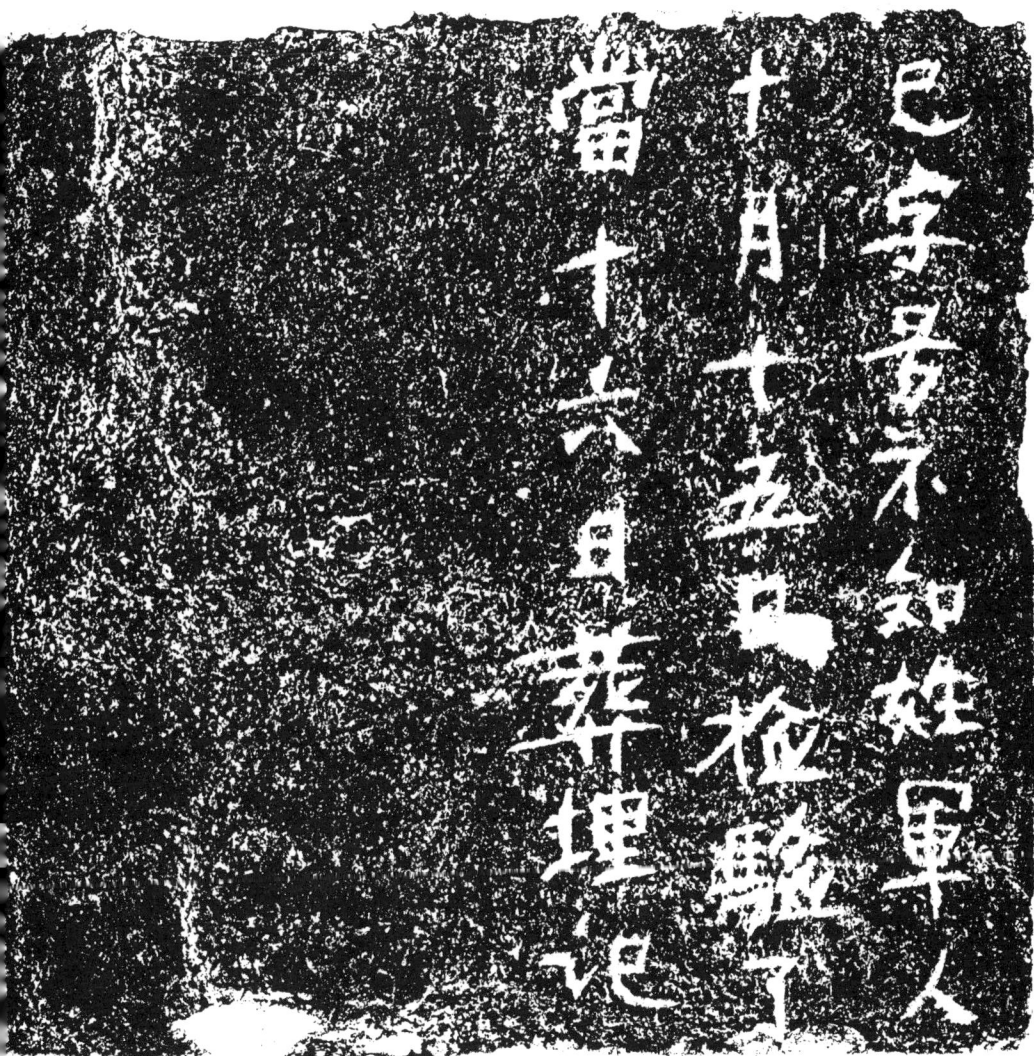

图一一七　M0237 无名氏墓志

七二、M0243 砖墓志 1 块。墓主无名氏。

（一）无名氏墓志

砖　　型：大方砖（残）

规　　格：30×31＋4.5厘米

志　　文：器字号。不知姓氏妇人，年约□十八九岁，左厢寒冻身死，□月二十三日

　　　　　检验了当，十月二十四日依条立峰，葬埋记识讫。

图一一八　　图版五○，1、2

图一一八　M0243 无名氏墓志

七三、M0245 砖墓志 1 块。墓主无名氏。

（一）无名氏墓志

砖　　型：大方砖

规　　格：31.5×30＋5 厘米

志　　文：难字号。城南厢身死，不知姓名军人，年约三十一二岁，十月二十四日检
　　　　　验了当，十月二十五日依条立峰，葬埋记识讫。

图一一九　　　图版五〇，3

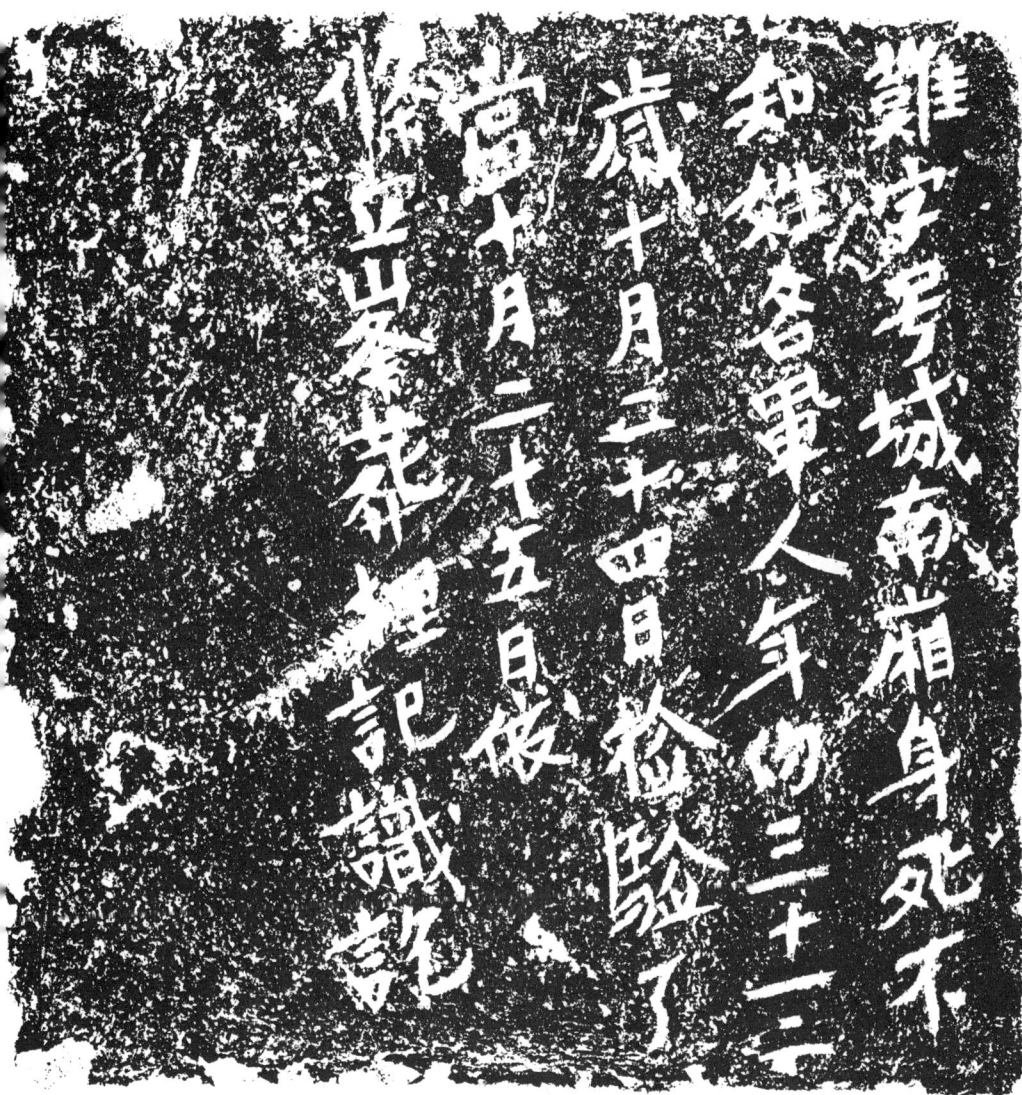

图一一九　M0245 无名氏墓志

七四、M0247 砖墓志 1 块。墓主梁支。

（一）梁支墓志

砖　　型：大方砖

规　　格：30×30.5＋5 厘米

志　　文：黑（墨）字号。东京虎翼指挥军人梁支，年约三十一二岁，十月初五日检

　　　　　验了当，十月初六日依条立峰，葬埋记识讫。

图一二○　　图版五○，4

图一二○　　M0247 梁支墓志

七五、M0248 砖墓志 1 块。采集品归入。墓主马定。

（一）马定墓志（采集品归入）

砖　型：条砖

规　格：30.5×15+4.5厘米

志　文：甲子悲。磁钟铺身死，兵士马定，十一月十一日葬埋讫。

图一二一　图版五一，1

图一二一　M0248 马定墓志（采集品归入）

七六、M0250 砖墓志 1 块。采集品归入。墓主陈吉。

（一）陈吉墓志（采集品归入）

砖　型：条砖

规　格：30.5×15.5＋4.5厘米

志　文：甲子染。□州第十九指挥兵士陈吉……。

图一二二　图版五一，2、3

图一二二　M0250 陈吉墓志（采集品归入）

七七、M0252 砖墓志 1 块。采集品归入。墓主嵬□珂

（一）嵬□珂墓志（采集品归入）

砖　型：条砖

规　格：30.5×15.5＋5 厘米

志　文：甲子赟。

番 部 嵬

□ 珂，

十 一 月

十 五 日

葬埋讫。

图一二三　图版五一，4

图一二三　　M0252 嵬□珂墓志（采集品归入）

七八、M0253 砖墓志 1 块。墓主无名氏。

（一）无名氏墓志

砖　　型：大方砖

规　　格：30.5×30.5＋5 厘米

志　　文：羔字号。磁钟递铺头身死，不知姓名百姓，年约六十四五岁，十一月十四

　　　　　日检验了当，十一月十五日依□立峰，葬埋记识讫。

图一二四　　图版五二，1、2

图一二四　　M0253 无名氏墓志

七九、M0254 砖墓志 2 块。墓主郭元。

（一）郭元墓志之一

砖　型：大方砖

规　格：30.5×30.5＋5 厘米

志　文：羊字号。夏县张庄百姓郭元，年约四十七八岁，十一月十五日检验了当，
　　　　十一月十六日依条立峰，葬埋记识讫。

图一二五（A）　　图版五二，3、4

图一二五（A）　　M0254 郭元墓志之一

（二）郭元墓志之二

砖　　型：大方砖

规　　格：30.5×30.5＋5 厘米

志　　文：羊字号。夏县张庄百姓郭元，年约四十七八岁，十一月十五日检验了当，
　　　　　十一月十六日依条立峰，葬埋记识讫。

图一二五（B）　　　图版五三，1

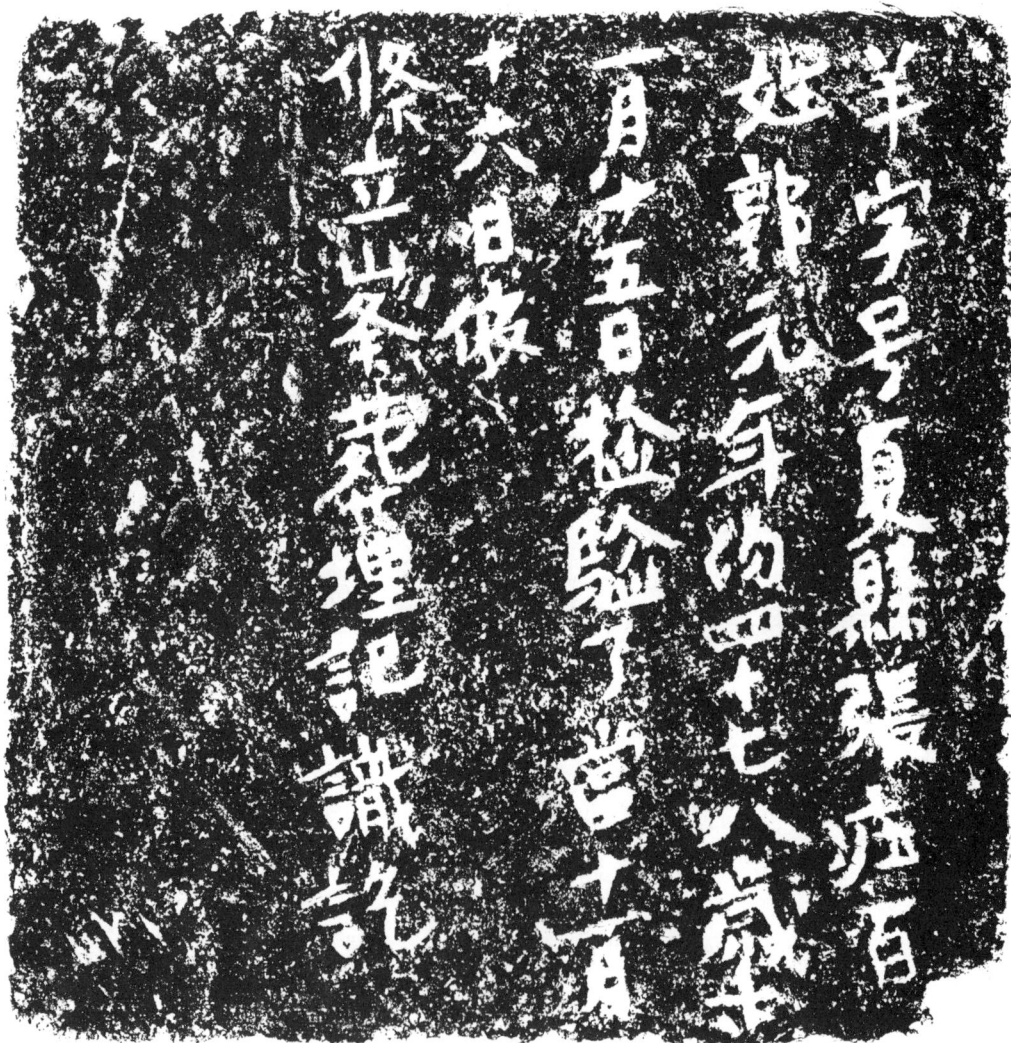

图一二五（B）　　M0254 郭元墓志之二

八〇、M0255 砖墓志 2 块。墓主李元。

（一）李元墓志之一

砖　　型：大方砖

规　　格：31×30＋5 厘米

志　　文：景字号。曹州骑射□八指挥兵士李元，年约二十四五岁，十一月十五日检
　　　　　验了当，十一月十六日依条立峰，葬埋记识讫。

图一二六（A）　　　图版五三，2

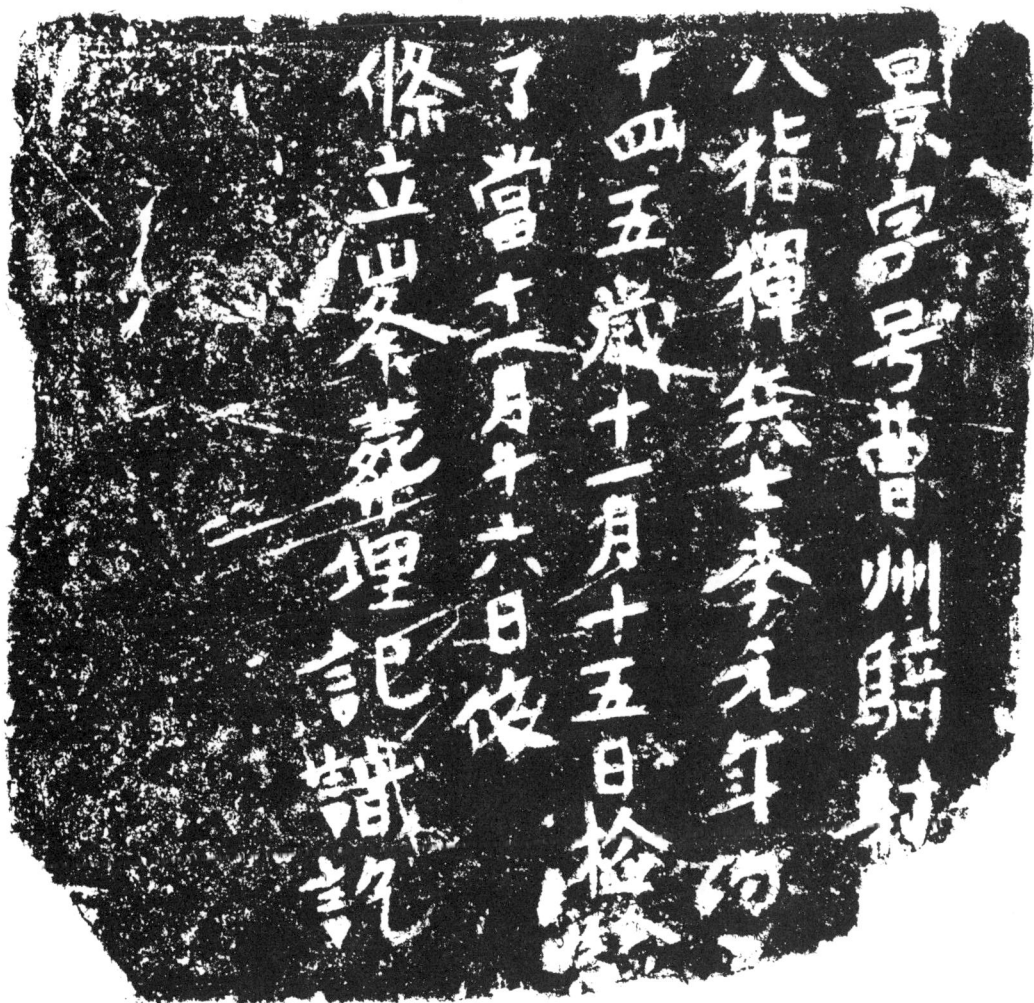

图一二六（A）　　M0255 李元墓志之一

（二）李元墓志之二

砖　型：大方砖（残）

规　格：28.5×？＋5厘米

志　文：景字号。曹州骑射第八□挥兵士李元，年约二十□□□，十一月十五日检
　　　　验了……。

图一二六（B）　　　图版五三，3

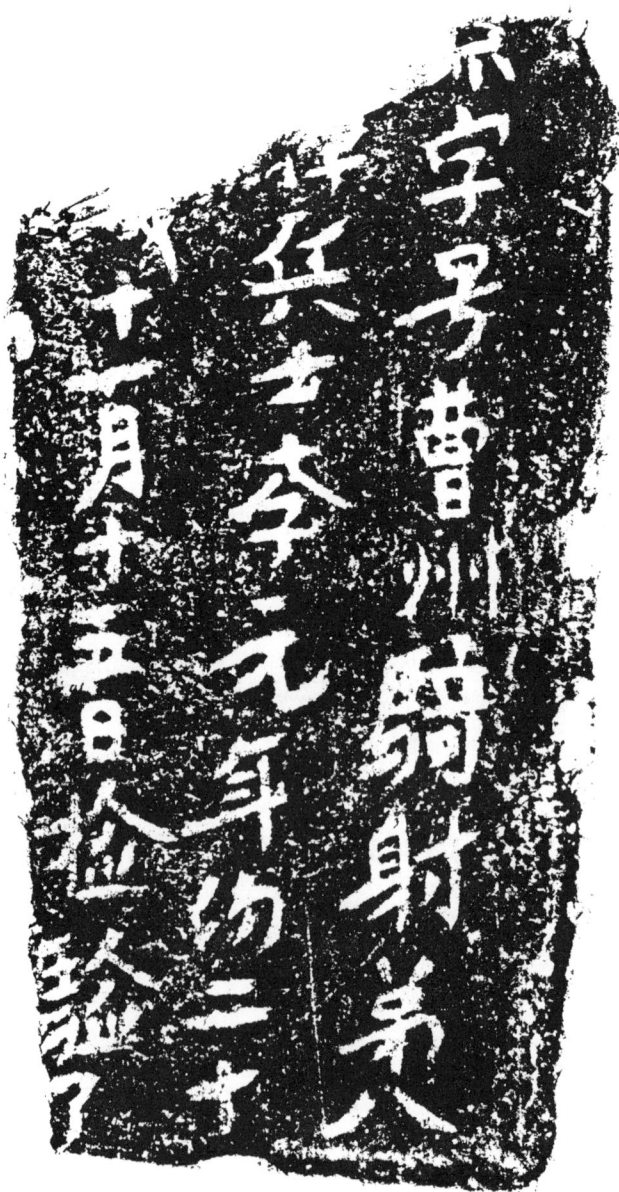

图一二六（B）　　M0255 李元墓志之二

八一、M0256 砖墓志 2 块。墓主无名氏。

（一）无名氏墓志之一

砖　　型：大方砖（残）

规　　格：31×30.5＋5 厘米

志　　文：行字号。永定涧身死，不□姓名军人，年约二十三四岁，十一月二十一日
　　　　　检验了当，□一月二十二日依□立峰，葬埋记识讫。

图一二七（A）　　　图版五三，4

图一二七（A）　　M0256 无名氏墓志之一

（二）无名氏墓志之二

砖　　型：大方砖（残）

规　　格：30.5×30.5＋5厘米

志　　文：行字号。永定涧身死，不知姓名军人，年约二十三四岁，十一月二十一日
　　　　　检验了当，十一月二十二日依条立峰，葬埋记识讫。

图一二七（B）　　　图版五四，1

图一二七（B）　　M0256 无名氏墓志之二

八二、M0257 砖墓志 2 块。墓主无名氏。

（一）无名氏墓志之一

砖　型：大方砖

规　格：31×30＋5 厘米

志　文：维字号。城东检讫，不知姓名军人，年约三十一二岁，十一月二十六日检
　　　　验了当，十一月二十七日依条立峰，葬埋记识讫。

图一二八（A）　　　　图版五四，2

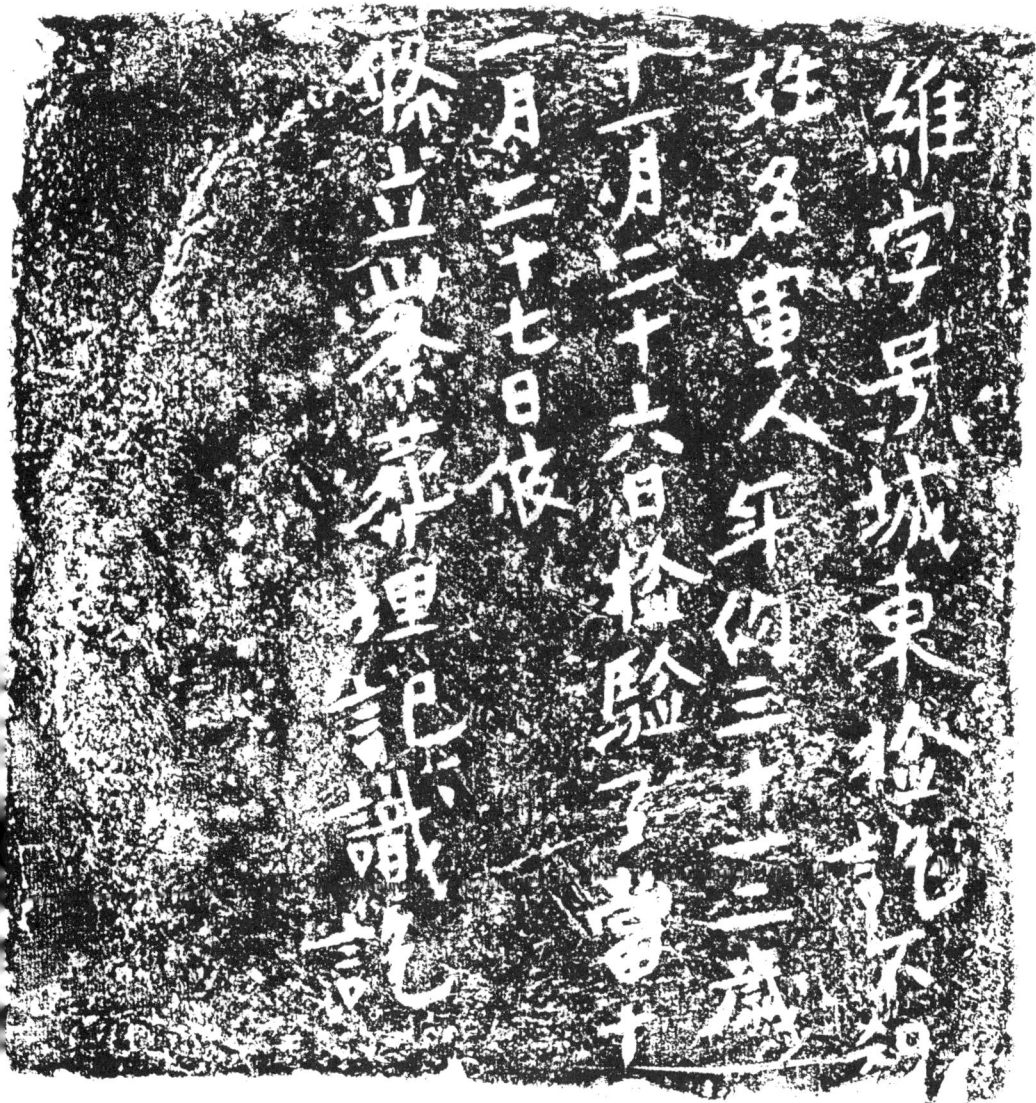

图一二八（A）　　M0257 无名氏墓志之一

（二）无名氏墓志
之二

　　砖　型：条砖

　　规　格：31.5 ×
15.5 + 5 厘米

　　志　文：甲子维。
城 东 厢
检　讫，
不 知 姓
名 军 人，
十 一 月
二 十 七
日 葬 埋
讫。

图一二八（B）

图版五四，3

图一二八（B）　　M0257 无名氏墓志之二

八三、M0258 砖墓志 2 块。墓主田吉。

（一）田吉墓志之一

砖　型：大方砖

规　格：31×30＋5 厘米

志　文：贤字号。本府保捷第十五指挥兵士田吉，年约三十七八岁，十一月二十七日检验了当，十一月二十八日依条立峰，葬埋记识讫。

图一二九（A）　　　图版五四，4、五五，1

图一二九（A）　　M0258 田吉墓志之一

（二）田吉墓志之二

砖　型：大方砖（残）

规　格：31×30＋4.5厘米

志　文：贤字号。本……指挥兵士田吉……岁，十一月二十七日……十一月二十八
　　　　日依条立峰，葬埋记识讫。

图一二九（B）　　　图版五五，2

图一二九（B）　　M0258 田吉墓志之二

八四、M0259 砖墓志 2 块。墓主袁顺。

（一）袁顺墓志之一

砖　型：大方砖

规　格：31×30.5+5 厘米

志　文：尅字号。本县南原村百姓袁顺，年约七十八九岁，十一月二十八日检验了
　　　　当，十一月二十九日依条立峰，葬埋记识讫。

图一三〇（A）　　　图版五五，3、4

图一三〇（A）　M0259 袁顺墓志之一

（二）袁顺墓志之二

砖　　型：大方砖（残）

规　　格：31×30＋5 厘米

志　　文：□字号。本县南原……袁顺，年约七……九日依条立峰，葬埋记识讫。

图一三〇（B）　　　图版五六，1

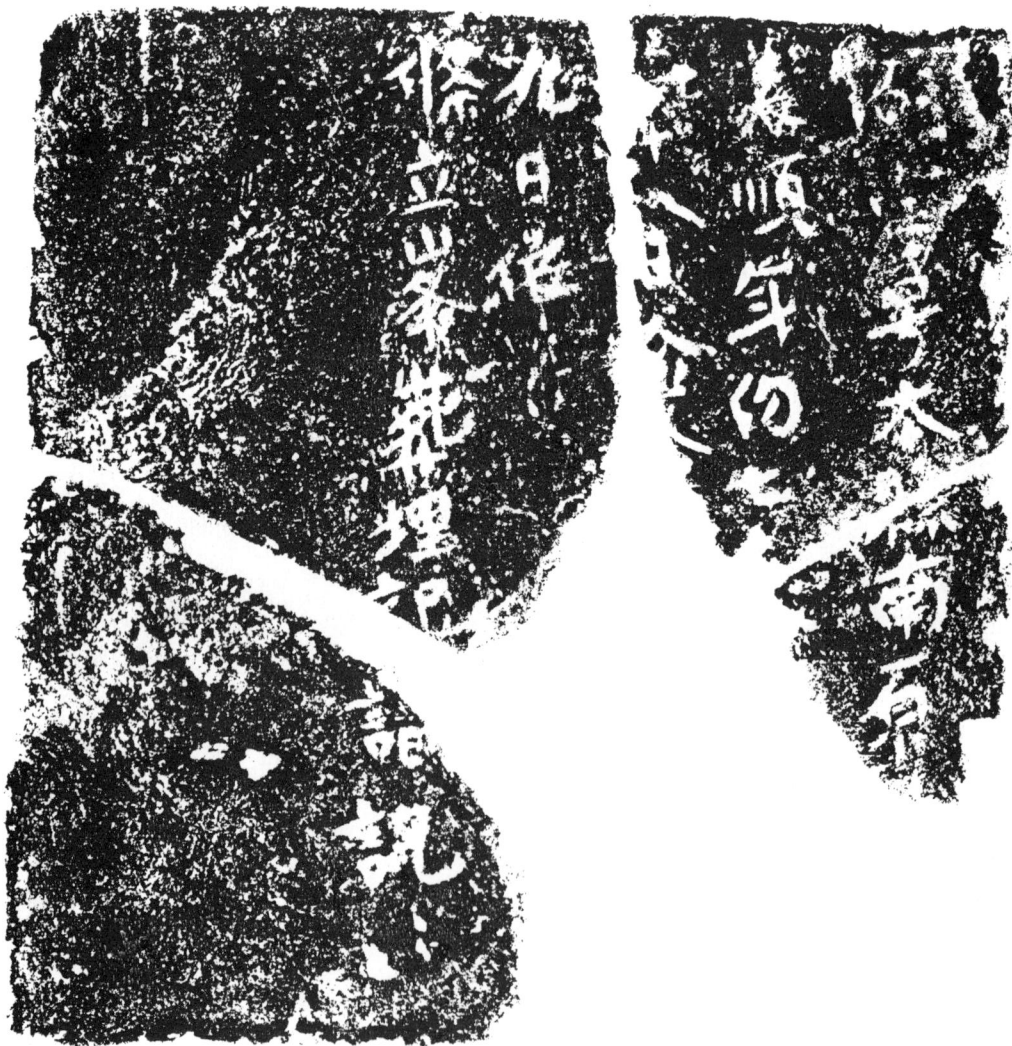

图一三〇（B）　　　M0259 袁顺墓志之二

八五、M0260 砖墓志 2 块。墓主无名氏。

（一）无名氏墓志之一

砖　　型：大方砖

规　　格：31×30.5＋5

志　　文：念字号。锴驿前西砖台上身死，年约四十四五岁，十二月初五日检验了
　　　　　当，十二月初六日依条立峰，葬埋记识讫。

图一三一（A）　　　图版五六，2

图一三一（A）　　M0260 无名氏墓志之一

（二）无名氏墓志之二

砖　　型：大方砖

规　　格：31×30.5＋5

志　　文：□字号。锱驿前西砖台上身死，年约四十四五岁，十二月初五日检验了
　　　　　当，十二月初六日依条立峰，葬埋记识讫。

图一三一（B）　　　　图版五六，3

图一三一（B）　　M0260 无名氏墓志之二

八六、M0265 砖墓志 2 块。墓主唐吉。

（一）唐吉墓志之一

砖　　型：大方砖

规　　格：30×30＋5 厘米

志　　文：名字号。熙州第六十四指挥兵士唐吉，年约五十三四岁，崇宁五年十二月
　　　　　十九日葬埋记。

图一三二（A）　　　图版五六，4、五七，1

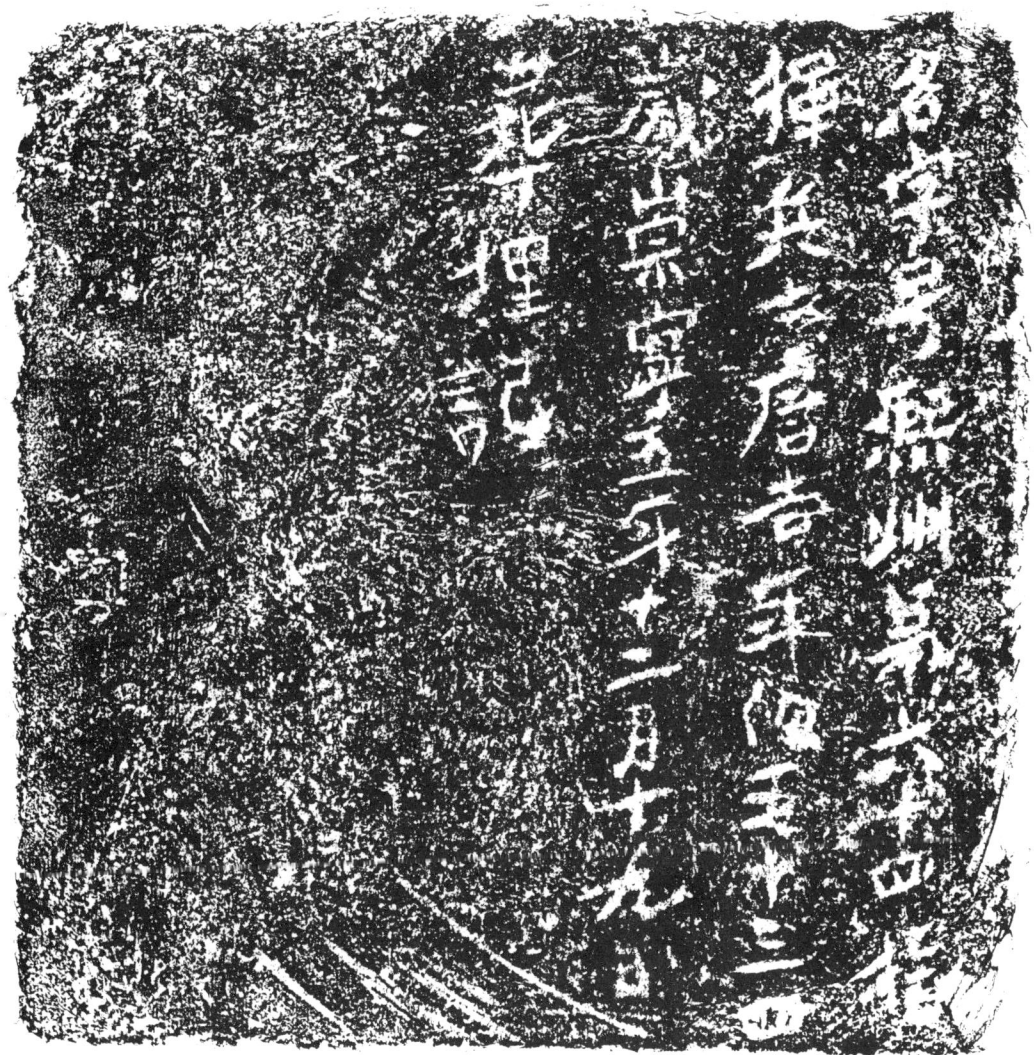

图一三二（A）　　M0265 唐吉墓志之一

（二）唐吉墓志之二

砖　　型：大方砖

规　　格：31×30.5+5厘米

志　　文：名字号。熙州保宁第六十四指挥兵士唐吉，年约五十三四岁，崇宁五年十

二月十九日埋记。

图一三二（B）　　　　图版五七，2、3

图一三二（B）　　M0265 唐吉墓志之二

八七、M0267 砖墓志 1 块。墓主无名氏。

（一）无名氏墓志

砖　型：大方砖

规　格：31×31＋4.5 厘米

志　文：丙寅拾二字号。城东厢身死，不知姓名军人，崇宁五年十二月二十一日葬
　　　　讫。

图一三三　　图版五七，4

图一三三　M0267 无名氏墓志

八八、M0268 砖墓志 1 块。墓主赵信。

（一）赵信墓志

砖型：大方砖（残）

规　格：30×30＋5 厘米

志　文：……字号。同……赵信，崇宁……年十二月二十一日葬讫。

图一三四　　图版五八，1

图一三四　　M0268 赵信墓志

八九、M0269 砖墓志 2 块。墓主张宁。

（一）张宁墓志之一

砖　　型：大方砖

规　　格：30×30.5＋5 厘米

志　　文：表字号。东京宣武指挥兵士张宁，年约三十七八岁，崇宁五年十二月二十
　　　　　三日葬埋记。

图一三五（A）　　　图版五八，2

图一三五（A）　　M0269 张宁墓志之一

（二）张宁墓志之二

砖　　型：大方砖

规　　格：30.5×30.5+4.5厘米

志　　文：表字号。东京宣武指挥兵士张宁，年约三十七八岁，崇宁十二月二十三日
　　　　　葬埋记。

图一三五（B）　　　图版五八，3、4

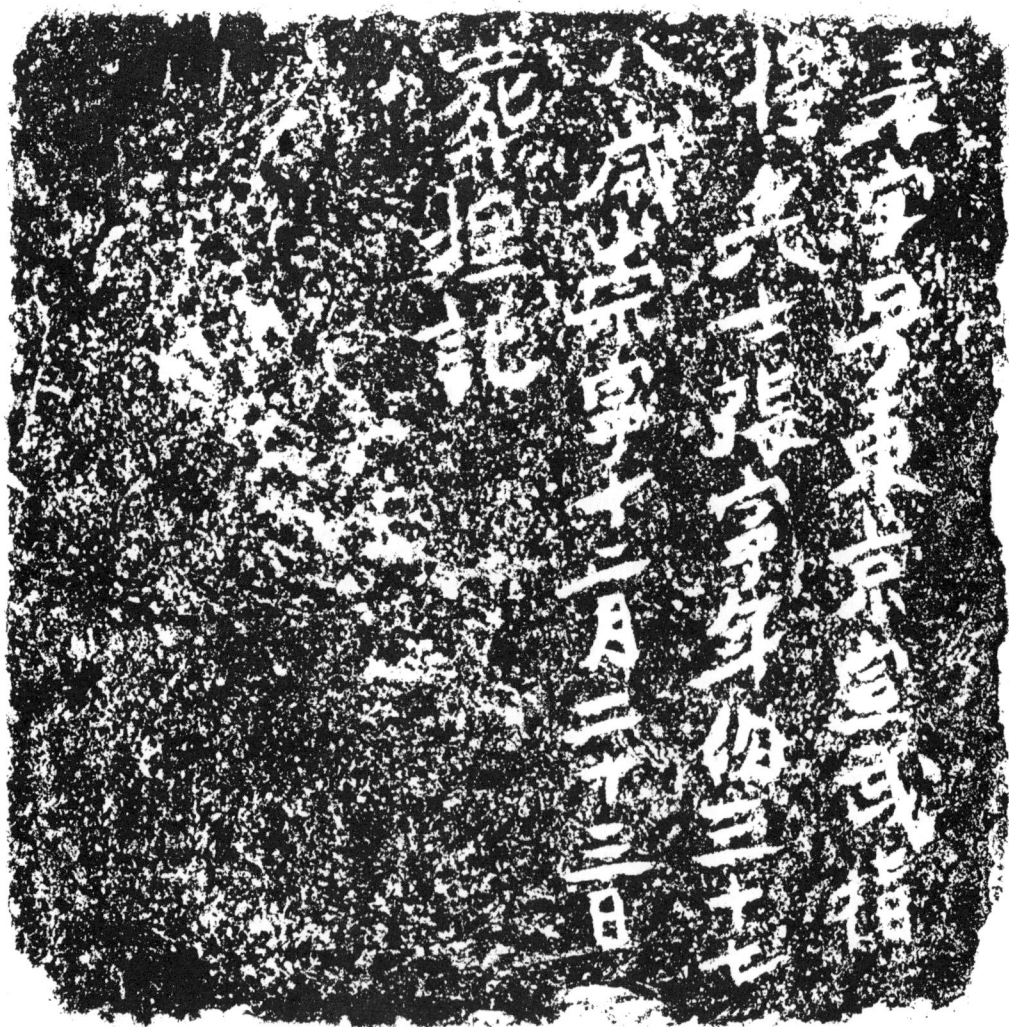

图一三五（B）　　M0269 张宁墓志之二

九〇、M0270 砖墓志 1 块。墓主张仁福。

（一）张仁福墓志

砖　　型：大方砖

规　　格：30×30＋4.5 厘米

志　　文：正字号。本县南村百姓张仁福，年约六十六七岁，崇宁五年十二月二十四
　　　　　日葬埋记。

图一三六　　　图版五九，1

图一三六　　M0270 张仁福墓志

九一、M0271 砖墓志 2 块。墓主无名氏。

（一）无名氏墓志之一

砖　　型：大方砖

规　　格：30.5×30.5＋5 厘米

志　　文：空字号。城东厢身死，不知姓名军人，年约四十六七岁，崇宁五年十二月
　　　　　二十七日葬埋记。

图一三七（A）　　　图版五九，2、3

图一三七（A）　　M0271 无名氏墓志之一

（二）无名氏墓志之二

砖　　型：大方砖

规　　格：30.5×30.5＋5 厘米

志　　文：空字号。城东厢身死，不知姓名军人，年约四十六七岁，崇宁五年十二月
　　　　　　二十七日葬埋记。

图一三七（B）　　　　图版五九，4

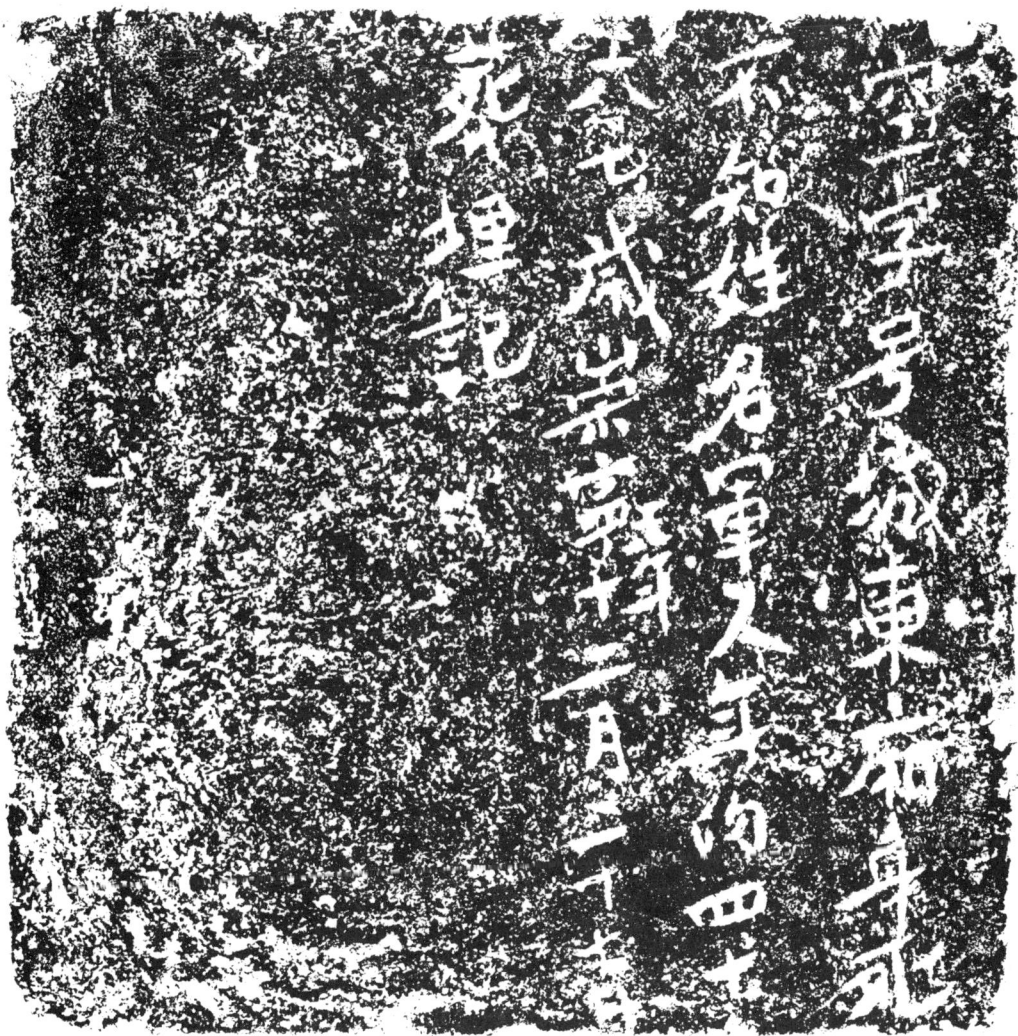

图一三七（B）　　M0271 无名氏墓志之二

九二、M0273 砖墓志 2 块。墓主无名氏。

（一）无名氏墓志之一

砖　　型：大方砖

规　　格：30.5×30＋5 厘米

志　　文：传字号。磁钟身死，不知姓名军人，年约二十三四岁，十二月二十七日葬
　　　　　埋记。

图一三八（A）　　　　图版六〇，1、2

图一三八（A）　　M0273 无名氏墓志之一

（二）无名氏墓志之二

砖　　型：大方砖

规　　格：30.5×30＋5

志　　文：传字号。磁钟身死，不知姓名军人，年约二十三四岁，十二月二十七日葬
　　　　　埋记。

图一三八（B）　　　图版六〇，3

图一三八（B）　　M0273 无名氏墓志之二

九三、M0276 砖墓志 2 块。墓主柴安儿。

（一）柴安儿墓志之一

砖　　型：大方砖

规　　格：30.5×30.5+5 厘米

志　　文：堂字号。东京百姓柴安儿，年九岁，十二月二十九日葬埋记。

图一三九（A）　　　图版六〇，4

图一三九（A）　　M0276 柴安儿墓志之一

（二）柴安儿墓志之二

砖　　型：大方砖

规　　格：30.5×30.5+5厘米

志　　文：堂字号。东京百姓柴安儿，年九岁，十二月二十九日葬埋记。

图一三九（B）　　　　图版六一，1、2

图一三九（B）　　M0276 柴安儿墓志之二

九四、M0277 砖墓志 1 块。墓主阿李。

（一）阿李墓志

砖　　型：大方砖

规　　格：30.5×30.5＋5 厘米

志　　文：习字号。本府妇人阿李，年四十二岁，十二月二十九日葬埋记。

图一四〇　　图版六一，3

图一四〇　　M0277 阿李墓志

九五、M0278 砖墓志 1 块。墓主许×。

（一）许×墓志

砖　　型：大方砖

规　　格：30.5×30.5+5 厘米

志　　文：听字号。同州郃阳县百姓许×，年二十三四岁，十二月三十日葬埋记。

图一四一

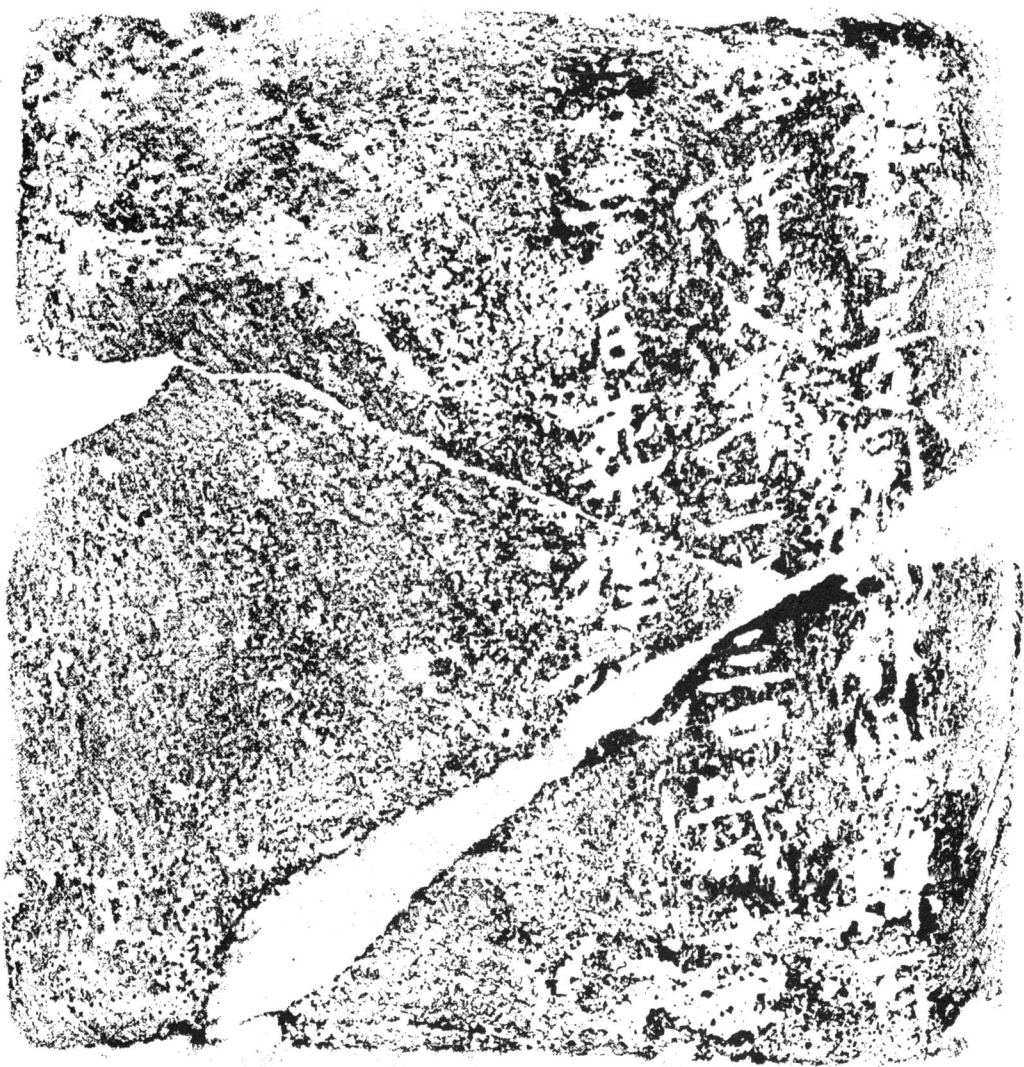

图一四一　M0278 许×墓志

九六、M0306 砖墓志 1 块。墓主李二君。

（一）李二君墓志

砖　　型：大方砖

规　　格：31×30＋5 厘米

志　　文：流字号。降(绛)州神宝监军人李二君，年约三十四五，三月二十四日记。

图一四二　　图版六一，4、六二，1

图一四二　M0306 李二君墓志

九七、M0320 砖墓志 1 块。墓主无名氏。

（一）无名氏墓志

残甚。参看图版六二，2。

九八、M0327 砖墓志 2 块。墓主樊宣娘。

（一）樊宣娘墓志之一

砖　型：大方砖

规　格：30.5×30＋5 厘米

志　文：甲子宜字号。夏县妇人樊宣娘，七月初三日葬埋记。

图一四三　　图版六二，3、4

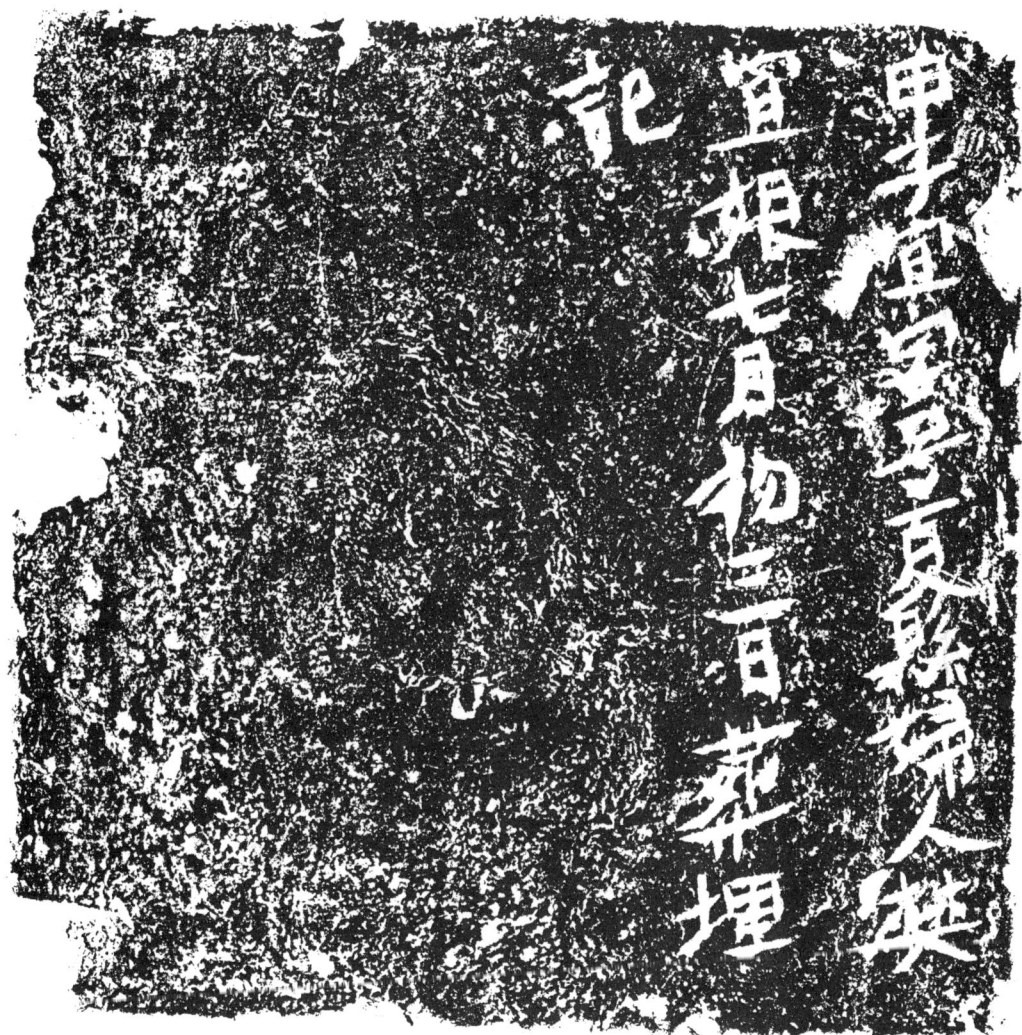

图一四三　　M0327 樊宣娘墓志之一

（二）樊宣娘墓志之二

残甚。参看图版六三，1。

九九、M0329 砖墓志 2 块。墓主无名氏。

（一）无名氏墓志之一

砖　　型：大方砖

规　　格：30.5×30＋4.5 厘米

志　　文：甲子荣字号。不知姓名百姓，七月八日检验了当，当日葬埋讫。

图一四四（A）　　　图版六三，2

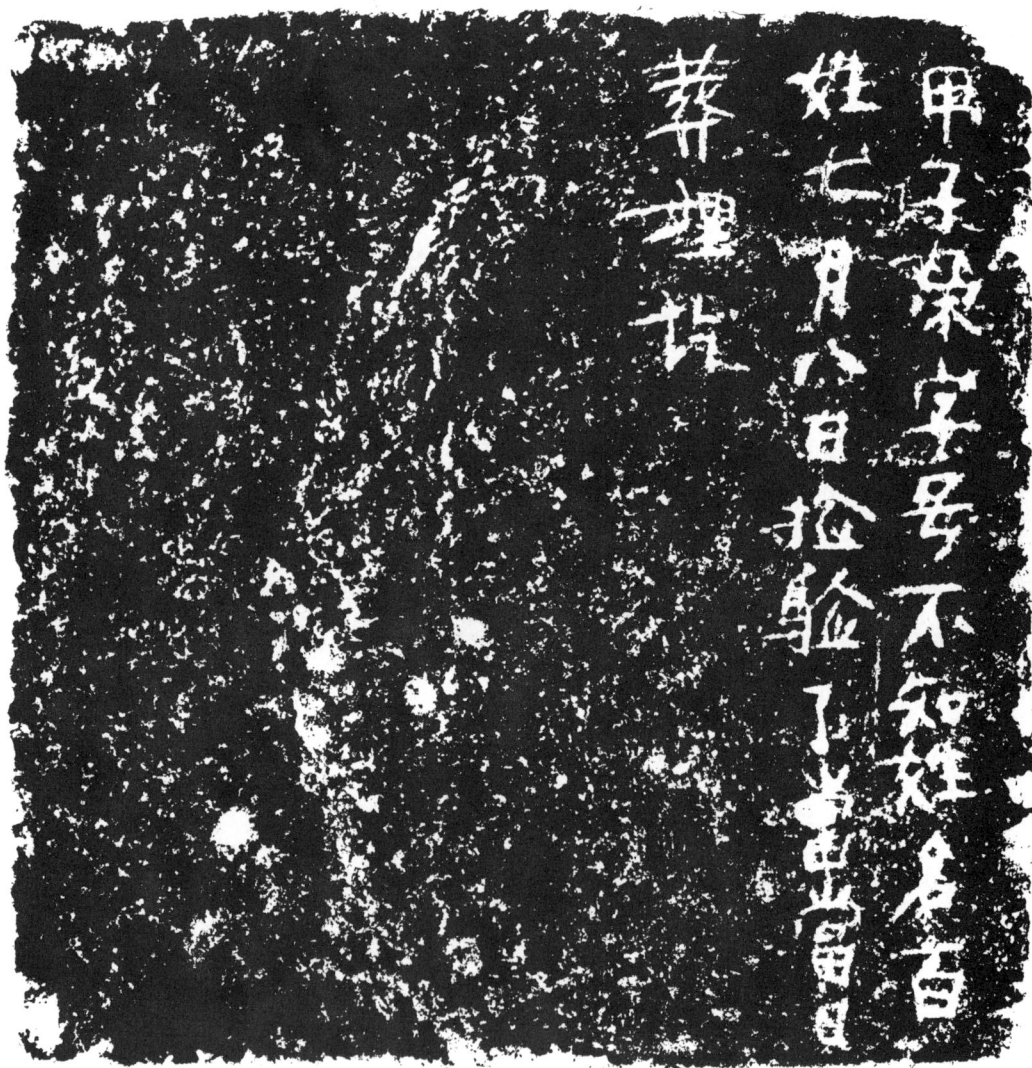

图一四四（A）　　　M0329 无名氏墓志之一

（二）无名氏墓志之二

砖　　型：大方砖

规　　格：30.5×30＋5 厘米

志　　文：甲子荣字号。不知姓名百姓，七月八日检验了当，当日葬埋讫。

图一四四（B）　　　图版六三，3

图一四四（B）　　M0329 无名氏墓志之二

一〇〇、M0333 砖墓志 2 块。墓主冯贵。

（一）冯贵墓志之一

砖　　型：大方砖

规　　格：30.5×30＋5 厘米

志　　文：甲子籍字号。广勇右三指挥军人冯贵，七月二十九日检验了当，当日葬埋
　　　　　记。

图一四五（A）　　　　图版六三，4

图一四五（A）　　M0333 冯贵墓志之一

（二）冯贵墓志之二

砖　型：大方砖

规　格：31×31＋5厘米

志　文：甲子籍字号。广勇右三指挥军人冯贵，七月二十九日检验了当，当日葬埋
　　　　讫。

图一四五（B）　　　图版六四，1

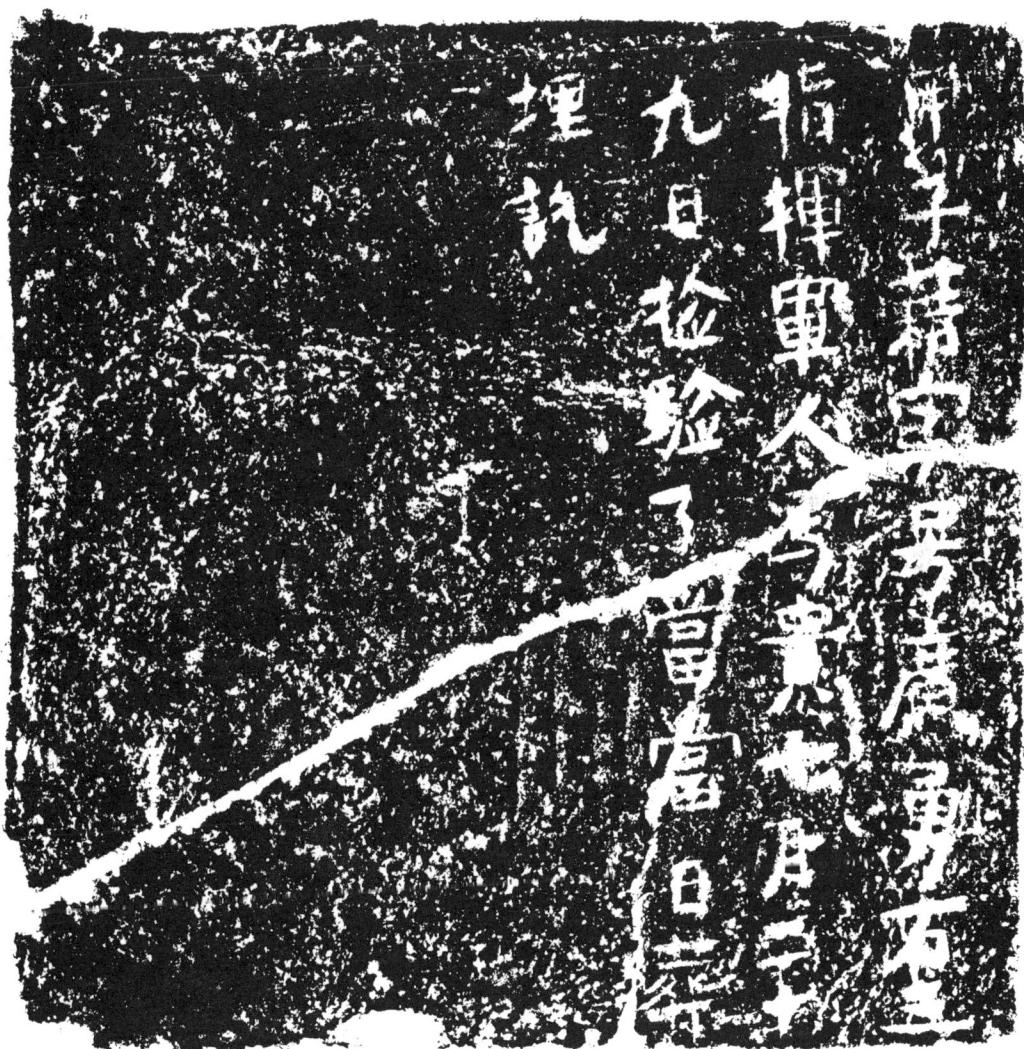

图一四五（B）　　M0333 冯贵墓志之二

一〇一、M0334 砖墓志 2 块。墓主杨×。

（一）杨×墓志之一

砖　　型：大方砖

规　　格：31×31＋4.5 厘米

志　　文：甲子甚字号。院子高×抬到同州百姓杨×，八月十日葬埋讫。

图一四六（A）　　　　图版六四，2、3

图一四六（A）　　M0334 杨×墓志之一

（二）杨×墓志之二

砖　　型：大方砖

规　　格：31×31＋4.5厘米

志　　文：甲子甚字号。院子高×抬到同州百姓杨×，八月十日葬埋讫。

图一四六（B）　　　　图版六四，4

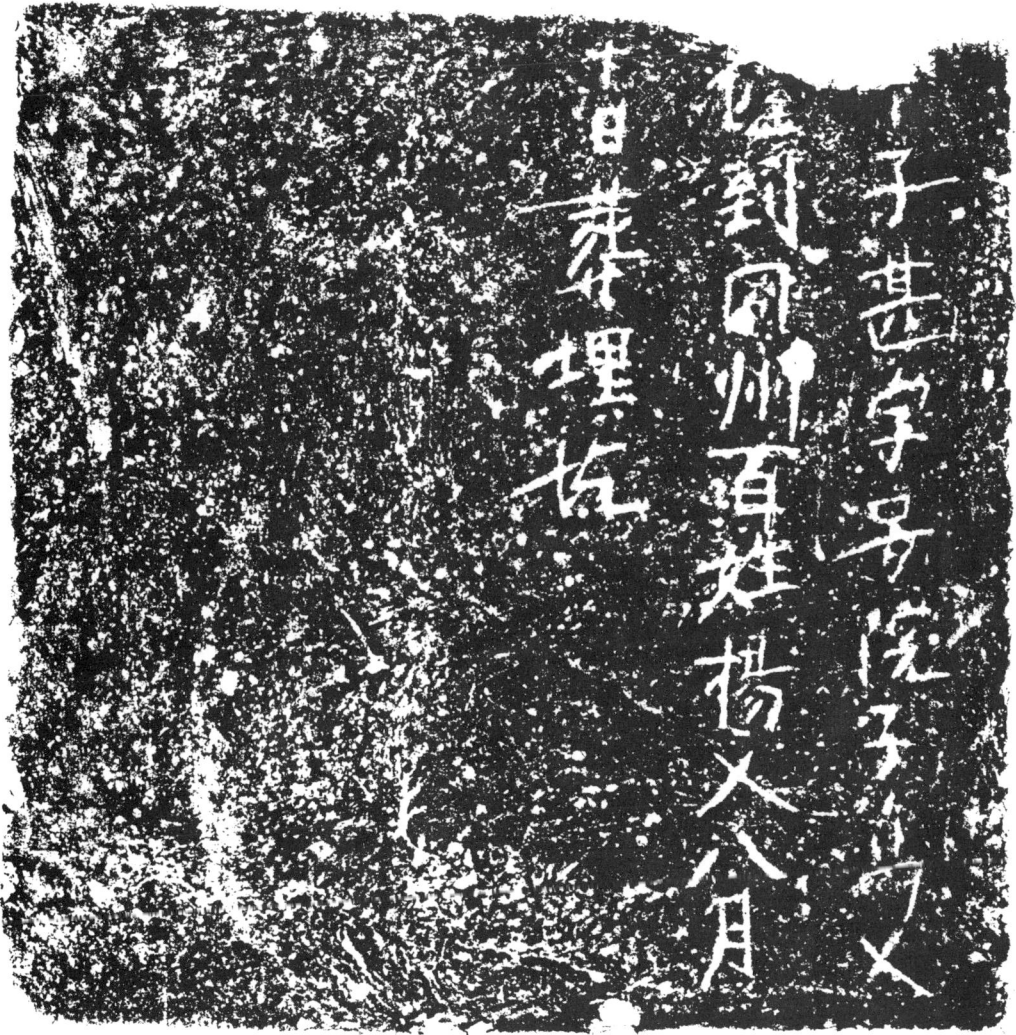

图一四六（B）　　M0334 杨×墓志之二

一〇二、M0335 砖墓志 1 块。墓主韩三。

（一）韩三墓志

砖　　型：大方砖

规　　格：31×30.5＋5 厘米

志　　文：甲子无字号。安济坊抬到解州百姓韩三，八月十日葬埋讫。

图一四七　　　图版六五，1

图一四七　　M0335 韩三墓志

一○三、M0344 砖墓志 2 块。墓主无名氏。

（一）无名氏墓志之一

砖　　型：大长方砖

规　　格：24×20＋3.5 厘米

志　　文：甲子政字号。永定厢身死，不知姓名百姓，九月十三日葬埋讫。

图一四八（A）　　　图版六五，2

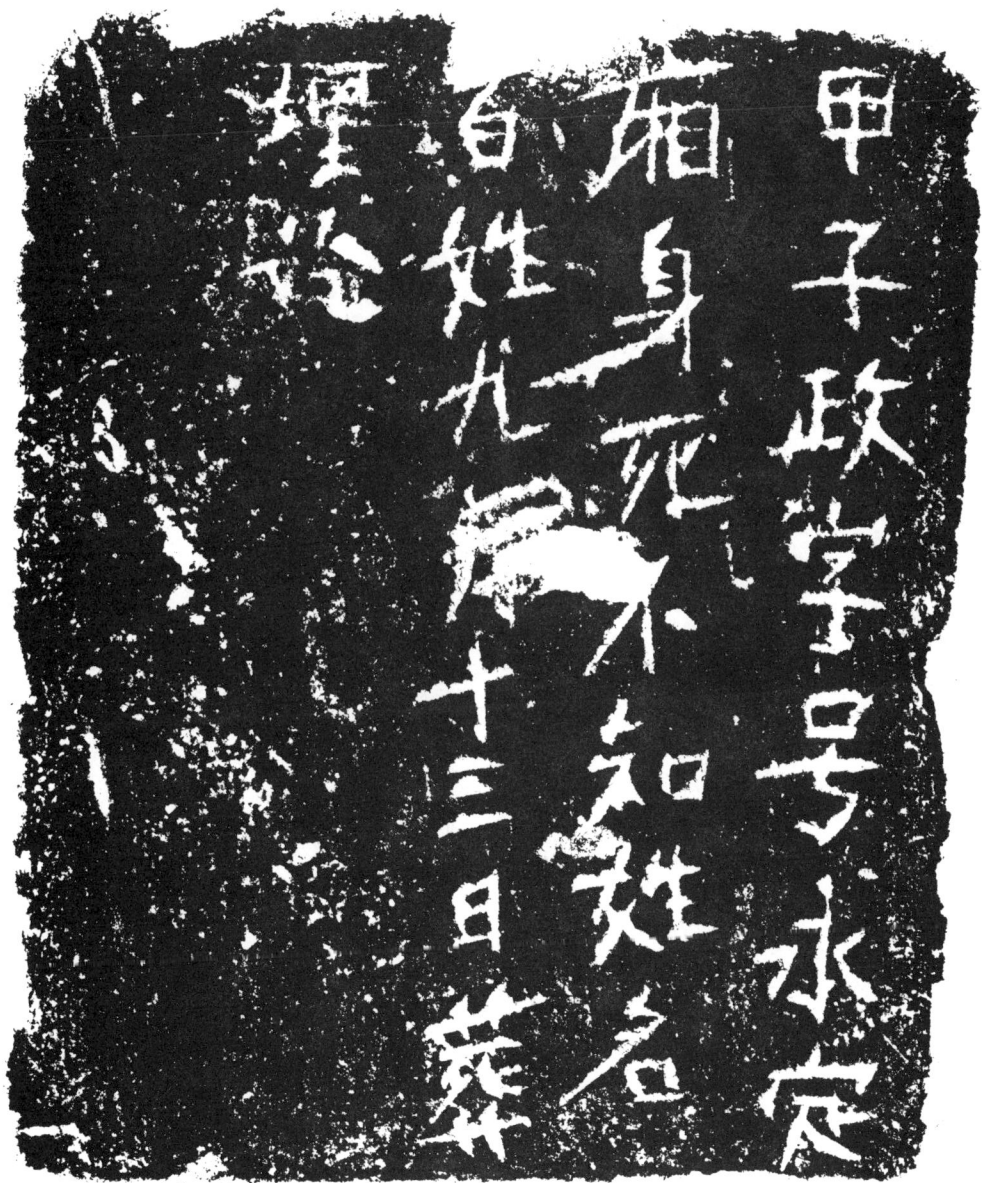

图一四八（A）　　M0344 无名氏墓志之一

（二）无名氏墓志之二

砖　、型：大长方砖

规　格：24×20.5+3.5厘米

志　文：甲子政字号。永定厢身死，不知姓名百姓，九月十三日葬埋讫。

图一四八（B）　　　　图版六五，3、4

图一四八（B）　　M0344 无名氏墓志之二

一〇四、M0346 砖墓志 2 块。墓主刘先。

（一）刘先墓志之一

砖　　型：大长方砖

规　　格：26×20＋3.5 厘米

志　　文：甲子以字号。灵宝县主簿抬到军人刘先，九月二十八日葬埋讫。

图一四九（A）　　　　图版六六，1

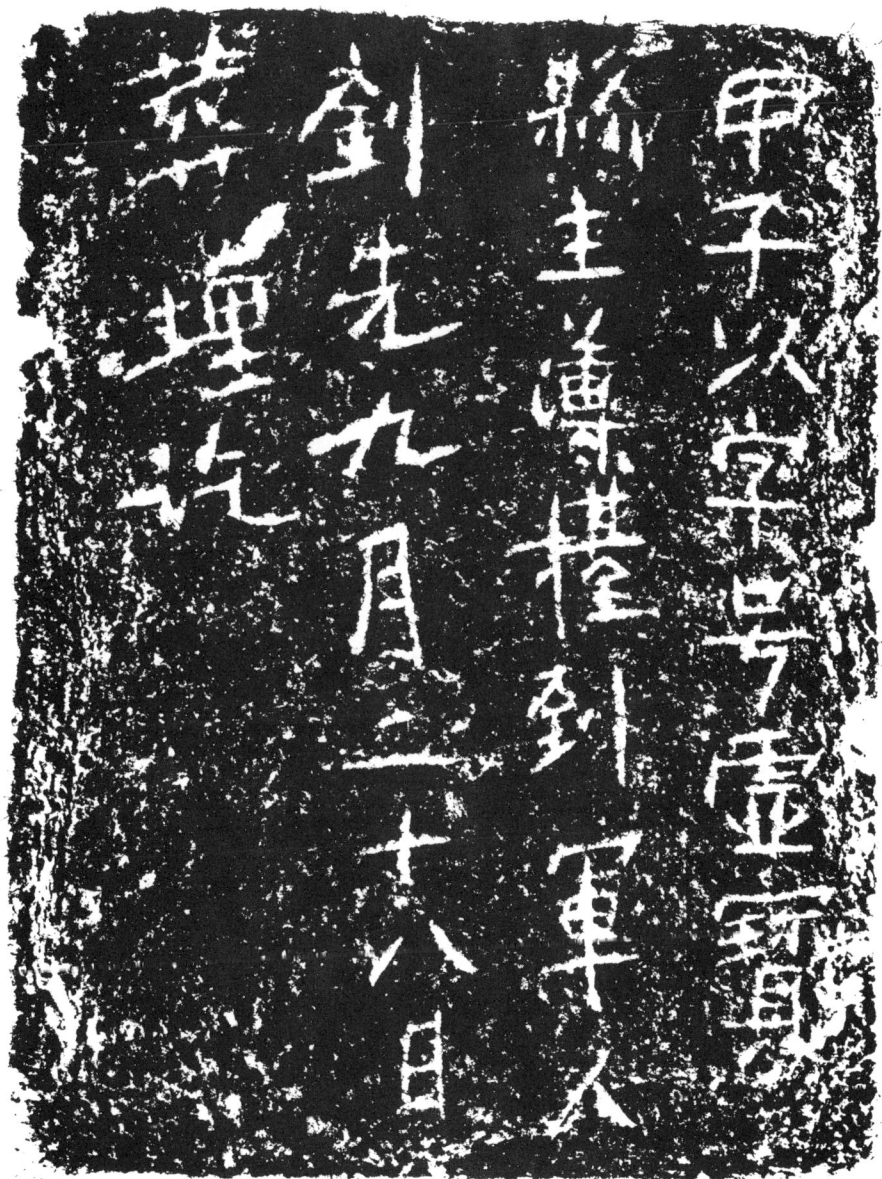

图一四九（A）　　M0346 刘先墓志之一

（二）刘先墓志之二

砖　型：大长方砖

规　格：26.5×20＋3.8 厘米

志　文：甲子以字号。灵宝主簿抬到军人刘先，九月二十八日葬埋讫。

图一四九（B）　　　图版六六，2

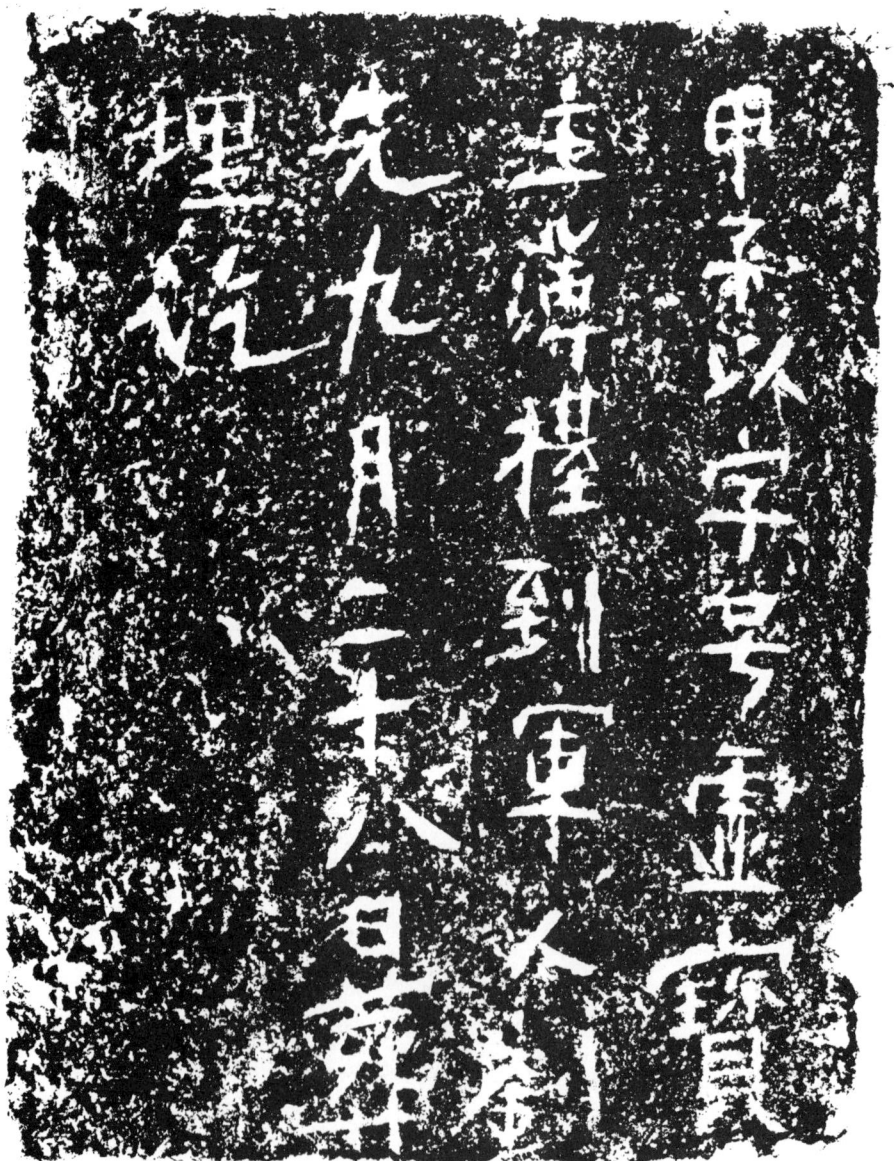

图一四九（B）　　M0346 刘先墓志之二

一〇五、M0347 砖
墓志 1 块。墓主阿许。

（一）阿许墓志

砖　型：条砖

规　格：31.5 ×
15.5＋5 厘米

志　文：甲子廿。
安济坊
抬到寡
妇阿许，
十月二
日葬埋
讫。

图一五〇　图版
六六，3

图一五〇　M0347 阿许墓志

一〇六、M0348 砖墓志 2 块。墓主夏小六。

（一）夏小六墓志之一

砖　　型：大长方砖

规　　格：26.5×20＋3.5 厘米

志　　文：甲子棠字号。苏州军人夏小六，十月初四日检验了当，当日葬埋讫。

图一五一（A）　　　图版六六，4

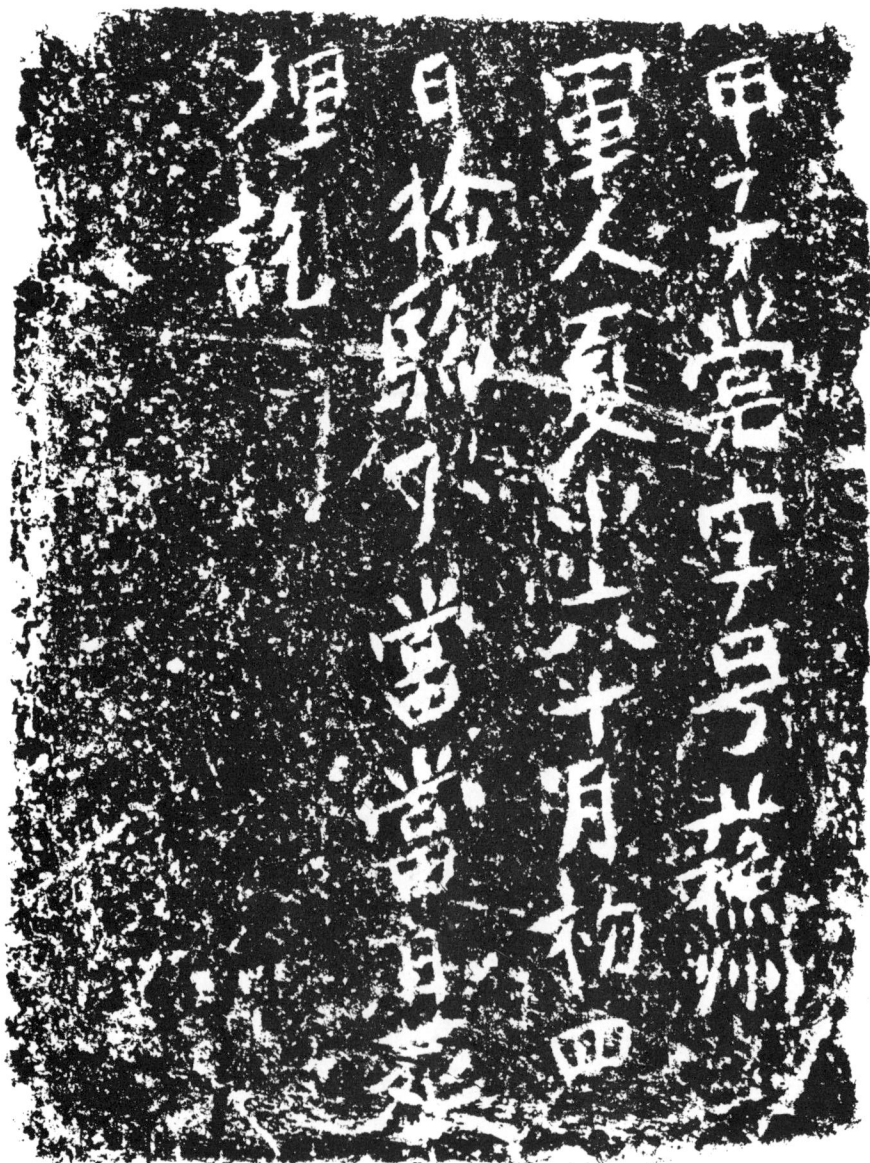

图一五一（A）　　M0348 夏小六墓志之一

（二）夏小六墓志之二

砖　型：大长方砖

规　格：26.5×20+3.5 厘米

志　文：甲子棠字号。苏州军人夏小六，十月初四日检验了当，当日葬埋讫。

图一五一（B）　　　　图版六七，1

图一五一（B）　　M0348 夏小六墓志之二

一〇七、M0349 砖墓志 1 块。墓主赵吉。

（一）赵吉墓志

砖　　型：大长方砖

规　　格：26×20＋3.7 厘米

志　　文：甲子去字号。东门递铺军贼人赵吉，十月七日葬埋讫。

图一五二　　　图版六七，2

图一五二　M0349 赵吉墓志

一〇八、M0350 砖墓志 2 块。采集品 1 块。共 3 块。墓主庚昌。

（一）庚昌墓志之一

砖　型：大方砖

规　格：30×30＋5 厘米

志　文：甲子而字号。南新店递铺军人庚昌，十月初九日检验了当，当日葬埋讫。

图一五三（A）　　　图版六七，3、4

图一五三（A）　　M0350 庚昌墓志之一

（二）庚昌墓志之二

砖　型：条砖

规　格：30×15＋5厘米

志　文：甲子□字号。南新店递铺军人庚昌，十月初九日检验了当。当日葬埋讫。

图一五三（B）

图版六八，1

图一五三（B）　　M0350 庚昌墓志之二

（三）庾昌墓志之三（采集品归入）

砖　　型：条砖（残）

规　　格:?　×15.5＋5 厘米

志　　文:□司法头子抬……庾昌，十月……。

图一五三（C）

图一五三（C）　　M0350 庾昌墓志之三（采集品归入）

图一五四　M0352 王×墓志（采集品归入）

一〇九、M0352 砖墓志 1 块。采集品归入。墓主王×。

（一）王×墓志（采集品归入）

砖　型：条砖

规　格：32×15.5+5 厘米

志　文：甲子咏。使衙判送下安济坊身死王×，十月十三日葬埋讫。

图一五四　图版六八，2

一一〇、M0353 砖墓志 1 块。墓主苏连安。

（一）苏连安墓志

砖　型：大方砖

规　格：30×30.5＋5 厘米

志　文：甲子乐字号。军人苏连安系苏州人，十月十三日葬埋讫。

图一五五　　　图版六八，3

图一五五　M0353 苏连安墓志

一一一、M0354 砖墓志 2 块。墓主周小二。

（一）周小二墓志之一

砖　　型：大方砖

规　　格：30.5×30＋5 厘米

志　　文：甲子殊字号。军人周小（漏"二"字）系苏州人，十月二十一日葬埋讫。

图一五六（A）　　　图版六八，4

图一五六（A）　　M0354 周小二墓志之一

（二）周小二墓志之二

砖　　型：大方砖

规　　格：30×30.5＋5厘米

志　　文：甲子殊字号。军人周小二系苏州人，十月二十一日葬埋讫。

图一五六（B）　　　图版六九，1

图一五六（B）　　M0354 周小二墓志之二

一一二、M0355 砖墓志 2 块。墓主何贵。

（一）何贵墓志之一

砖　　型：小长方砖

规　　格：24×18＋3 厘米

志　　文：甲子贵字号。军人何贵系新安县崛山递铺，闰十月初二日葬埋讫。

图一五七（A）　　　图版六九，2

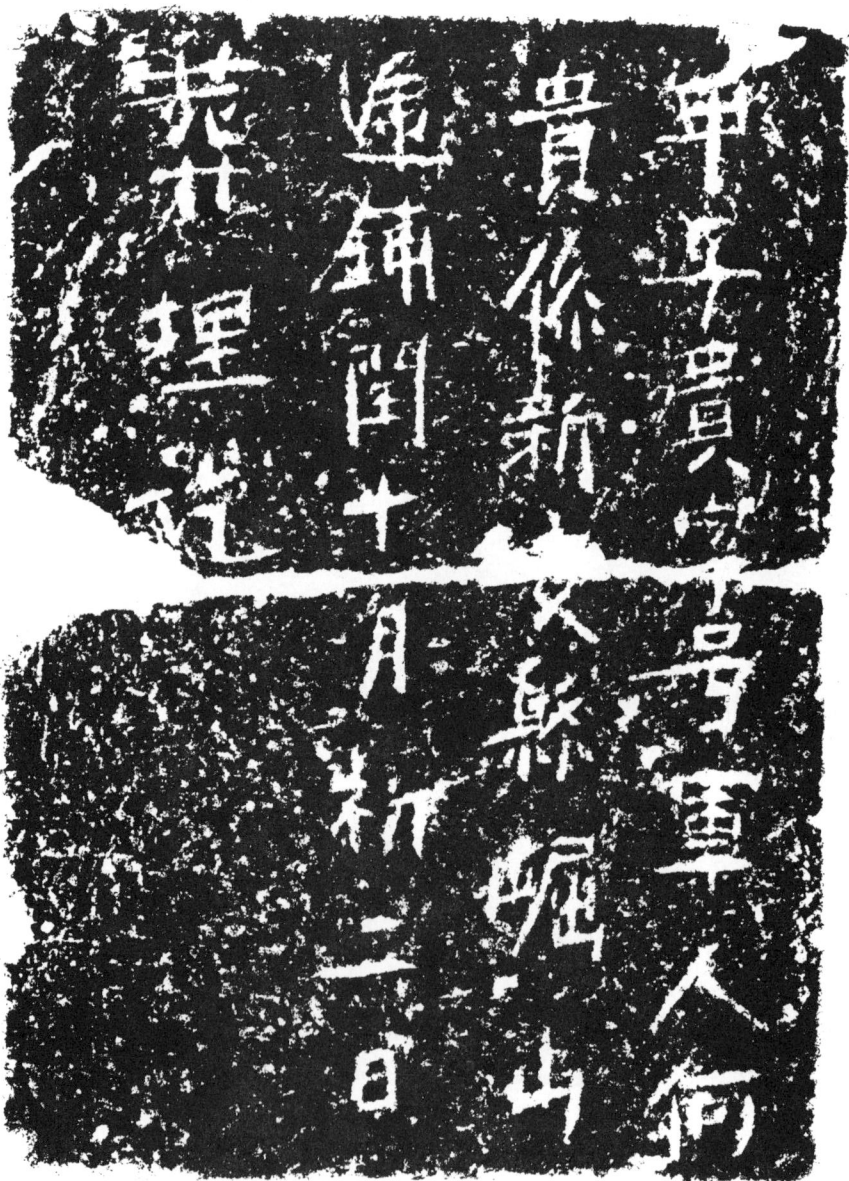

图一五七（A）　　M0355 何贵墓志之一

（二）何贵墓志之二

砖　　型：小长方砖

规　　砖：24×18＋3 厘米

志　　文：甲子贵字号。军人何贵系新安县崛山递铺，闰十月初二日葬埋讫。

图一五七（B）　　　　图版六九，3

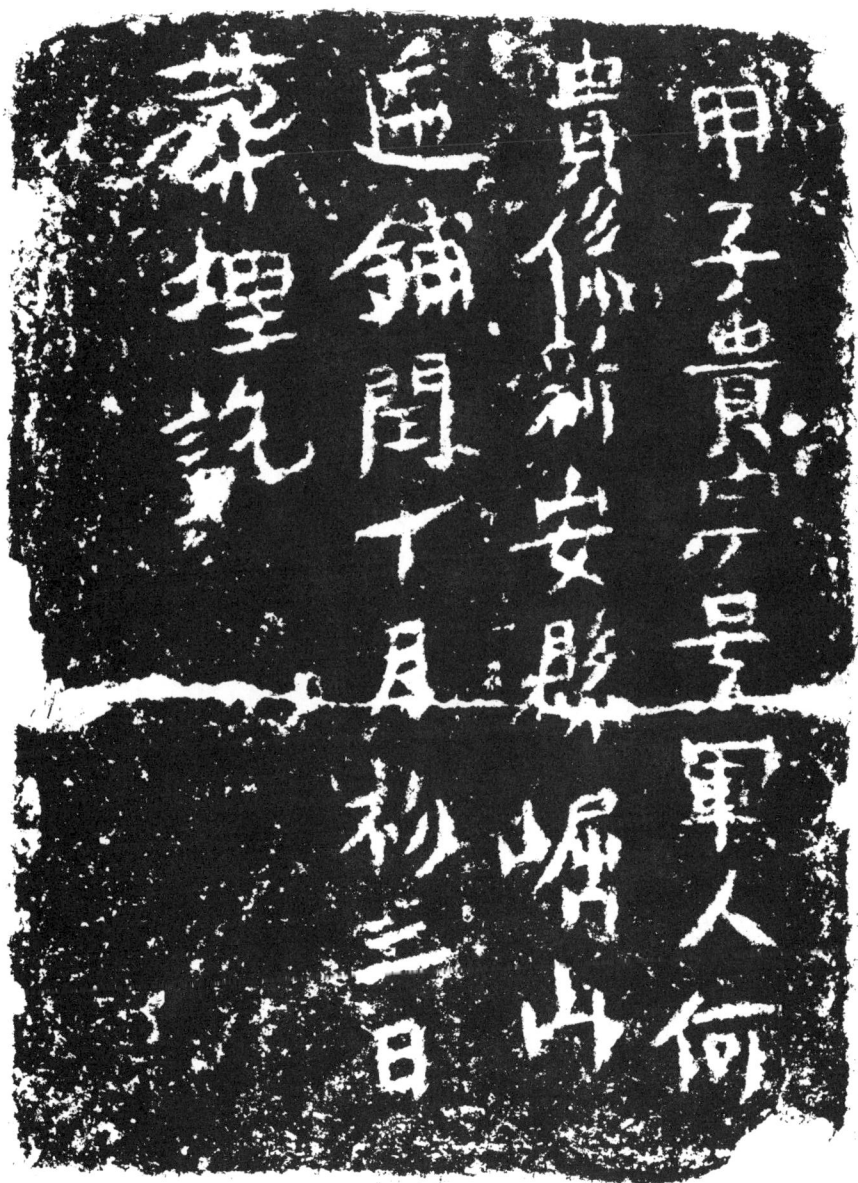

图一五七（B）　　M0355 何贵墓志之二

一一三、M0356 砖墓志 2 块。墓主严志。

（一）严志墓志之一

砖　　型：小长方砖

规　　格：24×17.5＋3

志　　文：甲子贱字号。高邮军配军严志，闰十月初三日葬埋讫。

图一五八（A）　　　　图版六九，4

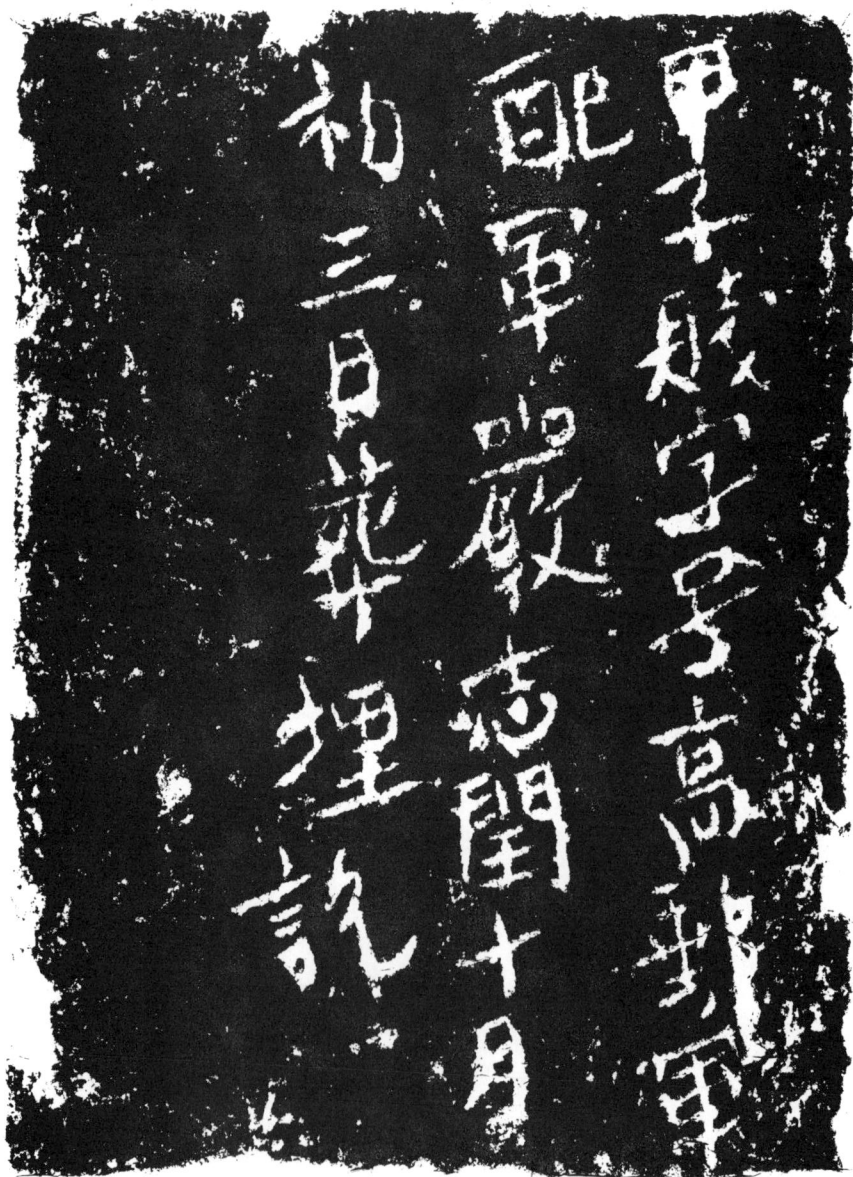

图一五八（A）　　M0356 严志墓志之一

（二）严志墓志之二

砖　　型：小长方砖

规　　格：23.5×17.5＋3 厘米

志　　文：甲子贱字号。高邮军配军严志，闰十月初三日葬埋讫。

图一五八（B）　　　　图版七〇，1

图一五八（B）　　M0356 严志墓志之二

一一四、M0358 砖墓志 2 块。墓主阿姚。

（一）阿姚墓志之一

砖　型：小长方砖

规　格：24×18＋3 厘米

志　文：甲子别字号。寡妇阿姚，系同州人，闰十月五日葬埋讫。

图一五九（A）　　　图版七〇，2

图一五九（A）　M0358 阿姚墓志之一

（二）阿姚墓志之二

砖　　型：小长方砖

规　　格：23.5×17.5＋3 厘米

志　　文：甲子别字号。寡妇阿姚，系同州人，闰十月五日葬埋讫。

图一五九（B）　　　图版七〇，3

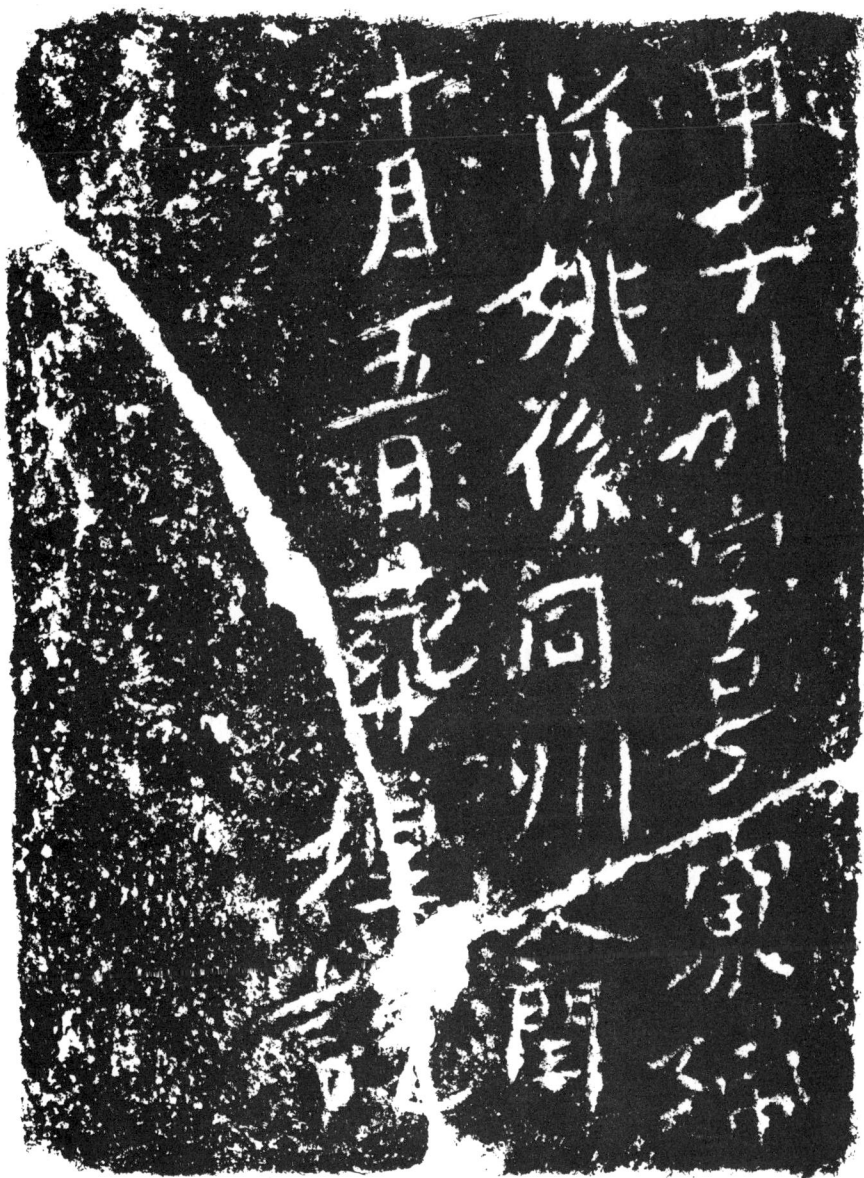

图一五九（B）　　M0358 阿姚墓志之二

一一五、M0359 砖墓志 2 块。墓主丁德。

（一）丁德墓志之一

砖　　型：小长方砖

规　　格：24×17.5＋3 厘米

志　　文：甲子尊字号。军人丁德，系东京中（忠）节指挥，闰十月五日葬埋讫。

图一六〇（A）　　　　图版七〇，4

图一六〇（A）　　M0359 丁德墓志之一

（二）丁德墓志之二

砖　　型：小长方砖

规　　格：24.5×18＋3厘米

志　　文：甲子尊字号。军人丁德，系东京忠节指挥，闰十月五日葬埋讫。

图一六〇（B）　　　图版七一，1

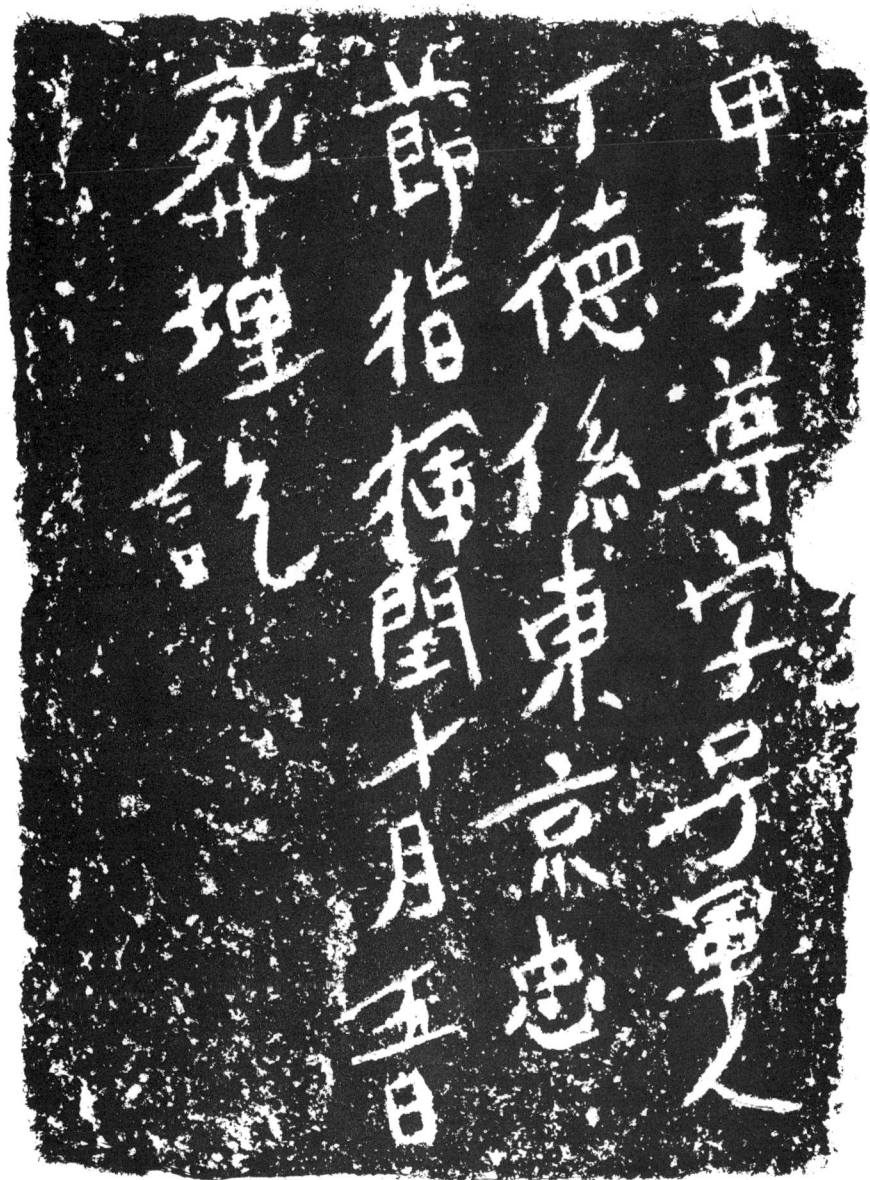

图一六〇（B）　　M0359 丁德墓志之二

一一六、M0360 砖墓志 1 块。墓主李百。

（一）李百墓志

砖　　型：小长方砖

规　　格：24×17.5＋3 厘米

志　　文：甲子皁字号。客人李百，元系宁州人事，闰十月初六日葬埋讫。

图一六一　图版七一，2

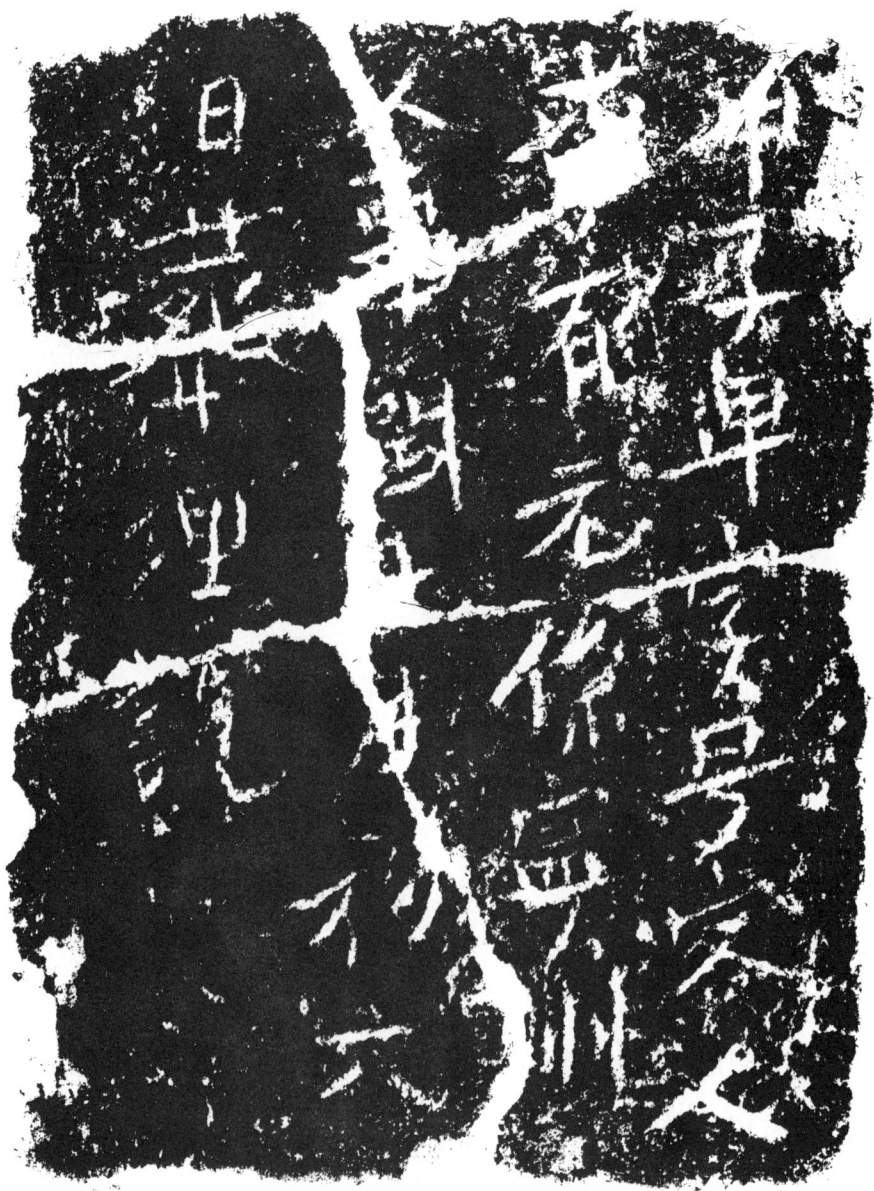

图一六一　M0360 李百墓志

一一七、M0364 砖墓志 2 块。墓主阿雷。

（一）阿雷墓志之一

砖　　型：小长方砖

规　　格：24×17.5＋3 厘米

志　　文：甲子睦字号。准使衙指挥送下本州安济坊状抬捐到身死寡妇阿雷，系本州
　　　　　人事，闰十月十七日葬埋讫。

图一六二（A）　　　图版七一，3

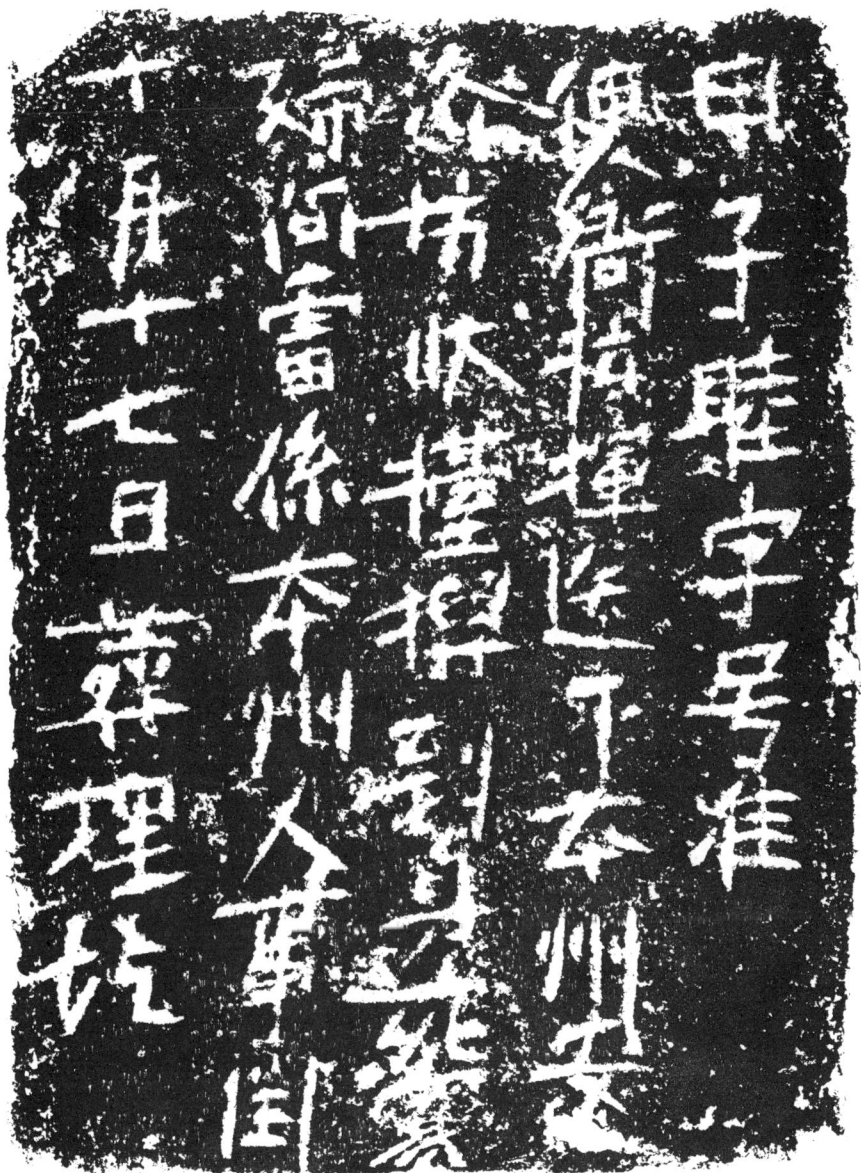

图一六二（A）　　M0364 阿雷墓志之一

（二）阿雷墓志之二

砖　　型：小长方砖

规　　格：24×17.5＋3厘米

志　　文：甲子睦字号。准使衔指挥送下本州安济坊状抬捐到身死寡妇阿雷，系本州
　　　　　人事，闰十月十七日葬埋讫。

图一六二（B）　　　图版七一，4

图一六二（B）　　M0364 阿雷墓志之二

一一八、M0365 砖墓志 2 块。墓主杨海。

（一）杨海墓志之一

砖　　型：大方砖

规　　格：30.5×30.5＋5 厘米

志　　文：甲子夫字号。闰十月二十日准使衙判送到安济坊身死绛州百姓杨海，当日
　　　　　葬埋讫。

图一六三（A）　　　图版七二，1

图一六三（A）　　M0365 杨海墓志之一

（二）杨海墓志之二

砖　　型：大方砖

规　　格：30.5×30.5＋5

志　　文：甲子夫字号。闰十月二十日准使衙判送到安洛（济）坊身死绛州百姓杨
　　　　　海，当日葬埋讫。

图一六三（B）　　　　图版七二，2

图一六三（B）　　M0365 杨海墓志之二

一一九、M0367 砖墓志 1 块。墓主马秀。

（一）马秀墓志

砖　　型：大方砖（残）

规　　格：30.5×30.5＋5 厘米

志　　文：甲子妇□号。准司（漏"理"字）院头子抬捃到雍兵（丘）县军人马秀，闰十月二十五日葬埋讫。

图一六四　　　图版七二，3

图一六四　M0367 马秀墓志

一二〇、M0368 砖墓志 1 块。墓主阿降。

（一）阿降墓志

砖　　型：大方砖

规　　格；31.5×31＋5 厘米

志　　文：甲子随字号。妇人阿降，元系永兴军人事，于十一月初二日葬埋讫。

图一六五　　　图版七二，4

图一六五　　M0368 阿降墓志

一二一、M0369 砖墓志 2 块。墓主安成。

（一）安成墓志之一

砖　　型：大方砖

规　　格：34×33.5＋5 厘米

志　　文：甲子外字号。军人安成，元系巴州人事，十一月初二日葬埋讫。

图一六六（A）　　　图版七三，1、2

图一六六（A）　　M0369 安成墓志之一

（二）安成墓志之二

砖　　型：大方砖

规　　格：31×30.5＋5 厘米

志　　文：甲子外字号。军人安成，元系巴州人事，十一月初二日葬埋讫。

图一六六（B）　　　　图版七三，3

图一六六（B）　　　M0369 安成墓志之二

一二二、M0370 砖墓志 1 块。墓主祝信。

（一）祝信墓志

砖　　型：大方砖

规　　格：30.5×？ +5 厘米

志　　文：甲子受字号。司理院头子抬到澶州兵士祝信，十一月初四日葬埋讫。

图一六七　　　图版七三，4

图一六七　M0370 祝信墓志

一二三、M0374 砖墓志 1 块。墓主杨元。

（一）杨元墓志

砖　　型：大方砖

规　　格：31×31＋5 厘米

志　　文：甲子奉字号。准司理头子抬捔到壕寨司寄役身死逃军杨元，系遂州克宁第
　　　　　四指挥，于十一月初五日葬埋讫。

图一六八　　　图版七四，1

图一六八　M0374 杨元墓志

一二四、M0376 砖墓志 1 块。墓主杨美。

（一）杨美墓志

砖　型：大方砖

规　格：31×30.5＋5 厘米

志　文：甲子仪字号。陇州青边第二十五指挥长行杨美，十一月八日收埋讫。

图一六九　　图版七四，2

图一六九　M0376 杨美墓志

一二五、M0377 砖墓志 2 块。墓主梁德。

（一）梁德墓志之一

砖　　型：大方砖

规　　格：30×30＋5 厘米

志　　文：甲子诸字号。准平陆县尉头子抬捫到右京广勇右第二第六指挥军人梁德，
　　　　　十一月十一日检验了当，当日葬埋讫。

图一七〇（A）　　　　图版七四，3

图一七〇（A）　　M0377 梁德墓志之一

（二）梁德墓志之二

砖　型：大方砖（残）

规　格：30×？＋5厘米

志　文：□□□□□。□□□□尉头子抬捐到右京广勇右第二第六指挥（军）人梁
　　　　德，十一月十一日检验了当，当日葬埋讫。

图一七〇（B）　　　图版七四，4

图一七〇（B）　　M0377 梁德墓志之二

一二六、M0380 砖墓志 2 块。墓主王吉。

（一）王吉墓志之一

砖　　型：大方砖

规　　格：31×31.5＋5 厘米

志　　文：甲子叔字号。准本县尉头子抬捊到华州人事百姓王吉，十一月十一日检验

　　　　　了当，当日葬埋讫。

图一七一（A）　　　图版七五，1

图一七一（A）　　M0380 王吉墓志之一

（二）王吉墓志之二

砖　型：大方砖

规　格：31×30.5＋5 厘米

志　文：甲子叔字号。准本县尉头抬捔到华州人百姓王吉，十一月十一日检验了
　　　　当，当日葬埋讫。

图一七一（B）　　　图版七五，2

图一七一（B）　　　M0380 王吉墓志之二

一二七、M0381 砖墓志 2 块。墓主刘贵。

（一）刘贵墓志之一

砖　　型：大方砖

规　　格：30×31+4.8 厘米

志　　文：甲子犹字号。准监押供奉头子抬掯到本州人事配军刘贵，十一月十三日检
　　　　　验了当，当日葬埋讫。

图一七二（A）　　　图版七五，3

图一七二（A）　　M0381 刘贵墓志之一

（二）刘贵墓志之二

砖　　型：大方砖

规　　格：31×30＋5厘米

志　　文：甲子犹字号。准监押□奉头子抬捐本州□□配军刘贵，十一月十三日检验
　　　　　了当，（当）日葬埋讫。

图一七二（B）　　　　图版七五，4

图一七二（B）　　M0381 刘贵墓志之二

一二八、M0382 砖墓志 2 块。墓主廉顺。

（一）廉顺墓志之一

砖　型：大方砖

规　格：30×30+5 厘米

志　文：甲子子字号。准司理头子抬拐到怀州客人廉顺，十一月十四日检验了当，
　　　　当日葬埋讫。

图一七三（A）　　　图版七六，1

图一七三（A）　　M0382 廉顺墓志之一

（二）廉顺墓志之二

砖　　型：大方砖

规　　格：30×31＋5 厘米

志　　文：甲子子字号。准司理头子抬捃到怀州客人廉顺，十一月十四日检验了当，
　　　　　当日葬埋讫。

图一七三（B）　　　图版七六，2

图一七三（B）　　M0382 廉顺墓志之二

一二九、M0418 砖墓志 1 块。墓主李忠。

（一）李忠墓志

砖　　型：大方砖

规　　格：31×31.5＋5 厘米

志　　文：戊辰贰字号。使衙判送下在州安济坊抬到解州莲花铺兵士李忠，大观二年
　　　　　正月十九日葬讫。

图一七四　　　图版七六，3

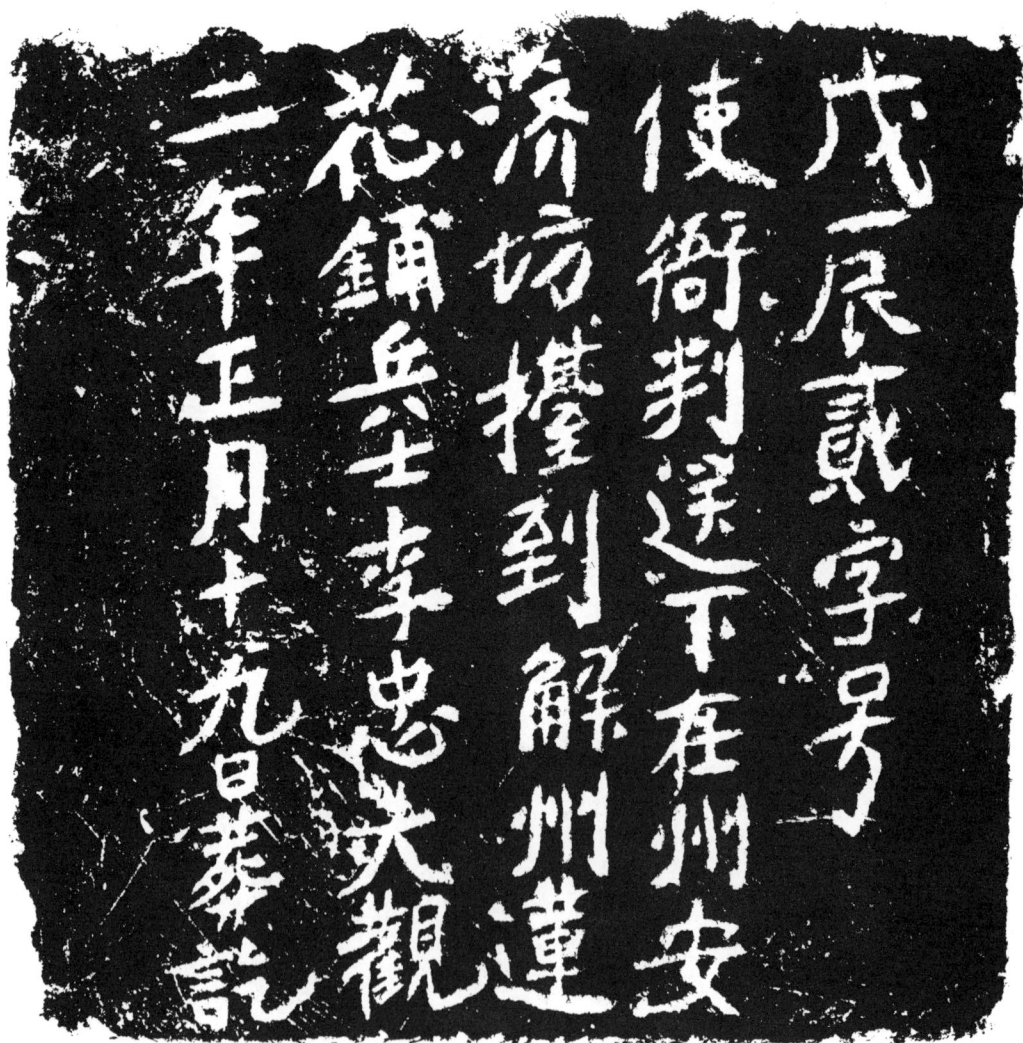

图一七四　M0418 李忠墓志

一三〇、M0420 砖墓志 1 块。采集品归入。墓主无名氏。

（一）无名氏墓志（采集品归入）

砖　　型：大方砖（残）

规　　格：残

志　　文：戊辰肆字
　　　　　号。平陆
　　　　　县尉抬
　　　　　……。

图一七五　　图版七六，4

图一七五　　M0420 无名氏墓志（采集品归入）

一三一、M0421 砖墓志 1 块。墓主董安。

（一）董安墓志

砖　　型：大方砖

规　　格：31×31＋5 厘米

志　　文：甲子邑字号。平陆县尉头子抬捐到东京殿前虎翼左三十长行董安，正月二
　　　　　十八日检验了当，当日葬埋讫。

图一七六　　　图版七七，1

图一七六　M0421 董安墓志

一三二、M0431 砖墓志 1 块。墓主阿党。

（一）阿党墓志

砖　　型：大方砖

规　　格：30.5×30.5＋5 厘米

志　　文：甲子洛字号。使衙判送下在州安济坊状抬捐到本府人寡妇阿党，二月二十
　　　　　三日收管，当日葬埋讫。

图一七七　　　图版七七，2

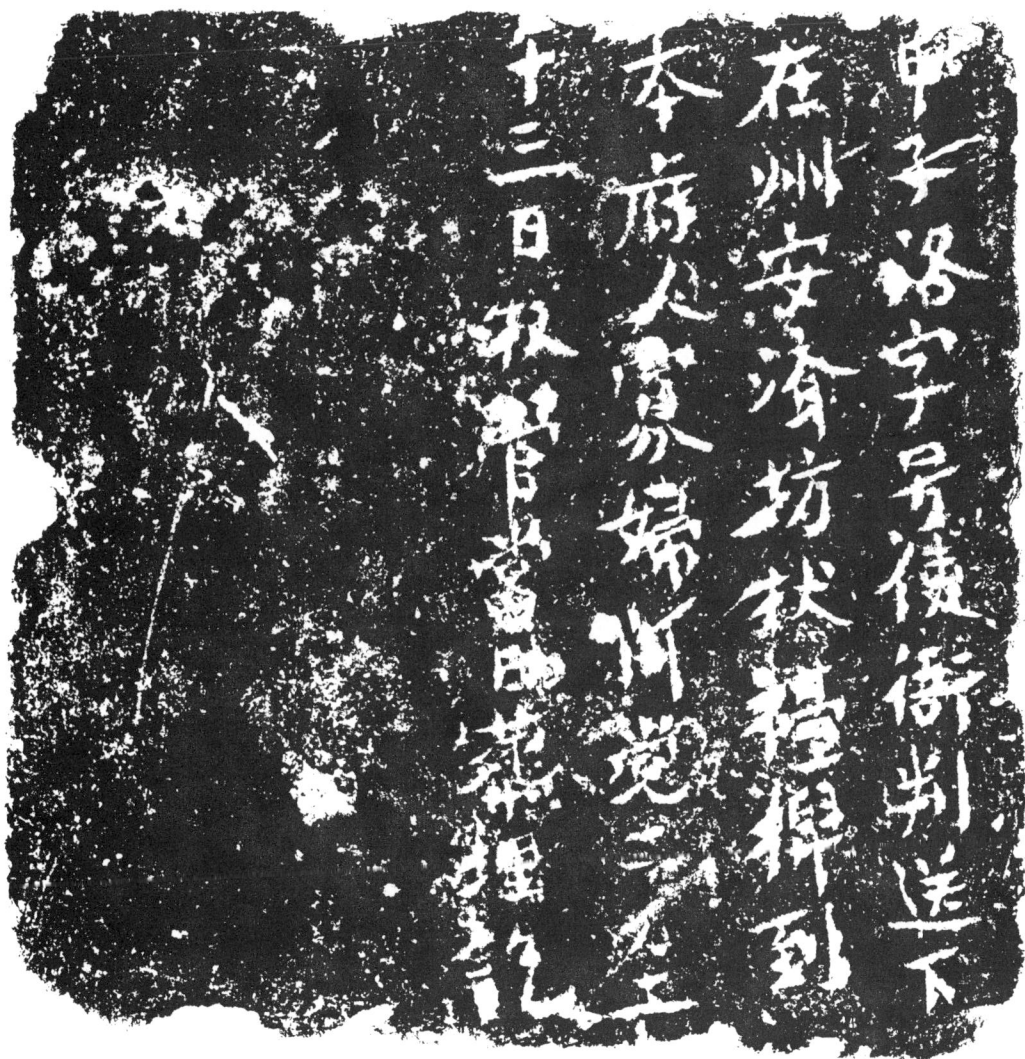

图一七七　M0431 阿党墓志

一三三、M0432 砖墓志 1 块。墓主无名氏。

（一）无名氏墓志

砖　　型：条砖（残）

规　　格：残

志　　文：甲子浮字号。左厢贫□□抬捊到本府百姓□□，二月二十四月收管，……
　　　　　埋讫。

图一七八　　图版七七，3

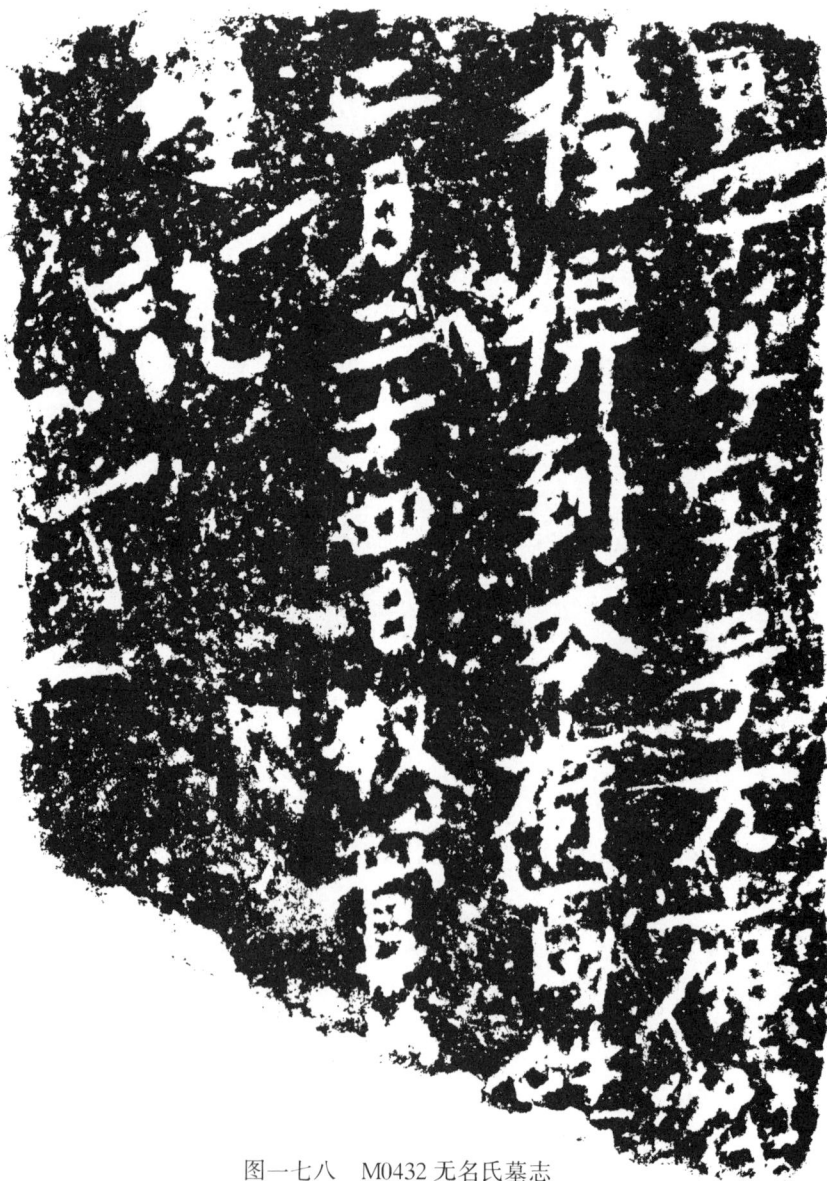

图一七八　M0432 无名氏墓志

一三四、M0434 砖墓志 1 块。采集品 1 块。共 2 块。墓主张逵。

（一）张逵墓志之一

砖　　型：大方砖（残）

规　　格：31×31＋4.5 厘米

志　　文：甲子据字号。本县尉头子抬捃到南新店递铺兵士张逵，三月初六日检验了
　　　　　当，当日葬埋讫。

图一七九（A）　　　图版七七，4

图一七九（A）　　M0434 张逵墓志之一

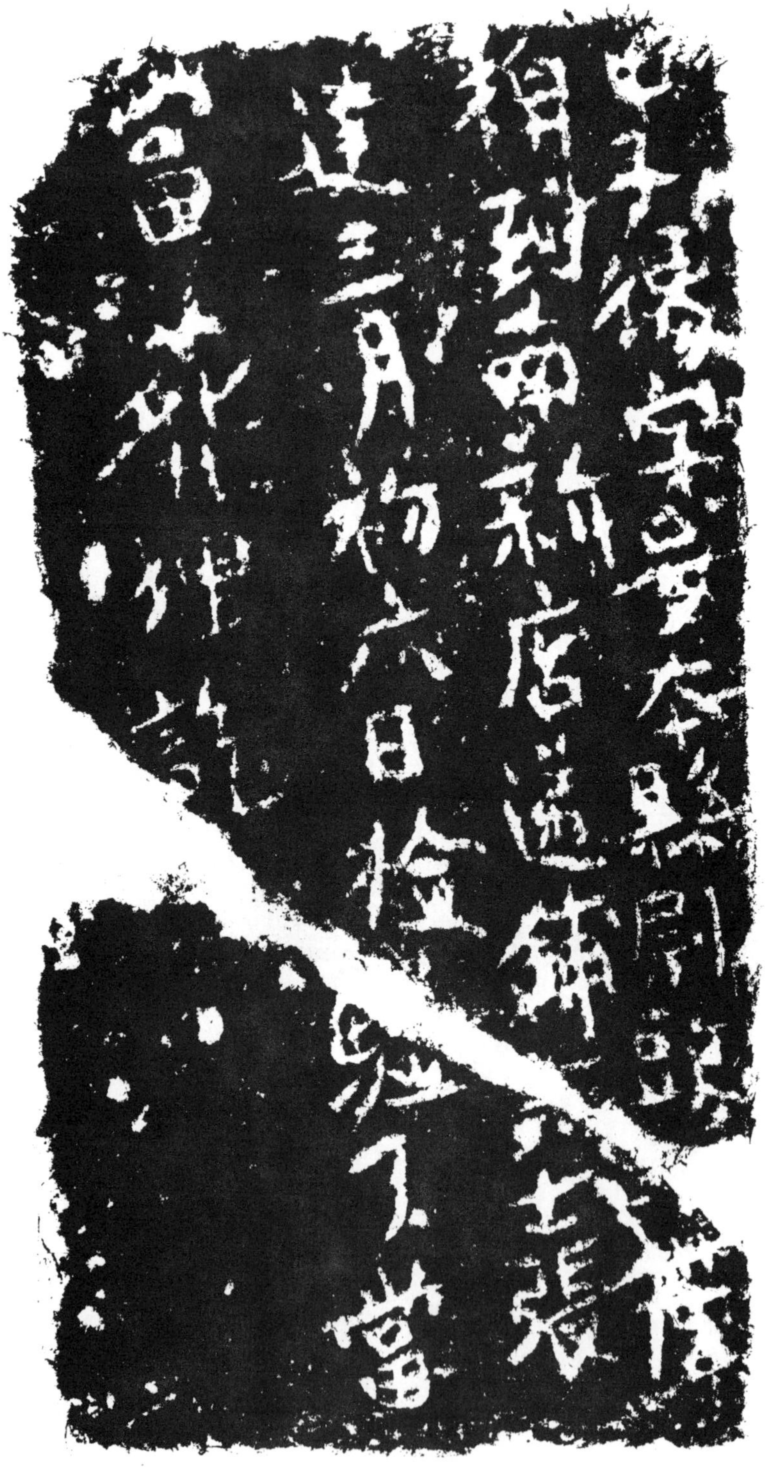

（二）张逵墓志之二（采集品归入）

砖　　型：条砖（残）

规　　格：? × 16 + 4.5 厘米

志　　文：甲子据字号。本县尉头子抬挦到南新店递铺兵士张逵，三月初六日检验了当，当（漏一“日”字）葬埋讫。

图一七九（B）

图版七八，1

图一七九（B）　M0434 张逵墓志之二（采集品归入）

一三五、M0446 砖墓志 2 块。墓主社兴。

（一）社兴墓志之一

砖　　型：大方砖

规　　格：30.5×30.5+5 厘米

志　　文：甲子禽字号。使衙判送下在州安济坊状抬捃到本府人百姓社兴，四月初十
　　　　　日收管，当日葬埋讫。

图一八〇（A）　　　图版七八，2

图一八〇（A）　　M0446 社兴墓志之一

（二）社兴墓志之二

砖　　型：大方砖

规　格：30.5×30＋5 厘米

志　　文：甲子禽字号。使衙判送下在州安济坊状抬掯到本府人百姓社兴，四月初十
　　　　　日收管，当日葬埋讫。

图一八〇（B）　　　图版七八，3

图一八〇（B）　　M0446 社兴墓志之二

一三六、M0448 砖墓志 1 块。墓主王吉。

（一）王吉墓志

砖　　型：大方砖

规　　格：31×30.5＋5

志　　文：甲子画字号。使衙判送下在州安济坊状抬捐到陈州牢城第五指挥兵士王
　　　　　吉，四月十三日收管，当日葬埋讫。

图一八一　　　图版七八，4

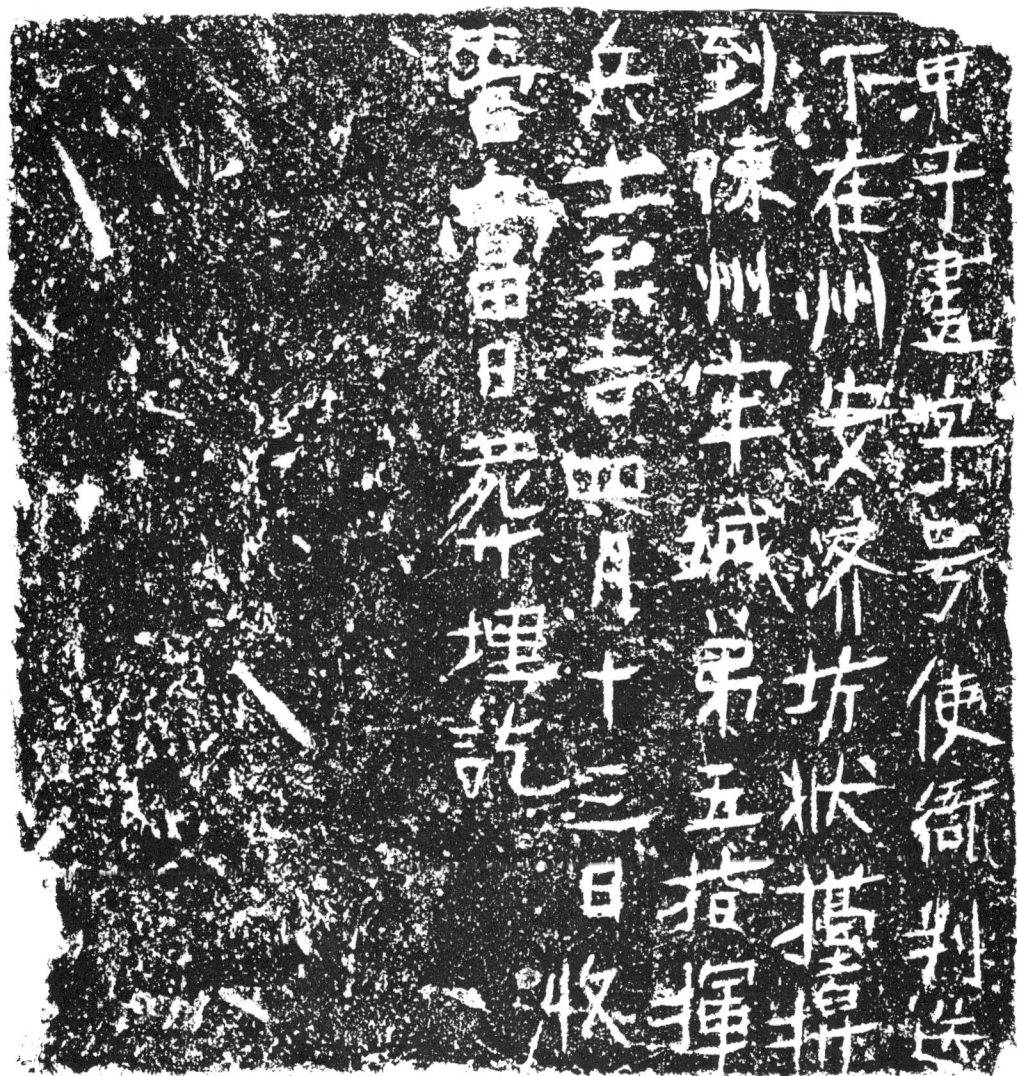

图一八一　　M0448 王吉墓志

一三七、M0453 砖墓志 2 块。墓主毕徊。

（一）毕徊墓志之一

砖　　型：大方砖

规　　格：30.5×30＋5 厘米

志　　文：甲子舍字号。本县尉头子抬捋到邵武军乾宁县百姓毕徊，五月十日检验了
　　　　　当，当日葬埋讫。

图一八二（A）　　　　图版七九，1

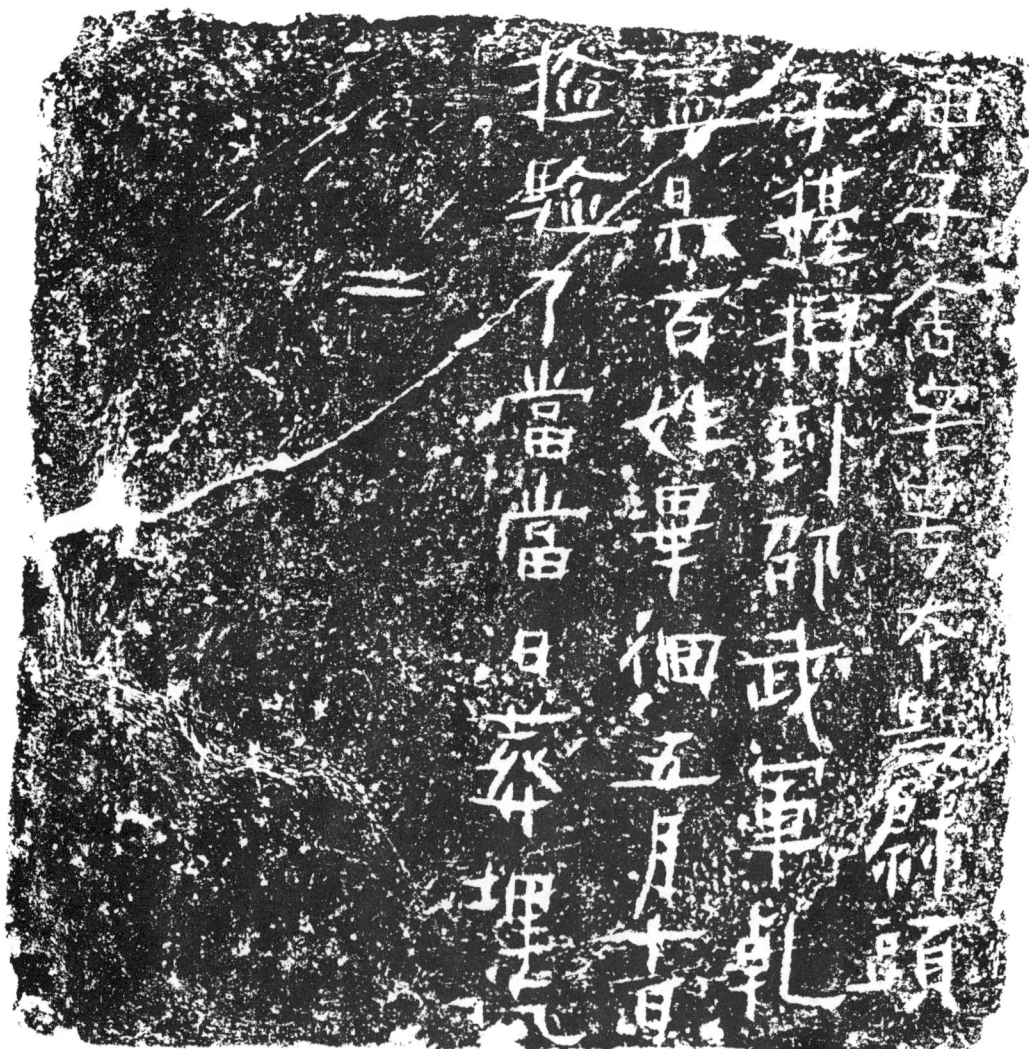

图一八二（A）　　　M0453 毕徊墓志之一

（二）毕徊墓志之二

砖　型：大方砖

规　格：30×30.5+5 厘米

志　文：甲子舍字号。本县尉头子抬捃到邵武军乾宁县百姓毕徊，五月十日检验了
　　　　当，当日葬埋讫。

图一八二（B）　　图版七九，2

图一八二（B）　　M0453 毕徊墓志之二

一三八、M0456 砖墓志 2 块。墓主无名氏。

（一）无名氏墓志之一

砖　　型：大方砖

规　　格：30×30.5＋5 厘米

志　　文：甲子甲字号。管界巡检头子抬抭到曲汲店身死不知姓名军员，五月二十二
　　　　　日检验了当，当日葬讫。

图一八三　　　图版七九，3

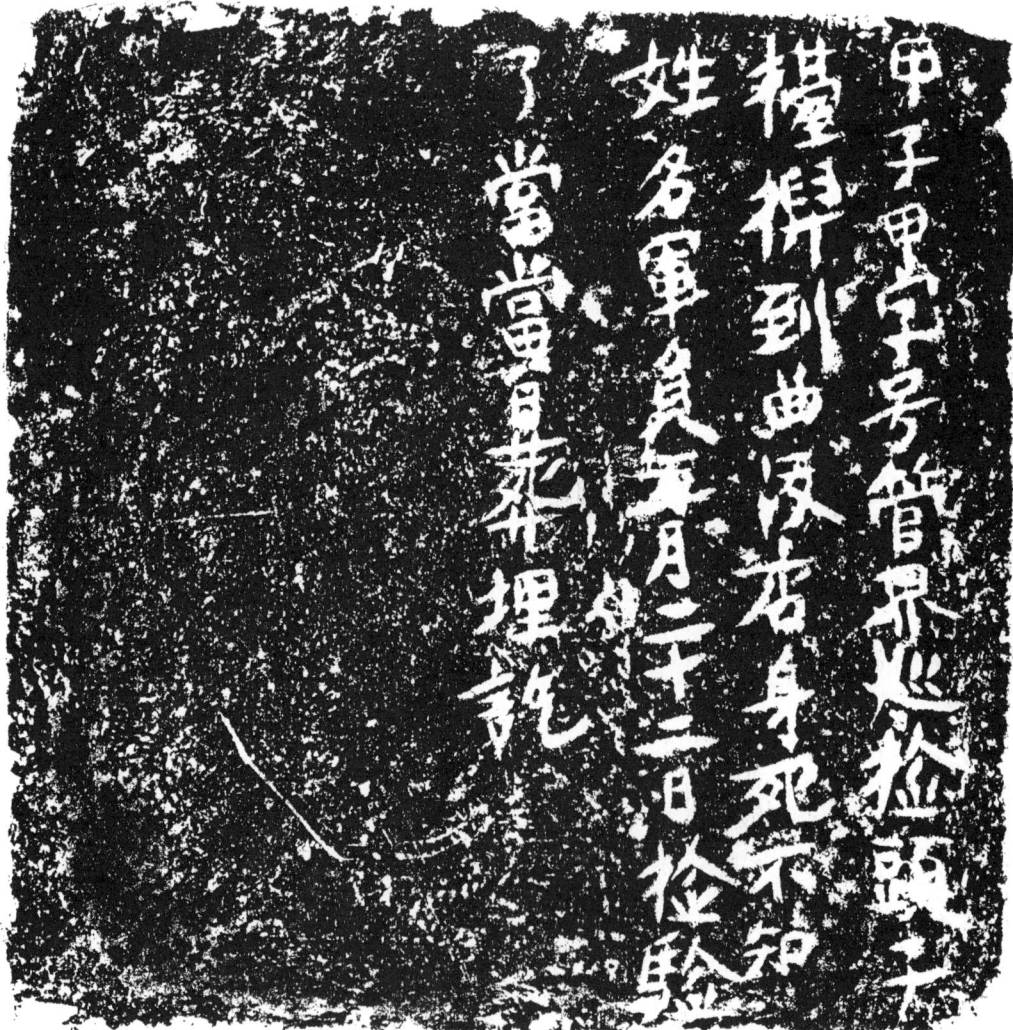

图一八三　　M0456 无名氏墓志之一

（二）无名氏墓志之二

残甚。参看图版七九，4。

一三九、M0463 砖墓志 1 块。墓主商文。

（一）商文墓志

砖　　型：大方砖

规　　格：30.5×30.5＋5 厘米

志　　文：戊辰肆拾三字号。使衙判送下在州安济坊抬到汝州往武指挥兵士商文，大
观二年七月初三日葬讫。

图一八四　　图版八〇，1

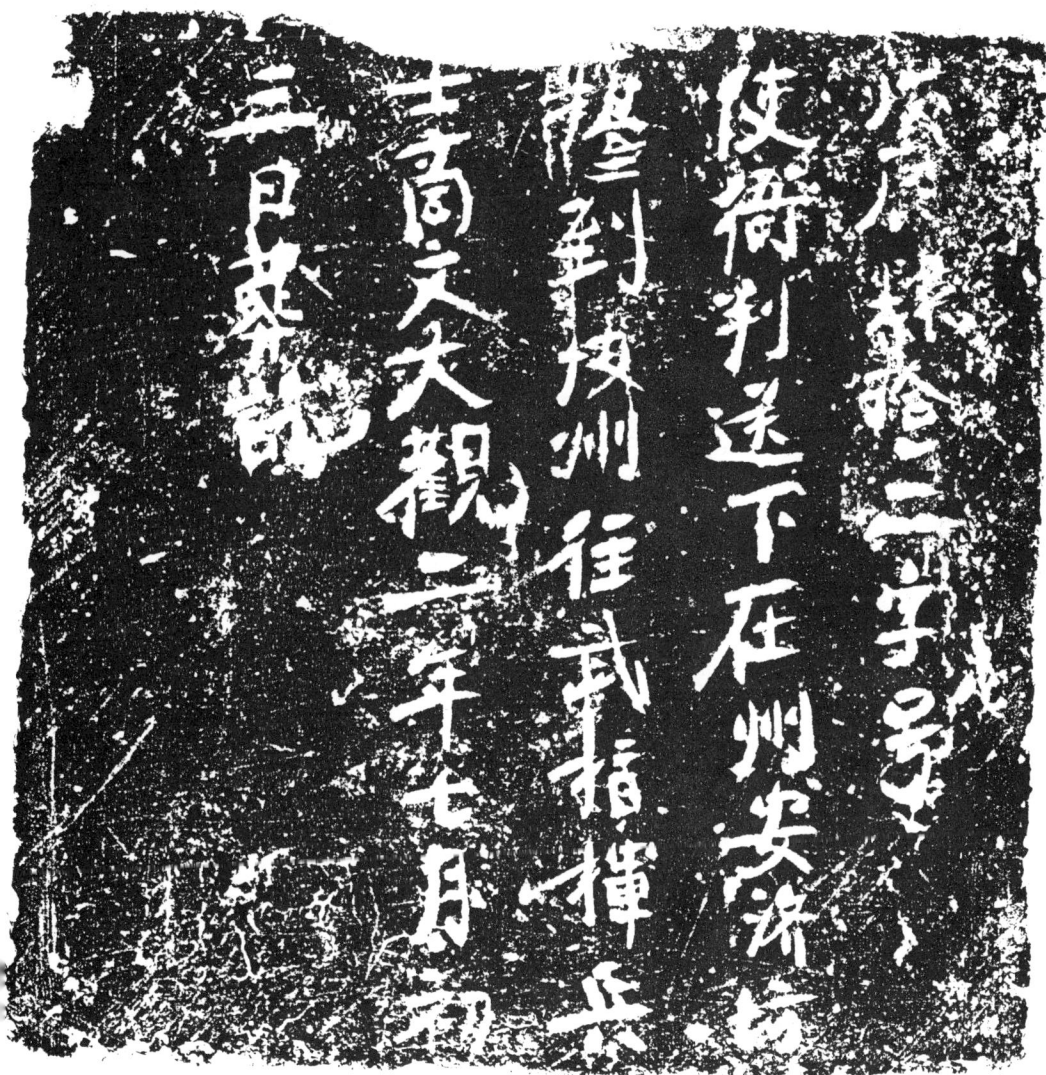

图一八四　M0463 商文墓志

一四〇、M0464 砖墓志 1 块。采集品 1 块。共 2 块。墓主无名氏。

（一）无名氏墓志之一

砖　　型：大方砖

规　　格：31×27＋5 厘米

志　　文：甲子鼓。本县尉头子抬捔到永定厢身死不知□名军人，七月初五日□□□
　　　　　当，当日葬埋讫。

图一八五（A）　　　图版八〇，2

图一八五（A）　　M0464 无名氏墓志之一

（二）无名氏墓志
之二（采集品归入）

砖　型：条砖

规　格：31×15.5
＋5厘米

志　文：甲子鼓。
本县尉抬
头子到永
捐厢身知
定不不军
死名名七
姓人，初五
人月巳时
月日验了
日检，当
检当葬埋
当日讫。

图一八五（B）

图版八〇，3

图一八五（B）　　M0464 无名氏墓志之二（采集品归入）

一四一、M0465 砖墓志 2 块。采集品 1 块。共 3 块。墓主三阿杜。

（一）三阿杜墓志之一

砖　　型：大方砖

规　　格：30.5×30.5＋5 厘米

志　　文：甲子瑟。使衙判送下在州安济坊状抬捭雄胜第二指挥军妻三阿杜，七月初
　　　　　五日酉时收管，当日葬埋讫。

图一八六（A）　　　　图版八〇，4

图一八六（A）　　M0465 三阿杜墓志之一

（二）三阿杜墓志之二

砖　　型：大方砖

规　　格：30.5×残 18＋5 厘米

志　　文：甲子瑟。使衙判送下在州安济坊状抬捐到雄胜第二指挥军妻三阿杜，七月
　　　　　初五日酉时葬埋讫。

图一八六（B）　　　　图版八一，1

图一八六（B）　　M0465 三阿杜墓志之二

（三）三阿杜墓志
之三（采集品归入）

砖　型：条砖

规　格：30.5×15
+5 厘米

志　文：甲子瑟。
安状雄二军阿七日在州安济坊抬到第胜指挥妻三杜，月五收葬。

图一八六（C）

图版八一，2

图一八六（C）　　M0465 三阿杜墓志之三（采集品归入）

一四二、M0466 砖墓志 2 块。墓主崔立。

（一）崔立墓志之一

砖　　型：大方砖

规　　格：30.5×30.5+5.3 厘米

志　　文：甲子吹。司户头子抬捁到西京永安县南门马铺兵士崔立，七月十七日检验
　　　　　了当，当日葬埋讫。

图一八七（A）　　　图版八一，3

图一八七（A）　　M0466 崔立墓志之一

（二）崔立墓志之二

砖　型：大方砖

规　格：30×30.5＋5厘米

志　文：甲子吹。司户头子抬捭到西京永安县南门马铺兵士崔立，七月十七日检验

　　　　了当，当日葬埋讫。

图一八七（B）　　　图版八一，4

图一八七（B）　　M0466 崔立墓志之二

一四三、M0467 砖墓志 1 块。采集品归入。墓主王立。

（一）王立墓志（采集品归入）

砖　型：条砖

规　张：30×15＋5 厘米

志　文：甲子笙。在州安济坊状抬到本府人百姓王立，七月十八日……。

图一八八

图一八八　M0467 王立墓志（采集品归入）

一四四、M0468 砖墓志 2 块。墓主五阿杜。

（一）五阿杜墓志之一

砖　　型：大方砖

规　　格：30×31＋5 厘米

志　　文：甲子升。本县头子抬掆到安济坊寡妇五阿杜系上南保罐竹社人，七月二十
　　　　　日收管，当日葬埋讫。

图一八九（A）　　　图版八二，1

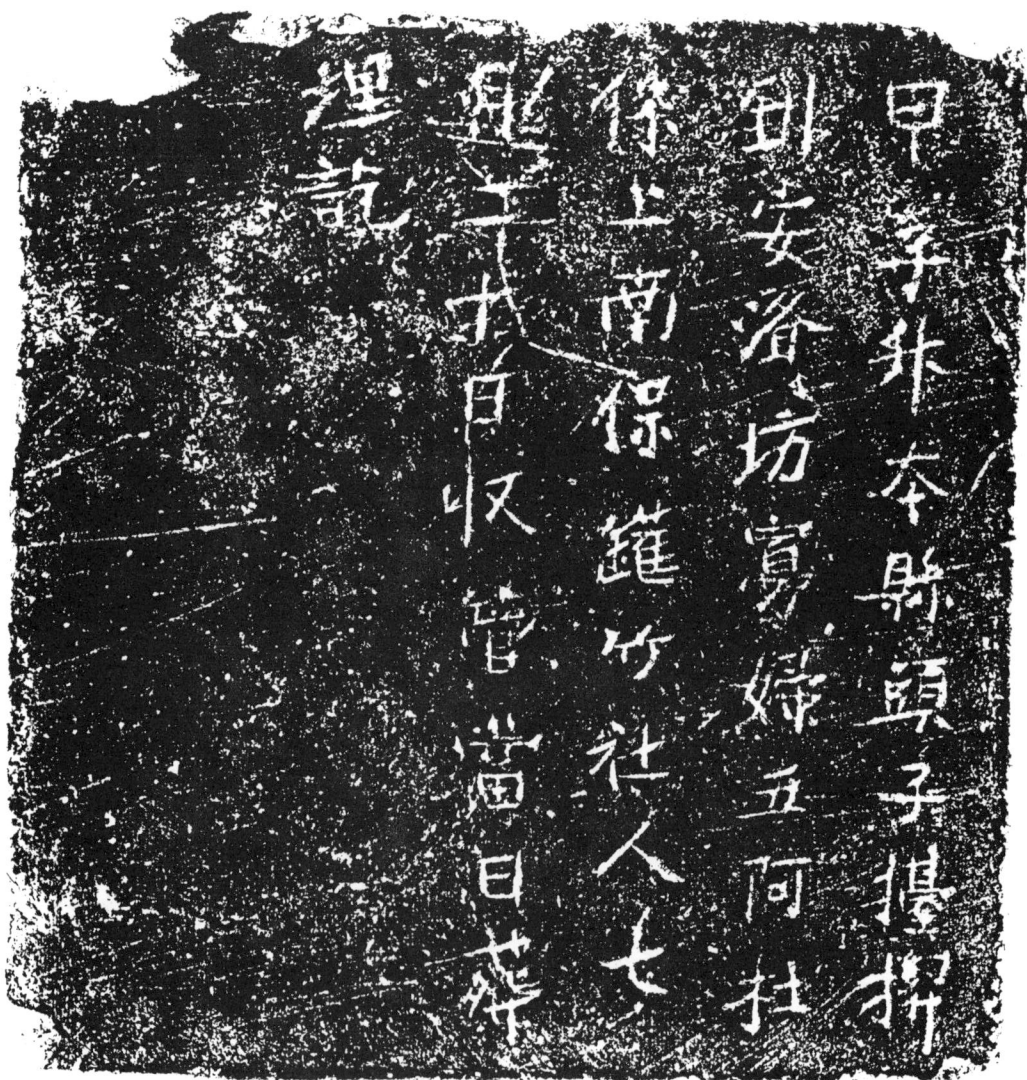

图一八九（A）　　　M0468 五阿杜墓志之一

（二）五阿杜墓志之二

砖　型：大方砖（残）

规　格：30×31＋5 厘米

志　文：甲子升。本县头子抬捐到安济坊寡妇五阿杜系上南保罐竹社人，七月二十
　　　　日收管，当日葬埋讫。

图一八九（B）　　　图版八二，2

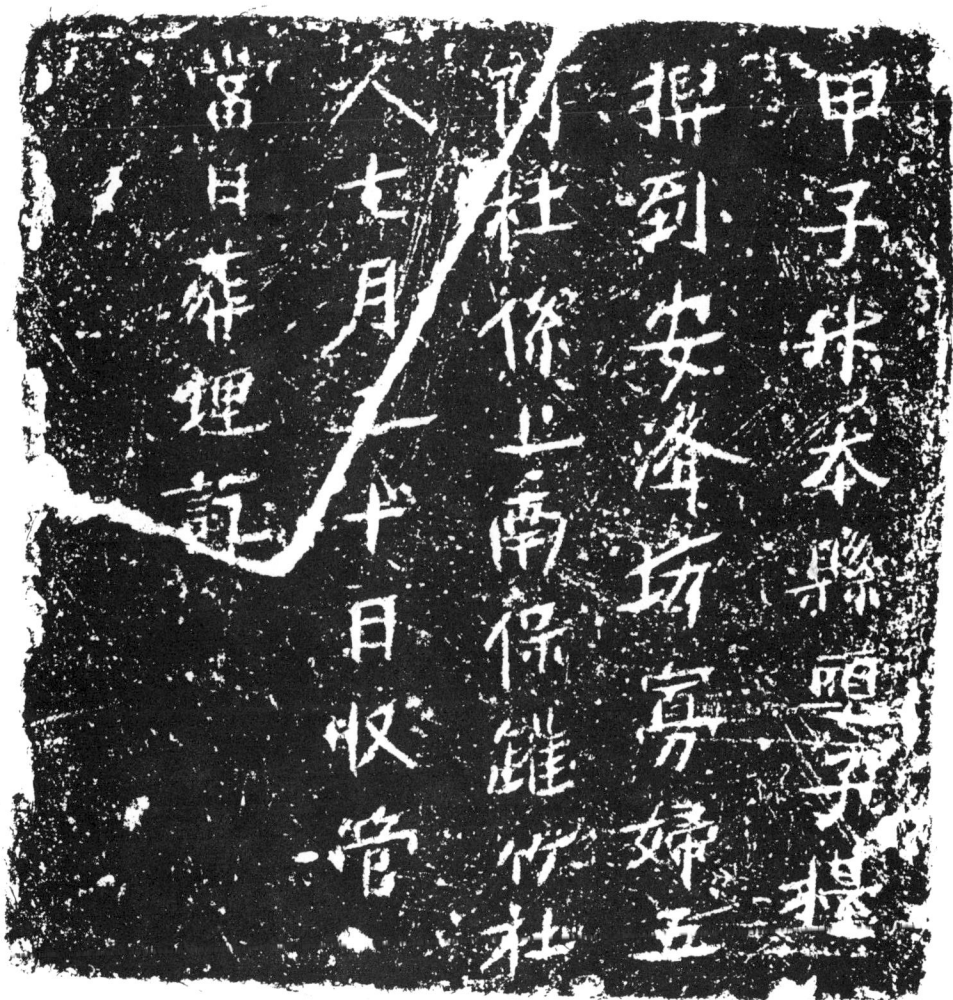

图一八九（B）　　M0468 五阿杜墓志之二

一四五、M0469 砖墓志 1 块。墓主无名氏。

（一）无名氏墓志

残甚。参看图版八二，3。

一四六、M0470 砖墓志 2 块。墓主张明。

（一）张明墓志之一

砖　型：大方砖

规　格：30×31＋5 厘米

志　文：甲子纳。贫子抬捑到绛州百姓张明，七月二十一日收管，当日葬埋讫。

图一九〇（A）　　　图版八二，4

图一九〇（A）　　M0470 张明墓志之一

（二）张明墓志之二

砖　型：大方砖

规　格：30×30+5 厘米

志　文：甲子纳。贫子院抬捃到绛州百姓张明，七月二十一日收管，当日葬埋讫。

图一九〇（B）　　　图版八三，1

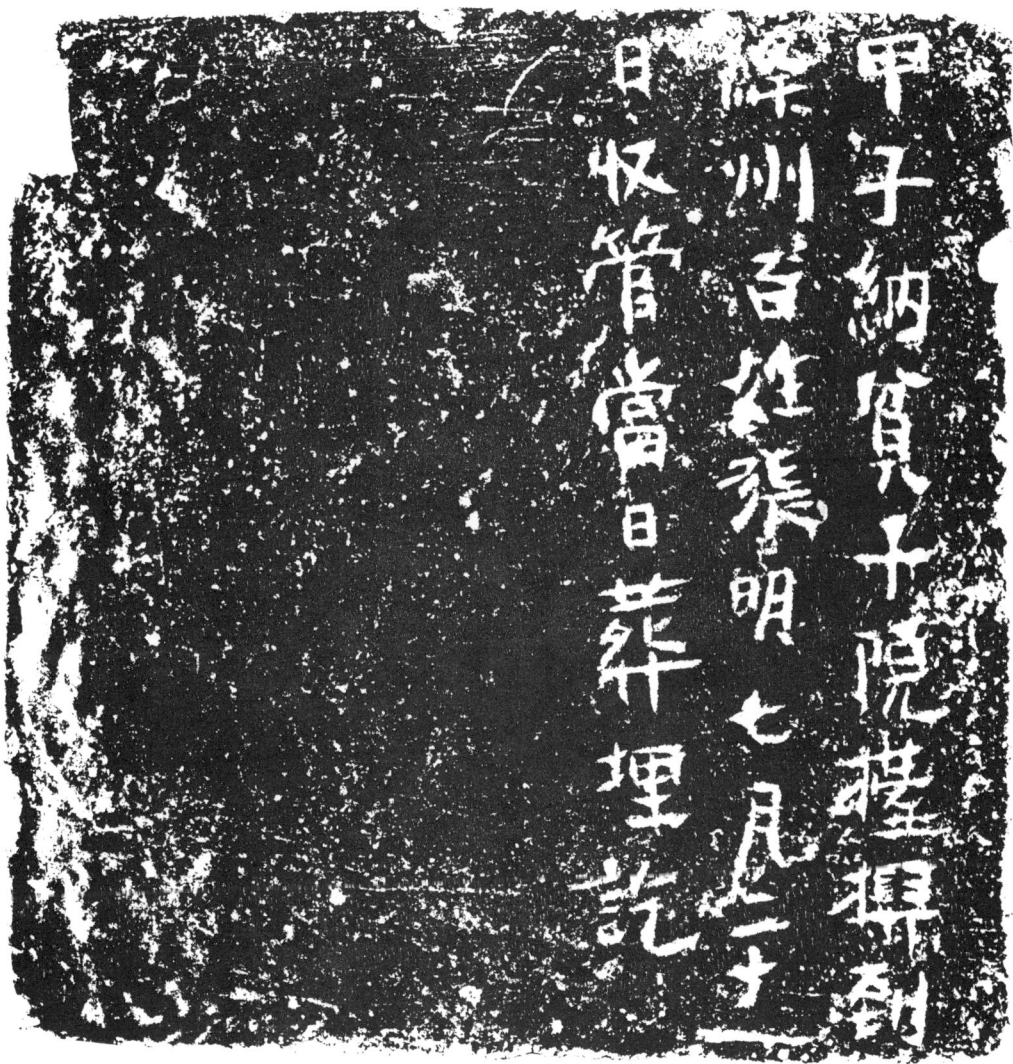

图一九〇（B）　　M0470 张明墓志之二

一四七、M0471 砖墓志 2 块。墓主无名氏。

（一）无名氏墓志之一

砖　　型：大方砖

规　　格：30.5×30.5＋5 厘米

志　　文：甲子陛。灵宝县尉头子抬捐到赵上保后土社身死不知姓名军人，七月二十

　　　　　四日检验了当，当日葬埋讫。

图一九一（A）　　　图版八三，2

图一九一（A）　　　M0471 无名氏墓志之一

（二）无名氏墓志之二

砖　　型：大方砖

规　　格：31×30＋5 厘米

志　　文：甲子陛。灵宝县尉头子抬捄到赵上保后土社身死不知姓名军人，七月二十

　　　　　四日检验了当，当日葬埋讫。

图一九一（B）　　　图版八三，3

图一九一（B）　　M0471 无名氏墓志之二

一四八、M0472 砖墓志 1 块。墓主二十一阿张。

（一）二十一阿张墓志

砖　　型：大方砖

规　　格：31.5×30＋5 厘米

志　　文：甲子弁。使衙判送□□安济坊状抬捋到妇人二十一阿张，七月二十六日收
　　　　　管，当日葬埋讫。

图一九二　　图版八三，4

图一九二　　M0472 二十一阿张墓志

一四九、M0515 砖墓志 1 块。墓主袁莫。

（一）袁莫墓志

砖　　型：大方砖

规　　格：30.5×30.5+5 厘米

志　　文：甲子实。驻泊东京广勇右二一指挥十将王兴状抬捔到本指挥兵士袁莫，十一月二十三日收管，当日葬埋讫。

图一九三　　图版八四，1、2

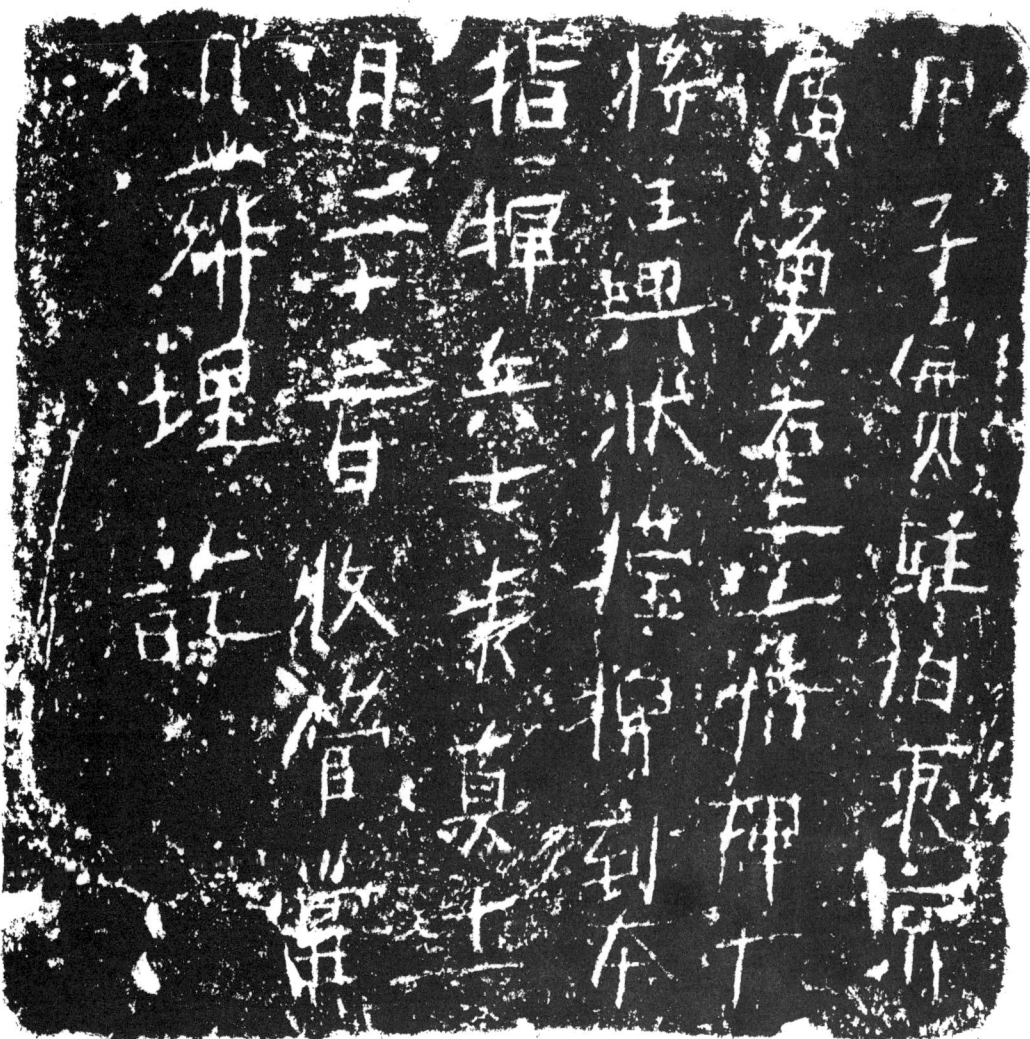

图一九三　M0515 袁莫墓志

一五〇、M0517 砖墓志 2 块。墓主王方德。

（一）王方德墓志之一

砖　　型：大方砖

规　　格：31×30＋5 厘米

志　　文：甲子碑。平陆县尉司头子抬捐到成都府断配池州百姓王方德，十一月二十
　　　　　四检验了当，当日葬埋讫。

图一九四（A）　　　　图版八四，3

图一九四（A）　　　M0517 王方德墓志之一

（二）王方德墓志之二

砖　　型：大方砖

规　　格：31.5×31.5＋5厘米

志　　文：甲子碑。平陆县尉司头子抬掮到成都府断配池州百姓王方德，十一月二十
　　　　　四检验了当，当日葬埋讫。

图一九四（B）　　　图版八四，4

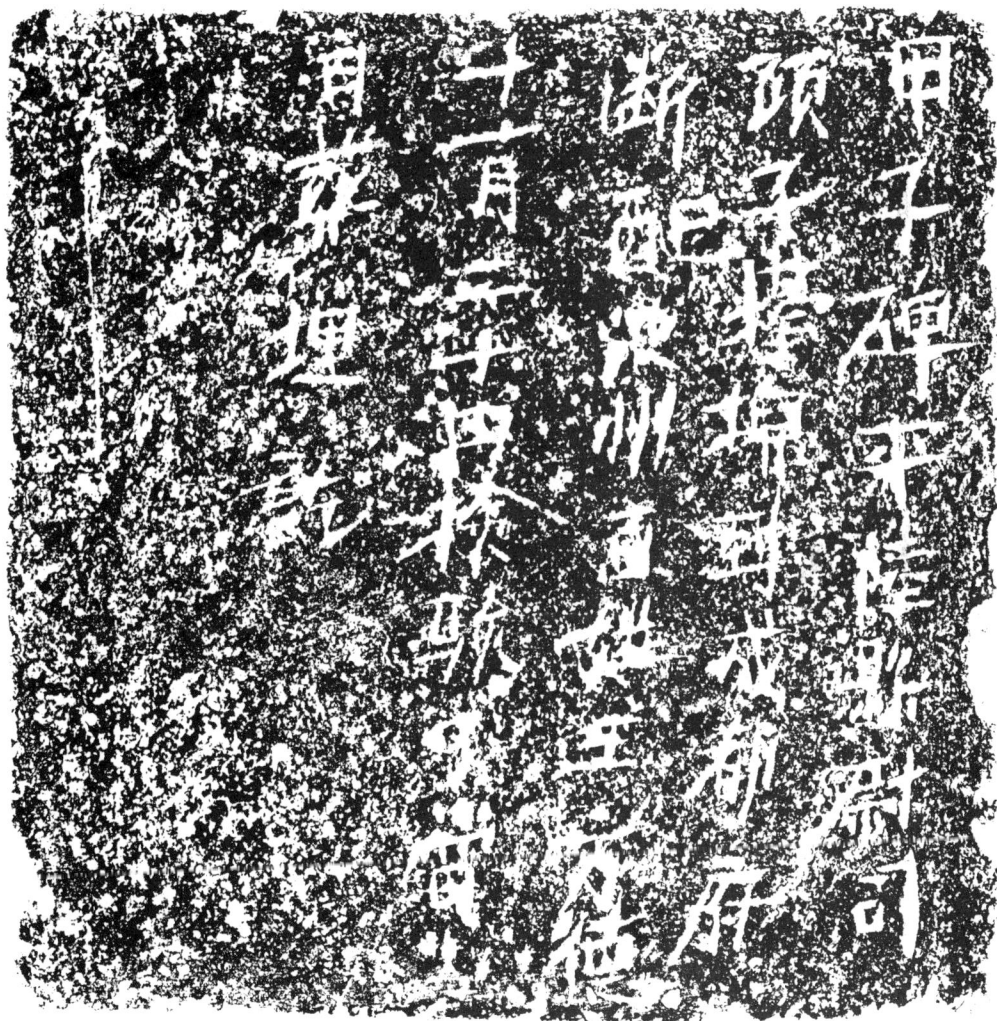

图一九四（B）　　M0517 王方德墓志之二

一五一、M0535 砖墓志 1 块。墓主无名氏。

（一）无名氏墓志

砖　　型：大方砖（残）

规　　格：30×30＋5 厘米

志　　文：甲子营。司户头子抬捔到河中府荣河县巡检下兵士□□，□二月十日检验□□，当日葬埋讫。

图一九五　　　图版八五，1

图一九五　　M0535 无名氏墓志

一五二、M0537 砖墓志 1 块。墓主无名氏。

（一）无名氏墓志

残甚。参看图版八五，2。

一五三、M0543 砖墓志 1 块。墓主徐泰。

（一）徐泰墓志

砖　　型：大方砖

规　　格：30×31＋5 厘米

志　　文：甲子倾。使衙判送下在州安济坊状抬捐到并州断配同州牢城徐泰，十二月
　　　　　二十日收管，当日葬埋讫。

图一九六　　　图版八五，3

图一九六　M0543 徐泰墓志

一五四、M0549 砖墓志1块。墓主张亨。

（一）张亨墓志

砖　　型：条砖

规　　格：30×15.5
+5厘米

志　　文：甲子感。
本县尉
头子抬
到东门
递铺兵
士张亨，
十二月
三十日
收葬。

图一九七　图版
八五，4

图一九七　M0549 张亨墓志

一五五、M0550 砖墓志 1 块。墓主王俊。

（一）王俊墓志

砖　　型：大方砖

规　　格：30×30.5＋5 厘米

志　　文：甲子武。使衙判送下在州安济坊状抬捐到亳州断配解州牢城指挥王俊，正月初三日收管，当日葬埋讫。

图一九八　　图版八六，1

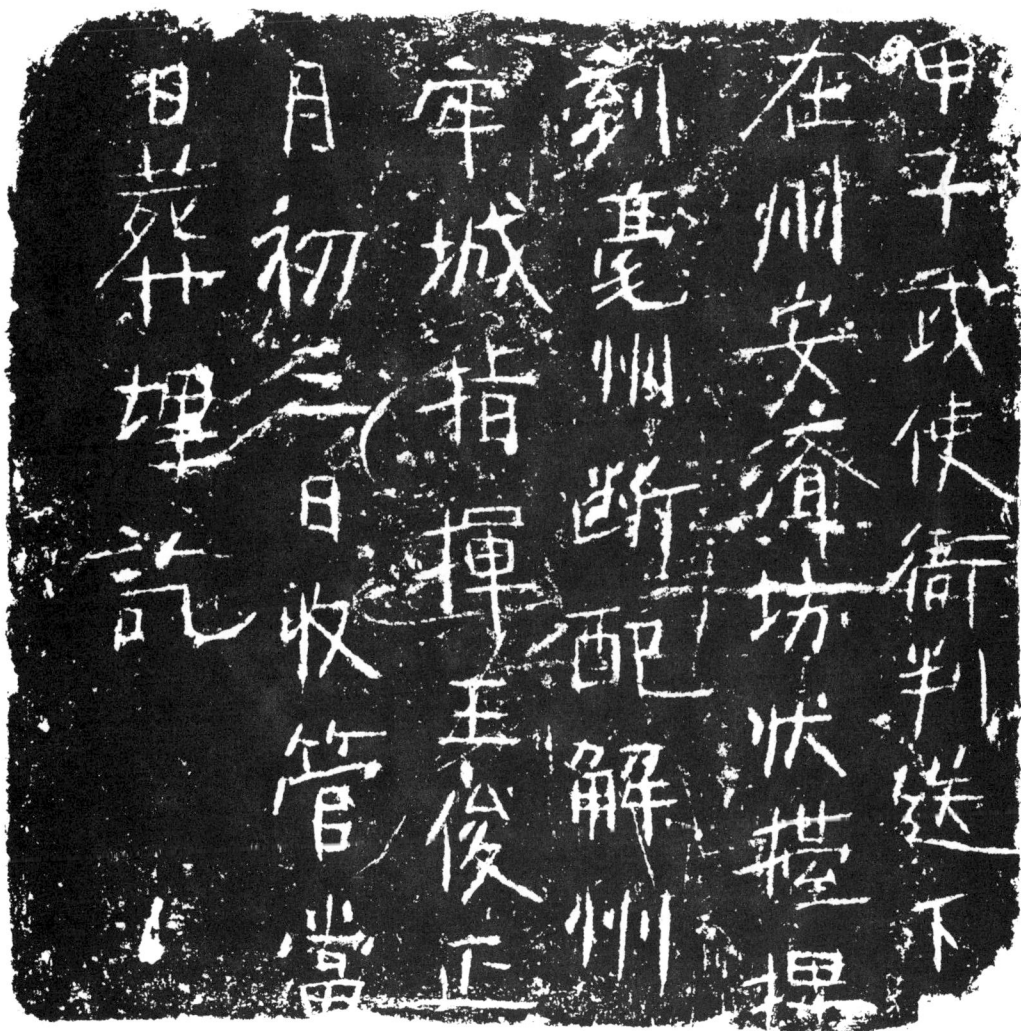

图一九八　　M0550 王俊墓志

一五六、M0564 砖墓志 1 块。采集品归入。墓主无名氏。

（一）无名氏墓志（采集品归入）

砖　　型：条砖

规　　格：30×15＋5 厘米

志　　文：甲子赵。平陆县……东门递铺前……二月二日收葬。

图一九九　图版八六，2

图一九九　M0564 无名氏墓志（采集品归入）

一五七、M0565 砖墓志 1 块。墓主解德。

（一）解德墓志

砖　型：大方砖

规　格：30.5×29.5＋5 厘米

志　文：甲子魏。司户头子抬捃到驻泊广勇右二一指挥兵士解德，二月七日检验了
　　　　当，当日葬埋讫。

图二〇〇　　图版八六，3

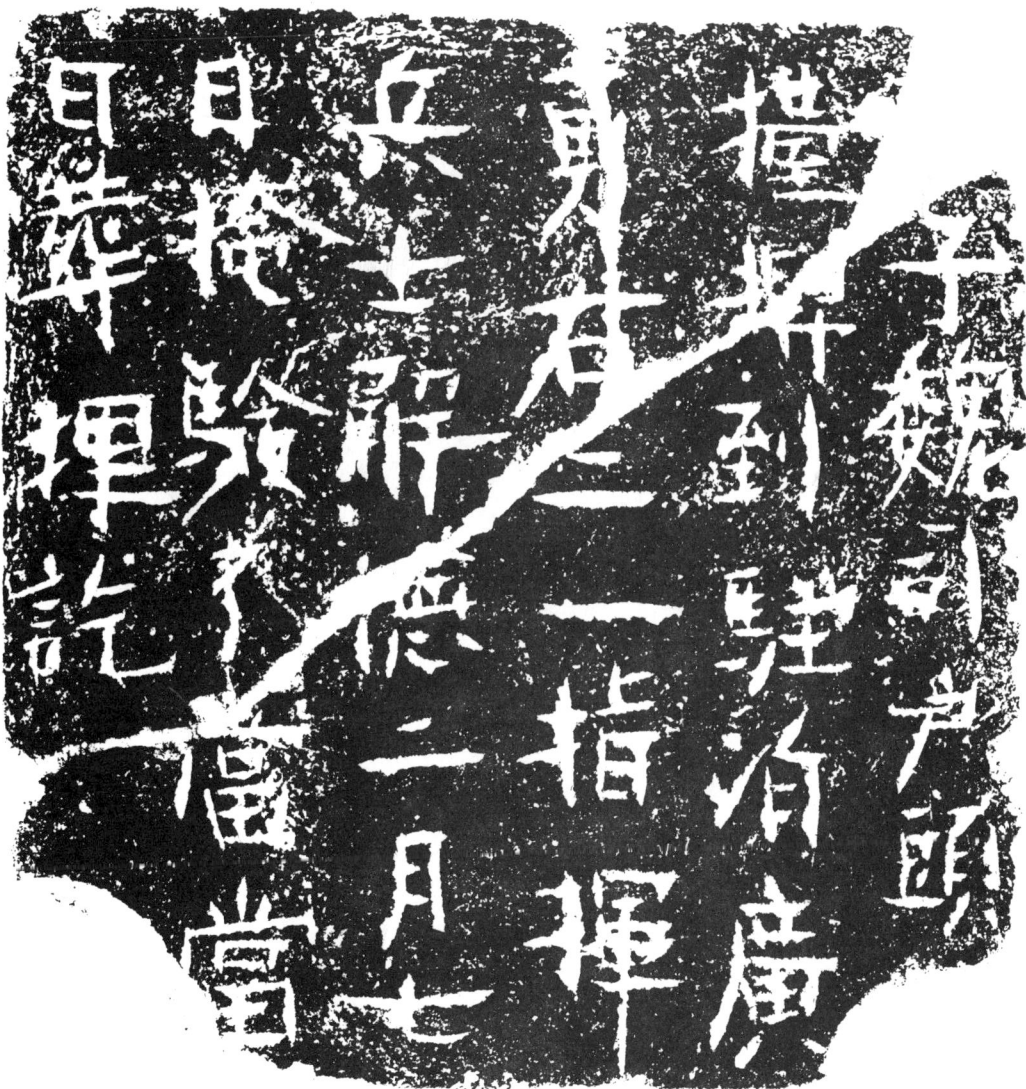

图二〇〇　　M0565 解德墓志

一五八、M0567 砖

墓志1块。墓主孟进。

（一）孟进墓志

砖　型：条砖

规　格：29.5×

15.5＋5厘米

志　文：甲子横。

在州安

济坊抬

到新安

县牛张

递铺兵

士孟进，

二月十

三日收

葬。

图二〇一　图版

八六，4

图二〇一　M0567 孟进墓志

一五九、M0568 砖墓志 1 块。采集品 2 块。共 3 块。墓主袁小姐。

（一）袁小姐墓志之一

砖　　型：大方砖

规　　格：31×31＋5.3 厘米

志　　文：甲子假。左厢贫子院贾青状抬捭到本府人妇人袁小姐，二月十六日收管，
　　　　　当日葬埋讫。

图二〇二（A）　　　图版八七，1

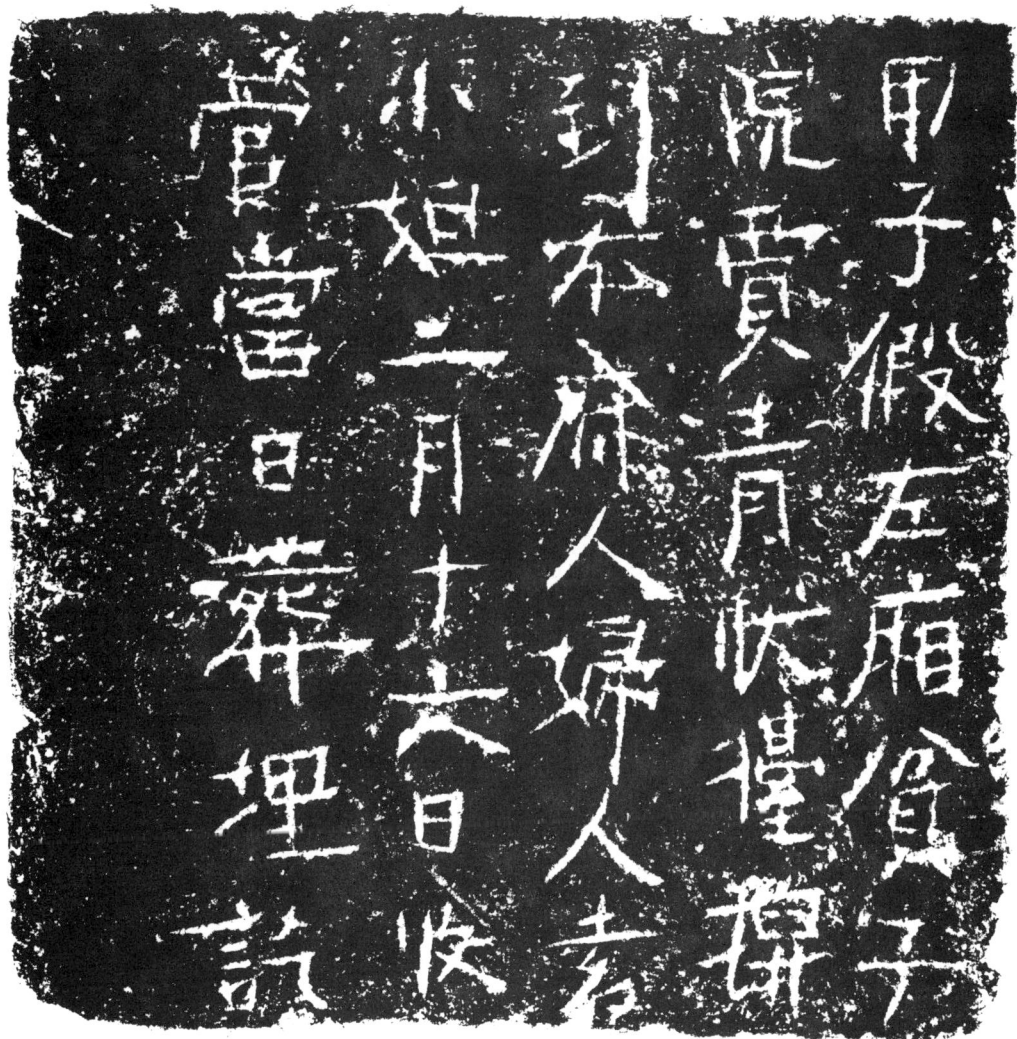

图二〇二（A）　　　M0568 袁小姐墓志之一

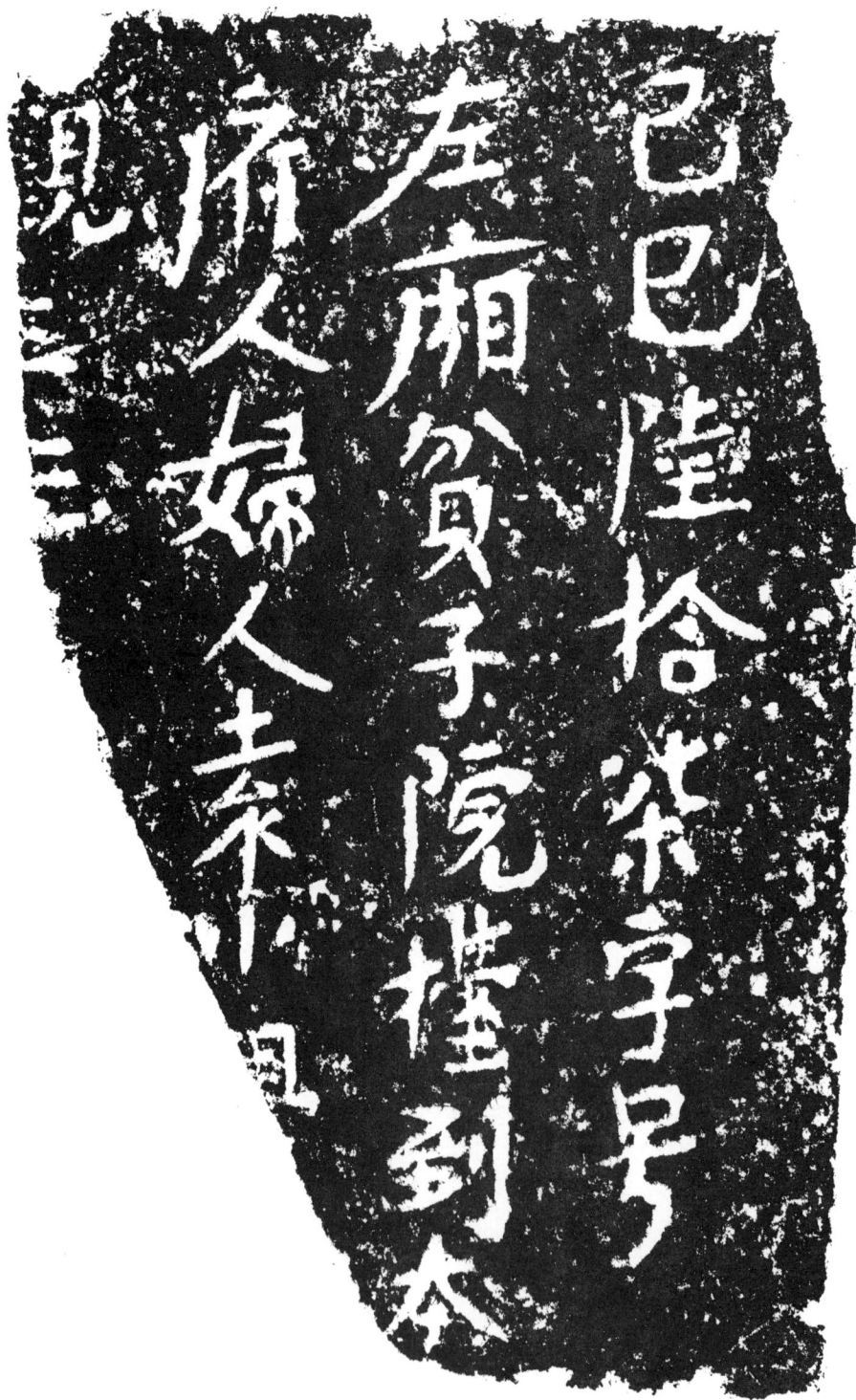

（二）袁
小姐墓志之
二（采集品
归入）

砖　型：
大方砖（残）

规　格：
31 × 20 + 5
厘米

志　文：
己巳陆拾柒
字号。左厢
贫子院抬到
本府人妇人
袁小姐，□
观三年……。

图二○
二（B）

图版八七，
2

图二○二（B）　　M0568 袁小姐墓志之二（采集品归入）

（三）袁小姐墓志
之三（采集品归入）

　砖　型：条砖。

　规　格：30×15.5
＋5厘米

　志　文：甲子假。
左厢贫
子院贾
青状抬
□□府
妇人袁
小　姐，
二月□
□日收
葬讫。

图二〇二（C）
图版八七，3

图二〇二（C）　M0568 袁小姐墓志之三（采集品归入）

一六〇、M0569 砖墓志 2 块。墓主秦宁。

（一）秦宁墓志之一

砖　　型：大方砖

规　　格：30.5×30＋5 厘米

志　　文：甲子途。弟秦遇状抬掆到兄驻泊东京广勇右二一指挥兵士秦宁，二月十六日收管，当日葬埋讫。

图二〇三（A）　　　图版八七，4

图二〇三（A）　　M0569 秦宁墓志之一

（二）秦宁墓志之二

砖　型：大方砖

规　格：31.5×31.5＋4.5 厘米

志　文：甲子途。弟秦遇状抬捃到兄驻泊东京广勇右二一指挥兵士秦宁，二月十六
　　　　日收管，当日葬埋讫。

图二○三（B）　　　图版八八，1

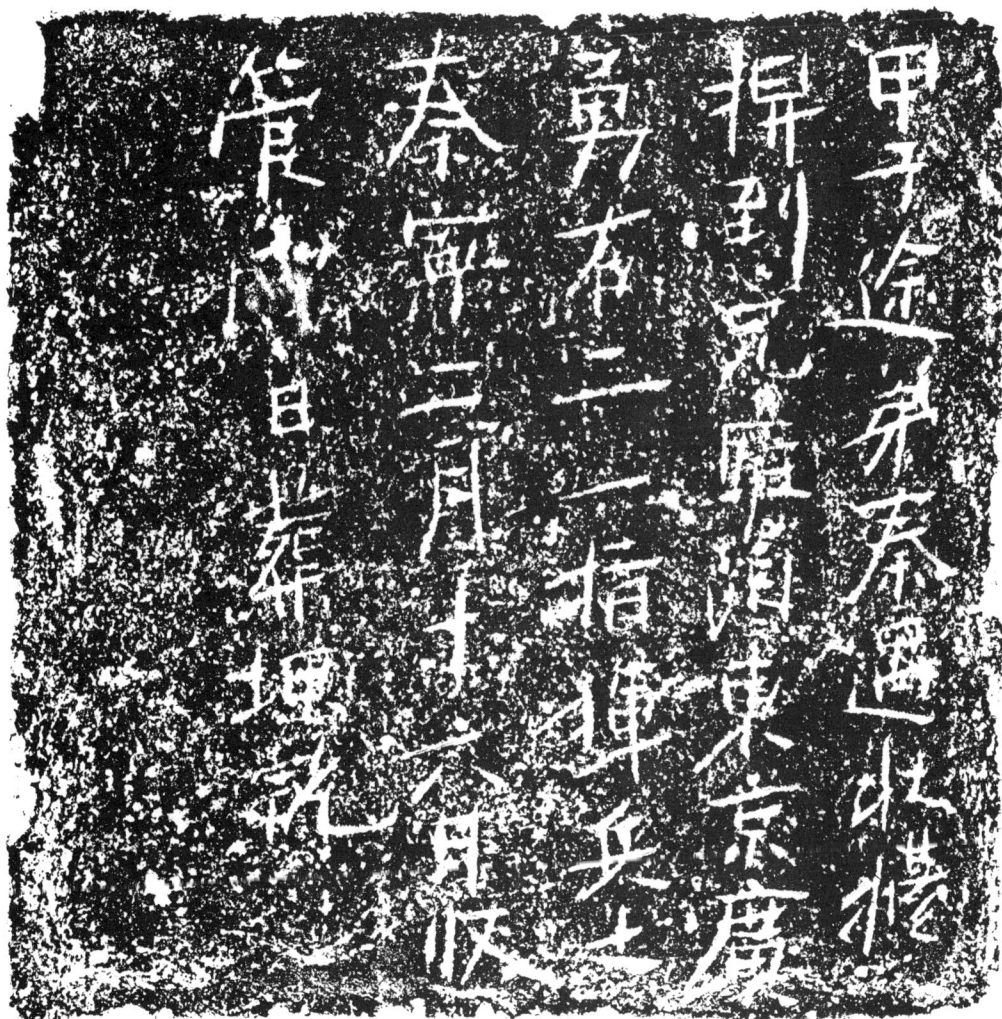

图二○三（B）　　M0569 秦宁墓志之二

一六一、M0571 砖墓志 1 块。采集品归入。墓主徐清。

（一）徐清墓志（采集品归入）

砖　型：条砖

规　格：29×15＋5 厘米

志　文：甲子號。司□头子抬到济州武卫第五十一指挥兵士徐清，二月十六日收葬。

图二〇四　图版八八，2

图二〇四　M0571 徐清墓志（采集品归入）

图二〇五　M0572 阿郭墓志（采集品归入）

一六二、M0572 砖墓志 1 块。采集品归入。墓主阿郭。

（一）阿郭墓志（采集品归入）

砖　型：条砖

规　格：29.5×15.5＋5 厘米

志　文：甲子践。左厢贫子院贾青状到妇人阿郭，二月十九日收葬。

图二〇五

一六三、M0662 砖墓志 1 块。采集品归入。墓主郑吉。

（一）郑吉墓志（采集品归入）

砖　型：大方砖

规　格：31×31＋5 厘米

志　文：庚午八十四字号。左厢抬到□州百姓郑吉，大观三年十二月廿三日收埋
　　　　讫。

图二○六　　图版八八，3

图二○六　M0662 郑吉墓志（采集品归入）

一六四、M0663 砖墓志 1 块。采集品归入。墓主阿郭。

（一）阿郭墓志（采集品归入）

砖　　型：大方砖（残）

规　　格：30×30＋5 厘米

志　　文：庚午八十伍字号。永定厢抬到王□社妇人阿郭，大观□年十二月二十四
　　　　　……。

图二○七　　　图版八八，4

图二○七　　M0663 阿郭墓志（采集品归入）

一六五、M0665 砖墓志 1 块。采集品归入。墓主戴青。

（一）戴青墓志（采集品归入）

砖　　型：大方砖

规　　格：31.5×31＋4.5 厘米

志　　文：庚午八十柒字号。司法送到河中府蕃落九十九指挥兵士戴青，大观三年十
　　　　　二月二十四日埋讫。

图二○八　　　图版八九，1

图二○八　　M0665 戴青墓志（采集品归入）

一六六、M0667 砖墓志 1 块。采集品归入。墓主无名氏。

（一）无名氏墓志（采集品归入）

残甚。参看图版八九，2。

一六七、M0734 砖墓志 1 块。采集品归入。墓主谢□。

（一）谢□墓志（采集品归入）

砖　　型：大方砖（残）

规　　格：残

志　　文：甲子寓。监……到永兴军……挥兵士谢□……十二日检验……。

图二〇九　　　图版八九，3

图二〇九　M0734 谢□墓志（采集品归入）

一六八、M0738 砖墓志 1 块。墓主杜成。

（一）杜成墓志

砖　　型：大方砖

规　　格：31×30.5＋5 厘米

志　　文：甲子易。监酒头子抬捊到张村人杜成，五月二十二日检验了当，日葬埋
　　　　　　讫。

图二一〇　　图版八九，4

图二一〇　　M0738 杜成墓志

一六九、M0746 砖墓志 1 块。墓主杜十。

（一）杜十墓志

砖　型：大方砖

规　格：30.5×30.5＋5 厘米

志　文：甲子具。使衙判送到在州安济坊状抬捎到州□罪人杜十尸首，系古□人事，七月五日收管，□日葬埋讫。

图二一一　　图版九〇，1

图二一一　M0746 杜十墓志

一七○、M0749 砖墓志 1 块。采集品归入。墓主周通。

（一）周通墓志（采集品归入）

砖　型：条砖

规　格：29×15＋5 厘米

志　文：甲子饣。灵保（应为"宝"字）县头子，抬到军人周通，渭康军人，七月十三日葬讫。

图二一二　图版九○，2

图二一二　M0749 周通墓志（采集品归入）

图二一三　M0756 周立墓志（采集品归入）

一七一、M0756 砖墓志 1 块。采集品归入。墓主周立。

（一）周立墓志（采集品归入）

砖　型：条砖

规　格：32.5×16＋5 厘米

志　文：甲子烹。本县安济（漏"坊"字）状抬到兵士周立，八月十八日收葬。

图二一三　　图版九〇，3

图二一四　M0763 李进墓志（采集品归入）

一七二、M0763 砖

墓志 1 块。采集品归

入。墓主李进。

（一）李进墓志

（采集品归入）

砖　型：条砖

规　格：32×15.5

＋5 厘米

志　文：甲子戚。

陕县安

济坊捃

到百姓

李　进，

闰八月

八日葬

记。

图二一四　图版

九〇，4

一七三、M0766 砖墓志 1 块。采集品归入。墓主胡方。

（一）胡方墓志（采集品归入）

砖　　型：条砖（残）

规　　格：30×15.5+5 厘米

志　　文：甲子老。郓州武卫八十□指挥军人胡方，□八月初十日葬讫。

图二一五

图二一五　M0766 胡方墓志（采集品归入）

一七四、M0767 砖

墓志 1 块。采集品归

入。墓主何方。

（一）何方墓志

（采集品归入）

　　砖　型：条砖

　　规　格：30.5×15

+5.5 厘米

　　志　文：甲子少。

　　　　　　司户头

　　　　　　子抬到

　　　　　　配军何

　　　　　　方，　闰

　　　　　　八月十

　　　　　　一日葬

　　　　　　讫。

　　图二一六　图版

九一，1

图二一六　M0767 何方墓志（采集品归入）

一七五、M1003 砖墓志 1 块。墓主高进。

（一）高进墓志

砖　　型：大方砖

规　　格：31.5×31.5＋5 厘米

志　　文：乙丑白。横渠社人抬到身死兵士高进，十二月初四日葬埋讫。

图二一七　　　图版九一，2

图二一七　M1003 高进墓志

一七六、M1013 砖墓志 1 块。墓主□千。

（一）□千墓志

砖　　型：大方砖

规　　格：31.5×31＋5 厘米

志　　文：乙丑□。涧南巡检头子磁钟社抬捐到百姓□千，正月七日葬埋讫。

图二一八　　图版九一，3

图二一八　M1013□千墓志

一七七、M1032 砖墓志 1 块。墓主秦皋。

（一）秦皋墓志

砖　　型：大方砖

规　　格：31×31＋5 厘米

志　　文：乙丑慕。监仓忠训头子抬捁到身死罪人秦皋，二月二十日葬埋讫。

图二一九　　图版九一，4

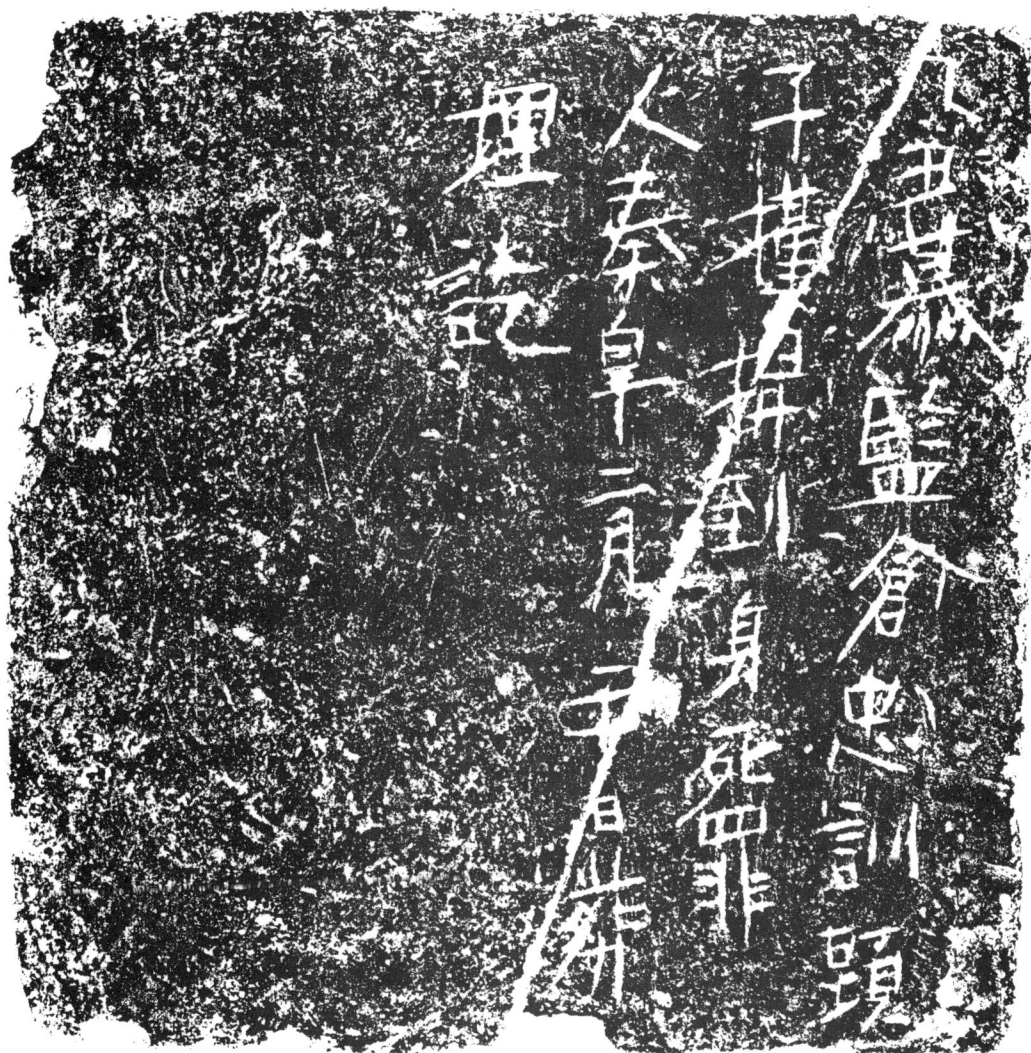

图二一九　M1032 秦皋墓志

一七八、M1033 砖墓志 1 块。墓主张进。

（一）张进墓志

砖　　型：大方砖

规　　格：31×30.5＋5 厘米

志　　文：乙丑贞。平陆县尉头子抬捐到身死张进，三月初四日埋讫。

图二二〇　　图版九二，1、2

图二二〇　M1033 张进墓志

一七九、M1051 砖墓志 1 块。墓主阿赵。

（一）阿赵墓志

砖　　型：大方砖

规　　格：30.5×31+6 厘米

志　　文：乙丑靡。陕县尉头子抬捭到平陆县妇人阿赵，四月十六日收葬讫。

图二二一　　　图版九二，3

图二二一　M1051 阿赵墓志

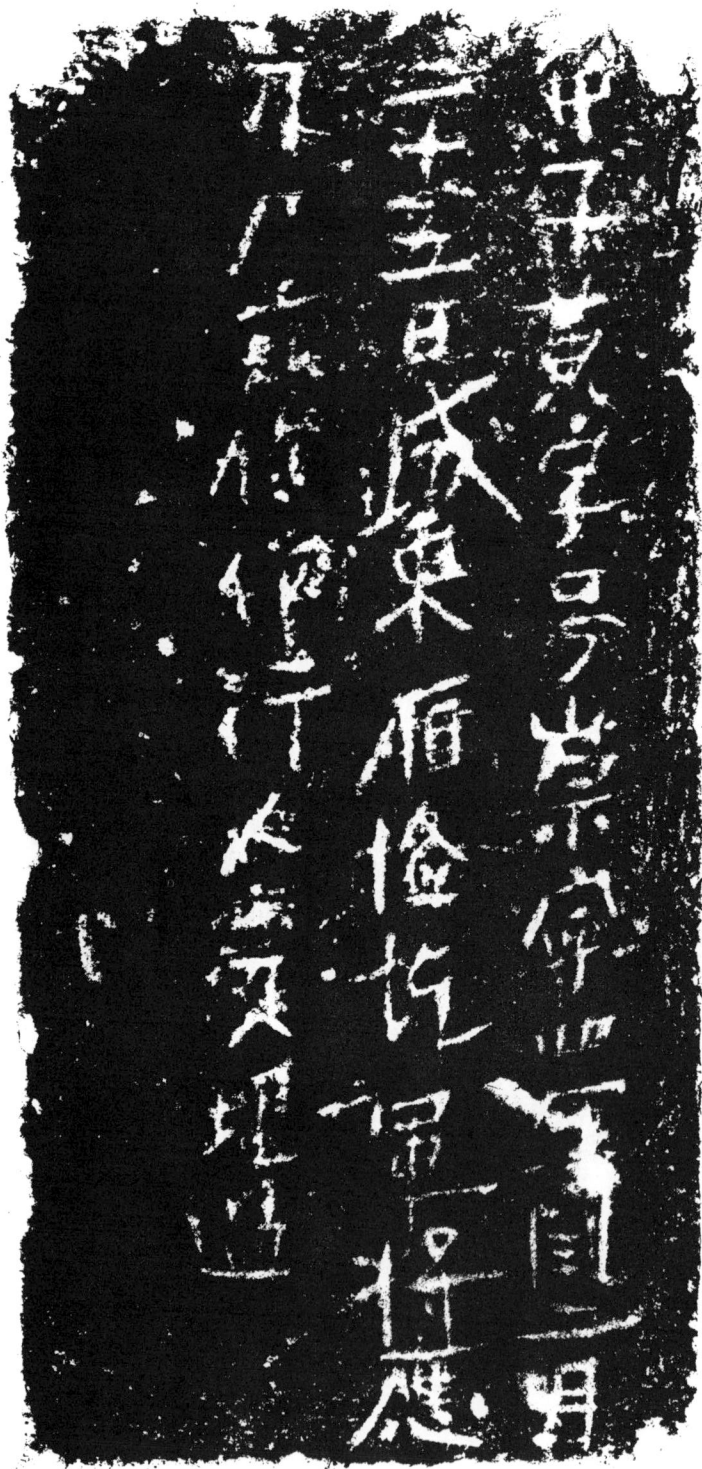

图二二二　标本采:01 应□墓志

第三节　采集砖

墓志内容

上已述及，采集的砖墓志中有 30 块可分别归入二十九座墓中，剩下的即作采集品处理。作为采集品的砖墓志中，多数志文已漫漶不清，或残破特甚。现挑选字迹较为清晰的 12 块，发表于此。

一、标本采:01　墓主应□。

（一）应□墓志

砖　　型：条砖

规　　格：30 × 15 + 5 厘米

志　　文：甲子黄字号。崇宁四年闰二月二十五日，城东厢检讫，军将应 □ 尸首，仵作行人葬埋……。

图二二二　　图版九二，4

"黄"字是个"千字文"起首的第四个字，其原墓葬位置当在墓地第一排最东端，惜已被破坏。

二、标本采：02　墓主张×。

（一）张×墓志

砖　型：大方砖

规　格：30×30+3厘米

志　文：木字号。西京白波指挥长行张×，年约□十八九岁，正月三十日葬埋记。

图二二三　　图版九三，1

"木"字是"千字文"中的第140个字，推算其原墓葬位置应在墓地第二排的东端，处于已被破坏的范围内。

图二二三　标本采：02 张×墓志

三、标本采:03　墓主张德。

（一）张德墓志

砖　　型：大方砖

规　　格：30×30+3厘米

志　　文：甲子严。……头子抬捃……军河清指挥……张德，二月三日□验了当，当
　　　　　日葬埋讫。

图二二四　　　图版九三，2

"严"字是"千字文"中的第 246 个字，推算其原墓葬的位置当在墓地第三排东部，处于已被破坏的范围内。

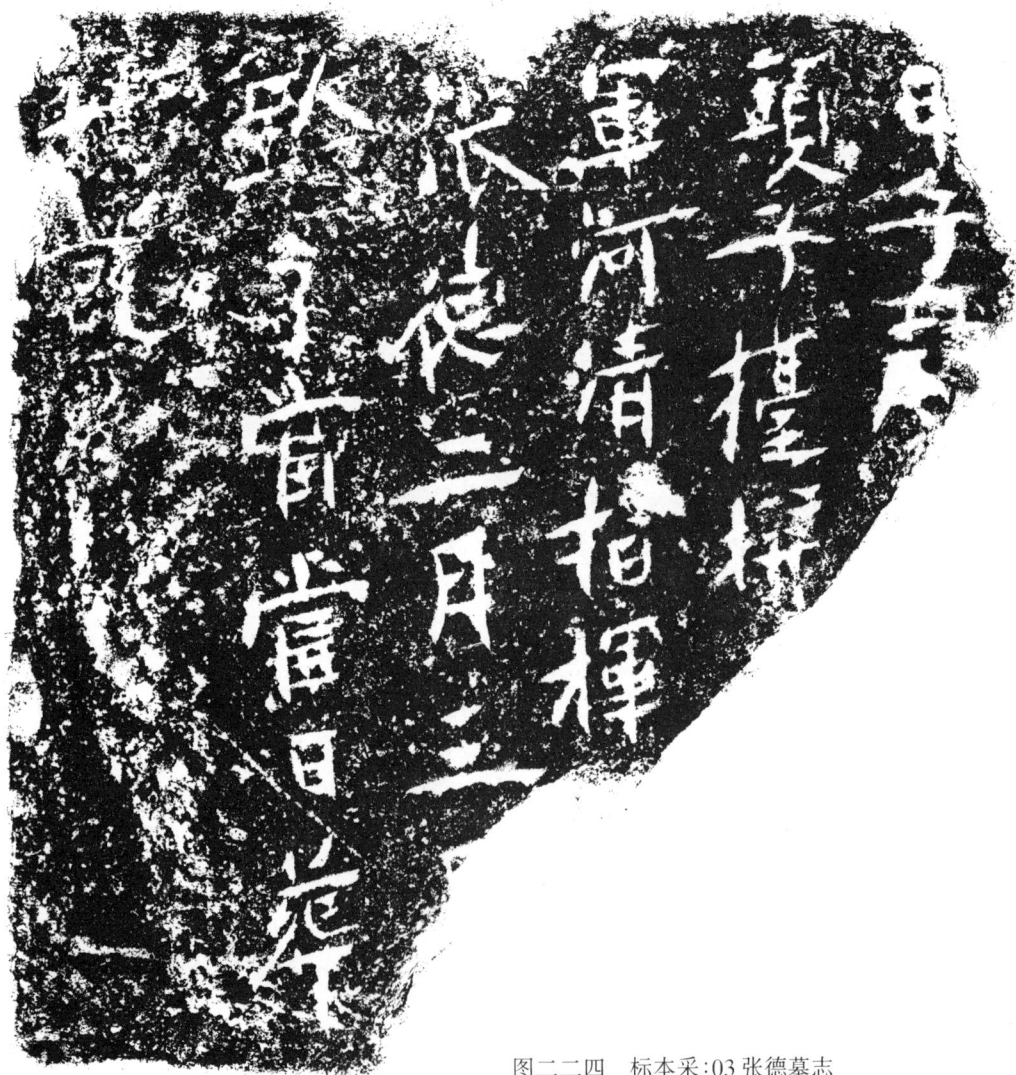

图二二四　　标本采:03 张德墓志

四、标本采:04　墓主符千。

（一）符千墓志

砖　　型：条砖

规　　格：30×15＋5 厘米

志　　文：甲子理。使衙判送下在州安济坊状，□到本府百姓符千，十二月二十四日收葬。

图二二五　　图版九三，3

"理"字是"千字文"的第692个字，推算其原墓葬位置应在墓地第六排内。

图二二五　　标本采:04 符千墓志

五、标本采：05　墓主□昌。

（一）□昌墓志

砖　型：条砖

规　格：30×15＋5厘米

志　文：甲子省。左厢贫子院樊□状，抬到本县朱王村人百姓□昌，五月一日收葬。

图二二六　　图版九三，4、九四，1

"省"字是"千字文"的第705个字，推算其原墓葬位置应在墓地第六排内。

图二二六　标本采：05□昌墓志

六、标本采:06　墓主无名氏。

（一）无名氏墓志

砖　型：条砖

规　格：30.15＋5厘米

志　文：甲子纸。城东厢检讫。不知姓　名，□□十一月二十六日　葬埋讫。

图二二七

"纸"字是"千字文"中的第924个字，推算其原墓葬位置应在墓地的第八排内。

图二二七　标本采:06 无名氏墓志

七、标本采:07 墓主高福。

（一）高福墓志

砖　型：条砖

规　格：30×15＋5 厘米

志　文：甲子纷。平陆县头子,抬到……兵士高福……。

图二二八

"纷"字是"千字文"中的930个字,推算其原墓葬位置应在墓地的第八排内。

图二二八　标本采:07 高福墓志

八、标本采：08　墓主李昌。

（一）李昌墓志

砖　型：条砖

规　格：30×15＋5厘米

志　文：甲子并。本县主簿头子，抬到军人李昌，正月十二日葬讫。

图二二九　图版九四，2

"并"字是"千字文"中的第922个字，推算其原墓葬位置应在墓地的第八排内。

图二二九　标本采：08 李昌墓志

九、标本采:09 墓主杨元。

（一）杨元墓志

砖　型：条砖

规　格：30×15＋5厘米

志　文：乙丑珠。司户头子，抬到身死军人杨元……。

图二三〇

"珠"字是"千字文"中的第53个字，此是第二遍的"千字文"编号，若推算其原有位置应是排在M1053。

图二三〇　标本采:09 杨元墓志

一〇、标本采：010

墓主无名氏。

（一）无名氏墓志

砖　型：条砖

规　格：30×15＋5厘米

志　文：乙丑瑟。城南厢贫子院杨兵状，抬到百姓□□，四月初七日收葬。

图二三一

"瑟"字是"千字文"中的第453个字，此是第二遍的"千字文"编号，若推算其原有位置应是排在M1454，即墓地的第十二排之后。

图二三一　标本采：010 无名氏墓志

一一、标本采:011　墓主无名氏。

（一）无名氏墓志

砖　型：大方砖

规　格：30×30＋3厘米

志　文：丁丑……字号。本县……客人……政和六年九月十……葬埋讫。

图二三二　　图九四，3

"丁丑"应是以数字分组编的第十四组，埋葬人数当已在一千四百人以上。墓葬的位置当在第十二排左右，因第十排中部的墓中已出有带"丁丑"的砖墓志。

图二三二　标本采:011无名氏墓志

一二、标本采：012 墓主杨进。

（一）杨进墓志

砖　　型：大方砖

规　　格：30×30＋3厘米

志　　文：丁丑……号。准监仓……拾捃到罪人杨进尸首，六月十一日□□讫。

图二三三　　图版九四，4

"丁丑"应是以数字分编的第十四组，埋葬人数当已在一千四百人以上。墓葬的位置当在十二排左右，因第十排中部的墓中已出有带"丁丑"的砖墓志。

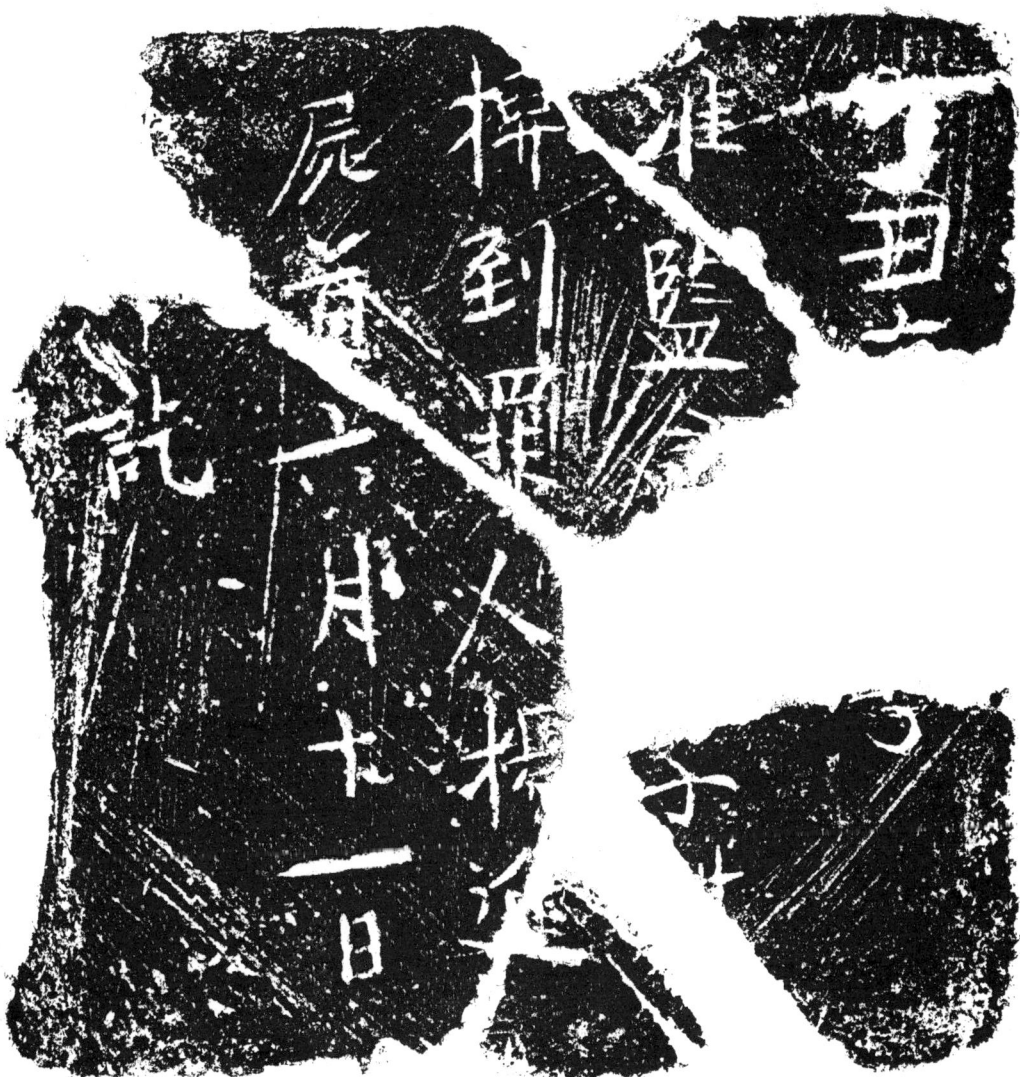

图二三三　　标本采：012 杨进墓志

附表

北宋陕州漏泽园墓葬统计表

墓号	墓穴 长×宽-深	葬具 陶缸形制 AI	AII	AIII	AIV	BI	BII	CI	CII	小计	砖墓志形制 大方方	小方方	大长方	小长方	条	小计	字号	头向	葬式	墓主 姓名	性别	年龄	籍贯	职业	埋葬时间
0101	1.4×0.75-0.88	1								1	1		1			2	岁	北	仰屈	常兴	男	二十七	灵宝县	百姓	十一月一日
0102	1.5×0.8-0.9		1							1			2			2	律	北	仰屈	侯进	男	七十二		兵士	十一月二日
0103	1.6×0.65-0.5	1								1			2			2	吕	北	仰屈	田秀	男	二十八九		兵士	十一月四日
0104	1.5×0.7-0.9									碎		1		1	1	3	调		不明	毋秀进 张进	男			兵士	十一月四日
0105	1.6×0.6-0.8	2								2			1			1	阳		仰直	刘进	男			军人	十一月初八日
0106	1.6×0.6-0.85	2								2	1		1			2	云	南	仰直		女	七十四五		百姓	十一月八日
0107	1.1×1.9-1.1	1								1									不明						
0108	1.4×0.78-1.1									碎			2		1	3	致		不明	张青	男	三十八九		兵士	十一月十日
0109	2.1×0.75-1.1	1								1			2		1	3	雨	北	仰屈	白保	男	四十一二	?	兵士	十一月十二日
0110	2.1×0.75-1.0	1								1			2		1	3	露	北	仰直	丁德	男	二十八		兵士	十一月十三日
0111	1.6×0.56-0.5	1								1			2		1	3	结	北	不明	阿梁	女	七十二三	本府	百姓	十一月十三日
0112	1.5×0.7-1.1	1								1			1			1		北	仰屈		男				十一月十七日
0113	1.6×0.6-0.8	1								1		1				1	霜		不明	顿犟	男	二十二			十一月十七日
0114	1.9×0.6-0.9			1						1			2		1	3	金	北	仰直	薛简	男	二十二		兵士	十一月十七日
0115	1.8×0.7-0.8	1								1			2		2	4	生	北	仰屈	无名	男	四十八九		军人	十一月十七日
0116	2.0×0.6-0.9	1								1			2		1	3	丽	北	仰直	无名	男	二十四五		军人	十一月十七日
0117	1.6×0.6-0.8									无			2		1	3	水		不明	无名	男	二十二	?	军人	十一月十七日
0118	1.6×0.69-1.2	1								1			1		1	2	玉	北	仰直	阿牛	女	二十四五	解州闻喜县	女使	十一月十八日
0119	1.6×0.6-0.6	2								2			1			1	出	北	仰直	王贵	男	五十一二		兵士	十一月十九日

续附表

墓号	墓穴 长×宽-深	AI	AII	AIII	AIV	BI	BII	CI	CII	小计	大方	小方	大长方	小长方	条	小计	字号	头向	葬式	姓名	性别	年龄	籍贯	职业	埋葬时间
0120	北 1.95×中 0.70-0.8 南 0.46				1					1			1		1	2	昆	南	俯直	康信	男	三十一二		军人	十一月十九日
0121	1.8×0.75-0.6		1	1						2						无		北	俯屈						十一月二十三
0122	1.95×0.6-0.7	1	1							2		2				2	岗	北	仰直		女	五十七八		百姓	十一月二十四
0123	1.5×0.5-0.7		1	1						2		2				2	剑	北	仰屈	韩遂	男	二十四五		军人	十一月二十四日
0124	1.8×0.6-1.2	1	1							2		2				2	号		不明	乔忠	男	二十六七		军人	十一月二十四日
0125	1.5×0.6-1.1			1						1			1			1	巨	北	仰屈	裴四姐	女	一十七八	降州太平县郭村	女使	十一月二十六日
0126	1.3×0.3-1.1			1						1		1				1	阙	北	侧屈	张龍	男	五十五六		军人	十一月二十八日
0127	1.7×0.6-1.3	1		1						2		1				1	珠	北	仰直	李宁	男	三十一二		逃军	十一月二十八日
0128	1.9×0.7-1.1			2						2					2	2	称	北	仰直	张吉	男	五十四五		脚子	十一月二十九日
0129	1.8×0.6-1.1			2						2	2	1				3	夜	北	仰直	阿刘	女	七十	河中府		
0130	1.7×0.7-1.25			2						2		2				2	光	北	仰屈	程吉	男	三十二三		兵士	十二月初二
0131	1.7×0.6-0.97			2						2		1				1	果	北	仰直	甘吉	男	五十一二		军人	十二月初三日
0132	1.1×0.5-0.95		1							1						无			不明						
0133	1.9×0.65-1.0			2						2			2			2	李	北	仰屈	孙贵	男	四十五六		军人	十二月初四日
0134	1.7×0.64-1.2			2						2		1				1	崇	北	仰屈	王信	男	三十四五	凤翔府天兴县	逃军	十二月初四日
0135	1.6×0.6-0.8					1				1			1			1	莱	北	仰屈	大张进	男	四十四五		兵士	十二月初六日
0136	1.6×0.5-0.6									空墓						无									
0137	1.4×0.6-0.7									无						无			不明						

续附表

墓号	墓穴 长×宽-深	A I	A II	A III	A IV	B I	B II	C I	C II	小计	大方	小方	大长方	小长方	条	小计	字号	头向	葬式	姓名	性别	年龄	籍贯	职业	埋葬时间
0138	1.7×0.5-0.5									无						无		南	不明		男				
0139	1.6×0.56-0.7		2							2						无			不明						
0140	1.7×0.6-0.8		2							2						无			不明						
0141	1.5×0.5-0.9		2							2			1			1			不明						
0142	1.6×0.5-0.5		2							2			1			1	淡	北	不明	张宣	男	二十六七		兵士	十二月十四日
0143	1.6×0.5-0.6		1	1						2						无			不明						
0144	1.8×0.6-0.8		2							2		1				1	潜		不明	李荣	男	三十七八	青州	兵士	十二月十六日
0145	1.8×0.6-0.9		2							2			1			1	羽		不明	张进	男	三十二		兵士	十二月十六日
0146	1.4×0.5-0.4					1				1					1	1	翔		不明	毛过	男			兵士	十二月十八日
0147	1.8×0.54-0.8		2							2		2				2	龙		不明	张聪	男	三十二	潭州	百姓	十二月十八日
0148	1.8×0.6-1.1									碎		1					师		不明	成吉	男			兵士	十二月十八日
0149	1.7×0.5-0.8		2							2		1				1	帝		不明	？	男	？			十二月
0150	1.4×0.5-0.7		2							2		1				1	鸟		不明	张文	男	四十四五		兵士	十二月十九日
0151	1.75×0.6-1.0		2						1	2	1					1	官	北	不明	□进	男	一十八九			十二月十九日
0152	1.65×0.6-0.7									1			2			2	人	北	侧屈	阿皇	女	七十三四			十二月二十日
0153	1.75×0.6-0.6		2							2	2				2	4	皇	北	仰屈	王德	男	三十四五		兵士	十二月二十日
0154	1.9×0.6-0.9		2							2	2					2		北	仰直	张和	男	三十八九		兵士	十二月二十日
0155	1.75×0.6-0.95		2							2						无			不明	阿马	女	四十二			
0156	1.65×0.6-0.9		2							2	2					2	制	北	仰屈	阿马	女	四十二	夏县	百姓	十二月二十六日

续附表

墓号	墓穴 长×宽-深	葬具 陶缸形制 AI	AII	AIII	AIV	BI	BII	CI	CII	小计	砖墓志形制 大方	小方	大长方	小长方	条	小计	字号	头向	葬式	墓主 姓名	性别	年龄	籍贯	职业	埋葬时间
0157	1.75×0.6-1.0	2								2	2					2	文	北	仰直	无名	男			军人	十二月二十六日
0158	1.75×0.67-0.7	2								2	2					2	字		不明	杨元	男	二十八九		兵士	十二月二十七日
0159	1.8×0.6-1.1	2								2	2					2	乃		不明	董成	男	五十二		兵士	十二月二十七日
0160	1.6×0.6-0.75	2								2	1					1	服		不明	贾全	男	五十二	隆州稷山县	百姓	十二月二十八日
0161	1.85×0.6-1.2	2								2	1		1			2	衣		不明	张德	男	五十二		兵士	十二月二十八日
0162	1.7×0.4-0.6	2								2						无	无		不明						
0163	1.5×0.68-0.6	2								2	2		1			3	推		不明	遇厄	男	四十六七		配军	崇宁四年十二月二十九日
0164	1.8×0.6-0.6	2								2	1					1	位		不明	香麦	男	四十二		配军	十二月二十九日
0165	1.7×0.6-0.75	2								2	1		1			2	让		不明	杨和	男	二十七八		兵士	崇宁四年十二月二十九日
0166	1.2×0.5-0.55									无	1					1	国		不明	无名	男	四十三四		军人	
0167	1.67×0.7-0.65									无	1					1	有	北	仰屈	张贵	男	?		逃军	十二月三十日
0168	1.67×0.6-1.1									无	1					1	陶		不明		男				
0169	1.9×0.6-0.7	2								2						无		北	仰屈	王进	男	三十二		兵士	正月初二日
0170	1.8×0.7-0.9	1								1						无			不明						
0171	1.7×0.5-0.75	2								2	1					1	民	北	仰屈	陈进	男	二十二		兵士	正月初五日
0172	1.7×0.7-0.9	1								碎						无			不明						
0173	1.6×0.5-0.6									碎	1					1	罪		不明	朱成	男	二十二		兵士	正月十一日
0174	1.8×0.6-1.5				2					2	1					1	周		不明	李青	男	三十二		兵士	正月十三日
0175	1.6×0.7-0.5				2					2	1					1			不明						

续附表

墓号	长×宽-深	AI	AII	AIII	AIV	BI	BII	CI	CII	小计	大方	小方	大长方	小长方	条	小计	字号	头向	葬式	姓名	性别	年龄	籍贯	职业	埋葬时间
0176	1.5×0.6-0.9				2					2	1					1	发		仰直	阿陈	女	七十六七	平陆县		正月十四日
0177	1.6×0.6-0.9			2						2	2					2	段		不明	无名	男	四十一二		军人	正月十五日
0178	1.75×0.6-1.1			2						2	1					1			仰直						
0179										空墓															
0180	2.0×0.6-0.85			1						1	1					1									
0181	1.9×0.7-1.1				2					2	1					2	问		仰直	刘德	男	二十九	蔡州	兵士	正月二十一日
0201	1.7×0.54-0.7			1						1						无	无	北	仰屈						
0202	1.8×0.64-0.7			1						1						无	无	北	仰直						
0203	1.85×0.67-0.76			1						无						无	无	北	仰直						
0204	1.85×0.55-0.6			1						无						无	无	南	仰直						
0205	1.8×0.88-0.5			1						1						无	无	北	仰屈						
0206	2.3×0.7-0.64				2					2	1					2	常	北	仰直	符义	男	五十一二	巩县		四月十八日
0207	1.85×0.7-1.0		2							2	1						养	北	仰屈						
0208	1.7×0.7-0.95			1						1					1	1		北	仰屈						
0209	1.6×0.5-0.9			1						1						无		北	仰直	杜用	男			百姓	
0210	1.3×0.6-0.8									无						无		南	俯屈						
0211	1.8×0.6-0.6			1						1	1					1	无	北	仰直		男	二十四五		兵士	五月十八日
0212	1.9×0.6-0.7			1						碎	1						敢	南	不明	蔡辛	男	二十八		兵士	六月十三日
0213	1.7×0.6-0.6			2						2						无	无	南	仰直		男				

续附表

墓号	墓穴 长×宽-深	陶缸形制 AⅠ	AⅡ	AⅢ	AⅣ	BⅠ	BⅡ	CⅠ	CⅡ	小计	砖墓志形制 大方	小方	大长方	小长方	条	小计	字号	头向	葬式	姓名	性别	年龄	籍贯	职业	埋葬时间
0214	1.6×0.6-0.8			1						1						无		北	仰屈		男				
0215	1.9×0.8-0.9									无						无		北	仰屈		女				
0216	1.5×0.6-0.7				1					1						无			不明						
0217	1.6×0.8-0.6		1							1						无		北	仰屈		女				
0218	1.9×0.7-0.7									无						无		北	仰直		男				
0219	1.8×0.63-0.9									无	1					1	男	北	仰直	阿赵	女	三十四五	豫州谱底村		七月二十九日
0220	1.6×0.5-0.5		2							2						无			不明						
0221	2.0×0.7-0.8		2							2	1					1	才		不明	无名	男	三十四五		军人	八月初五日
0222	1.9×0.7-0.6		2							2						无		北	不明						
0223	1.6×0.6-0.5		1							1	1					1	知	北	仰屈	田国	男	五十二		军员	八月十一日
0224	1.7×0.6-0.8		2							2						无			不明						
0225	1.5×0.6-0.8								1	1						无		北	仰屈						
0226	1.6×0.53-0.7		1							1	1					1		北	俯屈						
0227	1.1×0.6-0.6		1							1						无		北	仰屈						
0228	1.3×0.6-1.0		1							1	1					1			不明						
0229	1.7×0.6-1.1		2							2	2					2		北	仰屈		男	五十			
0230	1.9×0.5-0.9		1							1						无		北	仰屈		男				
0231	1.4×0.6-0.9		1							1					1	1	罔		不明	大阿王	女	七十□			
0232	1.85×0.55-0.8		2							2					1	1	谈	北	仰直	霍政	男	八十二		兵士	九月二十日

续附表

墓号	墓穴 长×宽-深	葬具 陶缸形制 A I	A II	A III	A IV	B I	B II	C I	C II	小计	砖墓志形制 大方	小长方	大长方	条	小计	字号	头向	葬式	姓名	性别	年龄	籍贯	职业	埋葬时间
0233	1.8×0.5-0.6									无					无		北	仰直						
0234	1.8×0.6-0.7		2							2					无		北	仰直		男	三十			
0235	2.0×0.5-0.8									无	2				2	靡	北	仰屈	无名	男	二十四五		军人	九月二十九日
0236	1.6×0.6-0.8									空墓					空墓									
0237	1.7×0.7-0.8									碎	1				1	巳		不明	无名	男				十月十六日
0238	1.5×0.5-0.9									碎					无			不明						
0239	1.9×0.7-1.1			2						2					无			不明						
0240	1.7×0.7-0.6			1						1					无			不明						
0241	1.4×0.6-0.8			2						2					无			不明						
0242	1.6×0.5-0.7			1						1					无		北	仰直						
0243	1.9×0.6-0.6						2			2	1				1	器	北	仰直	无名	女	□十八九		百姓	
0244	1.7×0.5-0.7									空墓					空墓									
0245	1.4×0.7-0.9			2						1	1				1	难	北	侧屈	无名	男	三十一二		军人	十月二十四日
0246	1.8×0.6-0.6									空墓					空墓									
0247	1.8×0.6-0.9	2								2	1				1	黑	北	不明	梁文	男	三十一二		军人	十月二十五日
0248	1.3×0.6-0.8	1								1				1	1	悲	北	仰屈	马定	男			兵士	十一月初六
0249	1.7×0.6-0.8									无					无		北	仰屈						十一月十一日
0250	1.7×0.6-0.9							1		1				1	1	染	南	仰屈	陈吉	男			兵士	
0251	1.1×0.7-0.7	1								1					无			不明		男				

续附表

墓号	墓穴 长×宽－深	葬具 陶缸形制 A I	A II	A III	A IV	B I	B II	C I	C II	小计	砖墓志形制 大方	小长方	大长方	条	小计	字号	头向	葬式	墓主人 姓名	性别	年龄	籍贯	职业	埋葬时间
0252	1.8×0.6－0.6		1	1						2				1	1	赞		不明	翼□阿	男				十一月十五日
0253	1.8×0.6－0.6		1							1	1				1	焘		不明	无名	男	六十四五		百姓	十一月十五日
0254	1.5×0.6－0.6					1				1	2				2	羊	北	仰屈	郭元	男	四十七八	夏县张庄	百姓	十一月十六日
0255	2.0×0.6－0.9		1							1	2				2	景	北	仰屈	李元	男	二十四五		兵士	十一月十六日
0256	1.8×0.6－0.8		1							1	2				2	行	北	仰直	无名	男	二十三四		军人	十一月二十二日
0257	1.7×0.7－0.9		1							1	1			1	1	维		不明	无名	男	三十一二		军人	十一月二十七日
0258	1.8×0.7－1.0		1							1	2				2	贤	北	仰直	田吉	男	三十七八		兵士	十一月二十八日
0259	1.3×0.7－0.9		1							1	2				2	起	北	仰屈	袁顺	男	七十八九	本县 南原村	百姓	十一月二十九日
0260	1.8×0.6－0.6		2							2	2				2	念		不明	无名	男	四十四五			十二月初六日
0261	1.8×0.6－0.95		2							2					无			不明						
0262	1.6×0.6－0.8		2							2					无			不明						
0263	1.7×0.6－0.6		2							2					无			不明						
0264	1.9×0.6－0.9		2							2					无			仰直						
0265	1.7 0.6－0.9		1							1	2				2	名	南	不明	唐吉	男	五十三四		兵士	崇宁五年 十二月十九日
0266	1.5×0.6－0.9		1							1					无			不明	无名					
0267	2.0×0.7－0.8		2							2	1				1	丙黄盻二号		不明	无名	男				崇宁五年 十二月二十一日
0268	1.8×0.6－0.6		2							2	1				1			不明	赵信	男	三十七八			崇宁□年 十二月二十□日
0269	1.8×0.7－0.7		2							2	2				2	表		不明	张宁	男	三十七八		兵士	崇宁五年 十二月二十三日
0270	1.5×0.6－1.1		1							1	1				1	正		不明	张仁福	男	六十六七	本县南原村	百姓	十二月二十四日

续附表

墓号	墓穴 长×宽-深	葬具 陶缸形制									砖墓志形制						字号	头向	葬式	墓主 姓名	性别	年龄	籍贯	职业	埋葬时间
		A I	A II	A III	A IV	B I	B II	C I	C II	小计	大方	小方	大长方	小长方	条	小计									
0271	1.8×0.6-0.8	2								2	2					2	空		不明	无名	男	四十六七		军人	崇宁五年十二月二十七日
0272	1.7×0.6-0.8		2							2						无		北	仰屈						
0273	2.1×0.6-0.6		2							2	2					2	传		不明	无名	男	二十三四		军人	十二月二十七日
0274	1.8×0.6-0.8		2							2						无			不明						
0275	1.1×0.5-0.9	1								1						无		北	侧屈						
0276	1.7×0.6-0.8		2							2	2					2	堂		不明	柴安儿	男	九		百姓	十二月二十九日
0277	1.7×0.5-1.3	1								1	1					1	习	北	仰直	阿李	女	四十二		百姓	十二月二十九日
0278	1.9×0.7-0.8		2							2	1					1	听		侧直	许×		二十三四	同州郃阳县		十二月三十日
0279	1.3×0.6-1.0	1								1						无			不明						
0280	1.8×0.6-0.8		2							2						无			不明						
0281	1.5×0.6-0.9	1								碎						无			不明						
0282	1.9×0.6-1.0	1								1						无			仰直						
0283	1.6×0.7-1.0		2							2						无			仰直						
0301	0.7×0.7-0.5	1								1						无			不明						
0302	0.7×0.7-0.5	1								1						无			不明						
0303	0.6×0.6-0.5	1								1						无			不明						
0304	1.5×0.7-0.7			1						1						无			不明						
0305	1.7×0.7-0.6			1						1						无		北	仰直						
0306	2.0×0.7-0.6	2								2	1					1	流	北	仰直	李二君	男	三十四五		军人	三月二十四日

续附表

墓号	墓穴 长×宽-深	葬具 陶缸形制 A I	A II	A III	A IV	B I	B II	C I	C II	小计	砖墓志形制 大方	小长方	大长方	条	小计	字号	头向	葬式	墓主人 姓名	性别	年龄	籍贯	职业	埋葬时间
0307	1.9×0.6-0.9		2							2					无		北	仰屈						
0308	1.6×0.8-0.8		2							2							北	仰直						
0309	1.5×0.7-0.5		1							1							北	仰屈		男				
0310	1.9×0.7-0.6		2							2								不明		男				
0311	1.9×0.6-0.6		2							2				1	1	？	北	不明	郭□	男				
0312	1.8×0.7-0.6		2							2							北	仰屈		男				
0313	1.9×0.7-0.6		2							2								不明						
0314	1.3×0.6-0.6									无							北	仰直						
0315	1.9×0.7-0.7									碎								不明		男				
0316	1.3×0.7-0.5		1							1							北	仰屈		男				
0317	1.4×0.7-0.5									无								不明						
0318	1.8×0.7-0.6									无							北	仰直						
0319	2.0×0.6-0.7			1						1	1					定	南	仰直						
0320	1.9×0.6-0.6		2							2								不明		男			军人	
0321	1.8×0.7-0.7		2							2							南	不明						
0322	1.9×0.75-0.7		1							1								仰屈						
0323	1.8×0.6-0.7		2							2								不明						
0324	1.8×0.7-0.5		2							2							北	仰直		女				
0325	1.7×0.6-0.9		1							1							北	仰直		女				

续附表

墓号	墓穴 长×宽-深	葬具 陶缸形制									砖墓志形制						字号	墓主							埋葬时间
		A I	A II	A III	A IV	B I	B II	C I	C II	小计	大方	小方	大长方	小长方	条	小计		头向	葬式	姓名	性别	年龄	籍贯	职业	
0326	1.3×0.6-0.7	1								1								北	仰屈						
0327	1.7×0.6-0.8	2								2	2					2	官	北	仰屈	樊官娘	女		夏县		七月初三日
0328	1.5×0.6-0.7	1								1								北	侧屈	无名	男				
0329	1.7×0.5-0.5	2								2	2					2	荣	北	俯直	无名				百姓	七月八日
0330	1.6×0.7-0.8	2								2						无		北	仰屈		女				
0331	1.9×0.5-1.0	2								2								北	仰直		男				
0332	1.7×0.7-0.7	2								2						无		北	俯屈						
0333	1.8×0.7-1.0	2								2	2					2	籍	北	仰直	冯贵	男			军人	七月二十九日
0334	1.8×0.7-0.8	2								2	2					2	甚	北	仰直	杨×			同州	百姓	八月十日
0335	1.9×0.6-0.8	1								1	1					1	无	北	仰屈	韩三	男		解州	百姓	八月十日
0336	1.1×0.5-0.6	1								1						无		南	仰屈						
0337	2.2×0.6-0.6	1								1						无		北	仰直						
0338	1.6×0.7-0.8	2								2						无			不明						
0339	1.5×0.7-0.7	1								1						无			不明						
0340	2.0×0.7-0.8	2								2						无			仰直						
0341	1.9×0.5-0.9				1					1						无		北	仰直		男				
0342	1.5×0.6-1.1	1								1						无		北	仰直		男				
0343	1.4×0.7-0.6	2								2						无		北	俯屈						
0344	1.8×0.7-0.5	2								2			2			2	政		不明	无名				百姓	九月十三日

续附表

墓号	墓穴 长×宽－深	葬具 陶缸形制 A I	A II	A III	A IV	B I	B II	C I	C II	小计	砖墓志形制 大方	小方	大长方	小长方	条	小计	字号	头向	葬式	墓主 姓名	性别	年龄	籍贯	职业	埋葬时间
0345	1.3×0.5－0.6	1								1						无		北	侧屈						
0346	1.9×0.6－0.4	2								2			2			2	以		不明	刘先	男			军人	九月二十八日
0347	1.7×0.7－0.9	2								2					1	1	甘	南	仰屈	阿许	女				十月二日
0348	1.8×0.6－0.8	2								2			2			2	棠		不明	夏小六	男			军人	十月初四日
0349	1.8×0.7－0.7	2								2			1			1	去		不明	赵吉	男			贱人	十月七日
0350	1.6×0.7－0.7	2								2	1				2	3	而		不明	庾昌	男			军人	十月初九日
0351	1.5×0.6－0.4	2								2						无			不明						
0352	2.0×0.6－0.6	2								2	1					1	咏		不明	王×	男				十月十三日
0353	1.5×0.7－0.6	1								1				1		1	乐		不明	苏连安	男		苏州	军人	十月十三日
0354	1.8×0.6－0.7	2								2	2					2	殊		不明	周小二	男		苏州	军人	十月二十一日
0355	1.6×0.6－0.8	1								1				2		2	贵	北	仰屈	何贵	男			军人	闰十月初二
0356	1.6×0.7－1.0	1								1				2		2	贱	北	仰屈	严志	男			配军	闰十月初三日
0357	1.7×0.5－1.0	1								1						无		北	仰屈						
0358	1.7×0.7－0.9	1								1				2		2	别	北	仰屈	阿姚	女		同州	军人	闰十月五日
0359	1.5×0.6－0.7	1								1				2		2	尊	北	仰屈	丁德	男			军人	闰十月五日
0360	1.1×0.6－0.8	1								1				1		1	卑		不明	李白	男		宁州	客人	闰十月初六日
0361	1.8×0.6－0.9	2								2						无			不明						
0362	1.9×0.6－0.7	2								2						无			不明						
0363	1.6×0.6－0.9	1								1						无		北	不明						

续附表

墓号	墓穴 长×宽-深	葬具陶缸形制									墓志砖形制						字号	头向	葬式	墓主姓名	墓主性别	墓主年龄	墓主籍贯	墓主职业	埋葬时间
		AⅠ	AⅡ	AⅢ	AⅣ	BⅠ	BⅡ	CⅠ	CⅡ	小计	大方	小方	大长方	小长方	条	小计									
0364	1.6×0.5-0.7		2							2			2			2	睦		不明	阿雷	女		本州		闰十月十七日
0365	1.9×0.6-0.6		2							2	2					2	夫		不明	杨海	男		绛州	百姓	闰十月二十日
0366	1.8×0.6-0.8		2							2						无			不明						
0367	1.3×0.6-0.8		1							1	1					1	妇	北	侧屈	马秀	男			军人	闰十月二十五日
0368	1.8×0.7-0.7		2							2	1					1	随		不明	阿隆	女		李兴军		十一月初二日
0369	1.8×0.7-1.1		1							1	2					2	外	北	仰直	安成	男		巴州	军人	十一月初二日
0370	1.7×0.5-1.1		1							1	1					1	受	北	仰直	祝信	男			兵士	十一月初四日
0371	1.8×0.6-0.8		2							2						无			不明						
0372	1.8×0.6-0.8		2							2						无			不明						
0373	1.8×0.7-0.8		2							2						无		北	仰直	杨元	男			逃军	
0374	1.6×0.7-1.0		1							1	1					1	奉	北	侧屈						十一月初五日
0375	1.7×0.7-0.7				1					1						无		北	仰屈		男				
0376	1.5×0.6-1.2		2							2	1					1	仪	北	仰直	杨美	男			长行	十一月八日
0377	1.8×0.5-0.9		2							2	2					2	诺	北	仰屈	梁德	男			军人	十一月十一日
0378	2.0×0.8-0.8		2							2						无		北	仰直		男				
0379	1.8×0.5-0.9		2							2						无		北	仰直						
0380	1.6×0.6-1.0		2							2	2					2	叔	北	仰直	王吉	男		华州	百姓	十一月十一日
0381	1.9×0.6-1.0		2							2	2					2	猎	北	仰直	刘贵	男		本州	配军	十一月十三日
0382	1.6×0.5-0.7									无	2					2	子	北	俯直	廉顺	男		怀州	客人	十一月十四日

续附表

墓号	墓穴 长×宽-深	葬具 陶缸形制 A I	A II	A III	A IV	B I	B II	C I	C II	小计	砖墓志形制 大方	小方	大长方	小长方	条	小计	字号	头向	葬式	墓主 人 姓名	性别	年龄	籍贯	职业	埋葬时间
0401	1.9×0.7−0.5	2								2						无		北	仰屈						
0402	1.9×0.7−0.7	1								1						无		北	仰直						
0403	1.9×0.7−0.7	2								2						无		北	侧屈		男				
0404	2.0×0.6−0.6	1						1		2						无		北	仰直						
0405	2.1×0.6−0.6	2								2						无		北	仰直						
0406	1.7×0.6−0.8	2								2						无		北	仰屈						
0407	1.9×0.8−0.9									碎						无		北	仰屈						
0408	1.8×0.6−0.5	1		1						2						无		北	仰直						
0409	1.9×0.6−0.6	1		1						2						无		北	仰屈						
0410	1.9×0.7−0.5	1		1						2						无		北	仰直						
0411	1.6×0.6−0.6	1								1						无		北	不明						
0412	1.7×0.8−0.7	1								1						无		北	仰直						
0413	1.5×0.6−0.7	1								1						无		北	仰直						
0414	2.1×0.6−0.6	2								2						无		北	仰直						
0415	1.4×0.7−0.5	2								2						无		北	仰屈						
0416	1.6×0.5−0.9									无						无	戌字号	北	不明						
0417	1.6×0.7−0.5	1								1						无		北	仰屈						
0418	1.8×0.6−0.6	2								2	1					1		北	仰直	李忠	男			兵士	大观二年正月十九日
0419	1.9×0.6−0.5	1		1						2						无		北	侧屈						

续附表

墓号	墓穴 长×宽-深	AI	AII	AIII	AIV	BI	BII	CI	CII	小计	大方	小方	大长方	小长方	条	小计	字号	头向	葬式	姓名	性别	年龄	籍贯	职业	埋葬时间
0420	1.8×0.9-0.6	2								2	1					1	戊辰畚号		不明	无名					
0421	2.0×0.6-0.7	2								2	1					1	邑	北	不明	董安	男			长行	正月二十八日
0422	1.9×0.7-0.9	2								2						无		北	不明						
0423	1.9×0.5-0.6									无						无		北	仰直						
0424	1.5×0.5-0.9									碎						无		北	仰屈						
0425	1.7×0.5-0.5									碎						无		北	仰屈						
0426	1.76×0.6-0.56									碎						无		北	仰屈		女				
0427	2.0×0.5-0.59									碎						无		北	仰直		女				
0428	1.9×0.6-0.9	1								1						无		北	仰直		男				
0429	2.0×0.6-0.8	2								2						无		北	仰直		男				
0430	1.7×0.6-1.0	1								1						无		北	仰屈		男				
0431	1.8×0.6-0.8	2								2	1					1	洛	北	仰直	阿觉	女		本府		二月二十三日
0432	1.8×0.6-1.0	2								2					1	1	浮	北	仰屈	无名			本府	百姓	二月二十四
0433	2.0×0.6-0.8	2								2						无		北	仰直						
0434	1.9×0.5-0.8	2								2	1				1	2	据	北	仰直	张达	男			兵士	三月初六日
0435	1.9×0.6-0.6	2								2						无		北	仰直		男				
0436	1.9×0.6-0.6	1								1						无		北	仰直						
0437	1.9×0.6-0.6	2								2						无			不明						
0438	1.8×0.6-0.6	2								碎						无			不明						

续附表

墓号	墓穴 长×宽-深	葬具 陶缸形制 AI	AII	AIII	AIV	BI	BII	CI	CII	小计	砖墓志形制 大方	小方	大长方	小长方	条	小计	字号	头向	葬式	墓主 姓名	性别	年龄	籍贯	职业	埋葬时间
0439	1.6×0.7-0.8		2							2						无		北	不明						
0440	1.5×0.5-0.7		1							1						无		北	侧屈		男				
0441	1.7×0.6-0.6		1							1						无		北	仰屈						
0442	1.8×0.6-0.6		2							2						无			不明						
0443	1.4×0.6-0.4									无						无			不明						
0444	1.9×0.5-0.6			1						碎						无			不明						
0445	1.7×0.6-0.6		2							2						无			不明						
0446	1.9×0.5-0.8		2							2	2					2	禽		不明	杜兴	男		本府	百姓	四月初十日
0447	1.7×0.6-0.8									碎						无			不明						
0448	1.8×0.5-0.7		2							2	1					1	画		不明	王吉	男			兵士	四月十三日
0449	1.7×0.7-0.7		2							2						无			不明						
0450	2.1×0.7-0.6		2							2	2					2			不明						
0451	1.7×0.6-0.4		1							1						无			不明						
0452	1.6×0.6-0.8		2							2						无		北	仰屈	毕锏	男				
0453	1.9×0.6-0.8		2							2	2					2	舍		不明				乾宁县	百姓	五月十日
0454	1.8×0.6-0.6				1					1						无		北	仰直						
0455	1.7×0.6-0.7		1		1					2						无			不明						
0456	1.6×0.6-1.0		1							1	2					2	甲		不明	无名	男			军员	五月二十二日
0457	1.0×0.6-0.9		1							1						无		北	侧屈		女				

续附表

墓号	长×宽-深	A I	A II	A III	A IV	B I	B II	C I	C II	小计	大方	小方	大长方	小长方	条	小计	字号	头向	葬式	姓名	性别	年龄	籍贯	职业	埋葬时间
		葬具　陶缸形制									砖墓志形制							头向	葬式	墓主人					埋葬时间
0458	1.9×0.6-0.5		1							1	1					无		北	仰直						
0459	1.8×0.7-0.6		2							2			1			1			不明						
0460	1.5×0.6-0.9		2							2						无			不明						
0461	1.6×0.6-0.7									空墓									不明						
0462	1.5×0.6-0.8		1							1	1					无			不明						
0463	1.4×0.5-0.5		1							1	1					1	戊辰肆拾号字号	北	仰屈	商文	男			兵士	大观二年七月初三日
0464	1.9×0.6-0.8									无	1				1	2	鼓	南	不明	无名	男			军人	七月初五日巳时
0465	1.8×0.6-0.6		2							2	2				1	3	瑟		不明	三阿杜	女				七月初五日酉时
0466	1.8×0.7-0.5		2							2	2					2	吹	北	不明	崔立	男			兵士	七月十七日
0467	1.9×0.6-0.6		2							2					1	1	笙		不明	王立	男		本府	百姓	七月十八日
0468	1.8×0.7-1.0		2							2	2					2	升		不明	五阿杜	女		上南保罐竹社		七月二十日
0469	1.8×0.5-0.9		2							2					1	1	阶		不明		男			兵士	七月二十一日
0470	1.7×0.6-0.7		2							2	2					2	纳		不明	张明	男		绛州	百姓	七月二十一日
0471	1.7×0.6-0.6	1		1						2	2					2	陛		不明	无名	男			军人	七月二十四日
0472	1.7×0.6-1.0		2							2	2					2	弁		不明	三十一阿张	女				七月二十六日
0473	1.8×0.6-0.5		2							2						无			不明						
0474	1.6×0.5-0.7		2							2						无			不明						
0475	1.8×0.6-0.5		2							2						无		北	不明						
0476	1.6×0.7-0.9									碎						无		北	侧直						

续附表

墓号	墓穴 长×宽-深	AI	AII	AIII	AIV	BI	BII	CI	CII	小计	大方	小方	大长方	小长方	条	小计	字号	头向	葬式	姓名	性别	年龄	籍贯	职业	埋葬时间
0477	1.7×0.8-1.0	2								2						无		北	仰直		女				
0478	1.8×0.5-1.0	2								2						无		北	侧直		女				
0479	1.6×0.7-1.0	2								2						无		北	仰屈		男				
0480	1.8×0.6-0.9	2								2						无		北	仰屈		女				
0481	2.0×0.6-1.0	2								无						无		北	仰直						
0482	1.7×0.5-0.9	1								1						无		北	仰直		男				
0501	1.9×0.6-0.7	1								1						无		南	仰直		男				
0502	1.8×0.7-0.7	1								1						无		南	仰直		男				
0503	1.6×0.5-0.4	1								1						无		南	仰屈		男				
0504	1.9×0.6-0.7	2								2						无		南	仰直		男				
0505	1.8×0.7-0.5	2								2						无		北	仰直						
0506	2.1×0.6-0.7	1						1		2						无		北	仰直						
0507	1.8×0.7-0.9	1								1						无			不明						
0508	1.9×0.6-0.5									无						无		北	仰直						
0509	1.7×0.5-0.5	2								2						无		北	仰直						
0510	2.0×0.6-0.6	1								1						无		北	仰直						
0511	1.8×0.5-0.4	2								2						无		南	仰屈						
0512	1.9×0.7-0.6	2								2						无		北	仰直						
0513	1.8×0.6-0.5	2								2						无		北	仰直		女				

续附表

墓号	墓穴 长×宽-深	A I	A II	A III	A IV	B I	B II	C I	C II	小计	大方	小方	大长方	小长方	条	小计	字号	头向	葬式	姓名	性别	年龄	籍贯	职业	埋葬时间
											葬具 陶缸形制		砖墓志形制							墓主人					
0514	1.7×0.6-0.5		2							2						无		北	仰屈		男				
0515	2.0×0.7-0.4		2							2	1					1	实	北	仰直	袁莫	男			兵士	十一月二十三日
0516	2.0×0.7-0.4		2							2						无			不明						
0517	2.2×0.7-0.5		2							2	2					2	碑	北	不明	王方德	男		池州	百姓	十一月二十四日
0518	1.4×0.6-0.5		1							1						无		北	仰屈						
0519	2.0×0.6-0.5		1		1					2						无			不明						
0520	1.9×0.5-0.5		1		1					2						无			不明						
0521	1.9×?-0.5		1		1					1						无			不明						
0522	1.8×0.6-0.8		2							2						无			不明						
0523	1.9×0.6-0.5		2							2						无		北	仰直						
0524	1.4×0.6-0.6		1							1						无			不明						
0525	1.5×0.6-0.8		1							1						无		南	仰屈						
0526	1.3×0.6-0.59		2							2						无		南	侧屈		女				
0527	1.5×0.5-0.6		1							1						无		南	仰屈		女				
0528	1.8×0.6-0.9		1							1						无		南	仰直						
0529	1.5×0.6-0.7		1							1						无		南	仰屈		男				
0530	1.9×0.6-0.9		2							2						无		北	仰屈		男				
0531	1.9×0.6-0.8		1							1						无		南	侧屈						
0532	1.5×0.6-0.9		1							1						无		南	仰屈		男				

续附表

墓号	墓穴 长×宽-深	葬具 陶缸 形制 AI	AII	AIII	AIV	BI	BII	CI	CII	小计	砖墓志 形制 大方	小方	大长方	小长方	条	小计	字号	头向	葬式	墓主人 姓名	性别	年龄	籍贯	职业	埋葬时间
0533	1.9×0.5-0.8	1								1						无		南	仰直		男				
0534	1.8×0.6-0.5	1								1						无		南	仰直						
0535	1.9×0.6-0.6	1			1					2	1					1	营		不明	无名	男			兵士	□二月十日
0536	1.9×0.6-0.6	1								1						无		南	仰直						
0537	1.6×0.6-0.6	1								1	1					1	公	北	仰屈						
0538	1.9×0.6-0.8	2								2						无			不明						
0539	1.8×0.5-0.5	2								2						无			不明						
0540	1.8×0.5-0.6	2								2						无			不明						
0541	1.7×0.5-0.7	2								2						无			不明						
0542	1.8×0.6-0.8	2								2						无			不明						
0543	1.8×0.6-0.6	1			1					2	1					1	倾	北	不明	徐泰	男				十二月二十日
0544	1.9×0.5-0.7	2								2						无			不明						
0545	1.9×0.6-0.6	2								2						无			不明						
0546	1.9×0.6-1.0	2								2						无			不明						
0547	2.0×0.6-0.5	2								2						无			不明						
0548	1.8×0.6-0.6	2								2						无			不明						
0549	1.8×0.6-0.8	2								2	1				1	1	感	北	侧屈	张亨	男			兵士	十二月三十日
0550	1.9×0.6-0.6	1			1					2	1					1	武		不明	王俊	男				正月初三日
0551	2.0×0.6-0.6	2								2						无			不明						

续附表

墓号	墓穴 长×宽-深	葬具 陶缸形制 AⅠ	AⅡ	AⅢ	AⅣ	BⅠ	BⅡ	CⅠ	CⅡ	小计	砖墓志形制 大方	小方	大长方	小长方	条	小计	字号	墓主人 头向	葬式	姓名	性别	年龄	籍贯	职业	埋葬时间
0552	1.9×0.6-0.7		2							2				1		1			不明						
0553	2.0×0.6-0.9		2							2						无			不明						
0554	1.7×0.6-0.4		2							2						无			不明						
0555	1.9×0.6-0.8		2							2						无			不明						
0556	2.0×0.6-0.5		2							2						无			不明						
0557	1.8×0.6-0.9		2							2						无			不明						
0558	1.8×0.6-0.6		2							2						无			不明						
0560	1.8.×0.6-0.9		2							2						无			不明						
0561	1.7×0.6-0.6		1	1						2						无			不明						
0562	1.9×0.6-0.9		2							2						无			不明						
0563	1.7×0.6-0.5		2							2						无			不明						
0564	1.8×0.6-0.7		2							2					1	1	赵		不明	无名					二月三日
0565	1.9×0.7-0.6		2							2					1	1	魏		不明	解德	男			兵士	二月七日
0566	1.9×0.5-0.4		1	1						2						无			不明						
0567	2.0×0.6-0.7		2							2					1	1	横		不明	孟进		男		兵士	二月十三日
0568	1.8×0.6-0.8		2							2	2				1	3	假		不明	袁小姐	女		本府		大观三年 二月十六日
0569	1.8×0.6-0.8		1	1						2	2					2	途	北	仰屈	秦宁	男			兵士	二月十六日
0570	1.8×0.6-1.1		2							2						无			不明						
0571	1.7×0.6-0.6		2							2					1	1	镜		不明	徐清	男			兵士	二月十六日

续附表

墓号	墓穴 长×宽-深	葬具 陶缸形制 A I	A II	A III	A IV	B I	B II	C I	C II	小计	砖墓志形制 大方	小方	大长方	小长方	条	小计	字号	头向	葬式	墓主人 姓名	性别	年龄	籍贯	职业	埋葬时间
0572	1.7×0.6-1.1	2								2					1	1	践		不明	阿鄂	女				二月十九日
0573	1.6×0.6-1.0									空墓															
0574	1.8×0.5-0.5			2						2						无			不明						
0575	1.7×0.6-0.6	2								2						无			不明						
0576	?×0.5-0.7	2								2						无			不明						
0577	1.9×0.6-1.0	2								2						无		北	仰屈		女				
0578	1.8×0.6-1.1	2								2						无		北	仰直		男				
0579	2.2×0.5-1.0	2								2						无		北	侧屈		女				
0580	1.7×0.7-0.8	1			1					2						无		北	仰直		女				
0581	1.9×0.7-1.0	1								1						无		北	仰屈		女				
0582	1.8×0.5-1.0	2								2						无		北	仰直		男				
0601	?×0.5-0.4	1								1						无		北	不明		男				
0602	1.9×0.5-0.6	2								2						无		北	仰直		男				
0603	1.9×0.6-0.5	2								2						无		北	仰直						
0604	1.8×0.6-0.8	2								2						无		北	仰直						
0605	1.8×0.7-1.0	2								2						无		北	仰屈		男				
0606	1.8×0.6-0.5	2								2						无		北	仰直						
0607	1.9×0.6-0.5	2								2					1	1		北	仰直						
0608	1.3×0.6-0.6	1								1						无			不明						

续附表

说明：下表为竖排表，栏目分组如下——「葬具 陶缸形制」含 AⅠ、AⅡ、AⅢ、AⅣ、BⅠ、BⅡ、CⅠ、CⅡ、小计；「砖墓志形制」含 大方、小方、大长方、小长方、条、小计；「墓主人」含 姓名、性别、年龄、籍、贯、职业、埋葬时间。

墓号	墓穴 长×宽-深	AⅠ	AⅡ	AⅢ	AⅣ	BⅠ	BⅡ	CⅠ	CⅡ	小计	大方	小方	大长方	小长方	条	小计	字号	头向	葬式	姓名	性别	年龄	籍	贯	职业	埋葬时间
0609	20.×0.6-0.5		2							2	1					1		北	仰直		男					
0610	1.9×0.6-0.5		2							2						无		北	仰直							
0611	2.0×0.5-0.5		2							2					2	2		北	侧屈		男					
0612	1.9×0.6-0.8	1		1						2						无		北	仰屈		男					
0613	2.1×0.5-0.8			2						2						无		北	仰直							
0614	2.0×0.7-0.6	1	1							2			1		1	1			不明		男					
0615	1.9×0.6-0.8		2							2						无		北	仰直		男					
0616	1.7×0.7-0.6		1							1			1			1		北	不明							
0617	1.9×0.6-0.7		2							2	2					2		北	侧屈		男					
0618	1.3×0.8-0.5		1							1						无		北	不明							
0619	1.8×?-0.7	2								2						无		北	侧屈							
0620	1.8×0.5-0.4			2						2						无		北	不明		女					
0621	2.0×0.6-0.4			2						2						无		北	仰屈							
0622	1.5×0.5-0.7			1						1	2					2		北	仰屈		男					
0623	1.5×0.6-0.7		1							1						无		北	仰屈							
0624	1.8×0.6-0.4		1	1						2						无		北	仰屈		男					
0625	1.6×0.5-0.8									空墓																
0626	2.1×0.5-1.0			2						2	3					3		北	仰直		男	四十				
0627	1.9×0.6-0.6			2						2						无		北	仰屈		男	六十				

续附表

墓号	墓穴 长×宽-深	葬具 陶缸形制 A I	A II	A III	A IV	B I	B II	C I	C II	小计	砖墓形制 大方	小方	大长方	小长方	条	小计	字号	头向	葬式	墓主 姓名	性别	年龄	籍贯	职业	埋葬时间
0628	1.7×0.6-1.0	2								2						无		北	仰屈		男	二十五			
0629	1.8×0.7-0.7	1			1					2						无		北	仰屈		女				
0630	1.0×0.6-0.8	2								2						无		北	仰屈		男	三十			
0631	1.9×0.5-0.9				2					2						无		北	侧屈		男	四十			
0632	1.8×0.5-0.5	2								2						无		北	仰屈						
0633	1.8×0.6-0.6				1					1						无		北	侧屈		男				
0634								空墓																	
0635	1.9×0.5-0.5	1			1					2	2					2			不明						
0636	1.8×0.6-0.5				2					2						无			不明						
0637	1.7×0.6-0.6	2								2						无			不明						
0638	1.9×0.5-0.4	2								2						无			不明						
0639	2.0×0.7-0.7	1			1					2						无			不明						
0640	1.7×0.5-1.0									无	2					2		北	仰屈						
0641	1.8×0.6-0.6				1					碎						无			不明						
0642	1.8×? -0.5	1			1					2						无			不明						
0643	1.7×0.5-1.0	2								2						无			不明						
0644	2.0×0.6-0.7				2					2						无			不明						
0645	2.1×0.7-0.5	2								2						无			不明						
0646	2.0×0.7-1.0	2								2						无			不明						

续附表

墓号	墓穴 长×宽-深	葬具 陶缸形制 AI	AII	AIII	AIV	BI	BII	CI	CII	小计	砖墓志形制 大方	小方	大长方	小长方	条	小计	字号	头向	葬式	墓主 姓名	性别	年龄	籍贯	职业	埋葬时间
0647	1.7×0.7-.0.7			2						2						无									
0648	1.6×0.6-0.7									碎						无			不明						
0649	1.7×0.6-0.7									碎					1	1			不明						
0650	1.5×0.5-0.5	2								2						无			不明						
0651	1.9×0.6-0.9	2								2						无			不明						
0652	2.0×0.6-0.9	2								2						无			不明						
0653	1.7×0.6-0.9									碎	1					1			不明						
0654	1.8×0.5-0.7			2						2	1					1			不明						
0655	1.9×0.6-1.0									碎						无		南	侧屈		男				
0656	1.5×0.6-0.8	2								2						无			不明						
0657	1.6×0.5-0.8			2						2						无			不明						
0658	1.6×0.6-0.7									碎						无			不明						
0659	1.8×0.6-0.6	2								2						无			不明						
0660	1.9×0.6-0.8									碎						无		北	侧直		男				
0661	1.9×0.5-0.7	2								2	2					2	牌午捌拾肆字号		不明						
0662	1.7×0.6-0.6			2						2	1					1	牌午捌拾伍字号		不明	郑吉	男			百姓	大观三年十二月廿三
0663	1.5×0.6-0.5									碎	1					1			不明	阿郭	女				大观□年十二月二十四日
0664	1.6×0.5-0.8									碎	1					1			不明						
0665	1.8×0.7-0.7	2								2	2					2	牌午柒拾柒字号		不明	嶽青	男			兵士	大观三年十二月二十四日

续附表

墓号	墓穴 长×宽—深	A I	A II	A III	A IV	B I	B II	C I	C II	小计	大方	小方	大长方	小长方	条	小计	字号	头向	葬式	姓名	性别	年龄	籍贯	职业	埋葬时间
0666	1.7×0.5—0.8									碎	1					1			不明						
0667	1.8×0.6—1.1		2							2	1					1	政和九字号		不明	无名			本地		大观三年
0668	1.2×0.54—0.9			1						碎	2				1	3		北	仰屈						
0669	1.4×0.5—0.7			1						1	1					1			不明						
0670	1.5×0.5—1.0									碎						无			不明						
0671	1.25×0.5—0.8									碎						无		北	俯屈		女				
0672	1.8×0.5—0.7					2				2						无			不明						
0673	1.8×0.5—0.7					2				2						无			不明						
0674	1.3×0.5—0.6				1					1					1	2			不明						
0675	1.34×0.6—0.95									碎					1	1		北	俯直						
0676	1.6×0.7—0.8									碎						无		北	侧屈		女				
0677	1.6×0.7—0.9									碎						无		北	仰屈		女				
0678	1.6×0.5—0.9					2				2						无		北	仰直		男				
0679	1.8×0.6—1.0					2				2						无		北	仰直						
0680	1.8×0.6—0.8					2				2						无		北	仰直		女				
0681	1.5×0.6—0.6					2				2						无		北	仰直		男				
0682	1.5×0.6—0.6									空墓						无									
0701	1.9×0.5—0.9									无						无		北	仰直		男				
0702	1.9×0.7—0.5									无						无		北	仰直		男				

续附表

墓号	墓穴 长×宽-深	葬具 陶缸形制 A I	A II	A III	A IV	B I	B II	C I	C II	小计	砖墓志形制 大方	小方	小长方	大长方	条	小计	字号	头向	葬式	姓名	性别	年龄	籍贯	职业	埋葬时间
0703	1.7×0.5-0.5									碎						无			不明						
0704	1.6×0.5-0.5									碎					1	1			不明		男				
0705	2.1×0.6-0.5		2							2						无		北	仰直		男				
0706	2.0×0.6-0.5		2							2						无		北	仰直		男				
0707	2.1×0.5-0.6		2							2					1	1		北	仰直		女				
0708	1.7×0.6-0.5		2							2						无		北	仰直		女				
0709	1.7×0.5-0.5		2							2						无		北	仰屈		男				
0710	1.9×0.6-0.6		2							2						无			不明						
0711	1.8×0.7-0.7	2								2					1	1			不明						
0712	1.7×0.5-0.6	2								2						无		北	侧屈		男				
0713	1.7×0.5-0.5	2								2						无		北	仰直						
0715	2.0×0.6-0.8		2							2					1	1		北	仰直						
0716	1.8×0.5-0.7	2								2					2	2			不明						
0717	1.9×0.7-0.7									碎						无			不明						
0718	1.9×0.5-0.8									碎					2	2		南	仰直		男				
0719	1.8×0.6-0.7	2								2						无		北	仰屈		男	五十			
0720	1.7×0.6-0.7	1								1						无		北	侧屈						
0721	1.9×0.6-0.8	2								2				2	2	2		北	仰屈		男	三十			
0722	1.8×0.6-0.8				2					2						无		北	仰直		男	四十			

续附表

墓号	墓穴 长×宽-深	AI	AII	AIII	AIV	BI	BII	CI	CII	小计	大方	小方	大长方	小长方	条	小计	字号	头向	葬式	姓名	性别	年龄	籍贯	职业	埋葬时间
0723	1.7×0.6-0.6	2								2						无		南	仰屈		男	三十			
0724	1.7×0.6-1.0	2								2					2	2		北	仰屈		男	四十五			
0725	1.8×0.6-0.7				2					2						无			不明		男	四十			
0726	1.9×0.6-0.8	2								2					2	2		北	仰直						
0727	2.0×0.6-0.8				2					2					1	1		北	仰直		男	三十			
0728	1.8×0.6-0.5									无					2	2			仰屈						
0729	1.7×0.5-0.5									无						无		南	仰直		男	十			
0730	1.9×0.6-0.6									碎						无			不明						
0731	1.8×0.5-0.8				1					2						无			不明						
0732	1.6×0.6-0.7				2					2						无			不明						
0733	1.9×0.6-1.0	2								2						无			不明						
0734	1.6×0.5-0.8			1						1					1	1	寓	北	俯屈	谢□	男			兵士	十二日
0735	1.6×0.5-0.9									碎						无		北	仰屈		男				
0736	1.8×0.6-0.7									碎						无			仰屈						
0737	1.8×0.5-0.6									碎						无			不明						
0738	1.9×0.5-0.7			1						1					1	1	易		不明	杜成	男		张村	百姓	五月二十二日
0739	1.9×0.6-0.7	2								2						无			不明						
0740	1.9×06-06	2								2					2	2			不明						
0741	2.0×0.7-0.5				2					2						无			不明						

续附表

墓号	墓穴 长×宽-深	葬具 陶缸形制									砖墓志形制						字号	头向	葬式	墓主					埋葬时间
		AⅠ	AⅡ	AⅢ	AⅣ	BⅠ	BⅡ	CⅠ	CⅡ	小计	大方	小方	大长方	小长方	条	小计				姓名	性别	年龄	籍贯	职业	
0742	1.6×0.5-0.8									无						无		北	仰屈						
0743	1.7×0.5-0.7									碎						无		北	仰直						
0744	1.8×0.7-0.7									碎					2	2			不明						
0745	1.6×0.6-0.7									碎					2	2		北	仰屈						
0746	2.1×0.8-0.6		2							2	1					1	具	北	不明	杜十	男		古□	罪人	七月□日
0747	1.7×0.6-0.8		2							2	1				1	2			不明		男			军人	
0748	1.6×0.6-0.6									碎						无		北	俯屈		女				
0749	1.5×0.6-0.7									无					1	无	竹（饭）	南	不明	周通	男			军人	七月十三日
0750	1.7×0.5-1.2		2							2						无		北	仰直						
0751	1.9×0.6-0.9		2							2						无		北	仰直		男				
0752	1.9×0.6-0.8		2							2	2					2			不明						
0753	1.7×0.6-0.8		2							2						无			不明						
0754	1.7×0.6-0.5		2							2					1	1			不明						
0755	2.0×0.6-0.4		2							2					1	1			不明						
0756	1.7×0.5-0.7									碎	1					1	熹	北	不明	周立	男			兵士	八月十八日
0757	1.5×.05-1.0									无						无			不明						
0758	1.8×0.6-0.9		2							2						无		北	仰直		男				
0759	1.6×0.6-0.68		2							2						无		北	仰直						
0760	1.8×0.5-0.7				2					2						无		北	不明						

续附表

墓号	墓穴 长×宽-深	葬具 陶缸 形制 A I	A II	A III	A IV	B I	B II	C I	C II	小计	砖墓志 形制 大方	小方	大长方	小长方	条	小计	字号	头向	葬式	墓主人 姓名	性别	年龄	籍贯	职业	埋葬时间
0761	1.6×0.6-0.7			2						2						无		北	仰直						
0762	1.8×0.6-0.7		2							2						无			不明						
0763	1.5×0.5-0.5			2						2					1	1	岁	北	不明	李进	男			百姓	闰八月八日
0764	1.7×0.6-0.6					2				2						无			不明						
0765	1.9×0.6-0.4	2								2						无			不明						
0766	1.8×0.6-0.9				2					碎	1				1	2	老		不明	胡方				军人	□八月初十日
0767	1.7×0.7-0.7				2					2					1	1	少		不明	何方	男			配军	闰八月十一日
0768	1.8×0.5-0.6				2					2	1				1	2			不明						
0769	1.6×0.5-0.8			2						2（空墓）						无									
0770	1.7×0.5-0.8				2					2						无			不明						
0771	1.5×0.5-0.6				2					2						无			不明						
0772	1.7×0.6-1.1				2					2						无		北	仰直						
0773	1.3×0.6-0.8			2						2						无		北	仰直		女				
0774	1.7×0.5-0.8	2								2						无		北	仰直		男				
0775	1.6×0.6-0.8			2						2						无		北	仰直		男				
0776	1.6×0.5-0.8									无						无			不明						
0777	1.7×0.5-0.5									无						无		北	仰直		男				
0778	1.8×0.6-0.8									无						无		北	仰直		女				
0801	1.3×0.6-0.5	1								1						无			不明		男				

续附表

墓号	墓穴 长×宽-深	葬具 陶缸形制									砖墓志形制						头向	葬式	墓主人 姓名	性别	年龄	籍	贯	职业	埋葬时间
		AI	AII	AIII	AIV	BI	BII	CI	CII	小计	大方	小方	大长方	小长方	条	小计									
0802	1.4×0.5-0.7									无						无		不明		男					
0803	1.7×0.6-0.6									无						无	北	仰屈		男					
0804	1.75×0.5-0.8-0.2									无						无	北	侧屈		男					
0805	2.0×0.7-0.5									碎						无	北	仰直		男					
0806	1.7×0.6-0.5		2							2						无	北	仰直		女					
0807	1.8×0.7-0.6									无							北	俯直		男					
0808	1.6×0.6-0.5									空墓															
0809	1.8×0.5-0.6									无						无	北	仰直							
0810	1.7×0.5-0.5									无						无	北	仰直							
0811	1.8×05-0.7									无						无	北	仰直							
0812	1.4×0.5-0.7									无						无		不明							
0813	1.4×0.5-0.7									空墓															
0814	1.4×0.6-0.7									无						无	北	仰屈		男	三十				
0815	1.7×0.5-0.7									无						无	北	仰直		男	二十五				
0816	1.0×0.5-0.7									无						无	南	仰屈		男	三十五				
0817	1.6×0.5-0.6									无						无	北	侧屈		男					
0818	1.7×0.52-0.8									无						无	北	仰直		男	三十				
0819	1.6×0.6-0.8									无						无	北	仰直		男	四十				
0820	1.8×0.5-0.6									无						无	北	仰直		男	35				

续附表

墓号	墓穴 长×宽-深	葬具 陶缸形制 AI	AII	AIII	AIV	BI	BII	CI	CII	小计	砖墓志形制 大方	小方	大长方	小长方	条	小计	字号	头向	葬式	墓主 姓名	性别	年龄	籍贯	职业	埋葬时间
0821	1.8×0.6-0.9									无						无		北	仰直		男				
0822	1.6×0.5-0.8									无						无		北	仰直		男				
0823	1.3×0.5-0.4									空墓															
0824	1.7×0.5-0.8									无						无		北	仰直						
0825	1.8×0.5-0.8									空墓															
0826	1.4×0.5-0.7									无						无		北	仰屈		男				
0827	1.4×0.5-0.9									无						无		北	仰屈		男				
0828	1.8×0.6-0.8									空墓															
0829	1.7×0.5-0.7									空墓															
0830	1.9×0.6-0.6									空墓															
0831	1.65×0.5-0.75									无						无		北	侧屈						
0832	1.5×0.6-0.8									无	2					2		北	不明						
0833	1.6×0.6-0.5									无						无		北	俯直		男				
0834	1.7×0.5-0.9									无						无		北	仰屈						
0835	1.8×0.5-1.0									无						无		南	仰直		男				
0836	1.7×0.6-0.8									无						无		北	仰屈		男				
0837	1.7×0.6-0.7									无						无		北	仰直		男	四十五			
0838	1.7×0.5-0.4									无						无		北	侧直		女	三十			
0839	1.8×0.4-0.9									无						无		北	俯直						

续附表

墓号	墓穴 长×宽-深	葬具 陶缸形制									砖墓志形制						头向	葬式	墓主					埋葬时间
		AI	AII	AIII	AIV	BI	BII	CI	CII	小计	大方	小方	大长方	小长方	条	小计			姓名	性别	年龄	籍贯	职业	
0840	1.7×0.6-0.9									无						无	北	仰直		男	四十			
0841	1.5×0.6-0.6									无						无	南	不明						
0842	1.8×0.5-0.9									无						无	北	仰屈						
0843	1.6×0.5-0.7									无						无	北	仰直		女				
0844	1.6×0.5-0.8									无						无	北	仰直		男	三十			
0845	1.8×0.7-1.0									无						无	南	仰直		男	三十五			
0846	1.7×0.5-0.7									无						无	北	仰直		女				
0847	1.7×0.6-0.6									无						无	北	俯直		男				
0848	1.8×0.5-0.8									无						无	北	仰直						
0849	1.8×0.5-1.2									无						无	北	仰直		女	二十五			
0850	1.7×0.5-0.9									无						无	北	仰直		男				
0851	1.5×0.5-0.9									无						无	北	仰直		女	三十五			
0852	1.9×0.6-1.0									无	2				2	2	北	仰直		男				
0853	1.3×0.5-0.5									无						无	北	不明						
0854	1.8×0.6-0.8									无						无	北	仰直		男				
0855	1.8×0.6-0.8									无						无		不明						
0856	1.7×0.5-0.8									无						无	北	仰直		男	二十五			
0857	1.5×0.4-0.7									无						无	北	仰直		男	三十			
0858	1.8×0.5-0.9									无						无	南	仰直						

续附表

墓号	墓穴 长×宽-深	葬具 陶缸形制									砖墓志形制						字号	头向	葬式	墓主人					埋葬时间
		A I	A II	A III	A IV	B I	B II	C I	C II	小计	大方	小方	大长方	小长方	条	小计				姓名	性别	年龄	籍贯	职业	
0859	1.5×0.5-0.8									无						无		北	不明						
0860	1.8×0.5-0.7									无						无		北	仰直		男	四十			
0861	1.8×0.5-0.8									无						无		北	仰直		男				
0862	1.7×0.5-0.7									无						无		北	仰直						
0863	1.6×0.5-0.7									无						无		北	侧屈		男				
0864	1.7×0.6-1.0									无						无		南	仰屈		女				
0865	2.0×0.6-0.8									无						无		北	仰直		男				
0866	1.6×0.5-0.6									无						无		北	侧直		男				
0867	1.8×0.6--0.8				2					2						无		南	仰直		女				
0901	1.5×0.5-0.4									空墓															
0902	1.6×0.6-0.5									空墓															
0903	1.3×0.6-0.6									空墓															
0904	1.7×0.5-0.6									无						无		北	仰直						
0905	1.6×0.5-0.6									无						无		北	仰屈		男				
0906	1.6×0.5-0.5									空墓															
0907	1.6×0.5-0.5									无					1	1		南	不明						
0908	1.4×0.6-0.8									无						无		北	不明						
0909	1.9×0.5-0.8									无						无		北	仰屈		男	三十			
0910	1.6×0.5-0.7									无						无		北	仰直		男				

续附表

墓号	墓穴 长×宽-深	葬具 陶缸形制 A I	A II	A III	A IV	B I	B II	C I	C II	小计	砖墓志形制 大方	小方	大长方	小长方	条	小计	字号	头向	葬式	墓主 姓名	性别	年龄	籍贯	职业	埋葬时间
0911	1.7×0.6-0.8									无						无		北	仰直		女	四十五			
0912	1.6×0.5-0.7									空墓															
0913	1.8×0.6-0.8									无	1				1	2		北	仰直		男				
0914	1.9×0.6-0.6			2						2						无			不明						
0915	1.8×0.5-0.6									无						无		南	仰直		男				
0916	1.8×0.5-0.7									无						无		南	侧直		男	四十			
0917	1.9×0.5-0.9									无						无		北	仰屈						
0918	1.7×0.6-0.7									无						无		北	仰直		男				
0919	1.8×0.5-0.6									空墓								北	侧直		女				
0920	1.7×0.6-0.5									空墓															
0921	1.5×0.5-0.6									空墓															
0922	1.9×0.5-0.7									无						无		北	不明						
0923	1.7×0.5-0.7									空墓															
0924	1.4×0.5-0.5									空墓															
0925	1.7×0.5-0.8									空墓						无									
0926	1.0×0.5-0.5									无						无			不明						
0927	1.8×0.6-0.7									无						无		北	仰直		男				
0928	1.7×0.5-0.7									无						无		南	仰直		男				
0929	1.5×0.6-0.5									无						无			不明						

续附表

墓号	墓穴 长×宽-深	葬具 陶缸形制 A I	A II	A III	A IV	B I	B II	C I	C II	小计	砖墓志形制 大方	小方	大长方	小长方	条	小计	头向	葬式	墓主 姓名	性别	年龄	人 籍贯	职业	埋葬时间
0930	1.6×0.5-0.7									无						无		不明						
0931	1.5×0.5-0.9									无						无	北	仰屈						
0932	1.7×0.6-0.5									空墓														
0933	1.5×0.6-0.8									无						无		不明						
0934	1.8×0.5-1.1									无						无	北	仰直						
0935	1.1×0.4-0.8									无						无		不明						
0936	1.8×0.5-1.0									无						无	北	仰直						
0937	1.1×0.6-0.9									无						无		不明						
0938	1.1×0.5-0.8									空墓						无								
0939	1.6×0.5-0.7									无						无	北	侧直		女	四十五			
0940	1.3×0.5-0.8									无						无	北	俯屈						
0941	1.5×0.5-0.8									空墓						无		不明						
0942	1.6×0.5-0.6									无						无								
0943	1.7×0.5-0.9									无						无	北	仰直		男				
0944	1.3×0.5-0.6									空墓						无		不明						
0945	1.6×0.5-0.5									无						无		不明						
0946	1.6×0.6-0.8									无						无		不明						
0947	1.4×0.5-0.7									无						无		不明						
0948	1.4×0.5-0.9									无						无	北	仰屈						

续附表

墓号	墓穴 长×宽-深	AI	AII	AIII	AIV	BI	BII	CI	CII	小计	大方	小方	大长方	小长方	条	小计	字号	头向	葬式	姓名	性别	年龄	籍贯	职业	埋葬时间
0949	1.7×.0.4-0.6									空墓															
0950	1.7×0.5-0.8									空墓															
0951	1.8×0.6-1.1									无						无		北	仰直		男				
0952	1.8×0.5-0.7									无						无		北	仰直		男				
0953	1.7×0.5-0.6			1						1						无			不明						
0954	1.5×0.5-0.8									无						无		南	仰屈		女	三十			
0955	1.7×0.6-0.9									空墓															
0956	1.6×0.5-0.8									无						无		南	仰屈		男	三十			
0957	1.0×0.6-1.0									无						无			不明						
0958	1.6×0.6-0.5				2					2						无			不明						
0959	1.5×0.4-0.8									无						无		北	仰屈		女				
0960	1.9×0.7-0.9									无						无		北	仰直		男				
0961	2.1×0.6-0.7				2					2						无		北	仰直		男				
0962	1.6×0.7-0.7				2					2						无		北	仰直						
1001	1.6×0.6-0.7				2					2						无			不明						
1002	1.9×0.6-0.5				2					2						无			不明						
1003	1.8×0.6-0.5				2					2	2					2	乙丑	北	不明	高进	男			兵士	十二月初四日
1004	1.7×0.6-0.5				2					2						无		北	侧屈						
1005	1.5×0.6-0.5				2					2						无			不明						

续附表

墓号	墓穴 长×宽-深	葬具 陶缸 形制 A Ⅰ	A Ⅱ	A Ⅲ	A Ⅳ	B Ⅰ	B Ⅱ	C Ⅰ	C Ⅱ	小计	砖墓志 形制 大方	小方	大长方	条	小计	字号	头向	葬式	墓主人 姓名	性别	年龄	籍贯	职业	埋葬时间
1006	1.7×0.65-0.4									空墓														
1007	1.6×0.5-0.7		2							2					无		南	仰屈		男	三十五			
1008	2.0×0.6-0.7		2							2					无		北	仰屈		男	五十			
1009	1.6×0.5-0.8		2							2					无		北	仰屈		男				
1010	1.9×0.6-0.7		2							2					无			不明						
1011	1.6×0.6-0.8		2							2					无			不明						
1012	1.6×0.6-0.8		2							2					无		北	仰直		男	三十			
1013	1.8×0.5-0.9		2							2	2				2	乙丑		不明	□干	男				正月七日
1014	1.6×0.6-0.7									空墓					无									
1015	2.0×0.6-0.5		2							2					无			不明						
1016	1.8×0.5-0.5		2							2					无			不明						
1017	1.8×0.6-0.6		2							2					无			不明						
1018	1.8×0.5-0.8		1							1					无		南	仰直						
1019	1.5×0.6-0.6		1							1					无			不明						
1020	1.9×0.5-0.6		1							1					无		南	仰直		男			百姓	
1021	1.9×0.6-0.6		1							1					无		南	仰屈						
1022	1.7×0.6-0.6									碎					无		北	俯屈						
1023	1.4×0.6-0.5									无					无			不明						
1024	1.7×0.6-0.5		2							2					无		北	不明						

续附表

墓号	墓穴 长×宽-深	葬具 陶缸形制 AI	AII	AIII	AIV	BI	BII	CI	CII	小计	墓志形制 砖 大方	小方	大长方	小长方	条	小计	字号	头向	葬式	墓主人 姓名	性别	年龄	籍贯	职业	埋葬时间
1025	1.8×0.5-0.5			2						2						无		北	不明						
1026	1.9×0.6-0.8									无						无		南	俯屈		男	四十			
1027	1.4×0.5-0.7			1						1						无			不明						
1028	1.8×0.6-0.9			1						1						无		北	仰直						
1029	1.9×0.6-0.5			1						1						无			不明						
1030	1.3×0.5-0.4			1						1						无			不明						
1031	1.8×0.6-0.7			2						2						无			不明						
1032	1.7×0.6-0.9									碎	2				1	3	乙丑器		不明	秦榘	男			举人	二月二十日
1033	1.9×0.5-0.6			2						2	2					2	乙丑贡		不明	张进	男				三月初四日
1034	1.5×0.5-0.5									无	2					2			不明						
1035	1.6×0.5-1.0									碎						无			不明						
1036	1.8×0.6-1.3			2						2						无			不明						
1037	1.0×0.6-0.5			1						1	1					1			不明						
1038	1.7×0.6-0.8									碎						无			不明						
1039	1.7×0.5-1.2			1						1						无		北	仰屈						
1040	1.4×0.4-0.8									空墓						无			南仰屈						
1041	1.6×0.5-0.8															无					男	四十			
1042	1.6×0.7-0.5			2						2						无		北	仰屈						
1043	1.5×0.6-0.6									空墓						无					男	四十			

续附表

墓号	墓穴 长×宽-深	葬具陶缸形制 AI	AI乙	AIII	AIV	BI	BII	CI	CII	小计	砖墓志形制 大方	小方	大长方	小长方	条	小计	字号	头向	葬式	墓主人 姓名	性别	年龄	籍贯	职业	埋葬时间
1044	1.8×0.5-1.1									无						无		北	仰直		男	三十			
1045	1.7×0.5-1.1									无						无		南	仰直						
1046	1.7×0.5-0.9									空墓															
1047	1.6×0.6-1.0									空墓															
1048	1.5×0.5-0.7				2					2						无			不明						
1049	1.6×0.6-0.8									空墓															
1050	1.6×0.5-0.5									空墓															
1051	1.7×0.6-0.6				2					2	2					2	乙丑肇		不明	阿赵	女			百姓	四月十六日
1052	1.8×0.5-1.0				2					2						无			不明						
1053	1.8×0.6-0.6				2					2						无			不明						
1054	1.7×0.6-0.7				2					2						无			不明						
1055	1.8×0.6-0.7				2					2						无			不明						
1056	2.0×0.5-0.9				2					2						无			不明						
1057	1.8×0.6-0.5				2					2						无			不明						
1058	1.8×0.6-0.9				2					2						无			不明						
1059	1.8×0.7-0.8				2					2						无		北	侧屈		男				
1060	1.7×0.5-0.7				2					2						无			不明						
1061	1.9×0.5-0.8				2					2						无		南	仰直		男				
1062	2.1×0.7-0.6									无						无			不明						

续附表

墓号	墓穴 长×宽-深	葬具 陶缸形制 A I	A II	A III	A IV	B I	B II	C I	C II	小计	砖墓志形制 大方	小方	大长方	小长方	条	小计	字号	头向	葬式	墓主人 姓名	性别	年龄	籍贯	职业	埋葬时间
1063	1.7×0.7-0.8	2								2						无		北	仰直		女				
1101	1.9×0.6-0.8	2								2						无			不明						
1102	1.8×0.5-1.2			1		1.				2						无			不明						
1103	1.6×0.5-1.1									无						无		北	俯直		女				
1104	1.8×0.6-0.7	2								2						无			不明						
1105	1.0×0.6-0.8									无						无			不明						
1106	1.5×0.5-0.4			1		1				2						无			仰直						
1107	1.7×0.5-1.0	2								2						无		南	仰屈		男				
1108	1.8×0.6-0.9	2								2						无		北	仰屈						
1109	1.9×0.7-0.8									碎						无		南	不明						
1110	1.2×0.6-1.2				1					1						无		北	侧屈		男				
1111	1.8×0.68-1.08									无						无		南	仰直		男				
1201	1.5×0.6-1.2									无						无		南	仰屈						
1202	1.8×0.5-1.1									碎						无		南	仰直						
1203	1.6×0.6-0.9									空墓						无									
1204	1.8×0.6-0.5	2								2						无			不明						
1205	1.9×0.6-1.1	1								1						无		南	仰直						
1206	1.8×0.6-1.1									无						无		南	仰直		男				
1207	1.5×0.5-0.9	2								2						无			不明						

续附表

墓号	墓穴 长×宽-深	葬具 陶缸形制									砖墓志形制						字号	头向	葬式	墓主人					埋葬时间
		A I	A II	A III	A IV	B I	B II	C I	C II	小计	大方	小方	大长方	小长方	条	小计				姓名	性别	年龄	籍贯	职业	
1208	1.5×0.5-0.6			2						2						无			仰屈						
1209	2.0×0.6-0.6			2						2						无		北	仰屈		女				
1210	1.9×0.6-0.8			1	1					2	1					1		北	仰直		男				
1211	1.8×0.6-1.1			2						2						无		北	仰屈		男				
1212	1.7×0.7-0.9			1	1					2	2					2		北	仰屈		男				
1301	2.1×0.6-1.1									无						无		北	仰直		男				
1302	1.5×0.5-0.5			1						2						无			不明						
1303	1.9×0.5-1.0									无						无		北	仰直		女				
1304	1.8×0.6-0.5			2						2						无			不明						
1305	1.7×0.5-1.3			1						1						无		南	仰直						
1306	1.8×0.6-0.5			2						2						无			不明						
1307	1.3×0.6-1.1			2						2						无		北	仰直						
1308	2.0×0.6-0.9			2						2						无		南	仰直		男				
1309	1.8×0.7-0.9			2						2						无		北	仰直		女				
1310	1.8×0.6-0.9			2						2						无		北	俯直		男				
1311	1.8×0.6-0.9			1						碎	1					1		北	仰直		女				
1401	1.7×0.6-1.0									无						无			不明						
1402	1.5×0.5-1.1									无						无		北	俯屈		男				
1403	1.7×0.5-1.2									无						无		北	仰屈		男				

续附表

墓号	墓穴 长×宽-深	葬具 陶缸 形制									砖墓志 形制						头向	葬式	墓主人					埋葬时间
		A I	A II	A III	A IV	B I	B II	C I	C II	小计	大方	小方	大长方	小长方	条	小计			姓名	性别	年龄	籍贯	职业	
1404	1.6×0.6-0.6				1	1				2						无		不明						
1405	1.9×0.6-1.0				2					2						无		不明						
1406	1.9×0.6-0.5				2					2						无		不明						
1407	1.9×0.6-0.8				2					2						无	南	仰直		男				
1408	1.7×0.7-0.8									碎						无	北	侧屈						
1409	1.2×0.6-0.6									无						无	南	不明						
1410	1.9×0.6-0.9					1				2						无	南	仰直		女				
1501	1.9×0.6-1.0									无						无	北	仰直		男				
1502	1.5×0.5-1.0					1				2						无		不明						
1503	1.5×0.6-1.4									碎						无		不明						
1504	1.7×0.6-0.7				2					2						无		不明						
1505	1.8×0.5-0.6				1	1				2						无		不明						
1506	1.7×0.6-0.6				2					2						无		不明						
1507	1.9×0.6-1.0				2					2						无	北	仰直		男				
1508	1.7×0.6-0.6				2					2						无	北	仰直		男				
1509	1.9×0.7-1.0									无						无	北	仰直		女				
1510	1.9×0.5-0.9				2					2						无	北	仰直	女					
1601	1.7×0.6-0.9				1					1						无		不明						
1602	1.2×0.6-0.7									无						无	南	侧屈		女				

续附表

墓号	墓穴 长×宽－深	葬具 陶缸 形制									砖墓志 形制						字号	头向	葬式	墓主 人					埋葬时间
		A I	A II	A III	A IV	B I	B II	C I	C II	小计	大方	小方	大长方	小长方	条	小计				姓名	性别	年龄	籍贯	职业	
1603	1.9×0.6－1.2			2						2						无			不明						
1604	2.0×0.6－0.6			2						2						无			不明						
1605	1.8×0.6－1.2			1	1					2						无			不明						
1606	1.6×0.6－1.1			2						2						无			不明						
1607	?×0.5－0.6			1						1						无			不明						
1608	1.58×0.48－0.7									碎						无		北	侧屈		女				
1609	1.7×0.6－0.6			2						2						无		北	仰直		男				
1610	1.9×0.7－1.1			1						1						无		南	仰直						
1701	1.5×0.5－1.2									无						无		北	仰屈						
1702	1.4×0.6－0.8									无						无			不明						
1703	1.5×0.6－9			1	1					2						无			不明						
1704	1.85×0.6－0.7			2						2						无			不明						
1705	1.9×0.6－1.2			2						2						无			不明						
1706	1.6×0.6－0.5									空墓						无									
1707	1.6×0.6－1.3			2						2						无			不明						
1708	1.7×0.6－0.7									无						无		南	侧直		男				
1709	1.6×0.8－1.0			2						2						无		北	仰直		男				
1710	1.9×0.7－1.0			1						1						无			不明						
1801	1.8×0.6－1.1			1						1						无		北	仰直						

续附表

墓号	墓穴 长×宽-深	葬具 陶缸形制 A I	A II	A III	A IV	B I	B II	C I	C II	小计	砖墓志形制 大方	小方	大长方	小长方	条	小计	字号	头向	葬式	墓主人 姓名	性别	年龄	籍贯	职业	埋葬时间
1802	2.1×0.6-0.8									无						无		北	仰直						
1803	1.8×0.6-0.6		2							2						无			不明						
1804	1.7×0.6-0.6			1	1					2						无			不明						
1805	1.1×0.5-0.8				1					1						无		北	仰屈						
1806	1.5×0.5-0.6									空墓															
1807	1.7×0.7-0.8		1							1						无			不明						
1808	1.9×0.6-1.0				2					2						无			不明						
1809	1.9×0.6-1.1									无						无		南	仰屈						
1901	1.6×0.6-0.9		1							1						无		北	仰屈		男				
1902	1.5×0.6-0.5									空墓															
1903	1.8×0.6-0.6				2					2						无			不明						
1904	2.0×0.6-0.6			2						2						无			不明						

第三章 结 语

第一节 墓地性质及使用年限

一、墓地性质

对于此墓地的性质，我们主要着重两个方面的分析：一是从出土砖墓志内容进行分析；二是从整个墓地对墓葬编号所采用的方法进行分析。

（一）根据砖墓志内容分析

砖墓志的内容，主要有以下几个方面：

1. 死者墓穴编号；

2. 送尸机构名称或送尸人姓名；

3. 死亡者的姓名、年龄、性别、籍贯、身分、死亡地点、检验日期和葬埋日期。

从墓志记载我们得知，墓地中收葬的死者多来自安济坊、贫子院、仁先院、壕案司、牢城营以及州府附近的递铺和客店等。其中以安济坊送到死亡者为最多。安济坊是北宋时为社会贫民治病供药的慈善机构，《宋史》中对此有较多的记载，救助对象不仅仅是当地的贫民，还有外地的百姓（M0365）、兵士（M0159）、被发配充军者（M0543）和罪人（M0746）等，可知安济坊的救助对象是十分广泛的。仁先院和贫子院在《宋史》中未见记载。从墓志中还可以看出，仁先院的死者，年龄多在七十岁以上的孤独老人，很可能仁先院收养的对象是鳏寡孤独的贫穷老人。贫子院收养的对象则可能是社会贫民中不能自存的人。墓地收埋的死亡者中，除当地的贫民和军人外，还有许多外地军人、百姓、客人、被雇用人和罪人等，男女老幼都有，年龄最大者有八十一二岁的翟政（M0232），年龄最小的为柴安儿（M0276），年仅九岁。一般多为青壮年。

统计数表明，墓地收埋的死亡者中，以军人数量最多。属本州的军队主要有保捷（M0219、M0130、M0133、M0258）、雄胜（M0105）、崇武（M0149）、保宁（M0126）、三门水军（M0102）、三门西山河匠（M0232）、壮城（M0146、M0153、M0212）、递铺（M0134、M0144、M0145、M0150、M0165、M0175、M0349、M0350、M0434、M0549）、马铺（M0169、M0135）、急脚铺（M0181）、壕寨司（M0108、M0120、M0127、M0134、M0148、M0167、M0174、M0374）。以上各类番

号的军队，除前五种为有作战能力的地方禁军外，其余均为承担各种繁重劳动的杂役军。有许多因犯罪而被充军或坐牢的罪犯（M0113、M0114、M0123、M0124、M0142、M0163、M0164、M0356、M0381、M0448、M0517、M0543、M0550、M0767）也都被编入本地的厢兵。外地军人，以东京的数量最多，主要有虎翼指挥（M0210、M0247、M0421）、水虎翼（M0131、M0158）、广勇（M0333、M0377、M0515、M0565、M0569）、忠节（M0359）、宣武（M0269）、第一将下广捷（M0159）、第二将下倚射（M0172），还有雍丘县武骑（M0223）、雄武（M0110）和陈留县广勇（M0133）、桥道（M0148）等。其它外地的军队还有京西路的巩县和汝州的勇捷（M0174、M0120），汝州往武（M0463），金州、蔡州的劲武（M0127、M0108）。河东路绛州的雄猛（M0124）和绛州神宝监（M0306）。陕西路熙州的保宁（M0265）、陇州青边（M0376）。河中府的蕃落（M0665）。河北路瀛州的安远（M0103）、澶州的崇胜（M0104）。四川路果州和遂州的克宁（M0123、M0374）。江南路筠州的安远（M0167）等。来自东京的军人，在墓志文中都带有"驻泊"一词，可知这些军人是为出戍执行军务而来，其余外地军人都未能在墓志中反映出来陕州的原因，且有许多都是在壕寨司寄役和牢城内身死的。

从上述分析中可以看出，此墓地所葬埋的死亡者都是社会中的下层人物。

再从送尸往此墓地的各类机构和人员分析，也证明此墓地应是一处公共墓地。

以私人身分送尸的有 M0569。该墓所出墓志记载："……弟秦遇状，抬捐到兄驻泊东京广勇右二一指挥兵士秦宁…"，说明弟送兄尸。

常见的送尸的机构或官员有县主簿、县尉、司户、司理、巡检、使衙判等，说明死亡者与这些机构多少有关联，同时也说明只有这些机构出面，死亡者才能得以葬入这块墓地。

从上述几个方面的分析，可知这片墓地是一处收葬当时死无家归、又无葬身之地的社会贫民的公共坟地。

（二）根据墓地墓葬编号分析

从墓志首项内容是给墓穴编号可以看出，这片公共坟地是有机构管理的。我们发掘的 M0101 的编号是"岁字号"，M0102 是"律字号"，M0103 是"吕字号"……，说明墓穴的字号的确是依"千字文"的字序排列的。"岁"字并非"千字文"的首字，说明M0101 东边的墓已被破坏殆尽，其数有 27 座之多。可喜的是我们在墓地附近采集到一块"甲子黄"的墓志，证明"黄字号"的墓曾经存在过，同时也证明我们推断墓地墓穴的顺序是以"千字文"来编的正确性，因为"黄"字是"千字文"中的第四个字。问题在于为什么有了"千字文"为序的墓穴编号，而在墓穴中还出现"甲子"冠前的"千字文"，如 M0108 张青墓，出土墓志三块，其中两块大长方砖墓志编的"千字文"字序为

"致字号",另有一块条砖墓志则编为"甲子致";M0109 白保墓,有墓志三块,其中两块大长方砖墓志编为"雨字号",另一块条砖墓志编为"甲子雨",等等。这种编号现象反映出什么问题呢?同样以"千字文"为序编墓穴,为什么又要另有一块以干支甲子冠前的"千字文"编号呢?我们初步认为,墓地管理机构已将这里是一处公共墓地的因素考虑在内了。"千字文"至多能编一千座墓穴,一千座以上如何解决编号呢?于是想出在第二轮"千字文"时在每个字的前面冠以"甲子"、"乙丑"等干支,以"甲子"来表示第一轮"千字文","乙丑"表示第二轮"千字文",这样既可统计出墓葬的总数,又可以说用此种办法补救以"千字文"字序编墓穴号的不足。这种推断可以从我们所发掘的第一〇排墓中所出土的墓志得到证实。如 M1003 砖墓志上的编号是"乙丑白",M1032 砖墓志上的编号是"乙丑慕",M1033 砖墓志上的编号是"乙丑贞",M1051 砖墓志上的编号是"乙丑靡"等等。这种以"乙丑"冠前的"千字文",表明应属第二轮的"千字文",同时也表明,第一〇排的墓葬在整个墓地中已超过千座以上。

在整理过程中,我们还发现对墓穴的编号还有另一种办法,即直接用数字分组编排,前面再冠以"甲子"、"乙丑"等干支。此类砖墓志发现较少,无法全面分析。我们初步推断其编排方法可能是把一到一百的数字编为一组,冠以"甲子",代表第一个一百;第二个一百则冠以"乙丑",依此类推,如 M0163 是"推字号",但又加入了"甲子捌拾八字号"的编号;冠有"乙丑"的数字编号尚末发现;"丙寅"组的数字编号发现的有 M0267 的"丙寅拾二字号"。除此之外,尚发现有"丁卯"、"戊辰"、"己巳"、"庚午"、"丁丑"等冠以干支的以数字为编号的墓志。估计此种编号法其目的仍属于便于统计墓地的墓葬数目,或许也有利于管理之因。

从上述两个方面的分析,已完全可以断定此墓地是一处公共墓地。接着要考虑的是这里究竟是一处什么性质的公用墓地。

前已述及,此墓地收葬的死亡者主要来自安济坊、贫子院、仁先院等慈善机构及壕寨司、牢城营等承担繁重劳动的杂役军及州府附近的递铺和客店等,这就给我们一个十分有利的线索,即此墓地与北宋末年国家所设立的一些慈善机构关系密切。从此墓地的规模来看,不是政府的慈善机构来管理是不可能的。

北宋末年,国家设立的三大慈善机构是居养院、安济坊和漏泽园。从下列各条史料中可见其概貌。

"京师旧置东、西福田院,以廪老疾孤穷丐者,其后给钱粟者才二十四人。英宗命增置南、北福田院,并东、西各广官舍,日廪三百人。"(见《宋史·食货上六·振恤》,中华书局,1977 年,4338 页)

"凡鳏、寡、孤独、癃老、疾废、贫乏不能自存应居养者,以户绝屋居之;无,则居以官屋,以户绝财产充其费,不限月。依乞丐法给米豆;不足,则给以常平息钱。"

（见《宋史·食货上六·振恤》，中华书局，1977 年，4339 页）。熙宁九年，知太原韩绛言："'在法，诸老疾自十一月一日州给米豆，至次年三月终。河东地寒，乞自十月一日起支，至次年二月终止；如有余，即至三月终。'从之。"（《宋史·食货上六·振恤》中华书局，1977 年，4339 页）

到了宋徽宗崇宁初，"蔡京当国，置居养院、安济坊。给常平米，厚至数倍。差官卒充使令，置火头，具饮膳，给以衲衣絮被。州县奉行过当，或具帷帐，雇乳母、女使，糜费无艺。"（见《宋史·食货上六·振恤》，中华书局，1977 年，4339 页）

安济坊的设置，也是有一个发展过程的。"先是，仁宗在位，哀病者乏方药，为颁《庆历善救方》。知云安军王端请官为给钱和药于民，遂行于天下。"（《宋史·食货上六·振恤》，中华书局，1977 年，4338 页）

《宋会要辑稿》第 160 册食货 68 之 129 恤灾载："徽宗崇宁元年八月二十日诏：置安济坊。先是权知开封府吴居厚奏，乞诸路置将理院，兵马司差拨剩员三人，节级一名，一季一替，管勾本处应干事件，并委兵马司官提辖、管勾、监司、巡按、点检。所建将理院，宜以病人轻重而异室处之，以防渐染。又作厨舍，以为汤药饮食。人宿舍及病人分轻重异室，逐处可修居屋一十间，以来令转运司计置修盖，于是有旨，仍依赐名。"又载："（崇宁二年）五月二十六日两浙转运司言：'苏轼知杭州日，城中有病坊一所，名安乐，以僧主之，三年医愈千人，与紫衣。乞自今管勾病坊僧三年满所医之数，赐紫衣及祀部牒各一道。'从之。仍改为安济坊。"

崇宁四年十二月二十八日诏："自京师至外路皆行居养法及置安济坊，犹虑虽非鳏寡孤独而癃老疾废委是贫乏，实不能自存，缘拘文遂不与居养，朕甚悯焉。可立条委当职官审察诣实，许与居养，速著文行下。其安济坊医者人给手历，以书所治疗痊失，岁终考会人数，以为殿最。"（见《宋会要辑稿》第 160 册食货 68 之 131 恤灾）

以上四条史料明晰地反映出安济坊的产生和发展过程。安济坊是国家对病者药之的慈善机构。

北宋初，国家并无漏泽园这种慈善机构的设置，只是零星买地，以瘗死之无主者。如"天禧中，于京畿近郊佛寺买地，以瘗死之无主者。瘗尸，一棺给钱六百，幼者半之；后不复给，死者暴露于道。嘉祐末，复诏给焉。"（《宋史·食货上六·振恤》中华书局，1977 年，4338 页）

"三年，又置漏泽园。初，神宗诏：'开封府界僧寺旅寄棺柩，贫不能葬，令畿县各度官不毛地三五顷，听人安厝，命僧主之。葬及三千人以上，度僧一人，三年与紫衣；有紫衣，与师号，更使领事三年，愿复领者听之。'至是，蔡京推广为园，置籍，瘗人并深三尺，毋令暴露，监司巡历检察。安济坊亦募僧主之，三年医愈千人，赐紫衣、祠部牒各一道。医者人给手历，以书所治痊失，岁终考其数为殿最。诸城、砦、镇、市户

及千以上有知监者，依各县增置居养院、安济坊、漏泽园。"（《宋史·食货上六·振恤》中华书局，1977 年，4339 页）

《宋会要辑稿》第 160 册食货 68 之 130 恤灾载："（崇宁）三年二月三日中书言：'州县有贫无以葬或客死暴露者，甚可伤恻。昨元丰中，神宗皇帝尝诏府界以官地收葬枯骨。今欲推广先志，择高旷不毛之地置漏泽园。凡寺观寄留轊椟之无主者，若暴露遗骸悉瘗其中，县置籍，监司巡历检察。'从之。"又载："（崇宁三年二月）四日中书省言：'诸以漏泽园葬瘗，县及园各置图籍。令厅置柜封锁，令佐赍移以图籍交授监司巡历取图籍点检。应葬者人给地八尺，方砖二口，以元寄所在及月日姓名，若其子孙父母兄弟，今葬字号、年月日，悉镌讫砖上，立峰记识，如上法。无棺枢者，官给以葬。而子孙亲属识认，今乞改葬者，官为开葬验籍给付。军民贫乏，亲属愿葬漏泽园者，听指占葬地，给地九尺。无故若放牧，悉不得入。仍于中量置屋以为祭奠之所，听亲属享祭追荐，并着为令。'从之。"

从以上史料中可以看出，漏泽园是国家对死者葬之的慈善机构。

至此，北宋国家三大慈善机构及其相互间的关系已可一目了然。尤其是有关漏泽园的史料，从中可以看到从收管到葬埋的全过程及其具体的要求，如：1. 漏泽园葬瘗，县及园要各置图籍，令厅置柜封锁；2. 应葬者给地八尺、瘗人并深三尺、方砖二口；3. 以元寄所在及月日姓名，若其子孙父母兄弟，今葬字号，年月日，悉镌砖上；4. 立峰记识；5. 无棺枢者官给以葬；6. 子孙亲属识认，今乞改葬者，官为开葬验籍给付；7. 军民贫乏，亲属愿葬漏泽园者，听指占葬地给地九尺；8. 置屋以为祭奠之所，听亲属享祭追荐。若将这些情况与我们发现的墓志上的记载对比，可以说完全吻合。首先说，应葬者给地八尺，瘗人并深三尺，这与我们发掘的墓葬大小、深浅相差无几。再说给砖二口，只要有墓志出土的墓中的确多数为二块砖墓志，其上首先刻上的是墓葬字号，如"岁字号"等等，再次是元寄所在及月日姓名。最后的行文用语均为"检验了当，依条立峰，葬埋记识讫"。这些志文表明，漏泽园在收葬应葬者时完全是依政府所颁布的条例办事，也就是完全符合条例的要求，把要求在砖上表现的有关项目丝毫不遗漏。

大量墓志的发现以及墓志文的反映，为我们断定此墓地的性质提供了相当明确的答案。这处公共墓地毫无疑问是北宋末陕州的漏泽园。

（三）根据《虢州卢氏县漏泽园记》碑分析

说这片墓地就是北宋末陕州的漏泽园，还有一个旁证，即一通卢氏县的《虢州卢氏县漏泽园记》碑。情况如下：

1990 年，三门峡市所辖卢氏县文物管理委员会在县城郊外采集到一通《虢州卢氏县漏泽园记》石碑。碑现置文管会院内。该碑碑额呈圆弧形，碑身下端榫还存在，但已无碑座。碑现存高 1.03、宽 0.55、厚 0.10 米。碑面刻字已有剥落，但大部分尚能释读。碑额阴刻"漏泽园记"四个篆体大字，碑文小字楷书，立石时间为崇宁三年十二月初一日。现录碑文如下：

虢州卢氏县漏泽园记

窃闻射声垂仁，广汉流□，见称于史笔；而病养死葬，掩骼埋胔以□先主之仁政及泉壤，德遂九幽，于是皇泽丰沛，湛恩洋溢，四海讴歌，中和感□。周制："墓大夫掌凡帮墓之地域，为之图。令国氏族葬而掌其禁令，正其位，掌其度数。"与夫后世人自求地，家自置□，富则僭而不忌，贫则无所于葬者异矣。元丰中，神宗皇帝尝诏，府界以官地为字号，改葬□骨，未及推行天下。今天子绍述先烈，求熙宁、元丰以来圣志遗绍兴复恢崇，无有漏失，纪纲法度粲然完具矣。恭承崇宁三年二月五日，敕书，实广熙宁之诏也，谓四方人物繁庶州县城外贫无以葬者不可胜数，或寄留寺舍，弃掷道旁，岁月滋久，无人识认，孤骨无归，甚可伤恻。州俾择官私高原，无限顷亩，周立墙栅，中设奠庐，名漏泽园，镌记以识其姓名，封植以标其兆域，凡材木殡殓之具，奠享斋祭之物，供给使令之人，悉从官给，放牧者勿入，樵采者有禁。委令佐以总其图籍，择行业僧以专其藏瘗，州郡得以纠其达，监司得以按其怠，无差失□如法者，加赏以劝，为□具，慢令者用罚以惩。呜呼！爱生及死，以至于是，州惠孚仁洽沦人之骨髓者，至矣，尽矣！不可以有加矣！较之墓大夫掌国氏族葬之任，抑又详焉。观国忝兹邑，恪奉朝□夙夜不□懈，于是卜壤白石村城北保之原，选僧曰法瑨、宗莹、瑨莹持律守戒，邑人归信可任兹事，上以广朝廷仁惠之泽，下以掩遗骸暴露之苦，将以建佛宫于其□，日闻法音演无量义，俾沉魂幽魄咸证善因，郁气滞冤往生乐土，以子以孙戴天履地，靡有终极则丰功厚德及于幽明者不可量数，实利益之无穷，罄河沙而未比。谨叙其事，书其年月建立之因，以为漏泽园记。崇宁三年十二月初一日奉议郎知虢州卢氏县事兼兵马都监采造务管勾栾川沉冶王观国记，县学长刘庭书丹。

通仕郎虢州卢氏县尉史德志

通仕郎虢州卢氏县主簿石居正同管勾漏泽讲经论沙门宗莹管勾漏泽园讲经论赐紫沙门法瑨

碑文详细阐述了当时设置漏泽园的重大意义，管理办法，人员以及监督措施等（图二三四）。从文献资料与砖墓志志文反映的情况可以看出，陕州的情况与虢州的情况完全相同，因此，完全可以断定，这片墓地应是北宋末陕州漏泽园。

二、墓地使用年限

墓地出土的砖墓志中，以"千字文"为编号的较多，带纪年的则少。而用数字分组编号的则都带有纪年，数量也很少。

在采集的砖墓志中，带纪年的最早的一块是标本采:01，即"甲子黄"的一块，埋葬时间是崇宁四年闰二月二十五日。"黄"字是"千字文"中的第四个字，可知此墓地

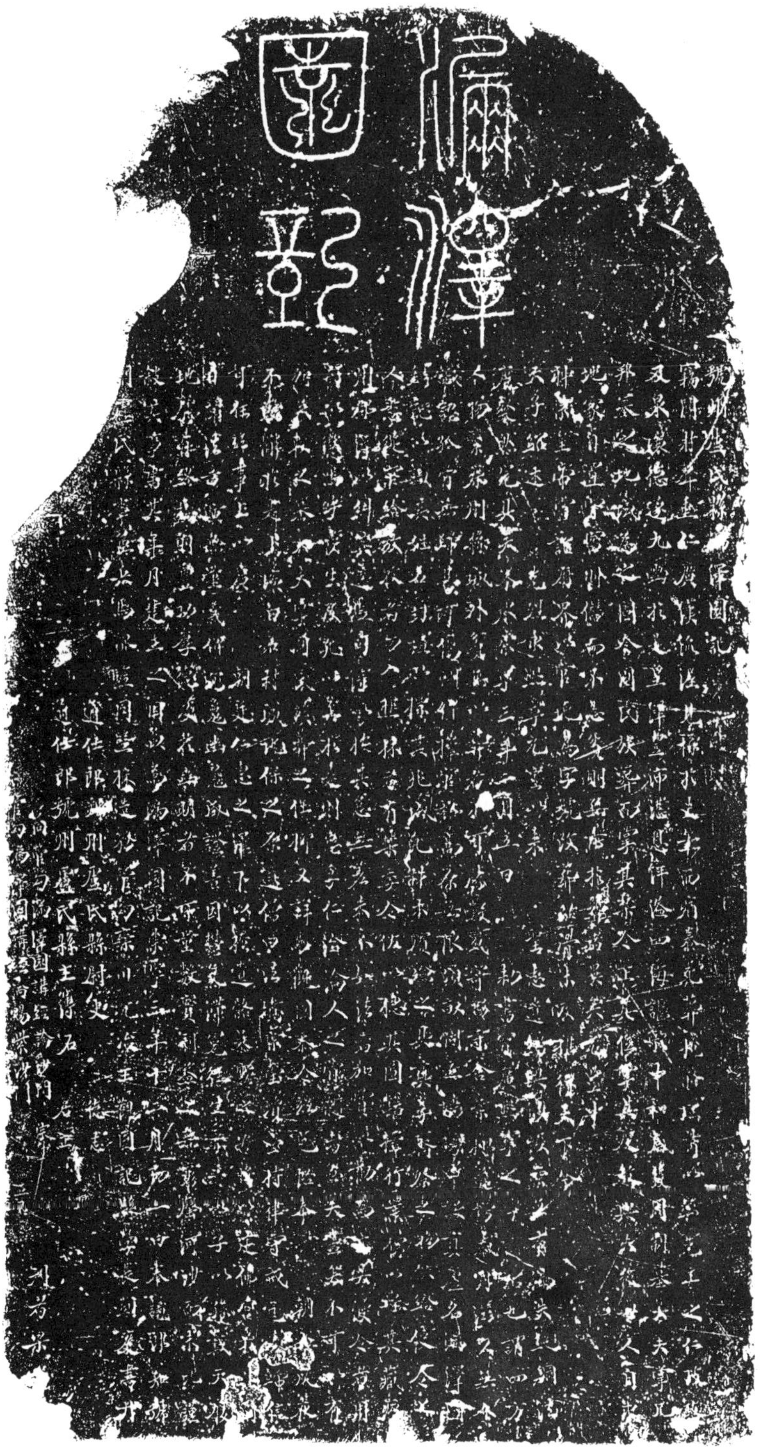

图二三四 《虢州卢氏县漏泽园记》碑拓本

的启用时间应是在北宋崇宁四年。

　　袁小姐墓志之二（采集品，已归入 M0568），其纪年为"大观三年"，墓葬位于第五排。第六排的阿郭墓志（采集品，已归入 M0663），其纪年也为"大观三年"。第七排墓葬中未出带纪年的砖墓志，但 M0763 的李进墓志有"闰八月八日葬讫"记载。宋徽宗大观年间，只有大观四年有闰八月，所以可以推断第七排墓葬大部分时间为大观四年。第十排墓葬未出带纪年的砖墓志，但有带干支"乙丑"的墓志。可知带"乙丑"干支编号的"千字文"已属第二遍。如 M1032 秦皋墓志，刻有"乙丑幕"字样。"幕"字在"千字文"中位于第 162 个字，此墓应排列在第 1162 个穴位。在采集砖墓志中，纪年最晚的一块是标本采：011，志文是："丁丑……字号。本县……客人……政和六年九月……葬埋讫。""丁丑"是用数字分组编号的第十四组，若每组依一百个墓穴计算，第十四组的墓葬序号当一千四百多，比第十排的 1162 还要多出 240 个穴位，所以带"政和六年"的砖墓志的墓葬原应在墓地的第十二排内。而墓地的启用至"政和六年"，时间也正好为十二年，粗算一下，此墓地每一排墓穴基本上可葬埋一年。墓地已发掘十九排，自十二排向南有七排，这七排埋葬所占时间至少也有七年或七年以上，连前十二年在内，共有十九年。

　　由上述情况判断，此墓地自崇宁四年启用至墓地最后停用，使用年限至少在十九年以上。

第二节　砖墓志所见北宋末地名

　　砖墓志中所反映出来的地名相当之多，属陕州的地名为数不多，绝大部分为外州外路。关于本州的地名，有的还可考证出今名今地。现试述如下：

　　一、关于陕州地名

　　（一）南新店（M0135、M0150、M0154、M0350、M0434）

　　今有辛店，位于三门峡市区南 5 公里，属陕县大营乡管辖。北宋时称"南新店"，因位于陕州城南，故名。

　　（二）磁钟（M0144、M0166、M0175、M0253、M0273、M1013）

　　今磁钟村位于三门峡市区东北 10 公里，属湖滨区磁钟乡管辖，并为乡政府所在地。

　　（三）横渠（M1003、M0169、M0181）

　　今有上横渠和下横渠村，位于三门峡市区东南郊，属湖滨区崖底乡管辖。

　　（四）赵上保（M0115、M0116、M0117）

　　今名上村，位于三门峡市区北郊，属湖滨区会兴乡辖区。上村唐代时名赵上村（1984 年从上村南出土的唐代墓志中得知），后简称为上村。

（五）赵上保后土社（M0471）

确切的今名与位置已无可考，但有两处可参考。一处是今后川村，该村位于上村西1公里，后川与后土有沿革的可能。另一处是今庙底村。该村在上村南4公里处。在村之西北有后土神庙的旧址。从上述两处情况看，今庙底村为宋末的赵上保后土社的可能性最大。

（六）上南保罐竹社（M0468）

上南保的具体位置已无可考，可能在今三门峡市区西南约10公里的陕县张弯乡附近。罐竹社，今名罐煮村，属陕县张弯乡辖区，现分上罐煮、下罐煮和西罐煮三个自然村，其中在上罐煮村东面台地下的河流旁，今还有竹园存在。

（七）三里涧（M0221）

今村名为三里桥，位于三门峡市区南郊，属湖滨区崖底乡管辖。该村因距陕州老城1.5公里，村边的青龙涧河上有小桥，故名。想来，三里桥之村名应由北宋的三里涧沿革而来。

（八）永定涧（M0256）

陕州城内分左厢、右厢和永定厢等行政区划（见本墓地所出砖墓志记载）。永定厢的位置应在陕州城南，因境内有青龙涧河流过，故称永定涧。

（九）七里社（M0177、M0235）

今名崖底村，在三门峡市区南郊，湖滨区崖底乡辖区，为乡政府所在地。1986年，我们在三门峡市政府办公大楼下发掘出宋代砖墓志一方，记载该墓的位置在七里社东北0.5公里，故知七里社因距陕州城七里而得名，亦即今崖底村。

（一〇）张村（M0738）

今张村乡，位置在三门峡市区南12公里的高原上，属陕县张村乡，为乡政府所在地。

（一一）南原村（M0259）

似应在陕州附近。现虽已无此村名，但有二处可考虑。一处是梁家渠村。该村位于市区南郊，属湖滨区崖底乡辖区，现村名是因梁氏家族建村于广济渠旁而得，早年曾因姓氏而被称为南家庄。另一处是原南村。该村位于三门峡市区东北15公里，属湖滨区高庙乡辖区，因村落依岭面南而建得名。

二、关于外州外路地名

（一）京畿路

北宋皇祐五年置以京东之曹州，京西之陈、许、郑、滑州为辅郡，隶畿内，并开封府含四十二县。开封府（今河南省开封市）有十六个县。砖墓志中所涉及的有两个县。一是雍丘县（M0110、M0223、M0367），位于开封府东南，即今河南省杞县。二是陈留县（M0133、M0148），位于开封府东南，即今开封县陈留镇。

（二）京西南路

北宋熙宁五年（1072）分京西路南部置。路府在襄州，辖襄阳府（今湖北省襄阳）、七个州、三十一县。砖墓志中所涉及此路的有金州（M0127）。金州即今陕西省安康市，原辖五县。

（三）京西北路

熙宁五年分京西路北部置，辖四府、五州、一军、六十三县。砖墓志中涉及的有河南府、蔡州、汝州和陈州。

1. 河南府所涉及的有：

（1）巩县（M0174），即今河南省之巩义市。

（2）永安县（M0466），即今河南省巩义市西南20公里的芝田村。宋时该村为永安镇，因奉陵寝，景德四年升镇为县。

（3）新安县（M0567），即今河南洛阳市新安县。新安牛张，即今新安县磁涧乡牛张村。新安崛山（M0355），即今河南省新安县城关乡崛山村。

（4）西京白波（采:02），西京即今河南省洛阳市，白波在洛阳市孟津县境内。

2. 蔡州（M0108），即今河南省汝南县。蔡州原管辖十县。

3. 汝州（M0120），即今河南汝州市。汝州原管辖五县。

4. 陈州（M0448），宣和元年升为淮宁府，辖五县，即今河南省漯河市淮阳县。

（四）河北东路

熙宁六年（1073）分河北路东部置，辖三府、十一州、五十七县。路府为大名府（庆历二年建为北京），即今河北省大名县。砖墓志中所涉及的有瀛州、安州、澶州、怀州。

1. 瀛州（M0103），大观二年升为河间府，辖三县，即今河北省河间市。

2. 澶州（M0104），崇宁四年升为开德府，辖七县，即今河南省濮阳市。

3. 安州（M0154），即今河北省高阳县东。

4. 怀州（M0382），即今河南省沁阳市。

（五）京东西路

熙宁七年（1074）分京东路为东西两路，路府为应天府。京东西路辖五州、四十三县，应天府在今河南省商丘县南，砖墓志中所涉及的有曹州、济州、郓州。

1. 曹州（M0255）

崇宁元年升曹州为兴仁府，辖四县，即今山东省菏泽市 。

2. 济州（M0571），辖四县，即今山东省济宁市。

3. 郓州（M0766），宣和元年改为东平府，辖六县，即今山东省东平县。

（六）河东路

北宋至道三年（997）所设十五路之一，路治为太原府（今山西省太原市），辖三府、十四州、八十一县。砖墓志所涉及的有绛州和并州。

1. 绛州（M0124、M0125、M0306、M0470），即今山西省新绛县。

（1）绛州稷山县（M0160），即今山西省新绛县西的稷山县。

（2）绛州太平县（M0125），即今山西省襄汾市西10公里汾城镇。

2. 并州（M0543），即今山西省阳曲县。

（七）永兴军

北宋熙宁五年（1072）分陕西路东部置，路治在京兆府（今陕西省西安市），辖四府、十五州、五军、九十县。砖墓志所涉及的有：

1. 河中府（M0129、M0665），辖七县，即今山西省永济市。涉及的有荣河县（M0535），今山西省永济市西万荣县。

2. 解州（M0335），辖三县，即今山西省运城地区解州镇。所涉及的有：

（1）闻喜县（M0118），即今山西省闻喜县。

（2）莲花铺（M0418），今为解州镇一条街道的名称。

3. 同州（M0334、M0358），辖六县，即今陕西省渭南地区大荔县。所涉及的只有郃阳县（M0278），即今陕西省渭南地区合阳县。

4. 虢州（M0219），辖四县，即今河南省灵宝市。

5. 华州（M0380），辖五县，即今陕西省渭南地区华县。

6. 商州（M0114），辖五县，今陕西省商洛地区商州市。

7. 宁州（M0360），辖三县，今甘肃省庆阳地区宁县。

（八）秦凤路

北宋熙宁五年分陕西路西部置，路治在凤翔府，先辖一府、十二州、三十八县，后辖一府、十九州、五军、四十八县。砖墓志所涉及的有：

1. 凤翔府天兴县（M0134），即今陕西省宝鸡市凤翔县。

2. 陇州（M0376），辖四县，即今陕西省宝鸡市陇县。

3. 熙州（M0265），辖一县，即今甘肃省定西地区临洮县。

（九）两浙路

北宋熙宁七年，分为两路，寻合为一；九年复分，十年复合。路治为杭州（今浙江省杭州市）。辖二府、十二州、七十九县。砖墓志所涉及的只有苏州（M0348、M0353、M0354），即今江苏省苏州市。

（一〇）淮南东路

北宋熙宁五年（1072）分淮南路为东西两路，路治为扬州（今江苏省扬州市），辖十州、二军、三十八县。砖墓志所涉及的有亳州和高邮军。

　　1.亳州（M0550），辖七县，今安徽省亳州市。

　　2.高邮军（M0356），辖二县，即今江苏省高邮市。

　　（一一）荆湖路

　　北宋雍熙二年（985）合荆州、湖南二路为荆湖路，治二府、十七州、九十五县。砖墓志所涉及的有潭州（M0147），即今湖南省长沙市。

　　（一二）江南东路

　　至道三年（997）置江南路，天禧四年（1020）分江南路东部而置，路治为江宁府（今江苏省南京市），辖一府、七州、四十三县。砖墓志所涉及的有池州（M0517），辖六县。池州即今安徽省池州地区贵池市。

　　（一三）江南西路

　　天禧四年（1020）分江南路西部而置，路治为洪州（今江西省南昌市），辖六州、四军、四十九县。砖墓志所涉的有筠州（M0167），辖三县，即今江西省宜春地区高安市。

　　（一四）福建路

　　北宋雍熙二年（985）改两浙西南部置，路治为福州（今福建省福州市），治六州、二军、四十七县。砖墓志所涉的有邵武军乾宁县（M0453）。宋史所载邵武军辖有建宁县而无乾宁县。砖墓志中很可能将"建"字讹成"乾"字，建宁即今福建省建宁县。

　　（一五）成都府路

　　北宋咸平四年（1001）分西川路西南部置益州路，嘉祐四年（1059）改为成都府路，辖一府、十二州、二军、五十八县。砖墓志所涉及的有成都府（M0517），辖九县。成都府即今四川省成都市。

　　（一六）利州路

　　北宋咸平四年分西川路东北部置，路治为兴元府（今陕西省南郑县）辖一府、九州、三十八县。砖墓志所涉及的有巴州（M0369），辖五县。巴州的位置在今四川省巴中县或奉节县一带。

　　（一七）潼川府路

　　辖二府、九州、三军，路府在梓州（今四川省三台县）。砖墓志所涉及的有果州和遂州。

　　1.果州（M0123），辖三县，即今四川省南充市。

　　2.遂州（M0374），政和五年升为府，辖五县，即今四川省遂宁市。

第三节　砖墓志所见北宋末陕州行政区划

陕州原属陕西路，后划归永兴军，是永兴军最靠东的一个州。《宋史·地理三·陕西路》记载，陕州辖七县：陕县、平陆、夏县、灵宝、芮城、湖城和阌乡县。砖墓志中涉及到的有陕县（M1051）、灵宝（M0101）、平陆（M0176）、夏县（M0156）、阌乡（M0151）等五个县，并多在县名前加"本府"二字。如 M0156 墓志文："制字号。据贾贵抬捃到妇人阿马，年四十二岁，左厢贫子院身死，系本府夏县人事……"；M0176墓志文："发字号。仁（仁）先院孤老妇人阿陈，年约七十六七，系本府平陆县人事……"。这些砖墓志所记县名与宋史记载是完全吻合的。

关于陕州城，砖墓志志文多次出现有"本府左厢"（M0129）、"本府右厢"（M0125）和"本府永定厢"（M0111）等记载，如 M0125 墓志文为："巨字号。据仵作行人秦成抬捃到本府右厢丁二家所使装四姐……"；M0129 墓志文为："夜字号。本府左厢贫子院贾贵抬捃到妇人阿刘……"；M0111 墓志文为："甲子结。本府永定厢孤独妇人阿梁……"等等。由此可知，陕州城内当时是分为左厢、右厢和永定厢等基层辖区的。同时，根据 M0256 墓志中记载有"永定涧"一词，可进一步推知永定厢的位置当在陕州城内的南部，因城南的清龙涧河流经永定厢，故称"永定涧"。北宋末年，推行保甲制，在砖墓志中多有反映，如赵上保后土社（M0471）、上南保罐竹社（M0468）、七里社（M0177）、磁钟社（M1013）、横渠社（M1003）等，这里只见"保""社"记载，而不见"甲"的记载。上述行政区划，在陕州史志中并不见有记载，墓志志文对陕州地方史的研究提供了新的资料。

第四节　砖墓志所见北宋末军队番号

砖墓志中能明确断定墓主身分的有 175 座墓（含采集品），其中有 120 座是军人墓，占知道身分人数的 65％以上，可知军人的数量在埋葬的人数中占绝大多数。在埋葬的军人中，又可分出属本地军队的和外地军队的两种，其中有国家禁兵，也有地方厢兵和乡兵等。

一、属陕州本地军队的军人

主要有：保捷第十九指挥第三都兵士桯吉（M0130），保捷第十五指挥兵士田吉（M0258）和孙贵（M0133），雄胜第二指挥军人刘进（M0105），崇武指挥招刺营兵士（M0149），保宁第八指挥军人张能（M0126），三门水军营兵士侯进（M0102），壮城兵士三名（M0146、M0153、M0212），瓦务兵三名（M0115、M0116、M0117），三门西山河匠兵士一名（M0232），陕州东门递铺兵士四名（M0134、M0165、M0349、M0549），南新店递铺兵士三名（M0150、M0350、M0434）、磁钟递铺兵士三名（M0144、M0145、M0175）和横渠马铺兵士一名（M0169）、急脚铺兵士一名（M0181），壕寨司军人八名（M0108、M0120、M0127、M0134、M0148、M0167、M0174、M0374），由因犯罪而被发配充军的人组编的配军指挥八名（M0356、M0517、M0543、M0550、M0381、M0767、M0163、M0164）和因犯罪而坐监的牢城指挥六名（M0142、M0113、M0123、M0124、M0114、N0448）。以上涉及的军队番号有 14 个，军人 50 名，除前面五种番号的军队为具有作战能力的地方禁军或为教阅厢军外，其余均为承担各种繁重劳役的杂役军。在壕寨司的八名军人中，就有三人为逃兵（M0134、M0167、M0374）。砖墓志志文中对本地的禁军或教阅厢军记载得非常明确，均在军队番号的前面加"本府"二字，以示与外地军人的区别。如 M0258 的墓志志文："贤字号。本府保捷第十五指挥兵士田吉……"。M0105 的墓志志文："甲子阳。本府雄胜第二指挥军人刘进……"，等等。配军和牢城营的罪犯多数是从外地流放而来，如有商州牢城的薛简（M0114），并州断配的徐泰（M0543），死于本府牢城的乔忠（M0124），死于本州牢城的果州人韩遂（M0123），陈州牢城的王吉（M0448），亳州断配的不知姓名罪人（M0550），死于本府牢城营的东京军人顿皋（M0113）等。

二、属来自东京军队的军人

计有 7 个军队番号，葬者 15 人，如：

（一）东京虎翼□二五指挥顿皋（M0113）；

（二）东京虎翼右二九指挥兵士杜用（M0210）；

（三）东京虎翼指挥军人梁支（M0247）

（四）东京殿前虎翼左三十长行董安（M0421）；

（五）东京水虎翼指挥军人甘吉（M0131）；

（六）东京水虎翼指挥兵士扬元（M0158）；

（七）广勇右三指挥军人冯贵（M0333）；

（八）右京广勇第二第六指挥军人梁德（M0377）；

（九）驻泊东京广勇右二一指挥兵士袁莫（M0515）；

（一〇）驻泊广勇右二一指挥兵士解德（M0565）；

（一一）驻泊东京广勇右二一指挥兵士秦宁（M0569）；

（一二）东京忠节指挥军人丁德（M0359）；

（一三）东京宣武指挥兵士张宁（M0269）；

（一四）东京第一将下广捷第二十一指挥兵士董成（M0159）；

（一五）东京第二将下倚射第七指挥兵士陈进（M0172）。

　　来自东京的军队均应是国家禁军，其中（一）至（一三）应是北宋禁军中的不系将禁军，（一四）、（一五）两种应是系将禁军。在这些军人中，除 M0113 的顿皋死于牢城营外，其余军人的砖墓志志文中在军队番号前或加有"驻泊"一词，如 M0515 等，或写明死于驻泊司，如 M0210。驻泊司是管理军队更戍的官署名称。由此可知，这些军人都是为执行军务而出戍陕州的。出戍的军人中，以虎翼和广勇指挥的人数较多。虎翼指挥军人从砖墓志反映出来的在陕州的时间大体在崇宁四年十一月十六日（M0113）已有，至大观三年十二月二十四日（M0665）还有。广勇指挥军人从砖墓志反映出来的在陕州的时间大体在大观元年七月二十九日（M0333）已有，至大观三年二月十六日（M0569）还在。

　　三、属其他地方军队的军人

　　来自其他地方军队的军人有：

　　（一）京畿路

　　1. 雍丘县的武骑第十二指挥军员田闰（M0223）；

　　2. 雍丘县的雄武第十六指挥兵士丁德（M0110）；

　　3. 陈留县的桥道第六指挥兵士成吉（M0148）。

　　（二）京西路

　　1. 巩县的勇捷指挥兵士朱成（M0174）；

　　2. 汝州的勇捷第四指挥军人康信（M0120）；

　　3. 汝州的往武指挥兵士商文（M0463）；

　　4. 金州的劲武第二十一指挥逃军李宁（M0127）；

　　5. 蔡州的劲武第十七指挥兵士张青（M0108）。

　　6. 新安县的牛张递铺兵士孟进（M0567）；

　　7. 新安县的崛山递铺军人何贵（M0355）；

　　8. 永安县的南门马铺兵士崔立（M0466）。

　　（三）河东路

　　1. 绛州的雄猛第二指挥军人乔忠（M0124）；

　　2. 绛州的神宝监军人李二君（M0306）。

　　（四）陕西路

　　1. 熙州的第六十四指挥兵士唐吉（M0265）；

　　2. 陇州的青边第二十五指挥长行杨美（M0376）；

　　3. 河中府的蕃落九十九指挥兵士戴青（M0665）。

　　（五）河北路

　　1. 瀛州的安远第八指挥兵士丗秀（M0103）；

2．澶州的崇胜第十六指挥兵士张进（M0104）。

（六）四川路

1．果州的克宁第六指挥军人韩遂（M0123）；

2．遂州的克宁第四指挥逃军杨元（M0374）。

（七）江南路

所涉及的只有筠州的安远第八指挥逃军张贵（M0167）。

以上涉及七路、一府、十一州、四县，死亡军人21人，军队番号18个。而M0123韩遂和M0124乔忠死亡于牢城营；M0108张青、M0120康信、M0127李宁、M0148成吉、M0174朱成、M0374杨元均在壕寨司寄役身死。M0567的牛张递铺兵士孟进、M0355的崛山递铺的何贵、M0466永安县南门递铺的崔立都可能是到陕州执行传递任务时死亡的。

砖墓志志文中对军人的记载，无论是禁军或厢军，只写明"指挥"这一基本单位，对指挥以上的更高一层的编制单位则略而不写，指挥以下的编制单位也很少记载，仅见有二例，如M0130桯吉墓志记有"保捷第十九指挥第三都"，M0142张宣墓志记有"牢城第十指挥十分"。

至此，我们可以看到许多北宋末军队番号，同时也可以看到不少军队的实际情况。这些资料的出现，对我们研究北宋末的军制极其可贵。

后　记

　　北宋陕州漏泽园墓地，是原洛阳地区文物工作队和三门峡市文物工作队在配合城市基建工程中发现和发掘的。发掘经历三次，其中以第三次规模最大，清理墓葬数量最多，占已发掘墓葬总数的三分之二以上。第一次发掘是在 1985 年春，为配合修筑甘棠路（原二棉），由洛阳地区文物工作队主持进行，参加人员有宁景通、桑庸夫、任留政等人，原三门峡市文物管理委员会许永生等人给予了支持和配合。第二、三次发掘是在1993 年春和 1994 年春，为配合宇泰房屋开发公司的基建工程，由三门峡市文物工作队主持发掘，其负责人是宁景通和王保林，参加发掘人员有杨海清、胡小龙、赵小灿、史智民、李书谦、崔松林、宁会振、王光友、王斌杰、何耀鹏、李栋、景闻刚等。墓地的钻探和勘察由赵成玉同志负责。任留政和李宪增分别承担了田野摄影工作。已发掘的墓葬位置分布图，由徐宏伟和宋红义测绘。

　　本报告是在三门峡市文化局柴广智局长的关怀和支持下，在三门峡市文物局侯俊杰局长的直接领导和三门峡市文物工作队全体同志的共同协作下编写成的。

　　报告由宁景通、赵成玉、张怀银整理编写。室内摄影由文物出版社刘小放和三门峡市文物工作队任留政、赵小灿完成。器物修复和大量砖墓志的拓片由宁文阁、胡焕英、张艳平和何冰承担。线图由陈素英、杨青龙描绘。在资料整理中，曾多次得到三门峡市原陈列馆馆长赵安杰和市一高历史教师董来运先生的热情帮助。承蒙河南大学历史系教授宋会群、周宝珠先生和学校图书馆工作同志惠允提供有关参考资料。卢氏县文物管理委员会提供了《虢州卢氏县漏泽园记》碑的拓片。

　　河南省文物考古研究所虢国墓地工作站姜涛等同志，对本报告不仅从技术上给予了支持，还提出不少中肯的意见和建议。

　　报告的整理和编写，有幸得到了楼宇栋先生亲临指导和帮助。

　　在此，编者向所有关心、支持和帮助过我们的单位和同志，表示诚挚的谢意。

　　因水平有限，报告中肯定会有不妥之处，衷心希望得到有关专家学者的批评指正。

Louzeyuan of the Shaanzhou Prefecture in the Northern Song Dynasty

(Abstract)

Louzeyuan was a graveyard run by the charity organization under the government for the poor homeless in the last years of the Northern Song dynasty. About 2 km. west of the old prefectural seat of Shaanzhou, the graveyard was found on a terrace at Xiangyang village to the south of Shangcunling Sanmenxia City, occupying an area of 12650 sq. m.. Three seasons of excavation, respectively in the springs of 1985, 1993 and 1994, were concentrated on its northern, middle and western parts, opening up a total area of 3800 sq. m.. Tombs at the eastern and western ends of the graveyard were destroyed in early days, and those in the southern and middle parts were left untouched this time. Although closely distributed, the tombs were well arranged in rows and columns. 849 tombs were excavated altogether.

All of them were tombs of an earthen vertical shaft in a north-south direction, with a measurement of $1.0 - 2.0$ m. in length, $0.4 - 0.7$ m. in width and $0.3 - 1.2$ in depth. Many were destroyed because the pits were too shallow. The dead was placed bent in a large pottery vat, or in two mouth to mouth. The vats' open mouth, level bottom and thin wall, indicate that they were made specially for the mortuary purpose. A total of 1002 such vats were unearthed. In some cases, potsherds were found in the place of a vat, and in some others, corpses were covered merely by earth. In order to preserve the cemetery as much as possible, archaeologists restrained from clearing some of the vats, especially those coupled ones. That is the reason why burial manner has not been recorded in some cases. However, judging from the examined vats, all the dead were buried alone, few headed to the south and burial postures are varied: supine, on their side, prone and so on, with the supine extended posture most frequently encountered. The diversified postures indicate a very cursive internment.

Epitaphic bricks were found in many tombs, one to four in each and 372 in total, providing us the basic clues to the date and nature of the graveyard. These bricks of different shapes and sizes are divided into five types, of which the large square and rectangular ones are most common and spanned the longest time. The inscription was written with a brush pen first and then engraved with a knife. The earlier epitaphic brick, were finely polished and even decorated with linear patterns, their characters rather numerous and carefully written. The longest inscription contains 66 characters in seven columns. The later epitaphs show a reckless craftsmanship, with some bricks bearing blurred trace of ink with no carving, and some even totally untouched.

The inscription, invariably carved in intaglio and arranged vertically, shows the tomb code, name, age and identity of the dead, place of death and date of interment, and in some cases, also with the organizations and individuals who picked up the corpses. The coding of tombs was a part of the whole managerial process from registering the advent of corpses through their interment to keeping everything in record. These tombs were coded in two wsys. One is the adoption of the order of the *One Thousand Characters* beginning with *tian* (heaven), each character signifying one tomb. However, a shortcoming of such coding is that the corpses after the l000th would have no corresponding number. The solution to this problem is to combine the order of *One thousand Characters* with the traditional calendric sequence. For example, M0108 had three epitaphic bricks, two inscribed with the character "zhi" while a third with "jiazi (*ganzhi*) Zhi." A coding like this avoided using *One Thousand Characters* for the socond time. Other examples include "yichou Bai" of M1003, "yichou Mi" of M1032, "yichou Zhen" of M1033 and "yichou Fei" of M1051.

The second method is to divide the tombs into groups and code them with *ganzhi* and numbers. There is only a very small number of tombs that were coded in this way. We guess that one group included one hundred tombs, with each tomb coded with a numder, and each group coded with a *ganzhi* sign. The code of a tomb began with *ganzhi* followed by number. For example, that of M0103 of the first group reads "jiazi, no. eight-eight. That of M0267 of the third group reads "bingyin, no. twelve." So far, such *ganzhi* signs as "jiazi," "bingyin," "dingmao," "wuchen," "jisi," "gengwu," "dingchou," etc., have been found on the epitaphs. Such coding involving *ganzhi* signs were also encountered at similar graveyard in Luoyang and Xinxiang (see He Guanbao, "The Northen Song Military Institution as Seen in the Louzeyuan Epitaphic Bricks in Luoyang", *Central Plains Relics*, special issue, 1981, or *Selected Essays of Henan Association of Archaeologists*).

Most of the corpses in the graveyard came from the *Anjifang* (public hospital for the poor), *Penziyuan*, *Renxianyuan* (both old people's home), *Haozhaisi*, *Laochengying* (military troop for construction), *dipu* (postal station) and inn. The largest supplier of corpses, *Anjifang* was, as is repeatedly recorded in *The History of the Song Dynasty*, a charity house providing medication for the poor people including local residents and immigrants staying in Shaanzhou, armymen and criminals serving their sentences. Although *The History of the Song Dynasty* carries no reference to *Renxianyuan* and *Pinziyuan*, we learn from the tomb epitaphs that the dead they supplied were mostly people above seventy. We guess that *Renxianyuan* provided service for poor widows and widowers and those without children, whereas *Pinziyuan* helped those who lost the ability to live upon themselves. In addition, their service also covered local plain people and soldiers, as well as armymen, visitors, employees and criminals from other places. The dead from *Renxianyuan* and *Pinziyuan* include male and female, young and old, with the youngest at nine, and the oldest at eighty-two. The majority, however, were people in their young and robust years. The largest occupational portion of the dead was soldiers belonging to local army. Some of them were real soldiers, while the rest are simply regimented coolies forced to dig moats and build walls, criminals serving their sentences and so on. Those soldiers from Eastern Capital belonged to the troop sent into garrison in Shaanzhou, as is clearly indicated in their epitaphs, whereas the epitaphs of other soldiers have no reference to the cause of their presence in Shaanzhou. Many of the latter died during their service in Haozhaisi and Laocheng.

The corpses were escorted to Louzeyuan by both organizations and individuals. For example, a person by the name of Qin Yu carried to Louzeyuan the body of his brother Qin Ning, a soldiers from Eastern Capital garrisoned in Shaanzhou. The officers responsible for the transportation of the corpses were those in charge of public safety and household registration at a county level.

The words "we checked everything and have erected this pear (mound) in accordance with related policy" was found on every epitaph, indicating that the work went on at Louzeyuan as a routine under the strict governmental policy and rule.

All epitaphs ended with the date of interment. Since the majority show day and month only, the date of interment of many tombs are conjectured from the few dated epitaphs. The earliest unearthed dated epitaph ("the lst day of the 12th month of the 4th year of the Chongning reign") was coded "jiazi, no. 54" (M0129) while the earliest collected dated epitaph (the lst day of the 2nd month of the 4th year of the Chongning reign) was coded "Huang" (the 4th in *One Thousand Characters*), which may mark the beginning of the graveyard. On the other hand, the latest unearthed dated epitaph (the 24th day of the 12th month of the 3rd year of the daguan reign) was coded "gengwu, no. 87" (M0665), while the latest collected dated epitaph was erected in the 9th month of the 6th year of the Zhenghe reign. So, the grave spanned at least twelve years, that is, from the 4th year to 6th year of the Zhenghe reign of the Song dynasty.

北宋陝州漏沢園

（摘要）

　　北宋陝州漏沢園は北宋末期陝州地方官庁が開設した慈善機関で、家を失い、墓を持たず、亡くなった社会貧民を埋葬する公共墓地である。この墓地は三門峡市上村嶺より南西、向陽村より東の高地に位置し、西に旧陝州城と2キロ離れ、墓地の総面積は12,650平方メタルである。墓地の北部、中部と西部で、1985年春、1993年春と1994年春、前後三回を渡って発掘調査が行われ、発掘した面積は3,800平方メタルに達した。墓地の東西両端は破壊され、南部と中部の墓は発掘せず、現地でそのまま保存することにした。墓地の中で、墓が東西と南北方向に行列になり、整然と並ばれている。発掘調査した墓の数は849基である。849基の墓は全部南北方向の竪穴土坑墓であり、長さが1～2メタル、幅が0.4～0.7メタル、深さが0.3～1.2メタルである。土坑が浅すぎる原因で、撹乱を受けた墓が少なくない。墓は口が広く、平らな底部をもつ胴部の深い大形甕を葬具としている。甕の壁が薄くて、明らかに実用の容器ではなく、漏沢園のために特別製造された葬具であろう。このような甕は全部で1,002点発見された。墓の多くは甕を2点使い、口が向かいあって、死者を中に置き、墓的一角に置かれている。甕を1点使った墓もあり、死者を縮こませて甕の中に置き、或いは身体の一部を外に出している。ごく一部の墓は完形の甕を使わず、甕の破片を死者の上に被らせて埋葬した。ほかに葬具の全くない墓もある。墓地を保護するため、すべての墓を徹底的な発掘調査したわけではなく、特た甕を2点使った墓をそのままにし、登録表の中で「葬式不明」にした。調査した墓から、すべての墓は単身墓であり、頭向きは北向きの墓が多く、南向きの数が極めて少ないことが分かる。死者の埋葬姿勢は仰向け、腹ばいと横向きなど様々であるが、最も多いのは「仰身直肢葬」である。様々な奇特な葬式から、当時死者に対して、埋葬が極めてぞんざいであることが分かる。

　　多くの墓は磚製の墓誌を持ち、少ないほうが1点、多いほうが3、4点ある。これらの墓誌は墓葬の時代や性質などを研究する主な資料である。今回出土した墓誌は全部で372点である。これらの墓誌は形や大きさもばらばらで、5式に分けることができる。この中に、大きい方形の磚と長方形の磚で作った墓誌が一番多く、使用時間も長い。墓誌の文章は毛筆で書いた後で彫られたと考えられる。早期の墓誌の作りは丁寧で、表面を磨き、枠も描かれ、文字の書きと彫りも良く、文章が長くで、内容も詳細である。最も文字の多い墓誌は7行66文字である。晩期の墓誌は表面の加工をせず、文字の書きと彫りもぞんざいである。文章を書いただけで（ほとんど摩滅している）、彫らないものがあるが、何もしない、磚のままで、墓誌の機能を失ったものもある。

　墓誌文はすべて縦書きで、墓の番号・死者の姓名・年齢・身分・死亡の場所と埋葬の時間などを記し、中に死体を運ぶ機関と人の名前を記したものもある。死者の墓に番号を付けるのは漏沢園が死者の受け入れ・登録・埋葬などの重要な管理方法のひとつである。出土した墓誌から、墓の番号付けは二種類採用されたことが分かる。一つは『千字文』の文字順で番号を付ける。すなわち一つの文字は一つの墓を表示する。しかし、この方法は千越えると、使えなくなる。従って、番号は千越える場合では、『千字文』の文字の前に「干支」を加える方法が使われたと推測される。例えば、M0108号墓（死者は張青）から、墓誌か3点出土し、二つは『千字文』の「致」字番号で、もう一つは「甲子致」である。この推測は第10行の墓から出土した墓誌で実証された。例えば、M1003号墓の墓誌の番号は「乙丑白」で、M1032号墓は「乙丑慕」、M1033号墓は「乙丑貞」、M1051号墓は「乙丑靡」などである。これらの「乙丑」を加えるものは1001番～2000番の墓であろうと考えられる。

　もう一つ方法は「干支」の後ろに数字を使う方法である。この種の墓誌の数が少ないため、全容が分からない。その方法は百ずつ組みを作って、組毎に「干支」をつけて分けるのではないかと推測される。第一組に「甲子」を付け（例えば、「甲子捌拾八字号」）、第二組に「乙丑」、第三組に「丙寅」をつける（例えば、「丙寅拾二字号」）。「甲子」と「丙寅」の他に、「丁卯」・「己巳」・「庚午」・「丁丑」をつけるものも発見された。この「干支」＋数字の方法は洛陽（賀官保「従西京洛陽漏沢園墓磚看北宋時期的兵製及其任務」『中原文物』1981年特刊『河南省考古学会論文選集』）と新郷から出土した漏沢園墓誌にも見られる。

　墓地に埋葬された死者の多くは、安済坊・貧子院・仁先院・壕寨司・牢城営及び州府付近の「遞鋪」や客店などから運ばれてきた。安済坊から来たのは一番多い。安済坊は當時貧しい人々に医薬を提供する慈善機関で、『宋史』に記載がある。救助する対象は現地の人だけではなく、外地の庶民（M0446）・軍人（M0159）・充軍された（M0543）人々と犯人などもおり、範囲は非常に広い。『宋史』には仁先院と貧子院の記載がないが、墓誌から、仁先院から来た死者は皆70歳以上の老人であり、仁先院が救助したのは単身の貧乏老人であろうと推測される。貧子院が救助する対象は自立できない人々であろうと推測される。埋葬された死者の中に、現地の貧しい人と軍人以外、庶民・浪人・召使いと犯人などもいる。男と女、年よりと児童、年が最も老いた人は82歳（M0232）、最も若いのは9歳で、青年と中年が一番多い。

　　死者の中に軍人が一番多い。本州の軍隊にさ属するのは保捷（M0130・M0258・M0133・M0129）、雄勝（M0105）、保寧（M0126）、三門水軍（M0102）、三門西山河匠（M0232）、壮城（M0146・M0153・M0212）、遞鋪（M0135・M0150・M0350・M0434・M0144・M0145・M0175・M0165・M0349・M0549）、馬鋪（M0169）、急脚鋪（M0181）、壕寨司（M0108・M0120・M0127・M0134・M0148・M0167・M0174・M0374）などである。最初の五つの番号は作戦能力を持つ地方「禁兵」であり、他は雑役を担任する軍人である。外に現地の「廂兵」に編入された犯人もいる（M0163・M0164・M0356・M0381・M0517・M0543・M0550・M0767・M0113・M0114・M0123・M0124・M0142・M0448）。外地の軍人の中に、東京の人が一番多い。主に虎翼指揮（M0113・M0210・M0247・M0421）、水虎翼（M0131・M0158）、広勇（M0333・M0377・M0515・M0556・M0569）、忠節（M0359）、宣武（M0269）、第一將下広捷（M0159）、第二將下倚射（M0172）などである。外地の軍隊は雍丘県の武騎（M0232）、雄武（M0110）、陳留県の広勇（M0133）、橋道（M0148）、巩県と汝州の勇捷（M0174・M0120）、汝州の往武（M0463）、金州と蔡州の勁武（M0127・M0108）、蔡州の擒賊（採4）、河東路絳州の雄猛（M0124）、絳州の神宝監（M0306）、陝西路熙州の保寧（M0265）、隴州青辺（M0376）、河中府の蕃落（M0665）、河北路瀛州の安遠（M0103）、澶州の崇勝（M0104）、四川路果州と遂州の克寧（M0123・M0374）、江南路筠州の安遠（M0161）などがある。墓誌文のなかで、東京から来た軍人に「駐泊」の言葉が付けられ、軍事行動を行うためにここに来たと分かる。ほかの外地の軍人が陝州に来た原因は明示されなく、壕寨司と牢屋でいなくなった人が多い。

　　漏沢園に死体を運んで来たのは各機関と個人である。個人では、「弟秦遇状抬捔到兄駐泊東京広勇右二一指揮兵士秦寧…」（M0549）とある。機関の官員では、県主簿、県尉、司戸、司理巡検などがよく見られる。

　　「検験了当、依條立峰」とは墓誌文の基本用語であり、漏沢園の仕事は国家の規定に基づき、厳格な管理制度と決まった手順で行われたと表している。

　　墓誌文の最後に、埋葬される時間が記されたが、年号がなく、月と日だけのものが多いため、墓の多くはその埋葬年代を少数の年号のある墓で推測しかない。墓地から出土した最も古い年号が付いている墓誌はM0129のもので、その番号は「甲子五十四字号」、崇寧四年十一月一日であり、採集された墓誌のなかに、最も古いのは「黄

字号」で、崇寧四年閏二月一日である。この年はこの墓地の始まりであろうと考えら
れる。出土した最も新しい年号が付いている墓誌はM0665のもので、番号は「庚午八
十七字号」で、大観三年十二月十二月二十四日であり、採集された墓誌のなかに、最
も新しいのは「政和六年九月」（採3）である。したがって、この墓地は崇寧四年～
政和六年、少なくとも十二年間使用されていたと推測される。

1.漏泽园墓葬分布情况(北—南)

2.漏泽园墓葬分布情况(西—东)

北宋陕州漏泽园墓葬分布情况

图版二(II)

1.A 型 I 式 M0506：1

2.A 型 II 式 M0122：1

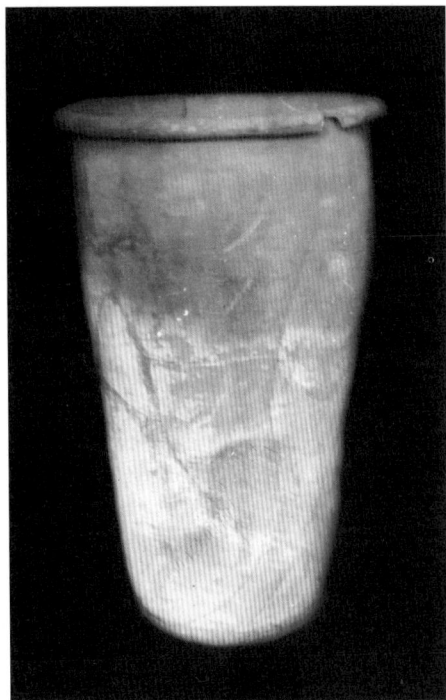

3.A 型 III 式 M0135

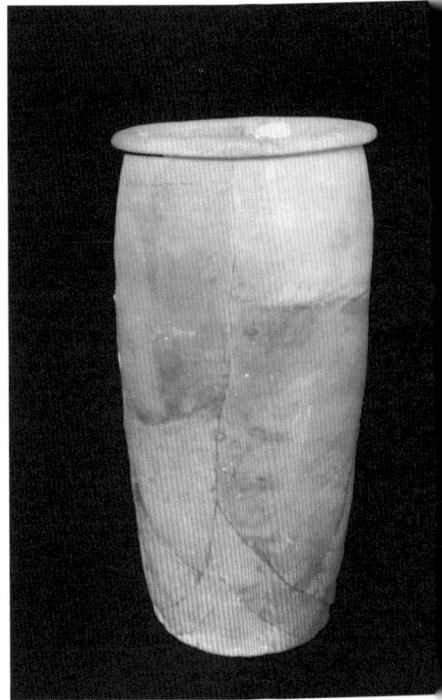

4.A 型 IV 式 M1903：1

墓葬葬具陶缸

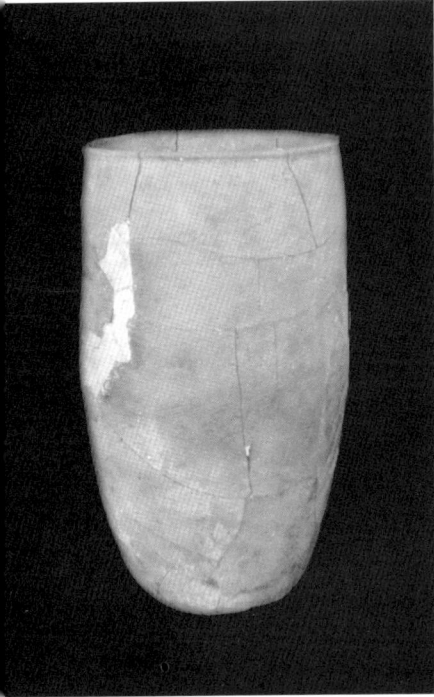

1.B 型 I 式 M0146

2.B 型 II 式 M0249

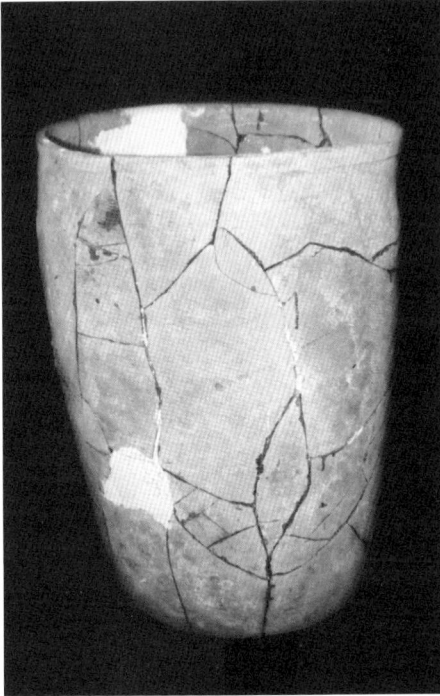

3.C 型 II 式 M0225

4.盆 M0226：2

墓葬葬具陶缸、盆

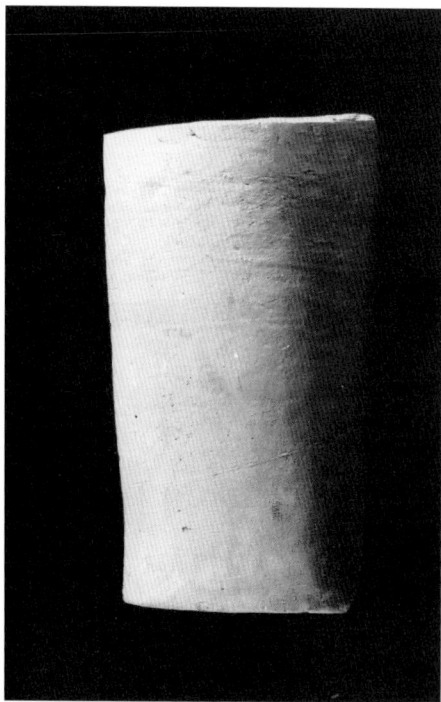

2.大板瓦 M0157：1（背面）

4.小板瓦 M0157：2（背面）

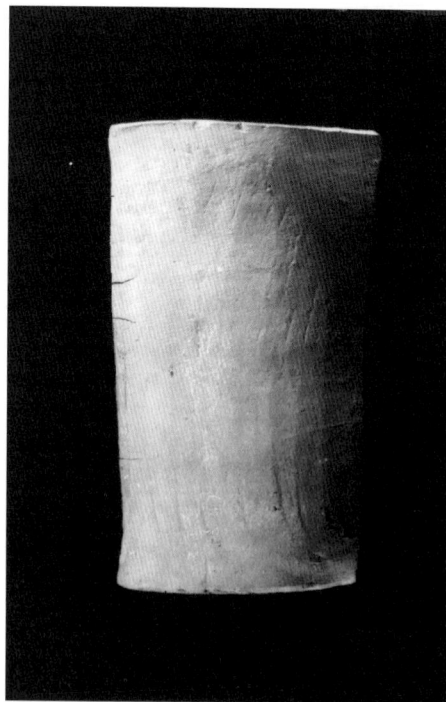

1.大板瓦 M0157：1（正面）

3.小板瓦 M0157：2（正面）

M0157 出土板瓦

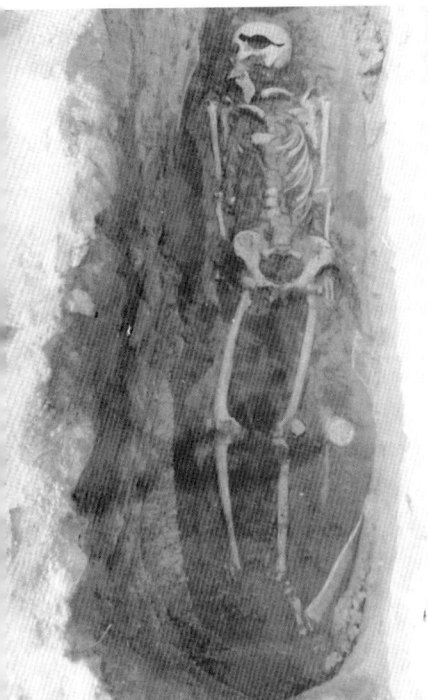

1.双陶缸仰身直肢葬 M0232(南—北)

2.双陶缸仰身直肢葬 M0751(南—北)

3.双陶缸仰身直肢葬 M0751(南—北)

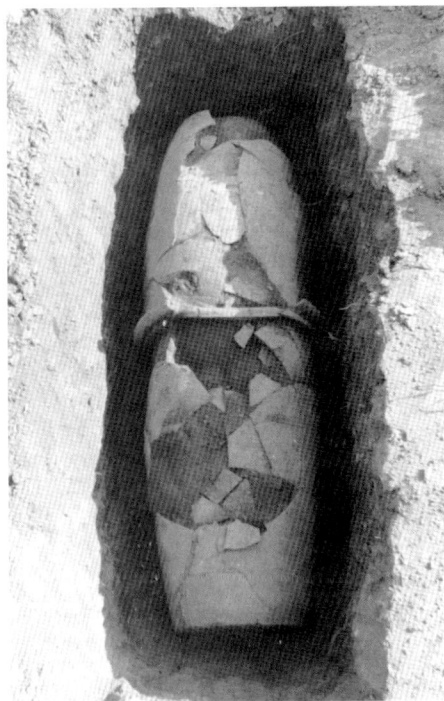

4.双陶缸仰身直肢葬 M0759(南—北)

典型墓葬 M0232、M0751、M0759 葬式

1.双陶缸仰身直肢葬 M0759(南—北)

2.双陶缸仰身直肢葬 M0761(南—北)

3.双陶缸仰身直肢葬 M0761(南—北)

4.双陶缸仰身直肢葬 M0153(南—北)

典型墓葬 M0759、M0761、M0153 葬式

1.双陶缸仰身屈肢葬 M0272(南—北)

2.双陶缸仰身屈肢葬 M0569(南—北)

3.双陶缸仰身屈肢葬 M0569(南—北)

4.双陶缸侧身屈肢葬 M0549(北—南)

典型墓葬 M0272、M0569、M0549 葬式

1.双陶缸侧身屈肢葬 M0549(南—北)

2.双陶缸俯身直肢葬 M0329(南—北)

3.双陶缸俯身直肢葬 M0329(南—北)

4.双陶缸俯身屈肢葬 M0332(南—北)

典型墓葬 M0549、M0329、M0332 葬式

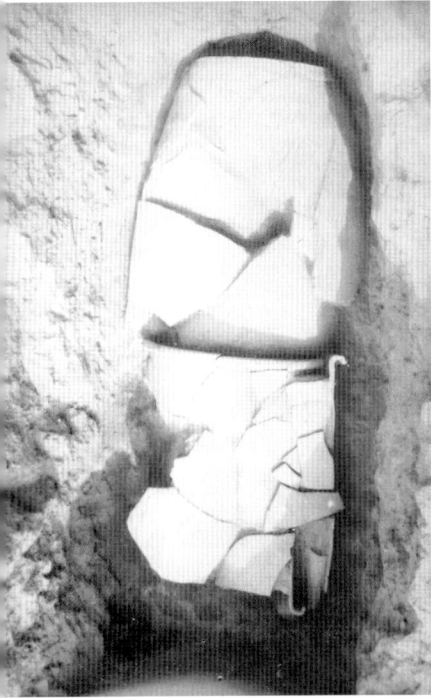

1.双陶缸俯身屈肢葬 M0343(南—北)

2.双陶缸俯身屈肢葬 M0343(南—北)

3.单陶缸仰身直肢葬 M0256(南—北)

4.单陶缸仰身直肢葬 M0256(南—北)

典型墓葬 M0343、M0256 葬式

1.单陶缸仰身直肢葬 M0265(北—南)

2.单陶缸仰身直肢葬 M0265(北—南)

3.单陶缸仰身直肢葬 M0528(北—南)

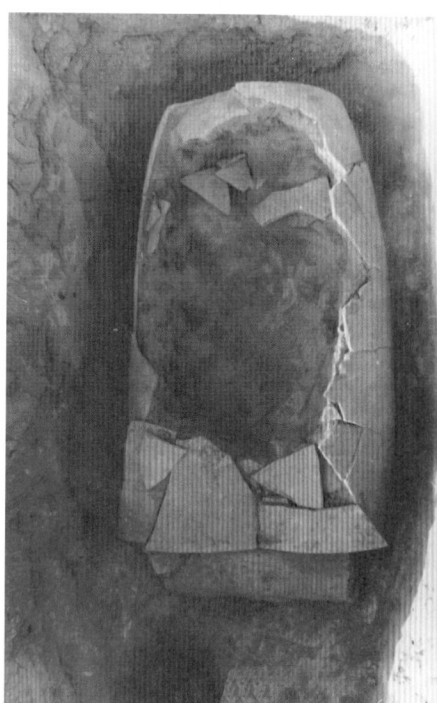

4.单陶缸仰身屈肢葬 M0227(南—北)

典型墓葬 M0265、M0528、M0227 葬式

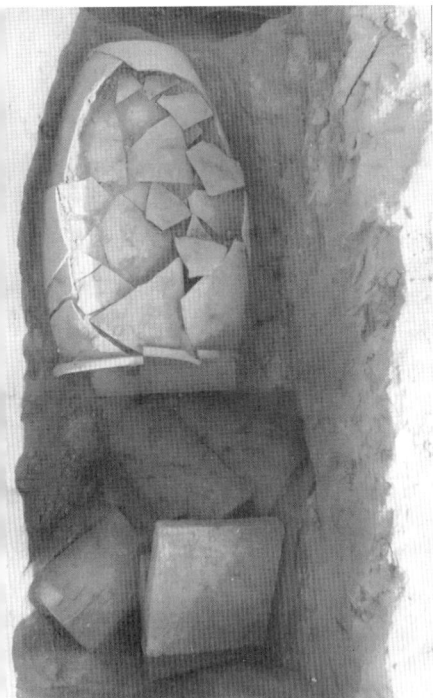

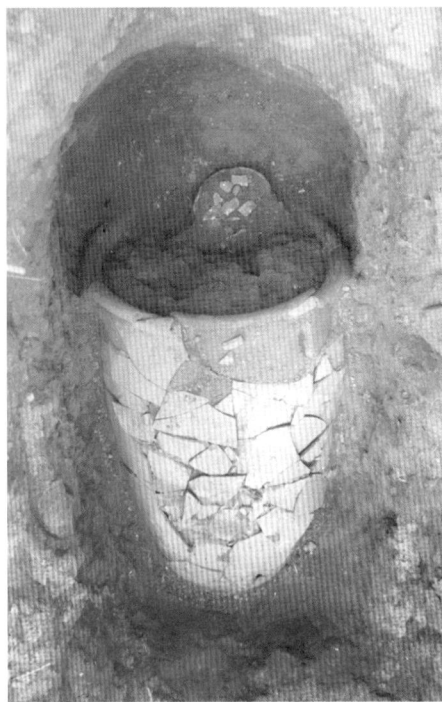

1.单陶缸仰身屈肢葬 M0254(南—北)　　2.单陶缸仰身屈肢葬 M0254(南—北)

3.单陶缸仰身屈肢葬 M0336(北—南)　　4.单陶缸侧身屈肢葬 M0275(南—北)

典型墓葬 M0254、M0336、M0275 葬式

1.单陶缸侧身屈肢葬 M0275(南—北)

2.单陶缸侧身屈肢葬 M0457(南—北)

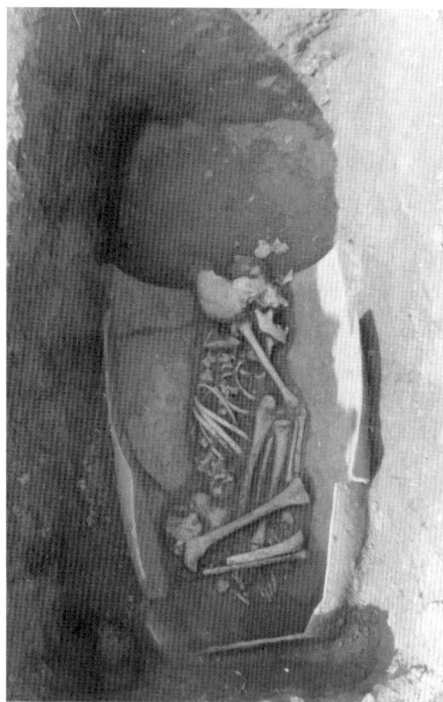

3.单陶缸侧身屈肢葬 M0457(南—北)

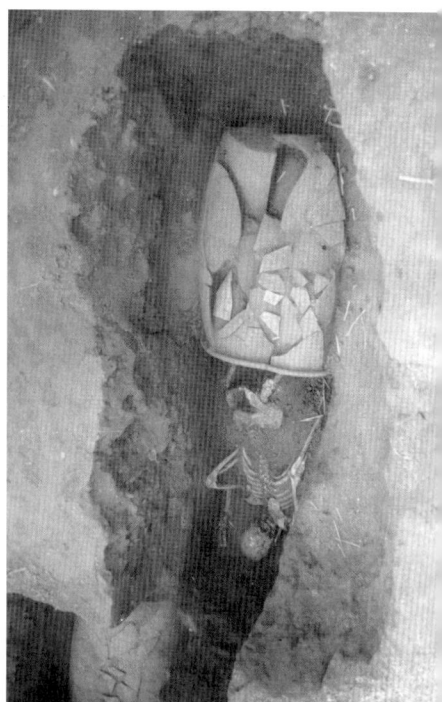

4.单陶缸俯身直肢葬 M0120(南—北)

典型墓葬 M0275、M0457、M0120 葬式

1.单陶缸俯身屈肢葬 M0226(南—北)

2.碎陶缸仰身直肢葬 M0427(南—北)

3.碎陶缸仰身屈肢葬 M0668(南—北)

4.碎陶缸仰身屈肢葬 M0668(南—北)

典型墓葬 M0226、M0427、M0668 葬式

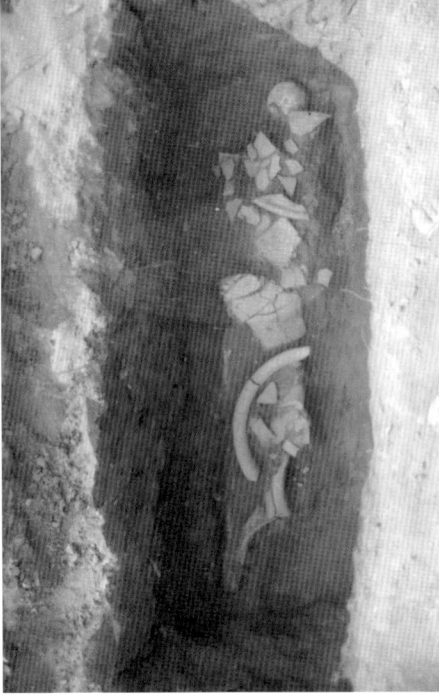

1.碎陶缸侧身直肢葬 M0660(南—北)

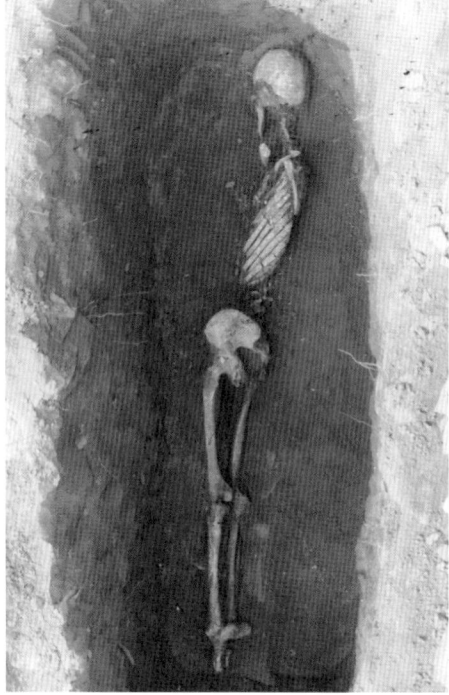

2.碎陶缸侧身直肢葬 M0660(南—北)

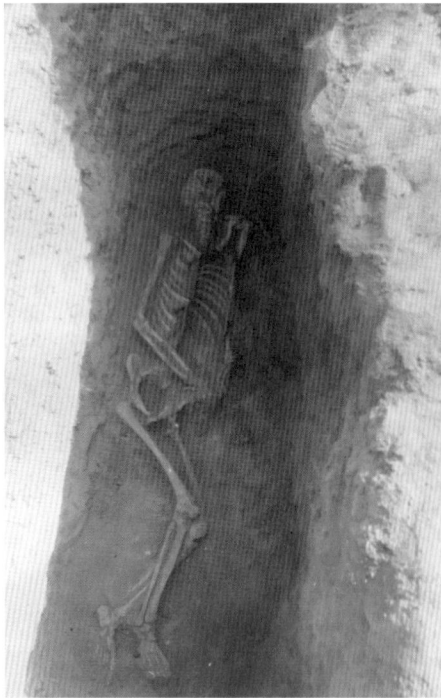

3.碎陶缸侧身屈肢葬 M0655(南—北)

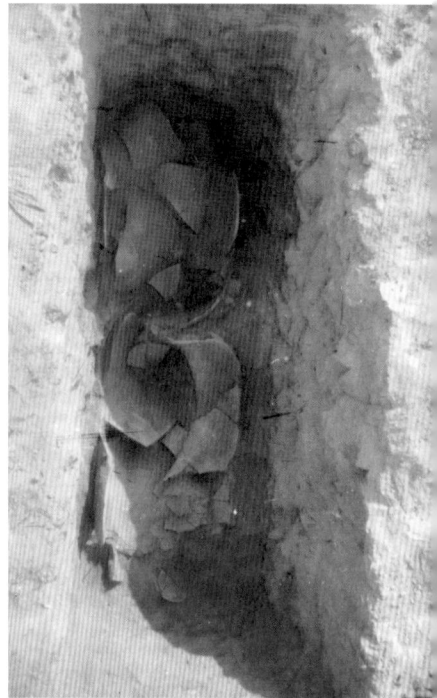

4.碎陶缸俯身直肢葬 M0748(南—北)

典型墓葬 M0660、M0655、M0748 葬式

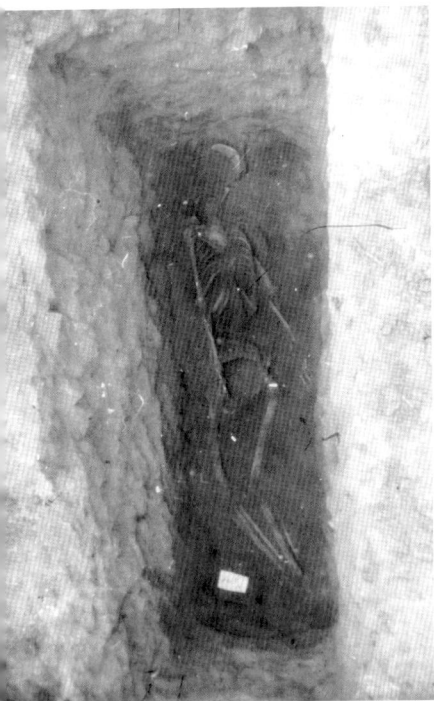

1.碎陶缸俯身直肢葬 M0748(南—北)

2.碎陶缸俯身屈肢葬 M0671(北—南)

3.碎陶缸俯身屈肢葬 M0671(南—北)

4.无葬具仰身直肢葬 M0818(南—北)

典型墓葬 M0748、M0671、M0818 葬式

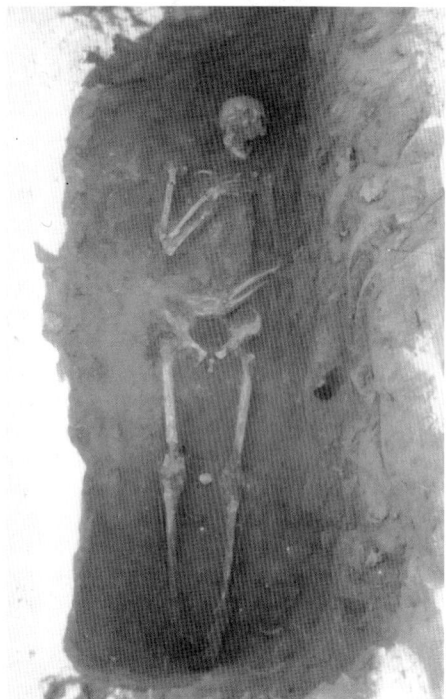

1.无葬具仰身直肢葬 M0852(南—北)

2.无葬具仰身屈肢葬 M0235(南—北)

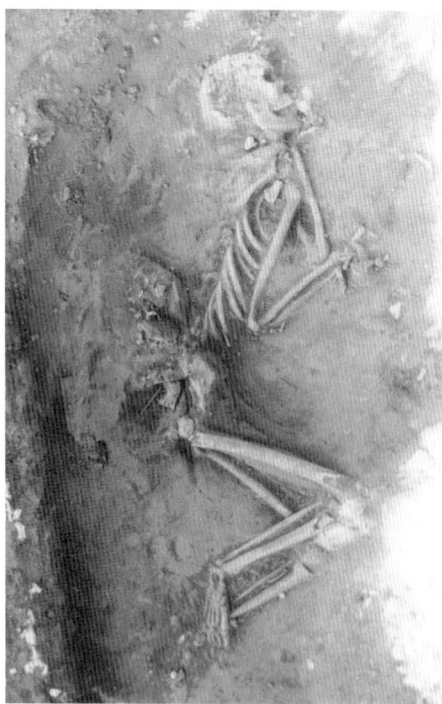

3.无葬具侧身屈肢葬 M0804(南—北)

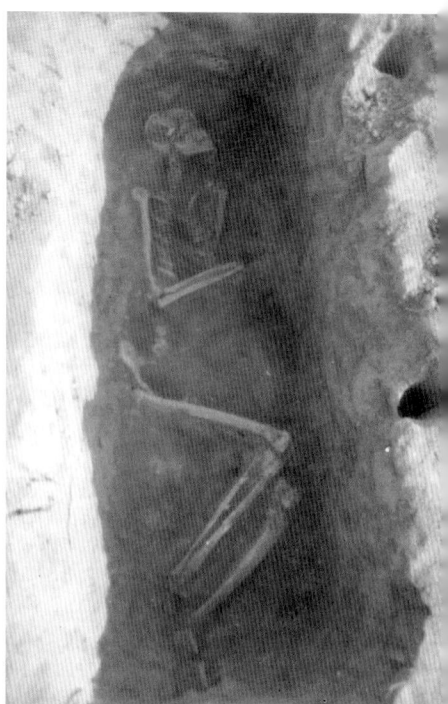

4.无葬具侧身屈肢葬 M0831(南—北)

典型墓葬 M0852、M0235、M0804、M0831 葬式

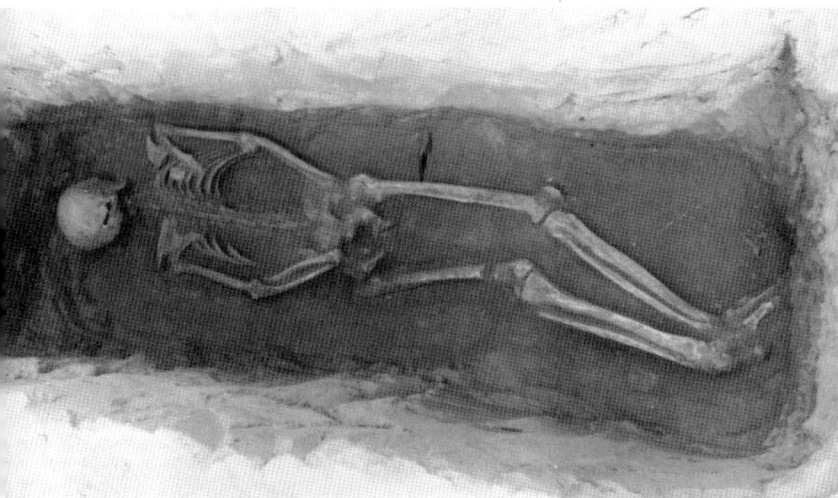

3. 无葬具俯身屈肢葬 M1026(南—北)

2. 无葬具俯身屈肢葬 M0210(南—北)

1. 无葬具俯身直肢葬 M0847(南—北)

典型墓葬 M0847、M0210、M1026 葬式

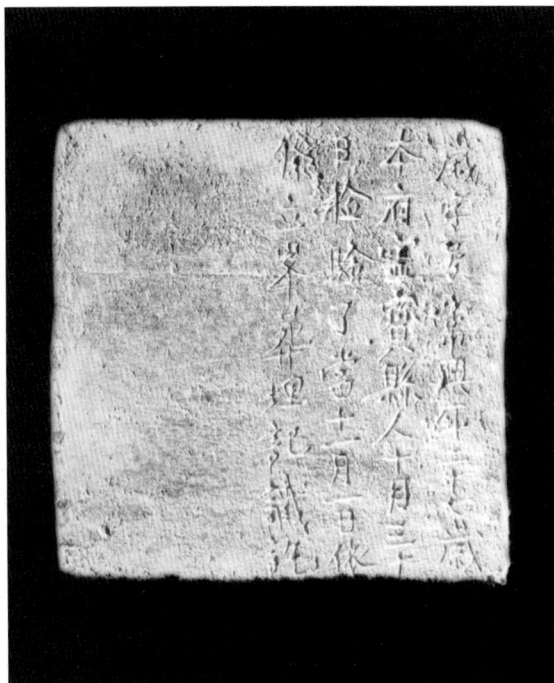

1.M0101 常兴墓志之一

2.M0101 常兴墓志之二

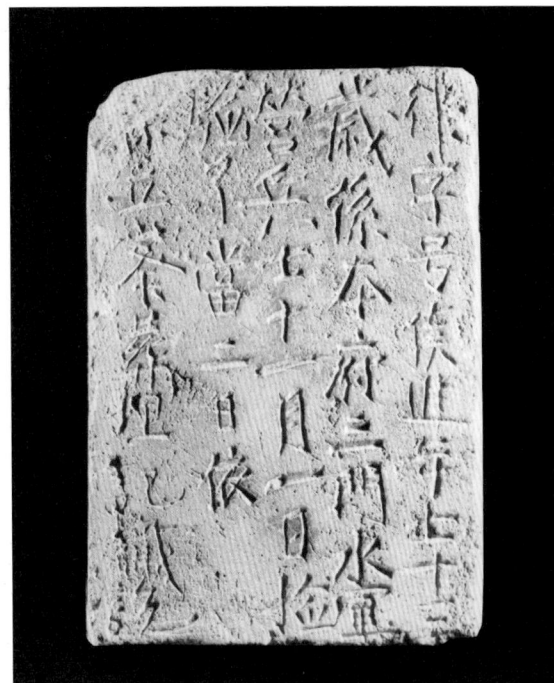

3.M0102 侯进墓志之一

4.M0102 侯进墓志之二

M0101、M0102 砖墓志

1.M0103 册秀墓志之一

2.M0103 册秀墓志之二

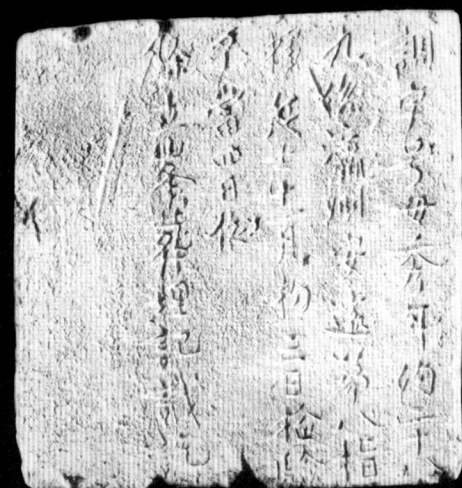

3.M0104 册秀墓志之三

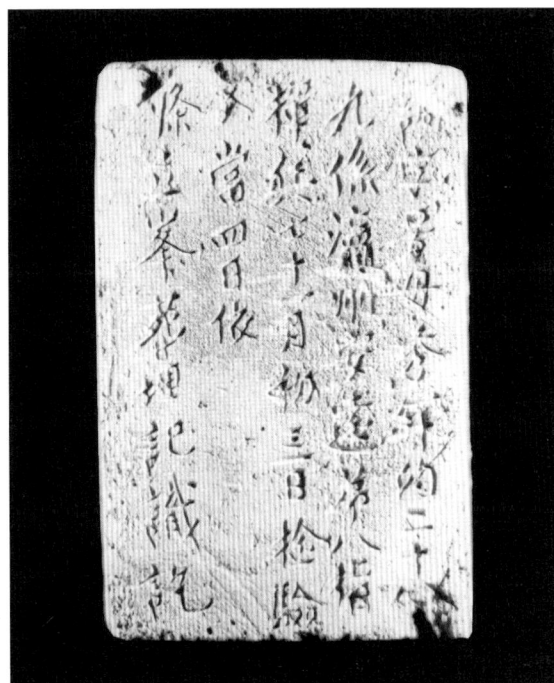

4.M0104 册秀墓志之四

M0103、M0104 砖墓志

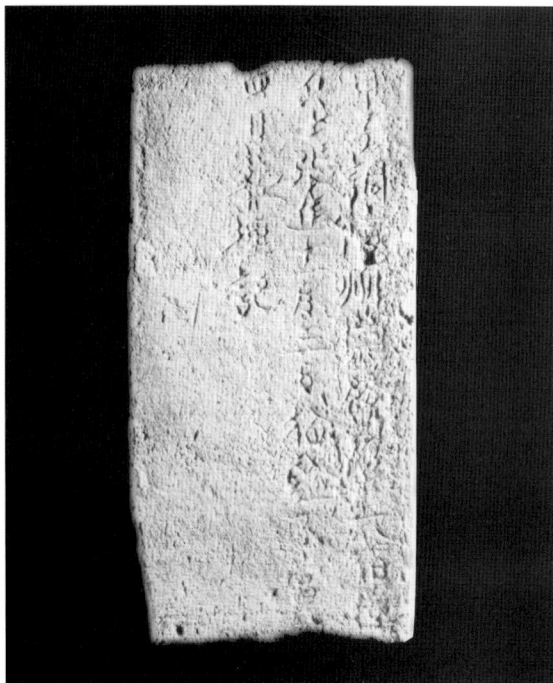

1.M0104 张进墓志

2.M0105 刘进墓志

3.M0106 无名氏墓志之一

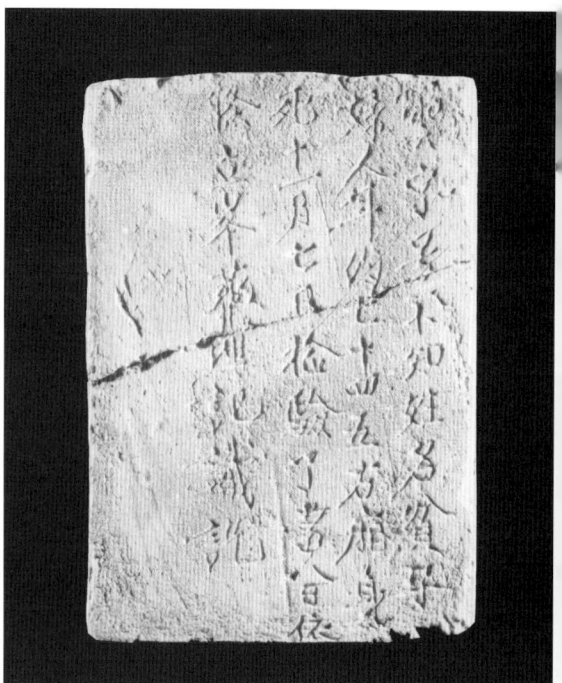

4.M0106 无名氏墓志之二

M0104、M0105、M0106 砖墓志

1.M0108 张青墓志之一

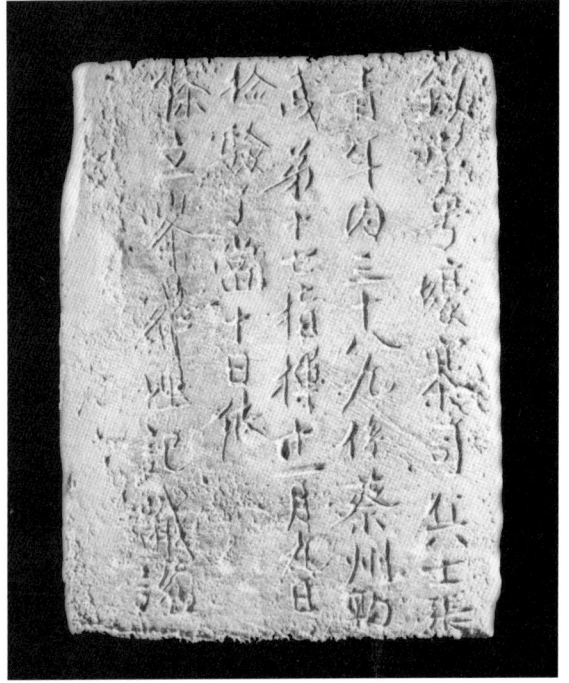

2.M0108 张青墓志之二

3.M0108 张青墓志之三

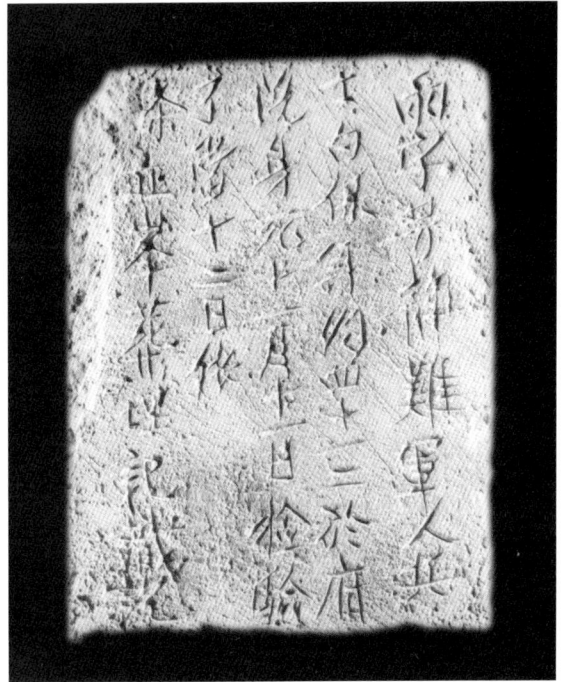

4.M0109 白保墓志之一

M0108、M0109 砖墓志

1.M0109 白保墓志之二

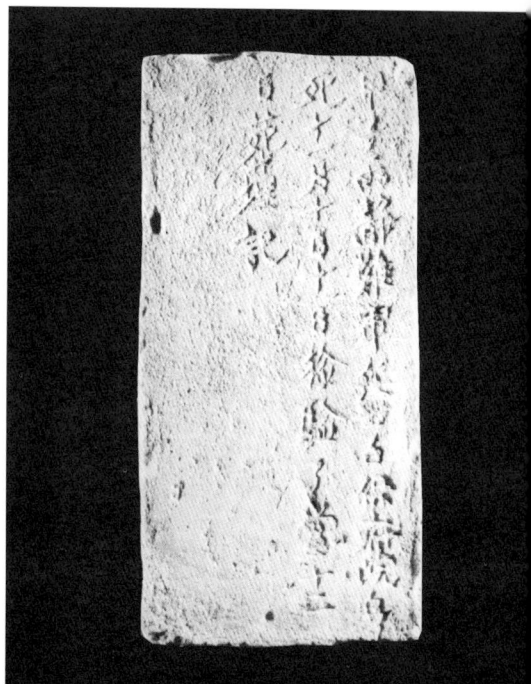

2.M0109 白保墓志之三（采集品归入）

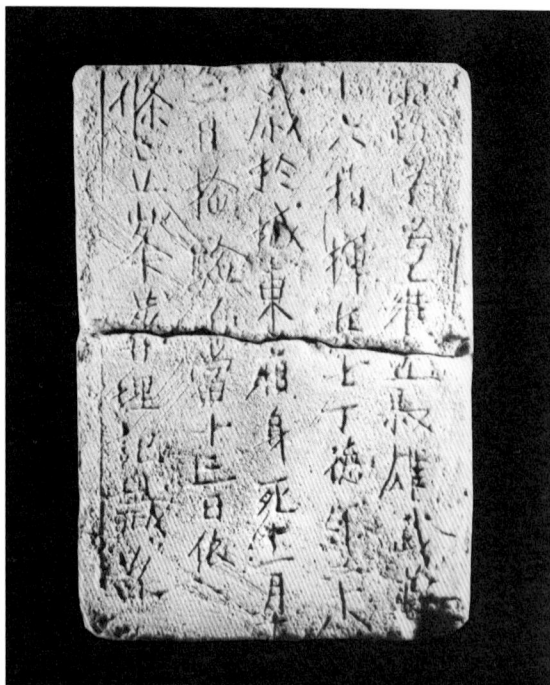

3.M0110 丁德墓志之一

4.M0110 丁德墓志之二

M0109、M0110砖墓志

1.M0111 阿梁墓志之一

2.M0111 阿梁墓志之二

3.M0111 阿梁墓志之三

4.M0113 顿皋墓志

M0111、M0113 砖墓志

1.M0114 薛简墓志之一

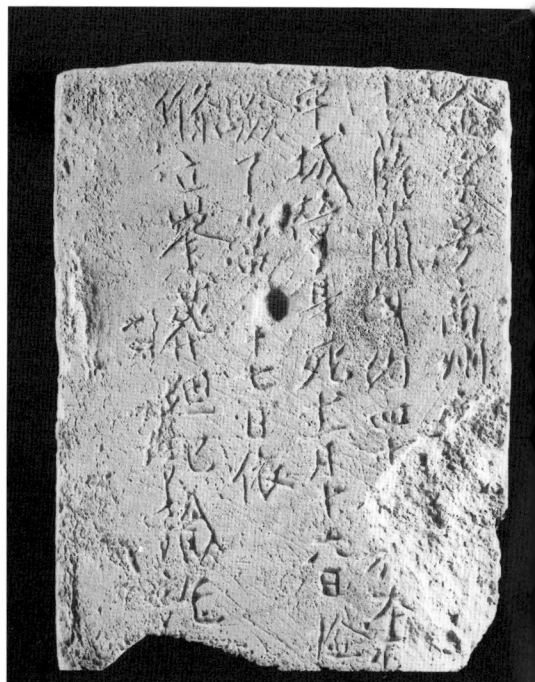

2.M0114 薛简墓志之二

3.M0114 薛简墓志之三（采集品归入）

4.M0115 无名氏墓志之一

M0114、M0115 砖墓志

1.M0115 无名氏墓志之二

2.M0115 无名氏墓志之三

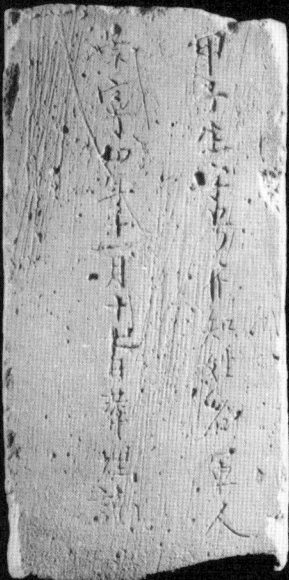

3.M0115 无名氏墓志之四

4.M0116 无名氏墓志之一

M0115、M0116砖墓志

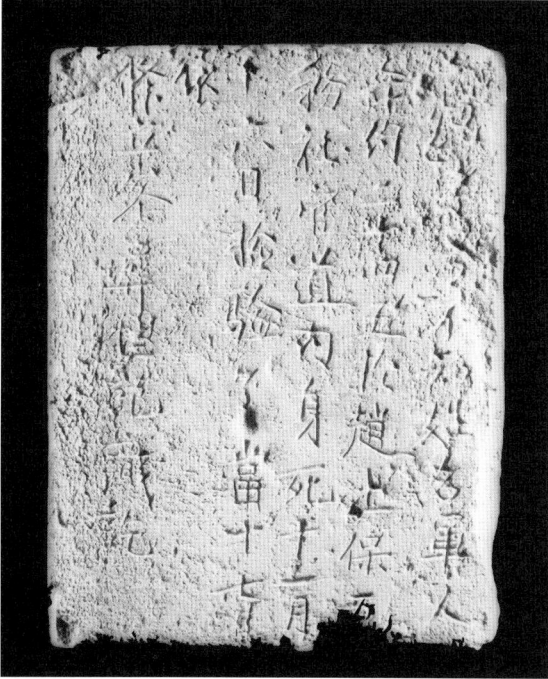

1.M0116 无名氏墓志之二

2.M0116 无名氏墓志之三

3.M0117 无名氏墓志之一

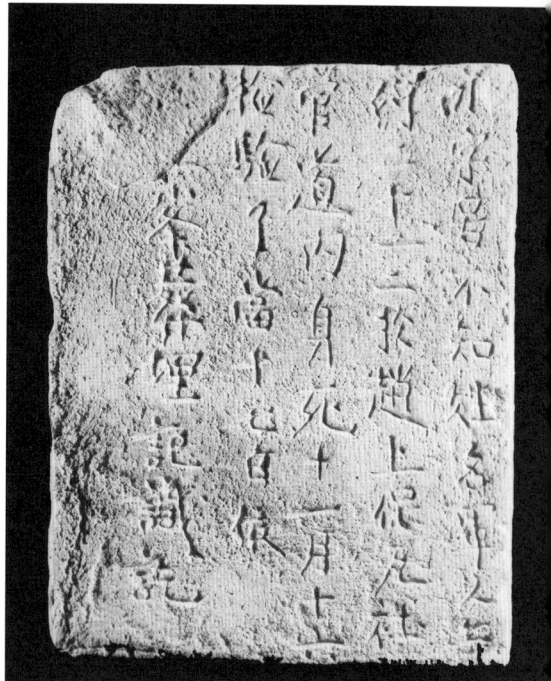

4.M0117 无名氏墓志之二

M0116、M0117 砖墓志

1.M0117 无名氏墓志之三

2.M0118 阿牛墓志之一

3.M0118 阿牛墓志之二

4.M0119 王贵墓志

M0117、M0118、M0119 砖墓志

1.M0120 康信墓志之一

2.M0120 康信墓志之二

3.M0122 无名氏墓志之一

4.M0122 无名氏墓志之二

M0120、M0122 砖墓志

1.M0123 韩遂墓志之一

2.M0123 韩遂墓志之二

3.M0124 乔忠墓志之一

4.M0124 乔忠墓志之二

M0123、M0124 砖墓志

1.M0125 裴四姐墓志

2.M0126 张能墓志

3.M0127 李宁墓志

4.M0128 张吉墓志之一

M0125、M0126、M0127、M0128 砖墓志

1.M0128 张吉墓志之二

2.M0129 阿刘墓志之一

3.M0129 阿刘墓志之二

4.M0129 阿刘墓志之三

M0128、M0129 砖墓志

1.M0129 阿刘墓志之三背面

2.M0130 桯吉墓志之一

3.M130 桯吉墓志之二

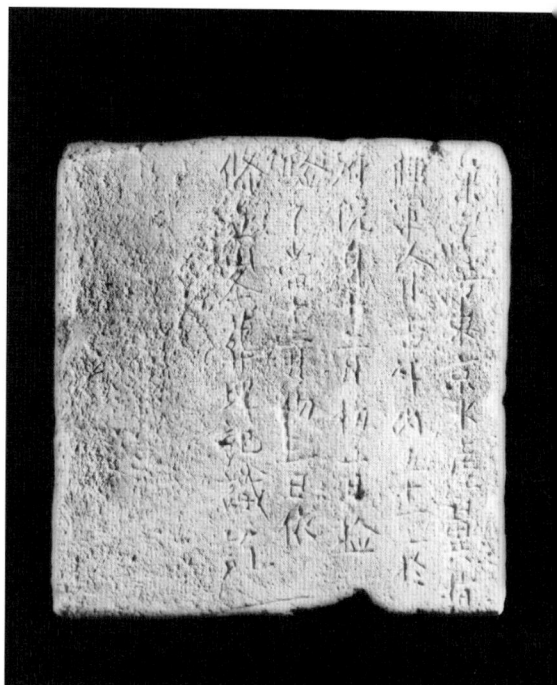

4.M0131 甘吉墓志

M0129、M0130、M0131 砖墓志

1.M0133 孙贵墓志之一

2.M0133 孙贵墓志之二

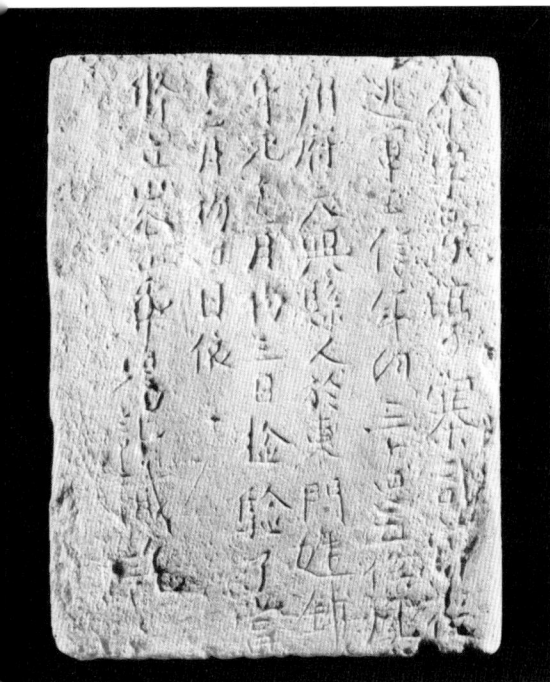

3.M0134 王信墓志

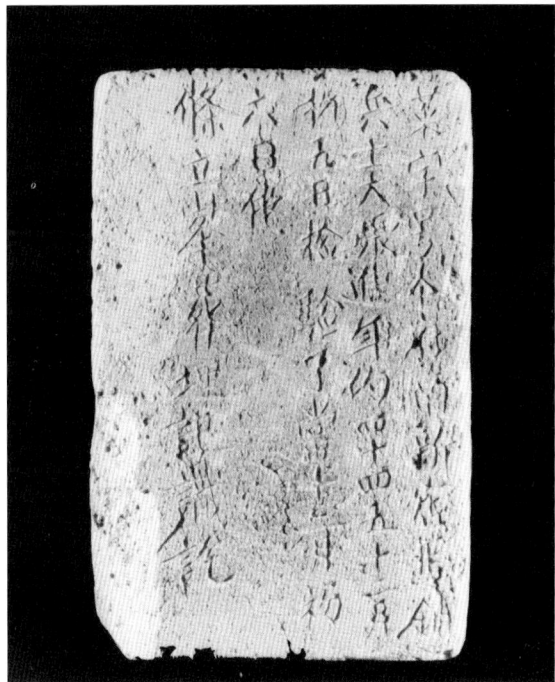

4.M0135 大张进墓志

M0133、M0134、M0135 砖墓志

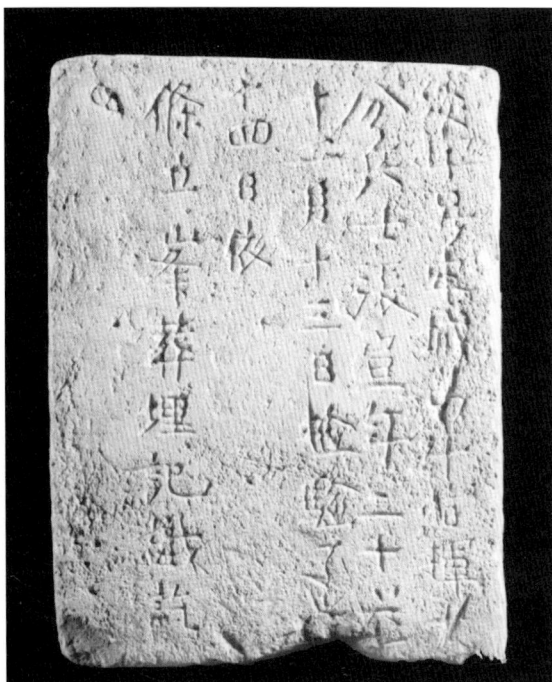

1.M0142 张宣墓志

2.M0144 李菜墓志

3.M0145 张进墓志

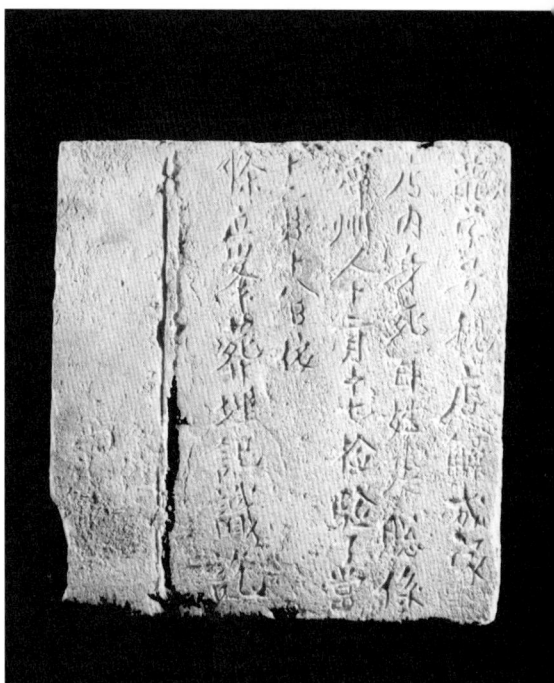

4.M0147 张聪墓志之一

M0142、M0144、M0145、M0147 砖墓志

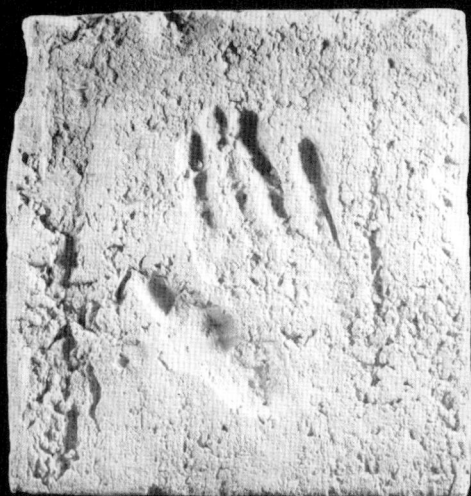

1.M0147 张聪墓志之一背面

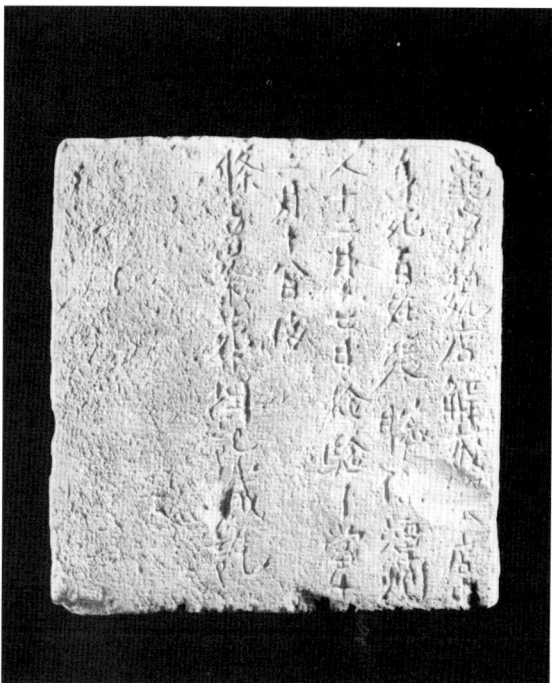

2.M0147 张聪墓志之二

3.M0148 成吉墓志

4.M0149 无名氏墓志

M0147、M0148、M0149 砖墓志

1.M0150 张文墓志

2.M0151 □进墓志

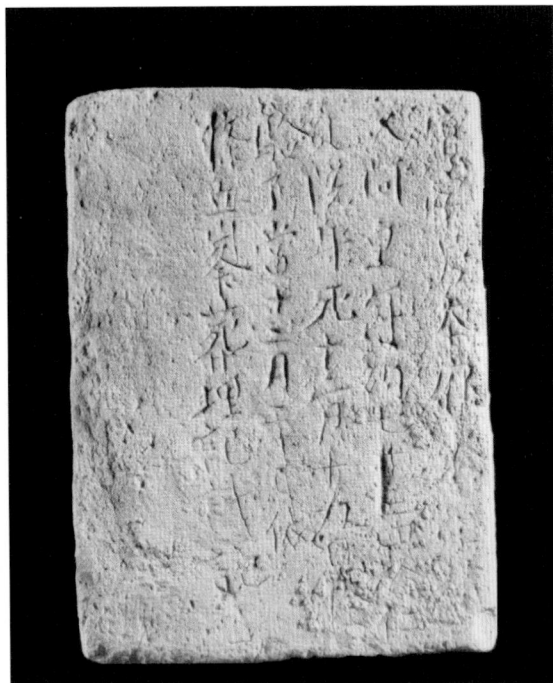

3.M0152 阿皇墓志之一

4.M0152 阿皇墓志之二

M0150、M0151、M0152砖墓志

1.M0153 王德墓志之一

2.M0153 王德墓志之二

3.M0153 王德墓志之三

4.M0153 王德墓志之四

M0153 砖墓志

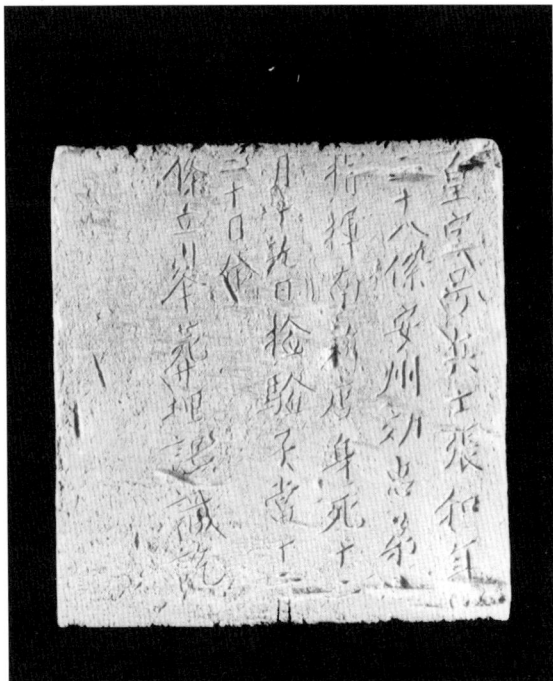

1.M0154 张和墓志之一

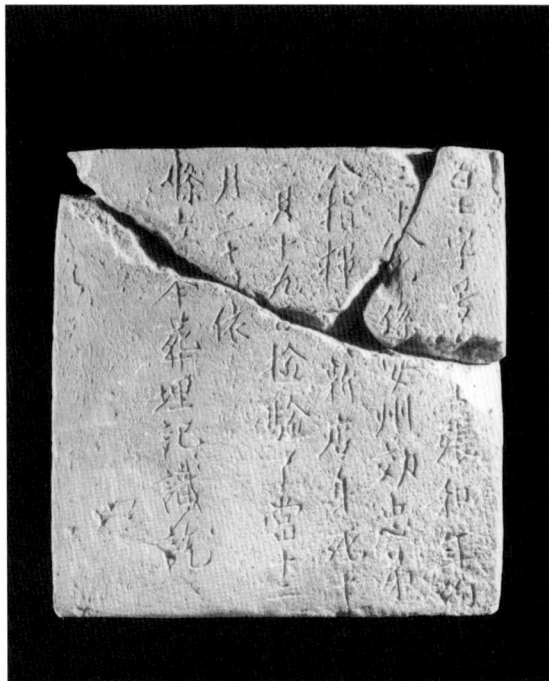

2.M0154 张和墓志之二

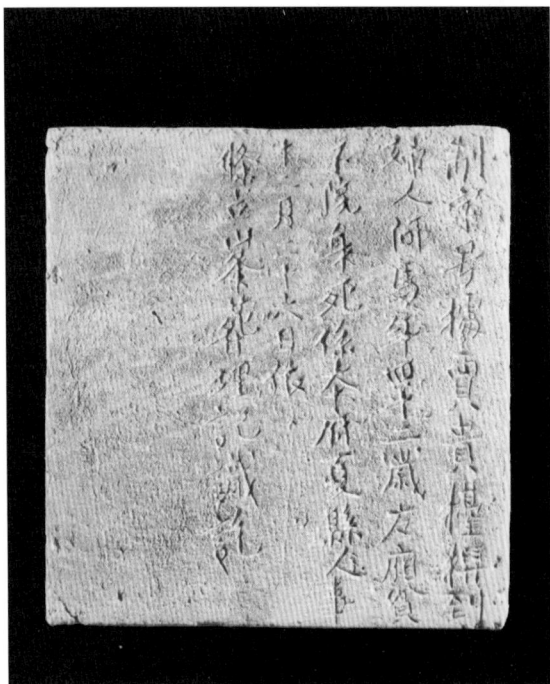

3.M0156 阿马墓志之一

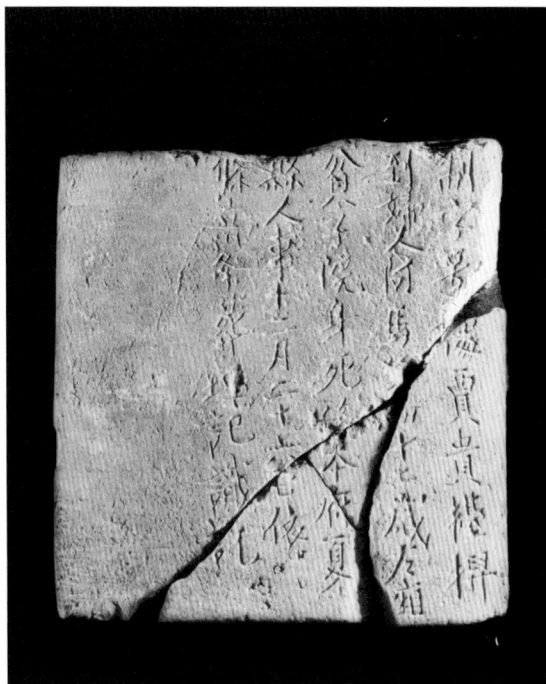

4.M0156 阿马墓志之二

M0154、M0156 砖墓志

1.M0157 无名氏墓志之一

2.M0157 无名氏墓志之二

3.M0158 杨元墓志之一

4.M0158 杨元墓志之二

M0157、M0158 砖墓志

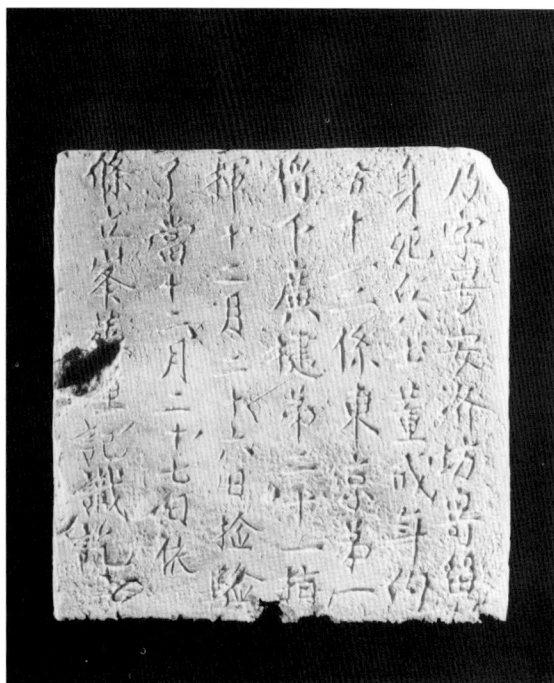

1.M0159 董成墓志之一

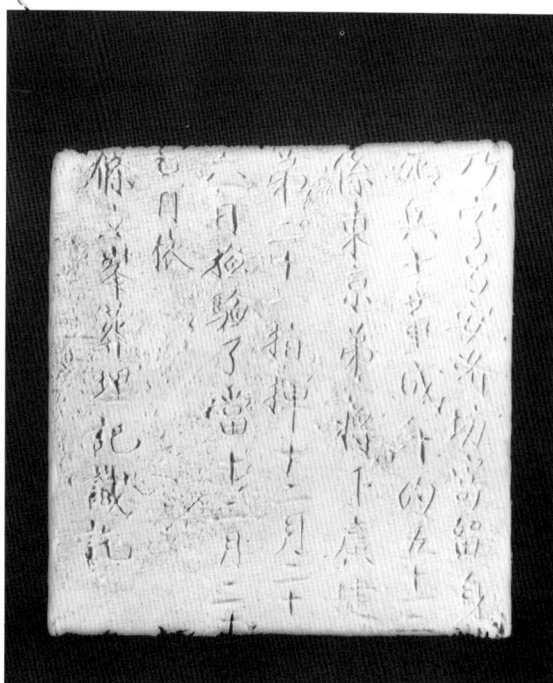

2.M0159 董成墓志之二

3.M0160 贾全墓志

4.M0160 贾全墓志背面

M0159、M0160 砖墓志

1.M0161 张德墓志之一

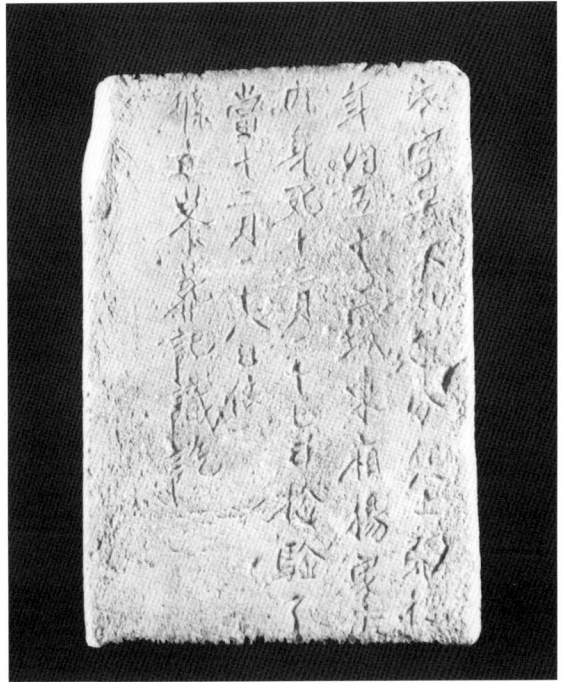

2.M0161 张德墓志之二

3.M0163 遇厄墓志之一

4.M0163 遇厄墓志之一背面

M0161、M0163 砖墓志

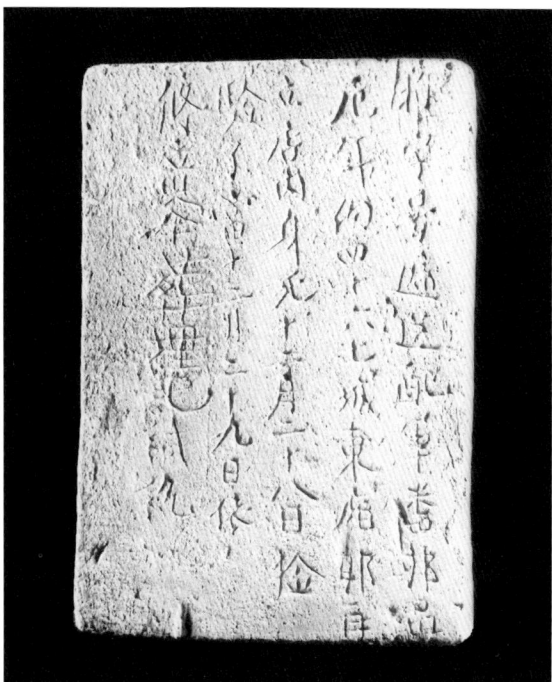

1.M0163 遇厄墓志之二

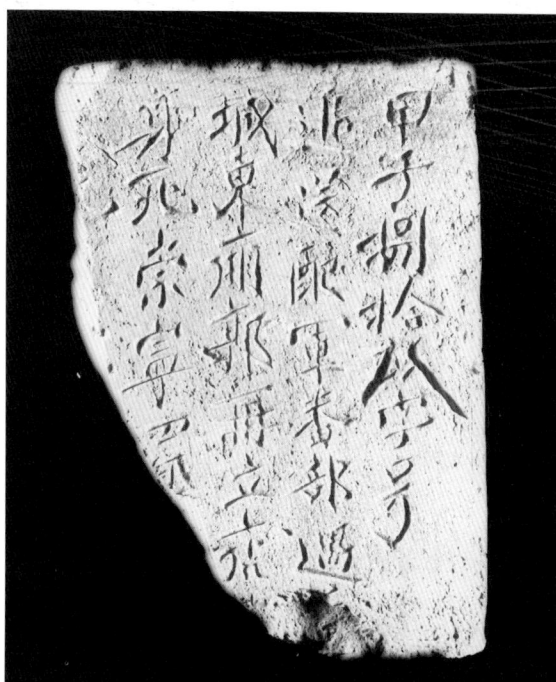

2.M0163 遇厄墓志之三（采集品归入）

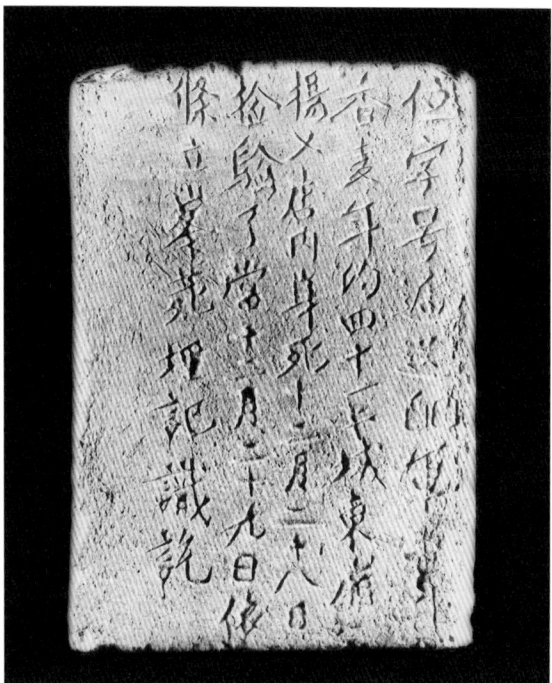

3.M0164 香麦墓志

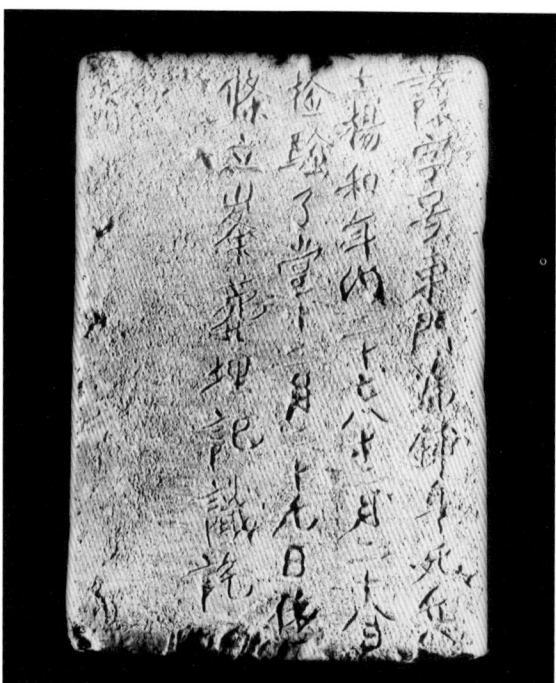

4.M0165 杨和墓志之一

M0163、M0164、M0165 砖墓志

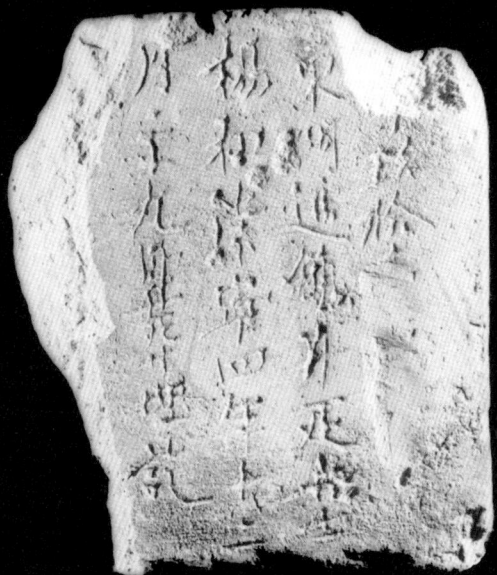

1.M0165 杨和墓志之二（采集品归入）

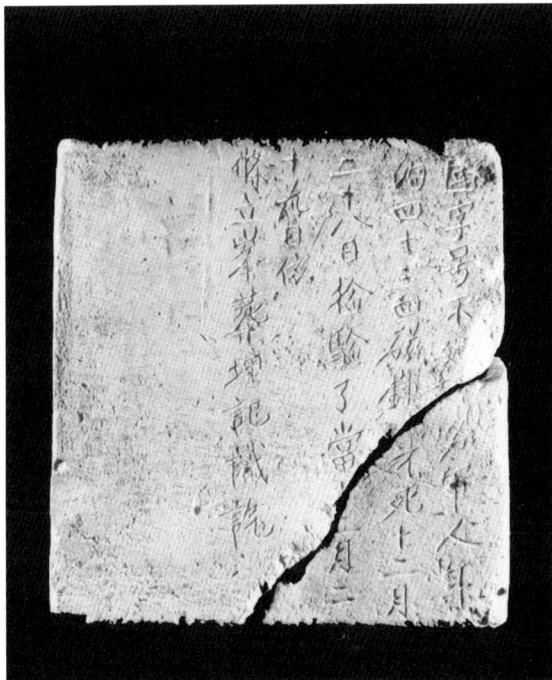

2.M0166 无名氏墓志

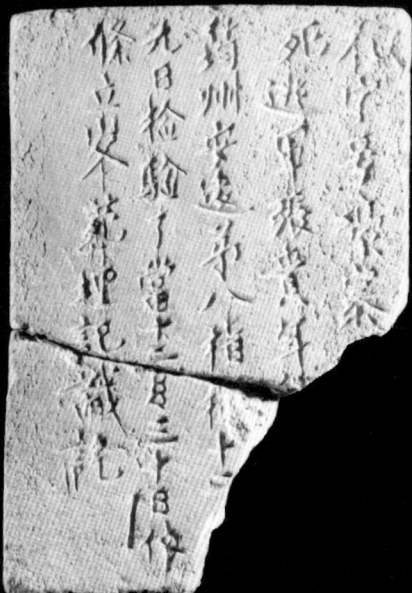

3.M0167 张贵墓志

4.M0169 王进墓志

M0165、M0166、M0167、M0169 砖墓志

1.M0169 王进墓志背面

2.M0172 陈进墓志

3.M0172 陈进墓志背面

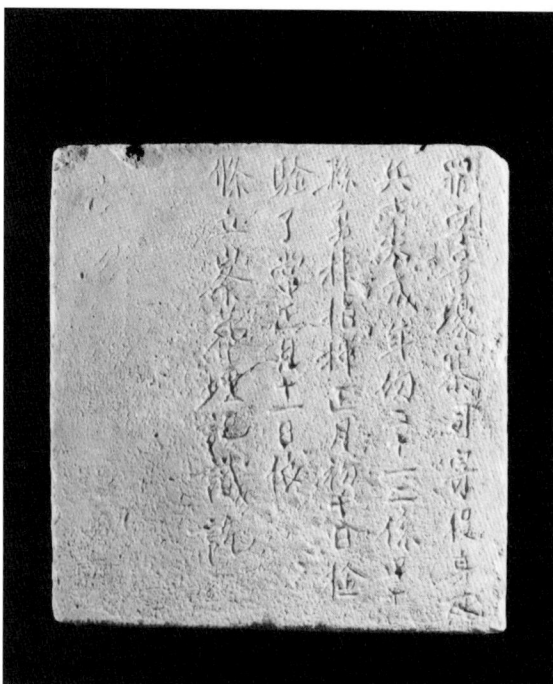

4.M0174 朱成墓志

M0169、M0172、M0174 砖墓志

1.M0174 朱成墓志背面

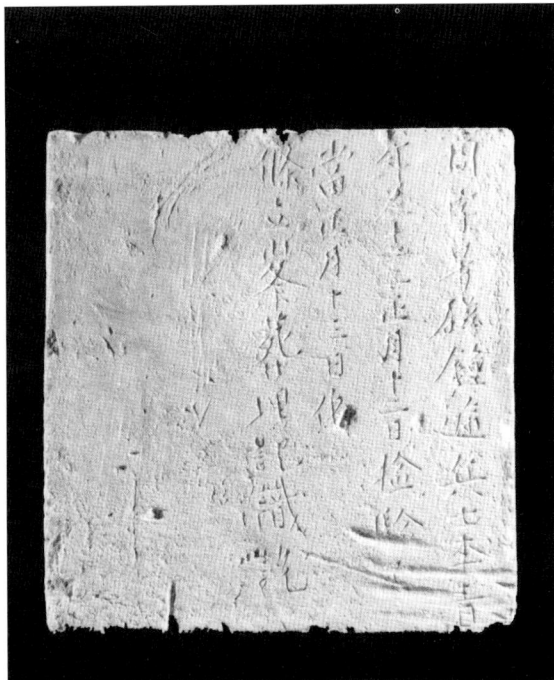

2.M0175 李青墓志

3.M0176 阿陈墓志

4.M0176 阿陈墓志背面

M0174、M0175、M0176 砖墓志

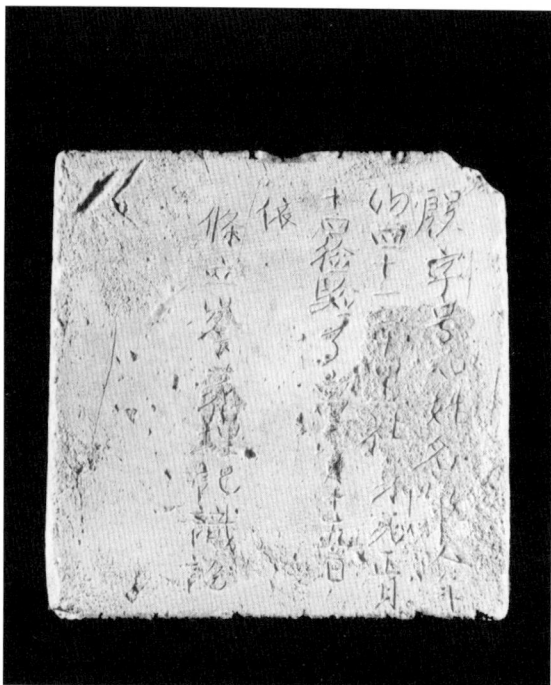

1.M0177 无名氏墓志之一

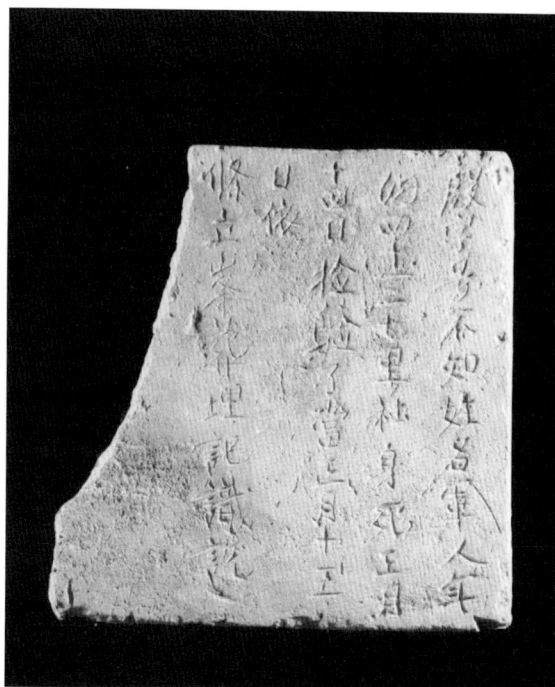

2.M0177 无名氏墓志之二

3.M0181 刘德墓志

4.M0206 苻又墓志

M0177、M0181、M0206 砖墓志

1.M0210 杜用墓志

2.M0212 蔡辛墓志

3.M0219 阿赵墓志

4.M0219 阿赵墓志背面

M0210、M0212、M0219 砖墓志

1.M0221 无名氏墓志

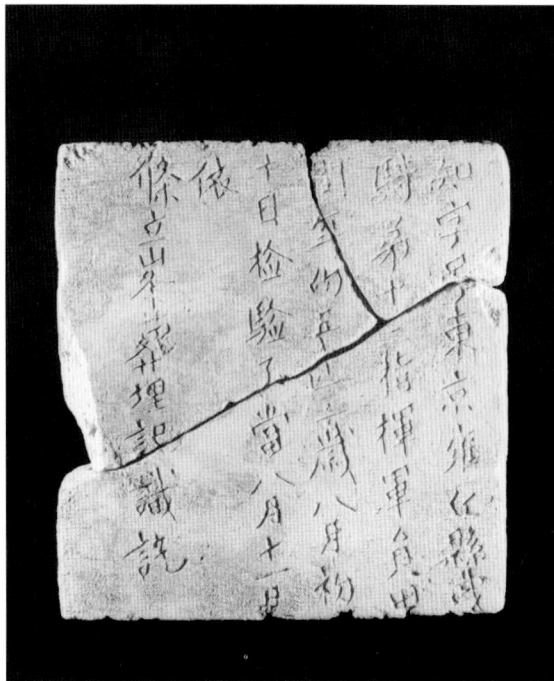

2.M0223 田闰墓志

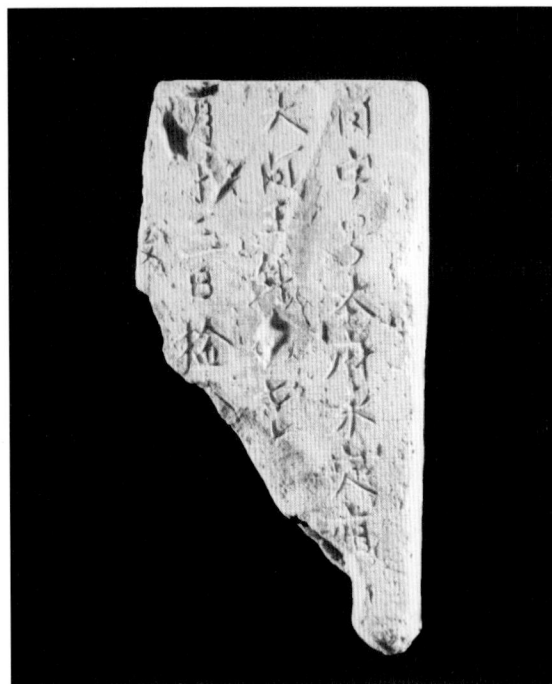

3.M0231 大阿王墓志

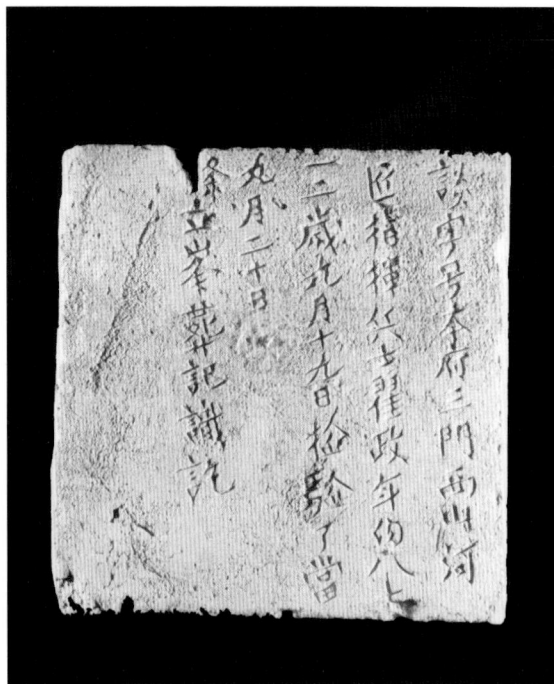

4.M0232 翟政墓志

M0221、M0223、M0231、M0232 砖墓志

1.M0235 无名氏墓志之一

2.M0235 无名氏墓志之二

3.M0235 无名氏墓志之二背面

4.M0237 无名氏墓志

M0235、M0237 砖墓志

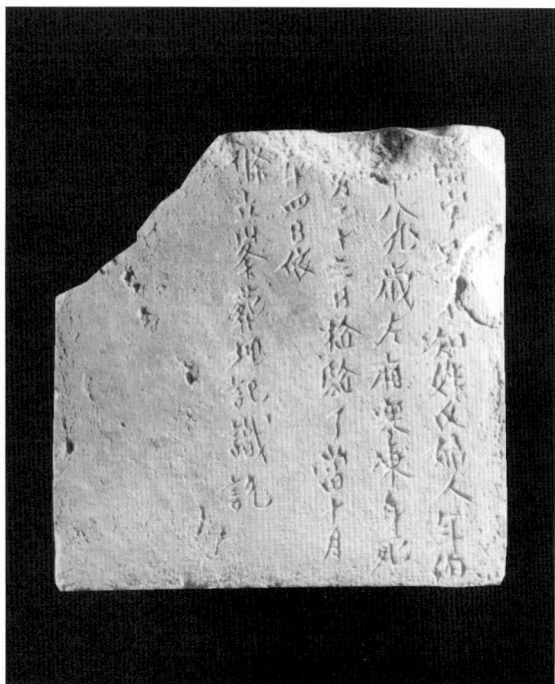

1.M0243 无名氏墓志

2.M0243 无名氏墓志背面

3.M0245 无名氏墓志

4.M0247 梁支墓志

M0243、M0245、M0247 砖墓志

1.M0248 马定墓志（采集品归入）

2.M0250 陈吉墓志（采集品归入）

3.M0250 陈吉墓志背面（采集品归入）

4.M0252 凫□珂墓志（采集品归入）

M0248、M0250、M0252 砖墓志

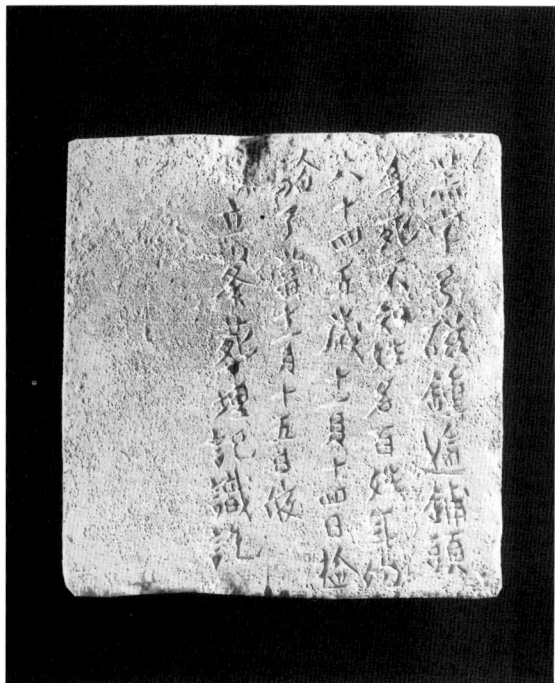

1.M0253 无名氏墓志

2.M0253 无名氏墓志背面

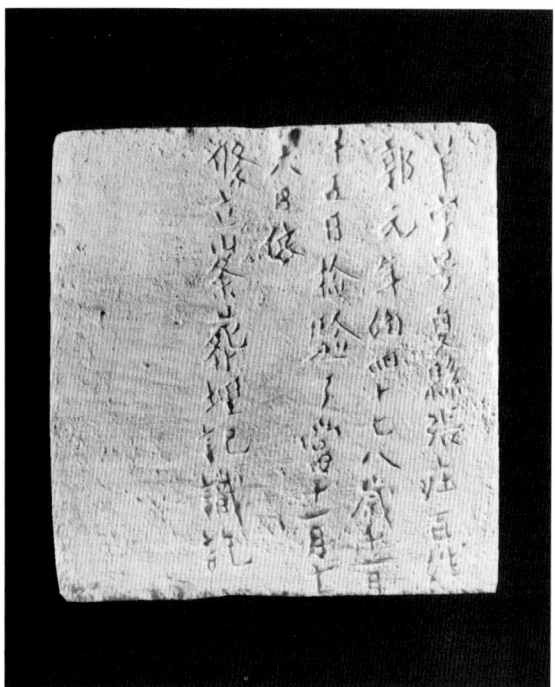

3.M0254 郭元墓志之一

4.M0254 郭元墓志之一背面

M0253、M0254 砖墓志

1.M0254 郭元墓志之二

2.M0255 李元墓志之一

3.M0255 李元墓志之二

4.M0256 无名氏墓志之一

M0254、M0255、M0256 砖墓志

1.M0256 无名氏墓志之二

2.M0257 无名氏墓志之一

3.M0257 无名氏墓志之二

4.M0258 田吉墓志之一

M0256、M0257、M0258 砖墓志

1.M0258 田吉墓志之一背面

2.M0258 田吉墓志之二

3.M0259 袁顺墓志之一

4.M0259 袁顺墓志之一背面

M0258、M0259 砖墓志

1.M0259 袁顺墓志之二

2.M0260 无名氏墓志之一

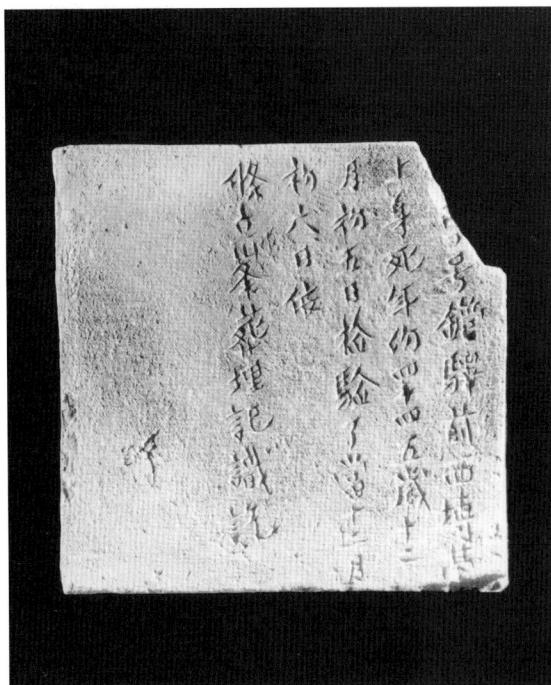

3.M0260 无名氏墓志之二

4.M0265 唐吉墓志之一

M0259、M0260、M265 砖墓志

1.M0265 唐吉墓志之一背面

2.M0265 唐吉墓志之二

3.M0265 唐吉墓志之二背面

4.M0267 无名氏墓志

M0265、M0267 砖墓志

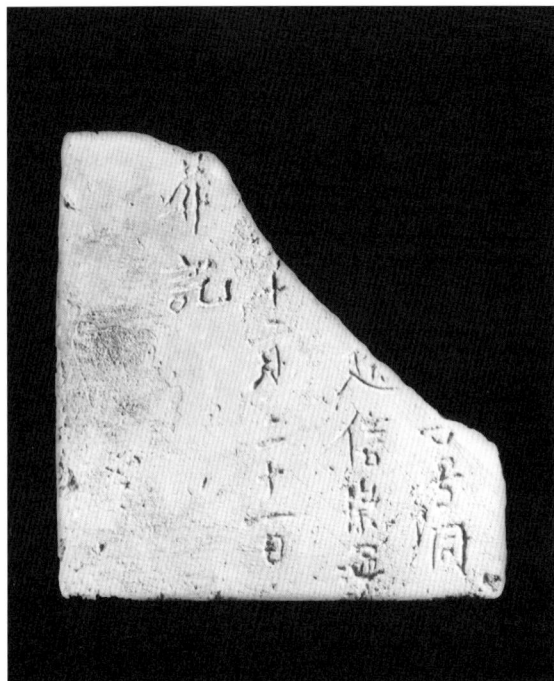

1.M0268 赵信墓志

2.M0269 张宁墓志之一

3.M0269 张宁墓志之二

4.M0269 张宁墓志之二背面

M0268、M0269 砖墓志

1.M0270 张仁福墓志

2.M0271 无名氏墓志之一

3.M0271 无名氏墓志之一背面

4.M0271 无名氏墓志之二

M0270、M0271 砖墓志

1.M0273 无名氏墓志之一

2.M0273 无名氏墓志之一背面

3.M0273 无名氏墓志之二

4.M0276 柴安儿墓志之一

M0273、M0276 砖墓志

1.M0276 柴安儿墓志之二

2.M0276 柴安儿墓志之二背面

3.M0277 阿李墓志

4.M0306 李二君墓志

M0276、M0277、M0306 砖墓志

1.M0306 李二君墓志背面

2.M0320 无名氏墓志

3.M0327 樊宣娘墓志之一

4.M0327 樊宣娘墓志之一背面

M0306、M0320、M0327 砖墓志

1.M0327 樊宣娘墓志之二

2.M0329 无名氏墓志之一

3.M0329 无名氏墓志之二

4.M0333 冯贵墓志之一

M0327、M0329、M0333 砖墓志

1.M0333 冯贵墓志之二

2.M0334 杨×墓志之一

3.M0334 杨×墓志之一背面

4.M0334 杨×墓志之二

M0333、M0334 砖墓志

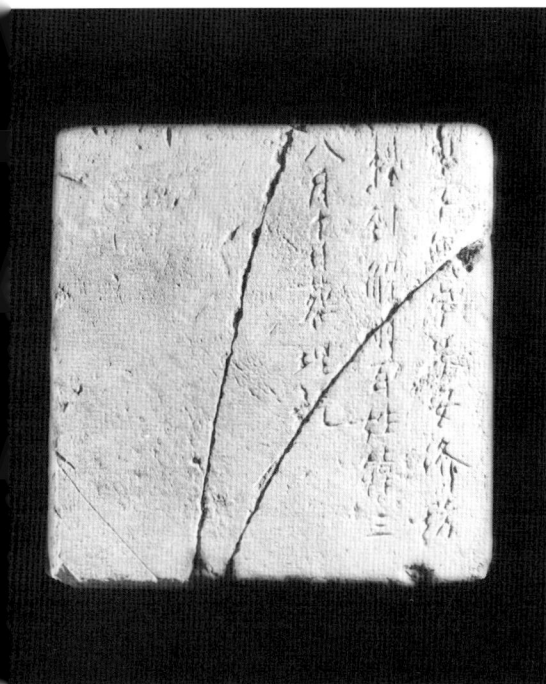

1.M0335 韩三墓志

2.M0344 无名氏墓志之一

3.M0344 无名氏墓志之二

4.M0344 无名氏墓志之二背面

M0335、M0344 砖墓志

1.M0346 刘先墓志之一

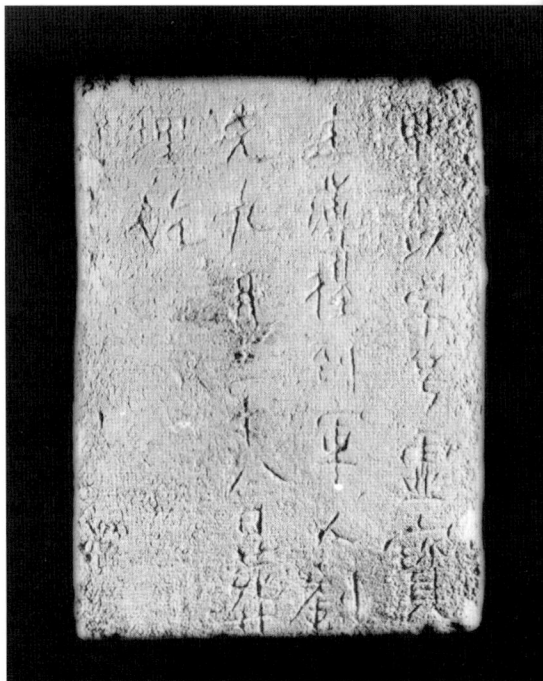

2.M0346 刘先墓志之二

3.M0347 阿许墓志

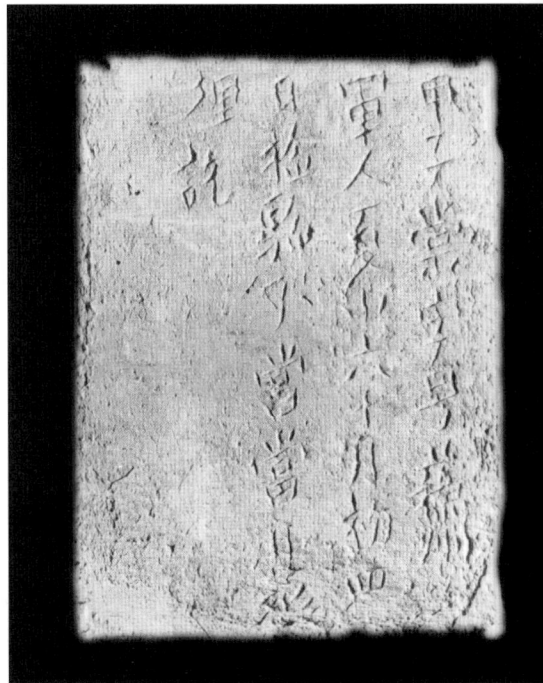

4.M0348 夏小六墓志之一

M0346、M0347、M0348 砖墓志

1.M0348 夏小六墓志之二

2.M0349 赵吉墓志

3.M0350 庚昌墓志之一

4.M0350 庚昌墓志之一背面

M0348、M0349、M0350 砖墓志

1.M0350 庾昌墓志之二

2.M0352 王×墓志（采集品归入）

3.M0353 苏连安墓志

4.M0354 周小二墓志之一

M0350、M0352、M0353、M0354 砖墓志

1.M0354 周小二墓志之二

2.M0355 何贵墓志之一

3.M0355 何贵墓志之二

4.M0356 严志墓志之一

M0354、M0355、M0356 砖墓志

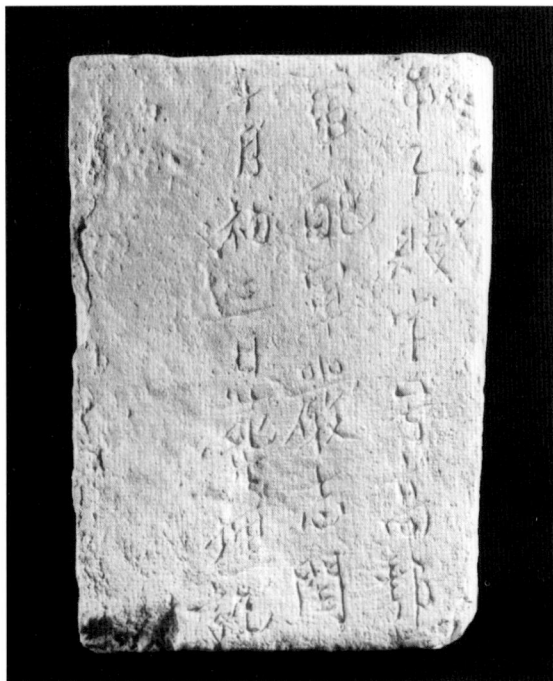

1.M0356 严志墓志之二

2.M0358 阿姚墓志之一

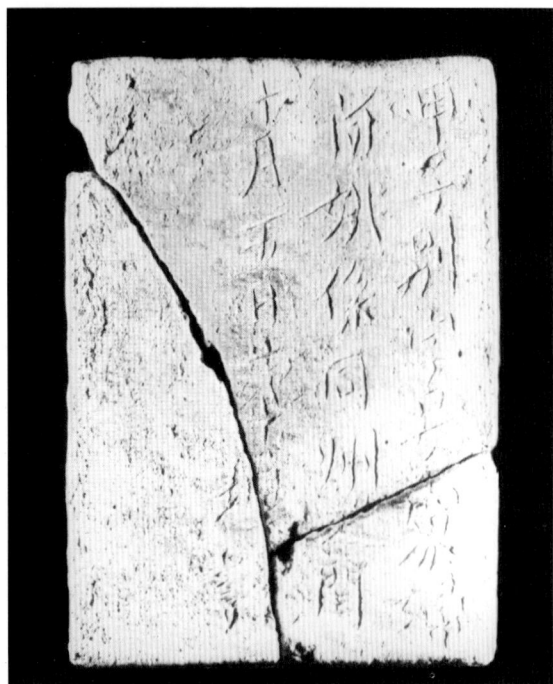

3.M0358 阿姚墓志之二

4.M0359 丁德墓志之一

M0356、M0358、M0359 砖墓志

1.M0359 丁德墓志之二

2.M0360 李百墓志

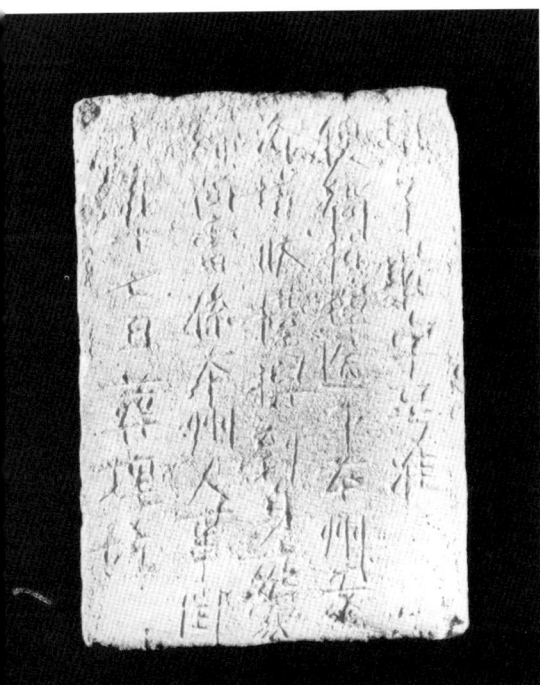

3.M0364 阿雷墓志之一

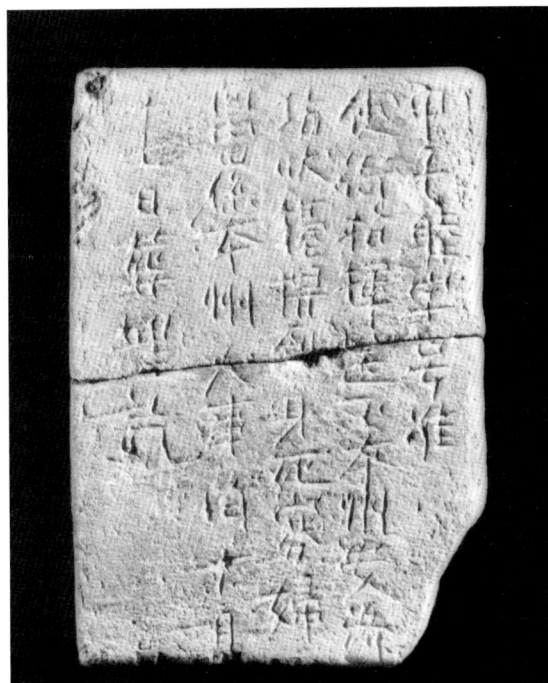

4.M0364 阿雷墓志之二

M0359、M0360、M0364 砖墓志

1.M0365 杨海墓志之一

2.M0365 杨海墓志之二

3.M0367 马秀墓志

4.M0368 阿降墓志

M0365、M0367、M0368 砖墓志

1.M0369 安成墓志之一

2.M0369 安成墓志之一背面

3.M0369 安成墓志之二

4.M0370 祝信墓志

M0369、M0370 砖墓志

1.M0374 杨元墓志

2.M0376 杨美墓志

3.M0377 梁德墓志之一

4.M0377 梁德墓志之二

M0374、M0376、M0377 砖墓志

1.M0380 王吉墓志之一

2.M0380 王吉墓志之二

3.M0381 刘贵墓志之一

4.M0381 刘贵墓志之二

M0380、M0381 砖墓志

1.M0382 廉顺墓志之一

2.M0382 廉顺墓志之二

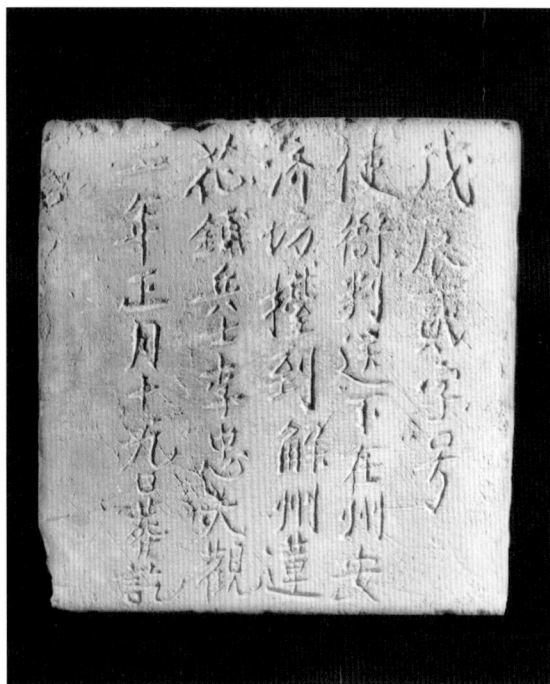

3.M0418 李忠墓志

4.M0420 无名氏墓志（采集品归入）

M0382、M0418、M0420 砖墓志

1.M0421 董安墓志

2.M0431 阿党墓志

3.M0432 无名氏墓志

4.M0434 张逵墓志之一

M0421、M0431、M0432、M0434 砖墓志

1.M0434 张逵墓志之二（采集品归入）

2.M0446 社兴墓志之一

3.M0446 社兴墓志之二

4.M0448 王吉墓志

M0434、M0446、M0448 砖墓志

1.M0453 毕徊墓志之一

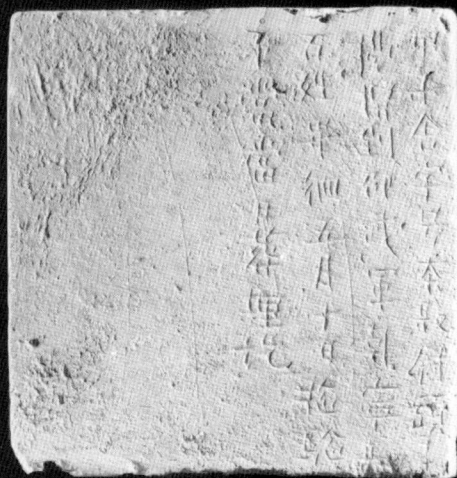

2.M0453 毕徊墓志之二

3.M0456 无名氏墓志之一

4.M0456 无名氏墓志之二

M0453、M0456 砖墓志

1.M0463 商文墓志

2.M0464 无名氏墓志之一

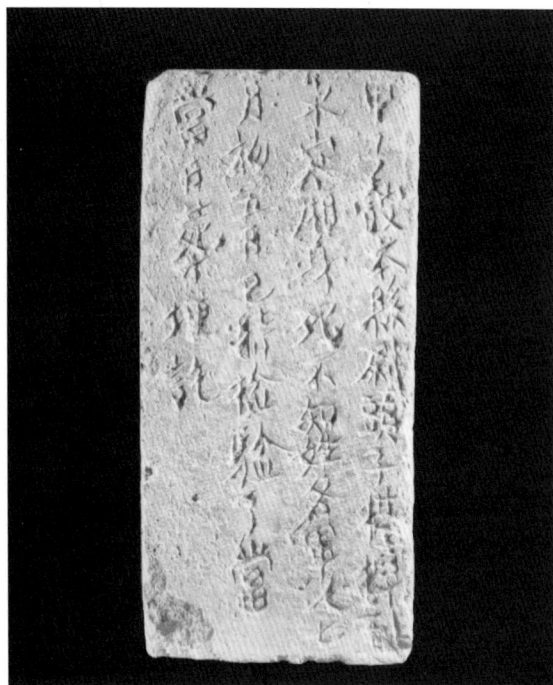

3.M0464 无名氏墓志之二（采集品归入）

4.M0465 三阿杜墓志之一

M0463、M0464、M0465 砖墓志

1.M0465 三阿杜墓志之二

2.M0465 三阿杜墓志之三（采集品归入）

3.M0466 崔立墓志之一

4.M0466 崔立墓志之二

M0465、M0466 砖墓志

1.M0468 五阿杜墓志之一

2.M0468 五阿杜墓志之二

3.M0469 无名氏墓志

4.M0470 张明墓志之一

M0468、M0469、M0470 砖墓志

1.M0470 张明墓志之二

2.M0471 无名氏墓志之一

3.M0471 无名氏墓志之二

4.M0472 二十一阿张墓志

M0470、M0471、M0472 砖墓志

1.M0515 袁莫墓志

2.M0515 袁莫墓志背面

3.M0517 王方德墓志之一

4.M0517 王方德墓志之二

M0515、M0517砖墓志

1.M0535 无名氏墓志

2.M0537 无名氏墓志

3.M0543 徐泰墓志

4.M0549 张亨墓志

M0535、M0537、M0543、M0549 砖墓志

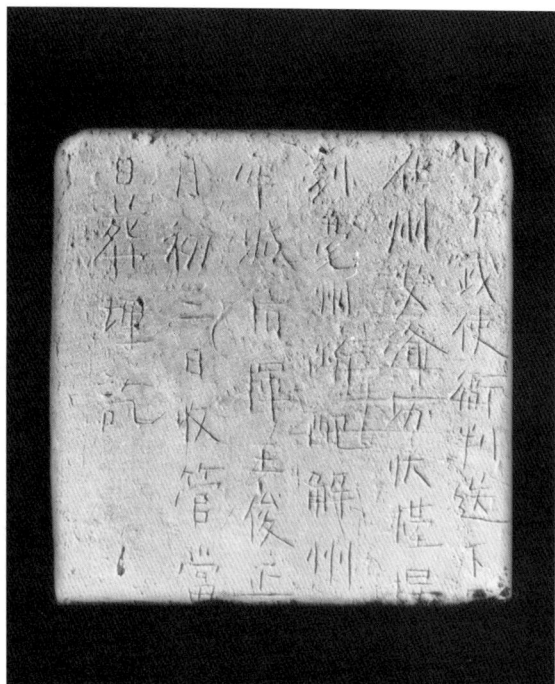

1.M0550 王俊墓志

2.M0564 无名氏墓志（采集品归入）

3.M0565 解德墓志

4.M0567 孟进墓志

M0550、M0564、M0565、M0567 砖墓志

1.M0568 袁小姐墓志之一

2.M0568 袁小姐墓志之二（采集品归入）

3.M0568 袁小姐墓志之三（采集品归入）

4.M0569 秦宁墓志之一

M0568、M0569 砖墓志

1.M0569 秦宁墓志之二

2.M0571 徐清墓志（采集品归入）

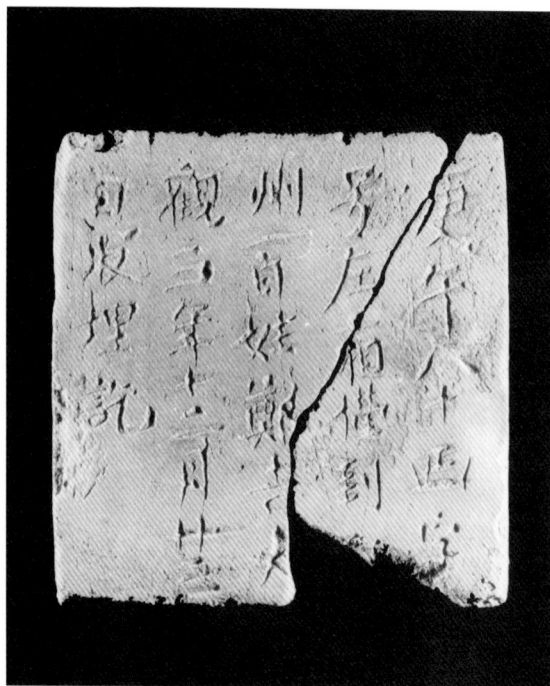

3.M0662 郑吉墓志（采集品归入）

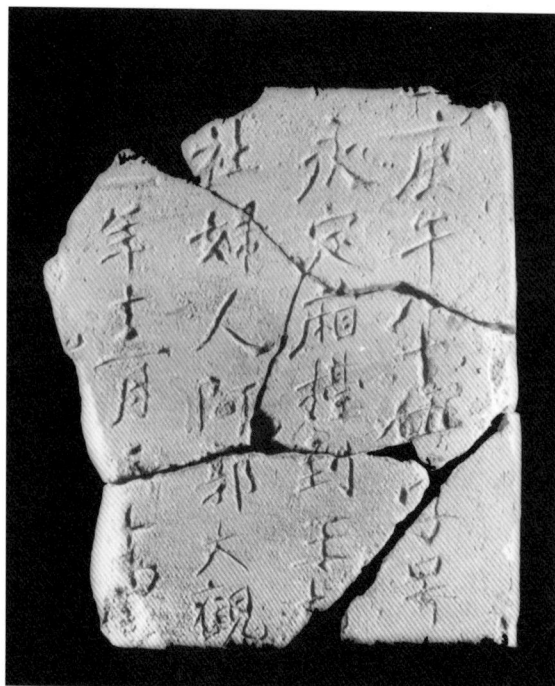

4.M0663 阿郭墓志（采集品归入）

M0569、M0571、M0662、M0663 砖墓志

1.M0665 戴青墓志（采集品归入）

2.M0667 无名氏墓志（采集品归入）

3.M0734 谢□墓志（采集品归入）

4.M0738 杜成墓志

M0665、M0667、M0734、M0738 砖墓志

1.M0746 杜十墓志

2.M0755 周通墓志（采集品归入）

3.M0756 周立墓志（采集品归入）

4.M0763 李进墓志（采集品归入）

M0746、M0749、M0756、M0763 砖墓志

1.M0767 何方墓志（采集品归入）

2.M1003 高进墓志

3.M1013 □迁墓志

4.M1032 秦皋墓志

M0767、M1003、M1013、M1032 砖墓志

1.M1033 张进墓志

2.M1033 张进墓志背面

3.M1051 阿赵墓志

4.标本采：01 应□墓志

M1033、M1051、标本采：01 砖墓志

1.标本采：02 张×墓志

2.标本采：03 张德墓志

3.标本采：04 符千墓志

4.标本采：05 □昌墓志

标本采：02、03、04、05 砖墓志

1.标本采：05□昌墓志背面

2.标本采：08李昌墓志

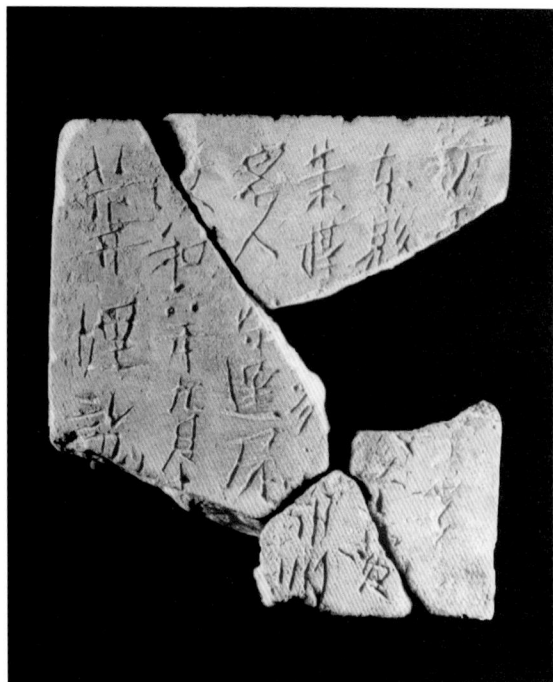

3.标本采：011无名氏墓志

4.标本采：012杨进墓志

标本采：05、08、011、012砖墓志